Carlo Carretto

MEIN LEBEN

Carlo Carretto

MEIN LEBEN

Texte einer großen Liebe

Herausgegeben von
Gian Carlo Sibilia

Herder

Freiburg · Basel · Wien

Mario Turchi zum Gedächtnis,
der das Entstehen dieses Buches mit seinem
Wohlwollen begleitet hat.

Aus dem Italienischen übersetzt von
P. DR. RADBERT KOHLHAAS OSB

Titel des Originalwerkes:
Innamorato di Dio-Autobiografia
© Cittadella Editrice, Assisi, 1991

Alle Rechte vorbehalten – Printed in Germany
© Verlag Herder Freiburg im Breisgau 1993
Herstellung: Clausen & Bosse, Leck
ISBN 3-451-23043-7

Ihr seid also jetzt nicht mehr Fremde ohne Bürgerrecht,
sondern Mitbürger der Heiligen
und Hausgenossen Gottes

Epheserbrief 2,19

Heiligkeit ist ein Abenteuer und
auch das einzig wahre Abenteuer

Georges Bernanos

Fratel Carlo, ein Mensch von Fleisch und Blut,
weil er sich hingegeben, weil er alles verlassen hat.
Ein Mensch, der die Hoffnung gelebt hat,
die nur Hoffnung ist,
wenn man sie ganz radikal lebt

Carlo Maria Kardinal Martini

Carlos Leben war ein wunderbarer Brief Gottes
und richtet sich mit seiner lichtvollen Botschaft
an die Gewissen.
Für euch, für mich ein Erbe,
das wir zu unserer und zu aller Freude erschließen sollten

Ernesto Balducci

INHALT

EINFÜHRUNG

Die gute Aufnahme, die Carlo Carrettos Briefe an seine Schwester Dolcidia, »Weil deine Liebe mich treibt«, (im folgenden LD abgekürzt) und besonders seinem Tagebuch aus dem Noviziat in El-Abiodh, »In der Wüste bist du bei mir «, (EA abgekürzt) beschieden war, hat eindeutig das große Interesse für das noch unveröffentlichte Material bekundet, das sich dazu eignet, ein menschlicheres und wirklichkeitsgetreueres Portrait seiner Persönlichkeit freizulegen und zu zeichnen. Dies schien mir auch deshalb geboten, da Carlo Carrettos großer schriftstellerischer Erfolg und die Rolle, die er im kirchlichen Leben gespielt hat, es durch offensichtliche Voreingenommenheiten und nicht selten polemische Vorurteile auf Dauer zu gefährden drohten. Aus diesen Aufzeichnungen trat dem Leser ein Fratel Carlo entgegen, der dem seiner bekannteren Werke und einiger seiner aufsehenerregenden Taten durchaus entsprach; doch vor allem begegneten in ihnen der Mensch, der, weit von jeder apologetischen Absicht oder schriftstellerischen Tendenz entfernt, sozusagen in einem inneren Dialog mit sich selbst und mit den Menschen, die seinem Herzen am nächsten standen, einen höheren Grad an Seinswahrheit gesucht hat, um weiter glauben und hoffen und seinen Zustand der »Verliebtheit in Gott« unversehrt bewahren zu können.

Inzwischen haben einige gründlichere wissenschaftliche Studien Aspekte und Verhaltensweisen verdeutlicht, die weniger in Erscheinung getreten sind[1]. Diese Arbeiten samt dem Rat und den Vorschlägen, die Freunde und Augenzeugen uns diesbezüglich zugehen ließen, erlauben es uns, diese, zum größten Teil noch unveröffentlichte Gruppe von Aufzeichnungen, die im Ver-

---

[1] Wir verweisen auf das liebevoll gezeichnete Portrait von P. TARDINI, »La tenerezza di Dio« in: *Il Regno – attualità*, 20 (1988), 592–594; und auf die wissenschaftlichen Arbeiten von B. VANDENNIEUWENBORG, *La pauvreté dans la spiritualité de Carlo Carretto*, Lizentiatsarbeit an der Katholischen Universität Löwen (Belgien), 1987, und von L. A. DE MOLA, *La fede, la storia e i due amori, tratti ecclesiologici nel pensiero inedito di Carlo Carretto dal 1946 al 1954*, Lizentiatsarbeit an der Päpstlichen Lateran-Universität, Rom 1990.

lag Cittadella in Assisi erschienen, mit strengeren exegetischen Maßstäben und realistischerer Begeisterung zu behandeln.

Carlo hat über seine Briefschaften und seine persönlicheren Aufzeichnungen aufmerksam gewacht; noch kurz vor seinem Tod hat er selbst für die Vernichtung einer Fülle von Unterlagen gesorgt, die man seiner Meinung nach einzig dem Gedächtnis Gottes und nicht dem der Menschen überlassen durfte; wenigstens, was ihn anging. Zwei ansehnliche Stapel gingen – in Rom und in Spello – in Flammen auf und entzogen das, was er einzig der Barmherzigkeit Gottes anvertrauen wollte, jeglicher Neugier. Wir wissen, daß darunter auch Dokumente waren, die dem Bild seiner – in gewissen Augenblicken »so von seinem Protest herausgeforderten« und doch immer »so sehr geliebten« – Kirche schaden konnten. Was übriggeblieben ist, kann also kein Licht in gewisse geschichtliche Ereignisse bringen, und man darf auch nichts erwarten, was die journalistische Sittenstrenge reizen könnte, die oft genug darauf aus ist, auch das letzte pikante Skandalgeschichtchen zu erhaschen. Vielmehr können diese Dokumente allen helfen, denen die von einem Zeugen mit seiner unbeirrbaren Begeisterung oder mit seinen eingestandenen Schwäbchen, vor allem aber mit seiner unbestrittenen und nie verleugneten Liebe zu Jesus Christus gelebte Wahrheit ein Herzensanliegen ist.

Im vorliegenden Buch wird der *Fundus Carrettos / Jesus Caritas* erwähnt, der im Hinblick auf die Bibliographie oder wissenschaftliche Untersuchungen über Carlo Carretto geschaffen worden ist. Das dort gesammelte Material stammt aus seinen Briefen und vor allem aus seinem Tagebuch. Die Briefe sind im besonderen an seine Angehörigen und seine engsten Freunde gerichtet, wenn sich darunter auch »Rundbriefe« befinden, die Carlo einfach mit einer Adresse und mit ein paar Bemerkungen versehen hat, die Gedanken, Einsichten, und Erwägungen wiedergeben, oft einfach »Geisteszustände«, mit denen er bei besonderen Anlässen, die er mitteilen mußte, nicht an sich halten konnte. Was hingegen das Tagebuch betrifft, so liegt uns eine mehr oder weniger vollständige Sammlung autobiographischer Aufzeichnungen vor, die sich von 1933 bis einschließlich 1953 erstrecken. Sie besteht aus Kladden, in denen die innersten Überzeugungen Carrettos während der Jahre festgehalten sind, da er seine persönlichsten Gedanken nicht frei zum Ausdruck bringen konnte; vor seinem Tod hat Fratel Carlo auch Blätter dieses Tagebuches vernichtet, so daß es jetzt unvollständig ist. Eine andere literarische Form, die stilistisch der Autobiographie nahekommt, besteht – über das bereits veröffentlichte algerische Tagebuch[2] hinaus – in einer Reihe von Kladden, in denen von 1960 bis 1966 die Entwicklung seines Denkens oder seine Betrachtungen und Gebete ihren Niederschlag fanden. Schließlich sind noch eine Reihe von Blättern vorhanden mit Meditationen, geistlichen Vorträgen und verschiedenen Notizen zu persönlichen Zwecken.

Sprach man Carlo Caretto darauf an, seine Autobiographie zu schreiben oder wenigstens die Erinnerungen an die hervorstechendsten Ereignisse seines bewegten Lebens systematisch festzuhalten, antwortete er bis zu seinem Ende, seine Lebensgeschichte sei ganz in seinen Büchern enthalten, und man würde vergebens von biographischen Einzelheiten, die er lieber dem Schweigen überlassen möchte, mehr Licht erwarten. Diese Entscheidung entspricht sicher der Wahrheit, aber sie ist Carlos Entscheidung; der Forscher, der Historiker und der diskrete Freund dürfen sich, wenn sie ihren urkundlich belegten Beitrag leisten, nicht von der Zusammenarbeit mit dieser Wahrheit distanzieren.

Aus eben dieser stärker empfundenen Notwendigkeit hermeneutischer Strenge ließen wir uns bei der Herausgabe des vorliegenden Werkes leiten. Dabei beschränkten wir uns darauf, all die autobiographischen und literarischen Daten zu sammeln und chronologisch zu ordnen, die es Fratel Carlo ermöglichen, von sich zu reden, und – wo dies zur Verdeutlichung ratsam erschien – ergänzende Angaben und Einschätzungen aus Veröffentlichungen oder Untersuchungen einzufügen, um ein möglichst vollständiges Gesamtbild zu erreichen. Unsere Auswahl stellt nicht den Anspruch, erschöpfend zu sein, sondern will den Leser nur auf dem geistigen, geistlichen und menschlichen Weg einer Persönlichkeit begleiten, die das Leben vieler Christen in vielen Ländern geprägt hat.

Das Hauptanliegen, das uns bei unserer Arbeit leitete, war nicht, wie schon gesagt, ein noch verborgenes Antlitz Carlo Carrettos zu enthüllen, als vielmehr die Kenntnis seiner Persönlich-

[2] C. CARRETTO, *In der Wüste bist du bei mir – Geistliches Tagebuch*, Freiburg in Br. 1991.

keit sozusagen mit einer konkret-menschlichen Dimension aus-
zustatten, die notwendigerweise intimer und persönlicher wäre
als all das, was aus seinen schon vorliegendean Schriften unmittelbar hervorgeht. Dabei haben wir uns gewissenhaft an den Rat
gehalten, den Père René Voillaume uns vor einiger Zeit gegeben
hat, als wir ihn fragten, ob es wohl passend sei, einem größeren
Leserkreise die noch unveröffentlichten Aufzeichnungen Fratel
Carlos zugänglich zu machen. Seine Antwort lautete, es sei der
Mühe wert und er fügte hinzu: »Aber laßt ihn selbst sprechen«.
    Unsere Absicht war es also, Carlo Carretto durch seine Tage-
bücher, seine Briefe und die autobiographisch ergiebigsten Seiten
seiner Bücher – ergänzt mit erklärenden Anmerkungen über historische Ereignisse und biographischen Hinweisen – die eigene
Lebensgeschichte erzählen zu lassen. Manchmal besteht unsere
Dokumentation nur in einer kurzen zeitlichen Angabe, manchmal bezieht sie sich auf Aussagen oder Dokumente, die allgemein
bekannt sind. Nie haben wir uns jedoch auf unsere persönliche
Bekanntschaft berufen, auf die mehr als zwanzigjährige gemeinsame Tätigkeit, die uns seit den Zeiten der GIAC in Rom mit den
Idealvorstellungen von Kirche und Christenleben verband und die
dann fast von selbst auf unseren beiderseitigen Entschluß hinauslief, in die geistliche Familie Charles de Foucaulds einzutreten.
    So findet sich im vorliegenden Buch fast keine Spur von den
langen Abenden der Genesungszeit, die Fratel Carlo bei uns in der
Fraternität von Foligno verbracht hat. Der Zwang zum Schweigen, die Weisheit des Krankseins mit seinen Ängsten und Ein-
samkeiten, gegen die es kein Heilmittel gab, drängten ihn zu den
Stätten seiner Erinnerung und machten sie zum Gegenstand der
Bestandsaufnahme, der Abrechnung und des Urteils über ein Leben, das der nahe Tod jetzt vor dem Richterstuhl Gottes friedlicher und echter erscheinen ließ. In seiner Lebensgeschichte
tauchten Bilder der Vergangenheit auf, die uns anscheinend nicht
berührten und mitunter fast zu einem reißenden Strom von Erinnerungen anschwollen, wenn man gezieltere und persönlichere
Fragen stellte. Die Wißbegier der jüngeren Brüder weckte bei ihm
so offenherzige und erstaunliche Antworten, daß die Stunden nur
so dahinflogen und man unter dem Eindruck dieser seiner unveröffentlichten, außergewöhnlichen Erinnerungen gepackt festzuhalten versäumte, was er uns ganz unverhofft anvertraute. Vor

allem die Erinnerungen an die entscheidenden Jahre seiner römischen Zeit waren reich an Einzelheiten, aber wir wußten, daß diese vertraulichen Mitteilungen für das Reich des Gebetes und nicht für die fromme Gerüchteküche bestimmt waren, wenn seine Erzählungen auch nie einen Hauch von Bitterkeit enthielten oder gar, wie fein auch immer, nach Revanche schmeckten. Sie wurden vielmehr in der ihm nun eigenen *Großmut* von einem listigen Lächeln voller piemontesischer Schläue und vergebender Barmherzigkeit vielsagend begleitet. Die Oberhand behielt dabei immer seine aufrichtige Liebe zur Kirche; sie steckte uns regelrecht an, und eben diese Haltung kindlicher Liebe gab auch den Anstoß zu dem hier vorliegenden Werk. Die uns von Fratel Carlo gewährten Einblicke haben daher die Richtung dieses Buches bestimmt, waren aber nicht seine Voraussetzung.

Was für ein Portrait ergibt sich daraus? Der erste Eindruck, den man daraus gewinnt, ist der einer tiefen geistlichen Kontinuität auch im Wandel der Ereignisse und der persönlichen Verhältnisse. Carlo Carretto zeigt sich uns mit einer so festen und gleichförmigen Treue zu sich selbst, daß sie eine gewisse, leichtfertig verbreitete Legende entkräftet, die sich auf ebenso oberflächliche wie weit verbreitete Auffassungen stützt und behauptet, er sei umgewandelt aus der Wüste gekommen; ebensowenig gibt es auch im Hinblick auf Spello in seinem Leben ein Vorher und ein Nachher. Das tragende Gerüst seines Lebens besteht tatsächlich und vor allem in der »gewaltigen Wirklichkeit« seines Glaubens, der so allumfassend, so alles einbeziehend ist, der so unverschämt, furchtlos und ohne Rücksicht auf Menschen laut verkündet wird, der so echt wie einfach ist, daß er begeistert und freudig als etwas ganz Selbstverständliches und Unwiderstehliches bekundet wird, auf das alles hinauslief und bezogen wurde, und der sich als Kernpunkt erweist, nach dem alles gemessen und beurteilt wird. Es ist ein Glaube an Gott Vater, den er in herzlicher Väterlichkeit dem Kind zugetan sieht, das ihn freudig zu einem Spaziergang am Ufer des Po erwartet; es ist ein Glaube an den Sohn, zu dem er sich in seiner Jugend unausweichlich hingezogen fühlt und den er in seinem Wort und im Altarsakrament lieben lernt; es ist ein immer neuer und umwerfender Glaube an den Geist, der ihn zu der Freiheit der Kindschaft führt, die ihn von den unbeschwerten Abenteuern zu den gewagteren und verlokkenderen der Jüngerschaft gelangen läßt; es ist ein Glaube an die Kirche, deren er sich als einer bunten und zahlreichen Familie von gesundem und eifrigem Salesianertum erfreut, das ihn gleichsam an der Hand nimmt und zum gefährlicheren Dienst in der großen Kirche führt.

Dieser Glaube, das Charisma des Glaubens, das ihm zuteil geworden ist, bildet das Kontinuum seines Zeugnisses. Wer, im Leben Carlo Carrettos Brüche und Etappen festzustellen sucht, um sie an strategisch wichtigen Punkten anzuordnen als Verständnishilfen für Entschlüsse und Entscheidungen, die beweisen sollen, er sei gegen den Strom geschwommen oder – wie auch böswillig behauptet wurde – ein überspannter und extravaganter Typ gewesen, der muß sich getäuscht sehen. Es gibt keinen Carlo vor und nach den Wüstenjahren; denn seine eigentliche Wüste hat er einsam und unverstanden im Herzen der Kirche durchlaufen und nicht erst in der Sonnenglut und im Zauber der Sahara-Dünen. Arturo Paoli sagt mit Recht, Carlo habe sich schon vor seiner Ankunft in der Wüste von allem getrennt, wenn er auch noch Seidenhemden im Koffer gehabt habe [3].

Übrigens genügt schon ein Blick in sein literarisches Schaffen: Von Stil und Inhalt her bleibt er sich seiner schriftstellerischen wie seiner religiösen Veranlagung nach völlig treu. Carlo Caretto ist immer derselbe in Gott Verliebte, der jede Chance nutzt, sei sie gelegen oder ungelegen, um von ihm zu sprechen, von seiner großen Liebe, erfüllt von dem Wunsch, sie kundzutun und für sie zu werben. Ebenso gibt es seit den Jahren in Spello keinen anderen Carlo Carretto, vielmehr ist er immer noch der Mann der GIAC, etwas arglos, ein wenig Träumer, etwas optimistisch, etwas hilflos, etwas enthusiastisch, etwas von einem Propheten und immer bis über die Ohren verliebt in seinen anspruchsvollen und unbegreiflichen Gott.

Das ist der Schlüssel zum Verständnis seines Einsatzes in Rom, zumal in der Politik. Letzteren ohne eine hinreichende Dokumentation zu beurteilen, könnte zu einer Fehleinschätzung führen, die der bei Carlo angeblich durch die »Operazione Sturzo« verursachten Krise nicht entspricht. In Wahrheit hat man Carlo

---

[3] A. Paoli, »El Abiodh 1954–1955« in: *Famiglia Carlo de Foucauld*, 37 (1990), 76–84.

an die Politik »ausgeliehen«, und er war der Meinung gewesen, sein Einsatz sei eine Notmaßnahme zur Abwehr einer Gefahr, der des Kommunismus, die man in jenen Jahren für tatsächlich gegeben hielt. Was er nicht verstand und nicht akzeptieren konnte, war, daß man seinen Glauben und seine »Liebe« einfach zu wahl- und machtpolitischen Zwecken ausnutzte. Die Weitsicht des Glaubens gestattete es ihm nicht, im Anderen durch die Brille einer Partei den politischen Gegner zu sehen; die einzig wahre Haltung konnte nicht darin bestehen, daß man sich demokratisch »gegen« den Anderen zusammenschloß, sondern zum Wohle aller in Wahrheit und Gerechtigkeit. So war es auch nicht der Gedanke an eine »rechte« Alternative zum Kommunismus, der ihn unerbittlich und treu in der Opposition zur kommunistischen Front kämpfen ließ. Mit dem Ende der »Gefahr« endet auch sein politischer Einsatz; das haben bekanntlich andere in der Kirche nicht auch so erlebt: daher denn auch seine Ratlosigkeit zu der Zeit, als man um jeden Preis das Kapitol erobern wollte.

Der politische Aspekt erinnert an das andere öffentliche Gesicht Carlo Carrettos: sein starkes Organisationstalent. Inwieweit es vielleicht ein Erbe seiner Heimat war, könnten ähnliche Begabungen großer Organisatoren unter den piemontesischen Heiligen des letzten Jahrhunderts erweisen, doch ihm lag die Leidenschaft des Machens bis in sein Alter so sehr im Blut, daß sie eine Größe war, die immer zwischen Spiel und Selbstbestätigung balancierte. Aber das »weitblickende Schicksal« wird dafür sorgen, daß ihm jede trügerische Illusion genommen wird, damit er nicht mehr auf das Tun, sondern auf das Mit-sich-tun-Lassen setzt. Das ist die wahre Schule des Kreuzes, die strenger und radikal entäußernder ist als jede von Menschen erfundene Askese. Carlo wird sich in ihr üben während der ganzen Spanne seiner Existenz, vom Exil in Bono auf Sardinien bis zu den »dunklen« frühen fünfziger Jahren: »niemand sucht mich mehr, und ich weiß nicht, was ich noch tun soll« (vgl. S. 204), bis hin zu manchen bitteren Enttäuschungen seiner letzten Lebensjahre.

Doch in dieser Serie immer wiederkehrender »Entäußerungen« nimmt das wahre Antlitz des Liebenden feste Züge an, das Antlitz des aufmerksamen Jüngers, der immer darauf achtet, wann er geduldig warten und wann er seine schnelle und sichere Entscheidung treffen muß. Bei Widrigkeiten verfällt er nicht in

Selbstmitleid, sondern wartet mit der Einfalt des Kindes, das sich über die unterschiedlichen und anscheinend unbegreiflichen Phasen des Vaters wundert, zuversichtlich das Ende der Prüfung ab, um wieder weiterzuspielen. In keiner Lage, auch vor seinem Tod nicht, verlor er je die Fähigkeit des Staunens: »Das Staunen ist ein Geschenk gewesen, das Gott mir gemacht hat«, und erklärt, »daß ich es vielleicht meiner Mutter verdanke, die immer ein Lied auf den Lippen hatte« (vgl. S. 377 f).

Eben dieses Spiel des dem Vater liebend zugetanen Kindes ist auch die Sicht, in der man seinen Einsatz in der Kirche und in der GIAC betrachten muß. Als alter Mann wird er, nunmehr im Licht der Weisheit des Konzils, die es ihm ermöglichte, das Feuer seiner jungen Jahre aus größerer Distanz zu beurteilen, ohne jedes Zögern sagen, er würde, sollte er noch einmal von vorn beginnen, alles wieder genauso machen. Nicht aus Angeberei, sondern weil er als Liebender auf die Macht der Gnade setzt, die nicht in der Stärke wirkt, sondern in der willig hingenommenen Schwäche, über die die Gott allen Segen ausgießt. In dieser reich gesegneten Hinfälligkeit liegt das Geheimnis der wahren christlichen Gemeinde, die sich, auch äußerlich, als feste und unüberwindliche Stadt darstellt. All das hat jemand als bloß irreführenden Triumphalismus hingestellt. »Aber nein«, antwortet Carlo, »wir haben versucht, die Furcht zu überwinden…, wir waren schwach, wir waren immer in der Minderheit. In der Schule war ich immer allein gegen alle, wenn es darum ging, für Christus einzutreten, und im Leben ebenfalls.« So mutig Christus anzuhängen, war kein Triumphalismus, da es im Zeichen des Kreuzes und der Niederlage geschah; »der gefährliche Triumphalismus hat sich nach dem Sieg der Democrazia Cristiana im April 1948 eingestellt. Die Politiker haben begriffen, was für eine Macht die Katholische Aktion war, und versucht, sie auszunutzen« (S. 113).

Seine Haltung der Kirche gegenüber scheint, zumal in seinem letzten Lebensabschnitt, von starker Spannung geprägt zu sein, wie einige wohlbekannte Zeilen nahe legen: »Wie anfechtbar bist du doch, Kirche, und doch liebe ich dich so!… Ich möchte dich in Trümmern sehen, und doch brauche ich dich hier und jetzt. Du hast mir soviel Anstoß gegeben, und doch hast du mich begreifen lassen, was Heiligkeit ist« (S. 370).

Aber man muß Fratel Carlo verstehen. Sein Ton ist nicht der

eines Liebenden der trotz seiner Enttäuschung nicht ohne die Geliebte auskommt, sondern es ist genau genommen immer das Herz des Sohnes, das spricht, weil ihm, auch auf dem Krankenlager im Hospital, die Schönheit der Braut ein Anliegen ist, der Braut, für die Christus sein Leben hingegeben hat. Sie schwebt ihm kraft des Wirkens des Geistes makellos vor Augen, weil das Böse »die metaphysische Tiefe« ihrer eigentlichsten und verborgensten Wirklichkeit »nicht erreichen konnte«; weil sie schon immer »mit ewiger Liebe« und ohne Reue geliebt wird. Die Kirche lieben, heißt, glauben, daß sie in Christus heilig ist, ohne die Augen davor zu verschließen, daß sie ständig der Umkehr bedarf, doch immer zu glauben, daß er die ausgetrockneten Gebeine in üppiges Leben verwandeln kann, weil er allein fähig ist, alles neu zu machen, vor allem unsere Herzen: »das ist das göttliche Milieu in der Kirche« (S. 371).

Carlo Carrettos Ekklesiologie ist daher zutiefst christologisch, in der Liebe zu Jesus verwurzelt, dem Freund, »dem größten und verläßlichsten, den ich habe« (S. 304), und schaut immer auf ihn, den einzigen festen Punkt »an unserem armen Horizont«. Diese persönliche Sicht der Kirche ist nicht »von Mystik angehaucht«, sondern das Ergebnis einer konkreten Entwicklung, angefangen bei der Person der Bischöfe in einem ganz bestimmten Lebenszusammenhang – so zum B.eispiel im Brief an seinen Bruder Piero bei dessen Ernennung zum Missionsbischof in Thailand (S. 134f); sie ist und von einer Katholizität unterstrichen, mit der ihn zunächst sogar sein Kirchenerlebnis in der GIAC und dann die von missionarischem Atem erfüllten Reisen, die er in seiner leitenden Funktion gemacht hat, für immer bereichern sollten. Also eine sakramentale Auffassung von der Kirche, frei von Heuchelei und Komplizenschaft mit der Macht und realistisch gesehen als Ort der Treue Gottes, aber auch als Ort der Versuchung.

In diesen autobiographischen Aufzeichnungen Carlo Carrettos zu lesen heißt auch, die Bekanntschaft berühmter und weniger berühmter Persönlichkeiten zu machen, die Carlo in seiner gewohnt anschaulichen Darstellungsweise mit knappen Federstrichen zu zeichnen versteht. Sie bilden eine regelrechte Galerie, die von den zarten, liebenswürdigen Bildchen aus dem Familienkreis bis zu den in kräftigen Farbtönen gehaltenen Portraits der Persönlichkeiten reicht, deren Einfluß sich auf sein Leben auswirkte. Unauslöschlich prägt sich die Szene seiner ersten Begegnung mit Luigi Gedda ein, dem jungen Arzt mit dem weißen Kittel, der zwanglos mit ihm über Christus, die Kirche und andere Dinge spricht. Bedeutsam sind das Verhältnis zu Giuseppe Lazzati (S. 232 f) und das »Friedenstreffen«, das er 1953 in Sankt Peter in Rom mit Dossetti hatte, der Carlo endgültig den Weg zu einem gottgeweihten Dienst in der Kirche weist, einem Dienst in Verborgenheit und an den Armen (S. 239). Beeindruckend ist aber auch die Erinnerung an seine Begegnung mit Giorgio La Pira in Florenz. Während er mit ihm über eine sichtbare und äußere *societas christiana* diskutiert, zeigt sich der junge Professor besorgt um den Freund, der Gefahr läuft, sich auf seinen ständigen Vortragsreisen aller Innerlichkeit zu begeben; sein Apostolat kann mechanisch, stereotyp, in einem Wort, dürr und unfruchtbar werden: »Wichtig ist nicht,« rät La Pira, »was wir sagen, sondern wie wir es sagen.« Die anderen »müssen im Redner einen neuen Aufbruch spüren, eine Überraschung nach der anderen, kurz, das Wunder« (S. 92).

Schon dieses eine Blatt offenbart eine Menge über das wahre Antlitz Carlo Carrettos, über das Maß seiner tiefen Einheit und über die Gediegenheit seiner Liebe zu Christus und zur Kirche. Der erfolgreiche Vortragsredner sorgt sich nicht so sehr um neuen Stoff für die Ansprachen, die er in seiner leitenden Stellung hält, sondern zeigt sich ernstlich beunruhigt von dem Risiko, nicht wachsam erfunden zu werden: damit es ihm nicht passiert, daß er, während er als Apostel die anderen drängt, zu Christus hinzueilen, zum geistlichen Routinier und seinerseits zu leicht befunden wird (1 Kor 9,27). Hier zeigt sich bei Carlo wieder der typischste Zug seines verborgenen Antlitzes, sein unverwüstliches und wahres Bild: Er ist ein Liebender, der auf jede Weise den Spuren Christi folgt trotz all seiner Beschränkungen – er wird von sich sagen, er sei stets der kleine Spitzbube von Moncalieri geblieben – und sich einzig darum sorgt, den Gleichschritt mit seinem Meister zu wahren, was immer es auch koste. Niemand durfte ihn von seiner Liebe trennen; »von Mal zu Mal, wenn die Politik uns sagte: Seid stark und mächtig, wurde in mir die Stimme Jesu immer lauter: Ohne mich könnt ihr nichts tun« (S. 214).

Schließlich noch ein paar Hinweise zu den Fußnoten: Außer der nachlässigen Gliederung oder der ungenauen Zeichensetzung ist die exakte Datierung des Briefwechsels oder der verschiedenen Notizen ein verzwicktes Problem: Carlos Korrespondenz zeichnet sich aus durch ständiges Fehlen oder nur ungenaue Angaben des Datums – das Jahr erwähnt er fast nie –, oder sie trägt Daten, die für uns wenig besagen, für ihn aber bedeutsam waren und die einzelnen Stadien seines inneren Weges und das Echo erkennen lassen, das gewisse Tatsachen oder Ereignisse bei ihm ausgelöst haben.

Außerdem haben wir bewußt darauf verzichtet, Aufzeichnungen zu veröffentlichen, die sich als nicht zweckdienlich erwiesen haben und den Gang der Geschichte belasten – z. B. bürokratische und ähnliche Fragen – auch manche andere, deren Veröffentlichung aus Gründen der Diskretion sich im Augenblick verbietet.

Viele Personennamen, auf die man in diesen Blättern stößt, sind, mögen sie auch von Carlo zitiert worden sein, nur schwer zu identifizieren, sei es, daß sie nur ungenau wiedergegeben sind, oder daß es sich um Gäste handelt, die die Fraternitäten nur auf der Durchreise besucht haben.

Wir möchten hier allen danken, die durch ihr Entgegenkommen zur Ausführung der vorliegenden Arbeit beigetragen haben: dem stituto per la storia dell' Azione Cattolica e del Movimento Cattolico in Italia, Paolo VI« und den Sekretariaten der Kleinen Brüder Jesu in Marseille und der Kleinen Brüder vom Evangelium in Brüssel. Besonders aber: Rita Calosso und Renzo Gentile, Giuseppe Bellia, Maria Teresa Benigni und Massimo Bernabei, Francesca Tomanin, Jean-Francois Nothomb und Cesco Dessanti für den Einband. Schließlich seien all die Freunde aus der GIAC genannt, die mit Carlo einmal zusammengearbeitet haben.

In der Liebe Jesu!

Gian Carlo Sibilia

Abtei Sassovivo, Foligno, 15. August 1991

VERZEICHNIS DER VERWENDETEN ABKÜRZUNGEN

Im Elternhaus

1907 – 1926

1907

7. Februar

In Camerana (CN) schließen Luigi (Aloisius) Carretto (*1879) und Maria Rovea (*1887) miteinander die Ehe.

1. November

Geburt Paola Emerentianas (genannt Emerentiana).

1908

1. November

Geburt Dolcidias (auch Dolce genannt).

1909

Die Familie Carretto zieht um nach Alessandria, wo Vater Luigi das Examen zur Anstellung als Rechnungsprüfer erster Klasse bei der staatlichen Eisenbahn besteht. Die Wohnung befindet sich im Stadtteil »Cristo« auf der Via Acqui 54.

»Unsere Familie ist ein einziger Segen des Herrn gewesen. Seit er Euch einander zugeführt und miteinander die Ehe eingehen lassen hat, ist seine Hand Euch gegenüber immer freigebig und mild gewesen. Die eine gut, der andere durch und durch gut, der eine fleißig, die andere noch fleißiger. Du, Papa, hast nur an Deine Familie gedacht, und Du, Mama, hast mit Deinem Fleiß und Deinem Einfallsreichtum dafür gesorgt, daß das magere Gehalt bis zum Monatsende reichte. Alles hast Du getrieben: von der Kastanienverkäuferin bis zur Pantoffelherstellerin« *(C 18)*.

»Nie haben wir in unserer Armut etwas außer dem zu entbehren brauchen, was nur dazu gedient hätte, die kleine Familiengemeinschaft auf ihrem Zug zum Himmel abzulenken und zu belasten. Ihr ging es darum, ohne Probleme aufzuwerfen, dieses einfache und fesselnde Abenteuer auf sich zu nehmen. Meine Mutter... konnte aus alten und verschlissenen Lappen noch nützliche Sachen für die vielköpfige Familie machen, die sie in Armut und Gottvertrauen großgezogen hatte. Ich weiß ganz sicher, daß die Kleider der ältesten Tochter, ausgebessert und passend gemacht, an die zweite weitergereicht wurden, die ihr auf dem Fuß folgte und keine Zeit hatte, sich zu beschweren, weil sie immer damit beschäftigt war, ihren kleineren Geschwistern zu helfen, die sich ihrerseits daran gewöhnten, zum Himmel aufzuschauen, als ob sie nach etwas Ausschau hielten, das zweifellos im rechten Augenblick käme« (SF 11 f).

1910

2. April

Samstag, 6 Uhr: Geburt Carlo Carrettos.

7. April

Er wird vom Pfarrer, Don Enrico Tascherio⁴ in der Pfarrei S. Giovanni Evangelista getauft. Paten sind Onkel und Tante Carlo Carretto und Anna Giorello.

»Ich bin in Alessandria geboren... es traf sich so. Diese Stadt hat nämlich nichts mit meiner Familie zu tun, deren Stamm auf den Hügeln der Langhe verwurzelt war. Mein Vater und meine Mutter waren dort Bauersleute, und etwas von der Kraft, Süße und Frömmigkeit jenes herrlichen Landes lag in ihrem Blut. Alessandria war der vorläufige Anlegeplatz meiner damals jungverheirateten Eltern, die von ihrer Heimat fortzogen, um Arbeit zu suchen. Die Familie wandte sich von der bäuerlichen Kultur ab, die, Gott Dank, seit Generationen und Generationen ihr kostbarer Besitz gewesen war und die sie noch zusammen mit dem bißchen Hausrat mitbrachte, das sie von ihren Eltern ererbt hatte, die dort oben zurückgeblieben waren, um ihr Leben sanft erlöschen zu lassen wie das Licht eines herbstlichen Sonnenunterganges. Zu diesem Auswandern einer jungen Familie möchte ich etwas berichten, dessen ich mich wieder erinnere, wenn ich an die zahl-

---

⁴ *Enrico Tascherio* (1863–1945), Piemontese, Priester (1887), Pfarrer des Stadtviertels Cristo (1904–1913).

losen Auswanderungen denke, zu denen Arbeitslosigkeit, Not und manchmal auch plötzliche Naturkatastrophen wie Wolkenbrüche oder Erdbeben den Anstoß gaben. Mein Vater hat mir erzählt, wie in einem Unglücksjahr für die Bauern ein unerhört schwerer Hagelschlag im Land alles vernichtet hatte. Das schlimmste war, daß das Unwetter sich nicht im August ereignet hatte, wie es im Landstrich der Langhe ziemlich üblich ist – dann trifft es nur die Weinberge –, sondern im Juni, wenn nicht nur die Reben gefährdet sind, sondern auch die Ernte noch auf den Feldern steht. Kurz, in jenem Jahr hatte der Hagelschlag alles vernichtet: Korn und Wein, Mais und Gemüse. Nichts war verschont geblieben. Aus eben dieser Katastrophe hat sich das Neue, das Unvorhersehbare ergeben. Und es war sicher für meine Familie kein Pappenstiel. Mein Vater sagte mir zum Abschluß seiner Erzählung, dieses Ungemach habe ihm einen Stoß versetzt und in ihm den Gedanken reifen lassen, von Hause fortzugehen und anderswo Arbeit zu suchen. Er sagte es meiner Mutter, und sie war einverstanden« (HH 23 – 26).

1912

9. Juni

Geburt Pietros (genannt Piero oder Pierino)

»Und so geschah es, daß sie in Alessandria landeten, wo ich geboren wurde und zwei Jahre später mein Bruder« (HH 26).

1913

Die Familie zieht um nach Moncalieri vor den Toren von Turin, wo Vater Luigi auf dem vierten Stock des Bahnhofs Turin Porta Nuova seinen Dienst aufnimmt – und das wird 45 Jahre so bleiben. Man mietet eine Wohnung in der Via Baretti 52. Das religiöse Leben der Familie hat seine Schwerpunkte in den beiden Pfarrkirchen Santa Maria della Scala und Sant' Egidio; später werden die Buben die Werktagsmesse im Real Collegio Carlo Alberto der Barnabitenpatres besuchen, die Mutter Maria mit

Flickarbeit versorgt haben, und im Sommer verbrachten sie einige Ferientage im Kastell von Montaldo Torinese, das ebenfalls den Barnabiten gehörte.

»... und dann ging es weiter nach Turin, wo uns das Milieu erwartete, das für uns heranwachsende Armeleutekinder bildungsmäßig genau das Richtige war. Es war ein quicklebendiges Viertel am Stadtrand, wo es alles gab, aber vor allem das, was wir brauchten« (HH 26).

»Meine Familie war christlich, das steht fest. In ihr wurde ich zum Glauben geboren, lernte ich von klein auf beten, Gottesfurcht zu haben, in die Pfarrkirche zu gehen, das Fluchen zu meiden, bei Prozessionen mitzugehen und vor Weihnachten die Krippe aufzubauen. Denke ich an meine kindliche Religiosität, die gewiß traditionsgebunden und ziemlich statisch war, arm an kreativen Fermenten, so kann ich doch nicht umhin, höchst solide Werte in ihr zu finden. Ja, meine Familie hat mir geholfen, den Grund zu legen für Glauben und Hoffnung, und ich weiß es dem Boden der Langhe zu danken, aus dem ich das Leben gesogen habe« (ebd. 28 f).

»Mein erstes Gotteshaus war die Pfarrkirche, die mich als kleinen Knirps aufnahm, als Heranwachsenden in der Krise, als Jungen in der Entwicklung, als Empfangsantenne für alle schönen und weniger schönen Dinge auf der Straße, in der Schule, in der Fabrik, in den Betrieben, in der menschlichen Gemeinschaft, in die ich verwoben war... Wie sehr liebte und liebe ich die Pfarrkirche! Sie ist wie ein Boot auf dem Meer, eine Hütte im Wald, ein Unterschlupf im Gebirge. Sie bietet uns immer etwas, auch wenn sie alt und oft ohne Stil und Schönheit ist« (ebd. 45 f).

»Papa, Mama, erinnert Ihr Euch noch an Alessandria, an Moncalieri? Wenn wir trotz unserer Armut studiert haben, verdanken wir das Eurem Fleiß und noch mehr Eurem Wohlwollen.
In Moncalieri haben wir mitten unter Kommunisten gewohnt – Armen, die an nichts glaubten –, Du, Mama, hast uns den Glauben gegeben, hast uns vor dem Bösen bewahrt und uns gute Wege gewiesen. Als wir Moncalieri verließen, waren wir alle gut entwickelt, gesund, einander zugetan und – das darf man ruhig sagen – sittlich wohlerzogen« (C 18).

1915

Vater Luigi wird zum Kriegsdienst einberufen und Mutter Maria zieht mit den Kindern nach Castelnuovo di Ceva (CN) zu ihrem priesterlichen Schwager, Don Giovanni Carretto[5], der die Nichten und Neffen während dieser ganzen Zeit privat unterrichtet. Carlo absolviert bei seinem Onkel das erste Grundschuljahr.

1916

Carlo wird an der Scuola Statale, der öffentlichen Schule, von Moncalieri in das zweite Grundschuljahr aufgenommen.

1917

Rückkehr Vater Luigis von der Front am Monte Pasubio.

25. Dezember

Als Weihnachtsgeschenk trifft Vittorio, das fünfte Kind, ein.

1920

6. Februar

Innerhalb von nur vierzehn Tagen stirbt Vittorio an Lungen- und Hirnhautentzündung.

21. März

Carlo empfängt zusammen mit seinem Bruder Pietro und seiner Schwester Paola Emerentiana in der Pfarrkirche von Moncalieri durch Monsignore Andrea Masera, Weihbischof Gaetano Kardinal De Lais, des Erzbischofs von Sabina, das Sakrament der Firmung.

---

[5] *Giovanni Carretto* (1870–1939), Piemontese, Priester (1895), Grundschullehrer, Pfarrer.

Oktober

Er wird in die Regia Scuola Tecnica Pareggiata (Realschule) von Moncalieri aufgenommen.

»Ich bin immer ein Enthusiast gewesen, und mein Herz war nie leer. Als Zehnjähriger habe ich mit Begeisterung draußen gespielt, und wenn ich ganz außer Atem und mit beim Rennen und Soldatenspielen zerrissenen Hosen nach Hause kam, schlug mir das Herz« (ID 65).

1923

Juli

Carlo erhält auf der Regia Scuola Tecnica von Moncalieri sein Abschlußzeugnis (84/120). Erneuter Umzug nach Turin, wo die Familie Carretto über eine Eisenbahnergenossenschaft in der staatlichen Krankenkasse INAM eine Wohnung in der Via Rivalta 29 – jetzt Via Fratelli Carle 37 – erwirbt. Die Pfarrkirche ist jetzt S. Maria delle Grazie alla Crocetta, zu der auch der selige Pier Giorgio Frassati[6] gehörte.

1924

7. Dezember

Einweihung des Salesianer-Oratoriums der Crocetta[7] in der Via Caboto 27, Ecke Via Piazzi; sie wird der Anlaufpunkt der Carretto-Buben sein, während die Mädchen zum Oratorium der Maria-Hilf-Schwestern[8] in der Via Cumiana 14 im Borgo San Paolo gehen.

---

[6] *Pier Giorgio Frassati* (1901 – 1925), Piemontese, entstammte einer angesehenen Familie; der Vater war Eigentümer der Turiner Tageszeitung »La Stampa«, überzeugter Liberaler, Senator und italienischer Gesandter in Berlin. Pier Giorgio ist ein Laie, der den Herrn und die Welt mit einer echten und tiefen evangeliengemäßen Radikalität liebt und die Bewußtseinshaltung, zu der das Zweite Vatikanische Konzil gelangt ist, um viele Jahre vorwegnimmt. Mitglied der GIAC, ist er am 20. Mai 1990 von Johannes Paul II. seliggesprochen worden.

»Turin war wieder ein Segen. Die Wohnung, die Nähe der Salesianer[9], die Gesundheit« (C 18).

»Daß der Hagel ein Unglück war, ist eine Tatsache, die aber die Ursache dafür war, daß es uns in dieses Stadtviertel verschlug, wo uns das Glück so vieler Jugendfreundschaften zuteil wurde und wo sich, an der Spitze aller Glücksfälle für uns, ein kleines Oratorium von Don Bosco fand. Was war doch für uns dieses Oratorium! Was war doch für unsere Mutter das Kirchlein an der Via Piazzi, wo sie hinging, um zu beten und Kraft zu schöpfen! ... Daß wir unsere Jugend an einem Ort verbrachten, der so förderlich war für die Entwicklung unseres Glaubens und so reich an erstaunlichen Begegnungen, war für unsere Auswandererfamilie eine große Hilfe, in sozialer Hinsicht reifer zu werden und offener für das Gute. Dort nämlich empfing mein Bruder seine missionarische Berufung, dort kamen dann auch meine beiden älteren Schwestern auf Klostergedanken, die sie bis zur Ganzhingabe in der Profeß geführt haben« (HH 26 f).

»Wenn es etwas gibt, wofür wir dem Herrn danken müssen, dann dafür, daß wir in einer durch und durch christlichen Gemeinschaft geboren sind. Wenn ich an Papa und Mama denke, an das, was sie getan haben, um uns in den Glauben hineinwachsen zu lassen, läuft es immer darauf hinaus, daß meine Worte nicht ausreichen, dem Herrn für seine reichen Gnadengaben zu danken. Wir waren arm und waren glücklich. Wir kamen aus einer unbekannten Vorstadtfamilie und waren einander so zugetan, daß wir Gott nur um die Gnade zu bitten wagten, ihn in Ewigkeit loben zu dürfen. Wißt Ihr noch, wie es war, wenn wir zur Maian-

---

[7] Für die salesianische Welt ist die Crocetta nicht einfach ein Oratorium, sie ist sozusagen ein Mythus. Ganze, in der Schule Don Boscos erzogene Jugendgenerationen haben sie durchlaufen; aus ihren Reihen sind für die Kirche zahlreiche Priesterberufe gekommen, und etliche ihrer Besucher hat sie im öffentlichen Leben zu Amt und Würden geführt.

[8] Eine 1872 vom *heiligen Giovanni Bosco* – Don Bosco – und der *heiligen Maria Domenica Mazzarello* gegründete Kongregation päpstlichen Rechtes zur Jugenderziehung. Die etwa 18 000 Maria-Hilf-Schwestern verteilen sich auf 1 439 Häuser in 57 Ländern.

[9] 1859 in Turin vom heiligen Giovanni Bosco gegründete Kongregation päpstlichen Rechtes zur Erziehung und Betreuung der christlichen Jugend und Heranwachsender, besonders der Ärmeren und Wohnsitzlosen unter ihnen. Es gibt etwa 18 000 Salesianer in 1 485 über alle Erdteile verstreuten Häusern.

dacht in die Pfarrkirche Sant'Egidio in Moncalieri oder in Turin in die Kapelle der Salesianer in der Via Piazzi gingen und den Rosenkranz gebetet haben? Wir waren alle da, und unsere Familie hat genügt, diese alten Kirchlein mit Gebet zu füllen« (LD 183).

»Das Salesianische bildet den Mutterboden meiner Existenz. Es steht am Anfang meines geistlichen Lebens: ich bin Gott sehr dankbar, daß er mir dieses salesianische Gepräge gegeben hat. Wir waren als Umsiedler vom Land gekommen: es war unser Glück, daß wir in einer Großstadt wie Turin das Haus der Salesianer in der Via Caboto gefunden haben. Das Oratorium hat mich zu einem Leben nach dem Vorbild Don Boscos erzogen, und das nach einer ganz einfachen Methode, die wohl gerade auf jemand zugeschnitten ist, der aus dem Volk kommt, das sich eine gediegene Ausbildung, wenn sie nicht mit allzu großen Schwierigkeiten verbunden ist, sehr wohl zu eigen macht: Ich habe an den Salesianern immer das Gleichgewicht zwischen Fröhlichkeit und Gebet bewundert, ihre Fähigkeit, auf dem Weg über die Beichte mit großer Ehrfurcht Zugang zu den Seelen zu erlangen. Ich denke dabei an Don Valentini [10]. Außerdem bin ich noch Don Raineri [11] begegnet, der versucht hat, die Tätigkeit des Oratoriums auf Diözesanebene in die Katholische Aktion zu integrieren. Aus seinen Vorstellungen und seinen Gründungen habe ich gelernt, was die Kirche wirklich ist.« [12]

»Ich erkläre feierlich, wie stolz ich darauf bin, in einem so guten Boden wie dem Oratorium verwurzelt zu sein, wo ich eine christliche Erziehung erhalten habe, ohne die mir das Leben wer weiß was hätte bescheren können.« [13]

---

[10] *Eugenio Valentini* (1905), aus der Emilia, Salesianerpater (1931), Theologieprofessor und ehemaliger Rektor des Pontificio Ateneo Salesiano (Päpstliche Salesianer-Hochschule) in Turin und in Rom.

[11] *Giovanni Raineri* (1914–1983), Lombarde, Salesianerpater (1939); Theologieprofessor an den Salesianer-Hochschulen in Turin und Rom und Pfarrer (1949–1965) in Colle Val d'Elsa (SI). Nach seiner Tätigkeit als Inspektor und Ratsmitglied seiner Kongregation in Genua und Turin wird er (1978) in den Obernrat nach Rom berufen. Carlo Carretto bemüht sich später, wenn auch vergebens, ihn in Rom als Assistent in die Leitung der GIAC zu berufen.

[12] »Cronache salesiane – La morte dell'ex allievo Carlo Carretto« in *Bollettino Salesiano* 11 (1988) 8.

[13] G. Costa, »Dall'oratorio salesiano al deserto del Sahara« in *Bollettino Salesiano* 3 (1990) 36.

»Mit 14 Jahren war ich auf Abenteuer versessen, und die Nacht überraschte mich, wenn ich bei Kerzenschein Sandokangeschichten las« (ID 65).

1925

27. März

In den Oberkurs aufgenommen, besucht Carlo von nun an das Regio Istituto Magistrale – königliches Lehrerseminar – »Domenico Berti« in Turin.

31. Juli

Im Hause Carretto die Geburt des sechsten Kindes, Liliana (auch Lili genannt).

»Aber als ob es nicht genügte, daß der Herr Euch, liebe Eltern, die beiden Säulen aus dem Hause nahm, die beiden Töchter, tritt jetzt ein, was in meinen Augen vielleicht der zarteste Erweis der Güte Gottes sowohl Euch wie auch mir gegenüber war: Lilis Ankunft.

Habt Ihr das bedacht? Nach all den Jahren wird Liliana geboren, die die Schwestern ersetzen und ihrer eigenen Berufung nachkommen sollte, einem einzigen Gedicht der Güte seitens des Herrn. Liliana spielt in unserem Hause eine Hauptrolle, und man muß in ihr ein wahres, in Gottes Absicht gelegenes Geschenk sehen« (C 18).

»Kinderklinik. Du, Liliana, warst noch ein kleines Mädchen, und man hatte Dich mit Diphterie dort eingeliefert. Ich habe Dich besuchen wollen, aber man hat mir nicht gestattet, an Dein Bett zu kommen. Ich durfte Dich nur durch die Scheibe eines ganz breiten, geschlossenen Fensters sehen. Ich sehe Dich noch völlig so vor mir, wie Du damals warst: auf dem Bett sitzend, ein Fingerchen im Mund und mit langen Zöpfen. Du hast mich mit solch einem Gemisch von Schüchternheit, Freude und Einfalt angeschaut, daß ich mich in Dich verliebt habe. Ich sagte: Das ist meine Schwester!« (ebd.)

1. Oktober

Pietro nimmt Abschied und fährt zur Scuola Salesiana Missiona-
ria »Cardinale Giovanni Cagliero« nach Ivrea.

»Da nahmen die ganz großen Gnaden des Herrn ihren Anfang.
Die erste war Pieros Berufung. Eine echte, schöne und solide Berufung« (C 18).

»Dann wurden wir groß, und es begannen die Abschiede. Du
warst, der erste, Piero, der als Salesianer in die Missionen ging. Ich
erinnere mich noch an Deine vor Begeisterung glühenden Augen.
Das war Leben! Und als ich später Dein Missionarskämmerlein
unter den hohen Kokospalmen von Bang-Nok-Kuek sah, habe ich
zum ersten Mal begriffen, was die Armut eines wahren Missionars ist, der um des Evangeliums Jesu willen schutzlos der Gefahr, der Hitze, den Tropenkrankheiten und der Mühsal preisge-
geben ist« (LD 183 f).

1926

Auf Bitten des Pfarrers[14] von Santa Margherita am Stadtrand von
Turin übernimmt Carlo in dieser Pfarrkirche den Dienst des Kü-
sters und in einer gutsituierten Familie den des Nachtwächters.
So kann er, wie schon zuvor, seine Studienkosten weiterhin
selbst tragen und auch noch zum Familien-Etat beisteuern.

»Er wollte die Eltern nicht um seinen Unterhalt bitten« – bezeugt sein
bischöflicher Bruder – »und hatte den Wunsch, unabhängig zu sein, die
Familie nicht zu belasten. Sogar, was er ersparte, wurde in nützlichen
Hausrat umgesetzt.«[15]

---

[14] *Sebastiano Stacchino* (1880–1959), Piemontese, Priester (1921) und Pfarrer
(1921–1958) von S. Margherita.
[15] G. Costa, »Dall'oratorio salesiano al deserto del Sahara« in *Bolletttino Sale-*
siano 3 (1990) 39.

32

Grundschullehrer

1927–1939

1927

Juni

Carlo erhält sein Grundschullehrer-Diplom.

Oktober

Er läßt sich in der philosophischen und pädagogischen Fakultät des Istituto Superiore di Magistero – Pädagogische Hochschule – in Turin immatrikulieren. Carlo ist für die Dauer des Schuljahres 1927 – 1928 Grundschullehrer in Galliate (NO).

»Durch Anordnung der Hochwohlgeborenen Frau Direktorin ist mir die Jungenklasse 4a, Sektion A, des Kollegen Massini übertragen worden, eine Klasse von 29 Schülern, darunter ein Drittel Repetenten. Die Leistungen fallen allgemein etwas ab, besonders im Italienischen und im Rechnen« (SM).

In Galliate, wo er am Anfang der jetzigen Via XXV Aprile wohnte, hat er sich außerhalb der Schule pädagogisch auch noch als Hauslehrer der Familie Citterio betätigt, die in der Via IV Novembre wohnte. Außerdem gehörte er der Circolo Giovanile Cattolico »Juventus Christi Regis« – katholischer Jugendkreis »Christkönigsjugend« – an, der damals von P. Francesco Fasola [16] geleitet wurde. Unter den mehr als fünfzig aktiven Mitgliedern war er der einzige Lehrer.

Monsignore Fasola erzählte gern mit bewegten Worten eine kleine Begebenheit aus Carlo Carettos Leben. Als er sich an einem Herbstabend in Galliate befand, kurz nach Rückkehr von einer Wallfahrt nach Mailand, wohin er sich begeben hatte, um im Dom am Schrein des heiligen Karl Borromäus zu beten und ihn um seine Fürsprache zu bitten, damit wieder ein guter Lehrer in den Ort käme, der mindestens dem entspräche, der versetzt worden war, hörte er ein Klopfen an der Tür. Er war beim Abend-

---

[16] *Francesco Fasola* (1898 – 1988), Piemontese, Priester (1921); Pfarrvikar in Galliate (1922); Assistent und bischhöflicher Delegierter der Kahtholischen Aktion (1929); Oblate der Heiligen Gaudentius und Karl, Rektor (1943) des Sacro Monte di Varallo Sesia (VC); Pro-Generalvikar von Novata (1946). Weihbischof in Agrigento (1954) und Catagirone (1961); Erzbischof-Archimandrit von Messina (1963 – 1988). Vgl. A. Gaglio, *Grazie Padre*, Agrigento 1988.

essen. Er stand auf, um zu öffnen, und hatte einen jungen Mann in Kniebundhosen vor sich.

— Wer bist Du?
— Ich bin der neue Lehrer.
— Wie heißt Du?
— Carlo Carretto.
— Kann ich etwas für Dich tun? Willst Du mit mir essen?
— Nein, danke. Ich möchte der Pfarrei meine Dienste anbieten.
— Was kannst Du denn?
— Klavier spielen, zum Beispiel.
— So erhielt denn P. Fasola eine Tafelmusik zum Abschluß seines Abendessens.

»Mit 17 Jahren habe ich gern musiziert und verbrachte täglich bis zu acht Stunden am Klavier, den Nachbarn zum Verdruß und den Freunden zur Qual« (ID 65).

1928

Oktober

Carlo ist für die Dauer des Schuljahres 1928–1929 Grundschullehrer in Gattinara (VC).

»Der Lehrer, der sich noch am Anfang seiner Laufbahn befindet, hat sehr gute Eigenschaften bewiesen: er studiert fleißig – er ist Hörer des dritten Jahres an der pädagogischen Hochschule – besitzt ein nicht alltägliches musikalisches Talent, ist aktiv und arbeitet freiwillig an der Förderung von Jugendverbänden mit. Die Bildungsarbeit der Schule im öffentlichen Leben ist ihm ein Anliegen, er hat Abendkurse eingerichtet, beteiligt sich an allen bürgerlichen und vaterländischen Veranstaltungen, ist ein Vorbild an Rechtschaffenheit und hoch geschätzt wegen seiner Geistesgaben, seiner Güte und seiner Charakterfestigkeit. Der Lehrer hat Qualitäten an die Schule mitgebracht, die nicht alltäglich sind: eine gute Bildung, gewissenhaften Fleiß und die ganze Begeisterung seiner jungen Jahre. Seine Unterrichtsunterlagen sind auf dem neuesten Stand; die Arbeit der Schüler wird von ihm durch die Korrektur aller Schulaufgaben sorfältig überwacht. Die Klasse ist diszipliniert, das Klassenzimmer sauber und aufgeräumt. Die Schüler arbeiten unter der Anleitung durch diesen Lehrer gern und mit Erfolg« (SM).

13. November

Pietro bricht mit fünfundzwanzig Begleitern, Salesianernovizen, nach Siam, dem heutigen Thailand, auf; eine dreißigtägige Schiffsreise auf einem Frachter mit anschließender dreitägiger Bahnfahrt bis Ratburi.

1929

1. Februar

Paola Emerentiana, Angestellte in der Manifattura Peretti in Turin, tritt in das Postulandat der Maria-Hilf-Schwestern ein.

»Dann bist Du gegangen, Emerentiana, um bei den Maria-Hilf-Schwestern einzutreten. Für mich war Dein Weggang viel schmerzlicher als der Pieros. Du hast mir gerade als Schwester sehr gefehlt, und damals habe ich auch begriffen, wie hoch die Ansprüche waren, die Jesus stellt, wenn er von uns um seines Reiches willen so schmerzliche und einschneidende Trennungen verlangt« (LD 184).

»Liebe Eltern, als ob es noch nicht genug gewesen wäre, wieder zwei gar nicht so leicht erträgliche Gnaden – nach der Berufung Pieros jetzt die Emerentianas und danach auch noch die Dolcidias. Das hat weh getan, ganz sicher: jede Trennung tut weh, aber wir können nicht sagen, wir hätten nicht gespürt, daß Gott seine Hand über uns gehalten hat! Die Berufung Eurer Töchter ist herrlich gewesen, nie haben sie versagt, nie ein Zweifel, nie eine Klage. Immer froh und zufrieden voran im Herrn, so sehr, daß sie Euer und unser Trost gewesen sind und sind« (C 18).

Für Carlo sind dies die Jahre seiner großen künstlerischen Leidenschaften: Malerei, Klavier, Geige, Gitarre, Akkordeon. Nach seinen Worten:

»Zuviel Zeit habe ich in meiner Jugend... dem Apostolat durch Unterlassungssünden entzogen« (PI).

»Mit 19 Jahren habe ich mich der Malerei ergeben, und sogar unsere Kellerwände wurden mit meinen dürftigen Ölgemälden tapeziert« (ID).

»Es mag interessieren, daß Carretto nicht nur Schriftsteller und Vortragsredner ist, der sein Publikum mit seiner Begeisterung ansteckt und fesselt, sondern auch Maler und ein guter Musiker: er spielt Klavier, Geige, Gitarre und sogar Akkordeon..., will aber nicht, daß das bekannt wird, weil die Musik und die Malerei ihn nach seinen eigenen Worten an die Jahre zwischen 14 und 18 erinnern, in denen er ihnen aus Kunstbegeisterung, wie er sich ausdrückt, zuviel von seiner Jugendzeit geopfert... und damit an der Apostolatsarbeit viele Unterlassungssünden begangen hat«[17].

Oktober

Carlo ist für die Dauer des Schuljahres 1929–1930 Lehrer in Cavaglio d'Argogna (NO).

»Der Ruf Gottes ist etwas Geheimnisvolles, denn er ergeht im Dunkel des Glaubens. Dieser Ruf ergeht ununterbrochen, Gott ruft immer! Dieser göttliche Anruf hat aber seine besonderen Augenblicke, die wir in unserem Notizbuch vermerken und nie mehr vergessen. Dreimal habe ich diesen Ruf in meinem Leben vernommen. Das erste Mal, im Alter von 18 Jahren, war entscheidend für meine Bekehrung. Ich war Grundschullehrer in einem Bauerndorf. Anläßlich der Fastenzeit fand eine Volksmission statt. Ich habe mitgemacht und erinnere mich noch an eine altmodische und langweilige Predigt. Mit Verlaub sei gesagt, daß dies sicher nicht die Worte waren, die mich aus meiner Gleichgültigkeit und Sündhaftigkeit hätten aufrütteln können. Als ich aber vor einem bejahrten Volksmissionar, dessen klare und lautere Augen ich noch vor mir sehe, niederkniete, um zu beichten, spürte ich, wie Gott durch die Stille meiner Seele ging. Von diesem Tag an fühlte ich mich als Christ und stellte fest, daß mein Leben sich geändert hatte« (LE 7 f).

---

[17] ESSE: »Scalatore e Apostolo« in *Gioventù* 19 (1946) 3.

1930

Carlo ist für die Dauer des Schuljahres 1930–1931 Lehrer in Roasio (VC).

30. Oktober

Er wird zum Wehrdienst nach Mailand in die Caserma Allievi Ufficiali di complemento – Reserveoffiziersschule –, 1. Alpini-Kompanie, einberufen.

»Ich befand mich als Soldat in Mailand, in der Offiziersanwärterschule der Alpini. Die Kaserne war bestimmt nicht die ideale Umgebung… Mir waren die schmutzigen Witze, mit denen die Liebe behandelt wurde, unausstehlich« (HH 63 f).

1931

2. Juni

Die Faschisten verfügen die Auflösung der katholischen Verbände.

18. Juni

Als Infanteriefähnrich der Reserve im 30. Alpini-Regiment wird er nach Pinerolo versetzt.

1932

24. Januar

Er wird aus dem Wehrdienst verabschiedet und nimmt für das Schuljahr 1931–1932 an der Grundschule von Sommariva Bosco (CN) den Schuldienst wieder auf.

»In Sommariva Bosco hatte er eine Wohnung bei Verwandten der Signora Margherita Calosso (genannt Tunia), die damals in der Via Palazzo Comunale, der heutigen Via Monte Grappa, eine Trattoria führte. Noch heute ist in Sommariva die Gestalt Carrettos, der mit Eifer, Tatkraft und Verständnis unter den Bürgern gewirkt hat, sehr lebendig. Nicht alle waren damals in der Lage, seine modernen Vorstellungen und den Einfallsreichtum seines Geistes zu begreifen, der für die Erneuerungs- und Bildungsbedürfnisse der Leute von Sommariva offen war. Später hat er dort den Circolo di Azione Cattolica – die Katholische Aktion – gegründet und in Sanfrè und Sommariva die erste Abendschule für Erwachsene eingerichtet. Es heißt, fast alle Sommarivenser hätten mit Begeisterung diese Initiative aufgegriffen, und das nicht nur, um den Volksschulabschluß zu erreichen, sondern auch, weil sie sich vom Charisma des jungen Lehrers angezogen fühlten« (PI).

19. November

Carlo promoviert in Philosophie und Pädagogik mit einer Arbeit über »Mercurino da Gattinara«[18]. In diesem Jahr tritt er auch in die Gioventù d'Azione Cattolica (GIAC – Jugendbund der Katholischen Aktion) ein als »socio seniore« – Mitglied des Älterenringes – der Associazione »Pier Giorgio Frassati«. die ihren Sitz im Salesianeroratorium der Crocetta hat. Er wird zum Diözesanvertreter für das Pressewesen ernannt.

»Seine eigentliche Tätigkeit war aber von Anfang an Außendienst auf dem Propagandasektor. Die Propaganda sah gleich so aus: jeden Sonntag war er in den Vororten, um Verbände zu besuchen, um auf Versammlungen und bei Einkehrtagen zu sprechen; und während der Woche war er an vielen Abenden unterwegs, um die Verbände in der Stadt zu besuchen. Das waren seine ersten Kontakte und Erfahrungen mit der Jugend; die Vorsitzenden besuchen: die tüchtigen und die nachlässigen; die fähigen und die unfähigen; die mit und die ohne apostolisches Sendungsbewußtsein. Es war eine Ausbildung, die Tag für Tag vollkommener wurde; Verbände, die gut arbeiteten und nur Ermunterung und Aufmerksamkeit brauchten; Verbände, die sich schwer taten, und dann mußte man eine Diagnose stellen: es galt, die Schwachstelle ausfindig zu machen, das, was nicht klappte.

Und es gab Pfarreien – es ist ja die Rede von ›jener Zeit‹ –, in denen der Bund nicht bestand oder sich nur so dahinschleppte,

---

[18] *Mercurino dei nobili d'Arborio di Gattinara* (1465–1530) Politologe, Kardinal und Großkanzler Karls V., des Königs von Spanien und Kaisers.

weil man dort nichts davon hielt. Da mußte man motivierende Leistungen vorweisen, überzeugen oder zur Katholischen Aktion ›bekehren‹. Und das jahrelang« (PI).

»Als ich den Jugendbund der Katholischen Aktion kennen-lernte und mich von seinen Idealen entflammen ließ, die damals den Namen Apostolat trugen, gedachte ich die Welt im Zeitraum einer Generation, der meinen nämlich, zu verändern« (HH 60)

»Die kleine Kirche, die mir half, die große zu verstehen und in ihr zu bleiben, war für mich der Jugendbund der Katholischen Aktion, damals in Italien GIAC genannt. Man nahm mich bei der Hand, ließ mich nicht allein auf meinem Weg, nährte mich mit Gottes Wort, bot mir Freundschaft an, lehrte mich kämpfen, machte mich mit Christus vertraut, fügte mich, wie ich war, in eine lebendige Wirklichkeit ein. Und was wäre aus mir geworden, wenn ich ihn nicht gefunden hätte? Schon wenn ich daran denke, packt mich die Furcht. Die Katholische Aktion zwang mich zu einer neuen Katechese, die reifer und zeitgemäßer war, vermit-telte mir die große Idee des Laienapostolats, lehrte mich die Kir-che als Volk Gottes sehen und nicht, wie gewohnt, als veraltete klerikale Pyramide« (ebd. 49 f).

»Sodann hatte ich ein Herz für das andere Geschlecht und be-griff die Poesie der Träume. Damals hatte ich das Gefühl, ich hätte das Zeug zum Helden in mir, so hoch schlugen die Flam-men, die in mir brannten. O unsägliche Trauer der Einsamkeit oder der Schwermut meines armen Herzens! Inzwischen war ich schon über zwanzig Jahre alt und dachte ans Heiraten. Doch mir blühte ein großes Abenteuer, das größte meines Lebens« (ID 66).

Für das Schuljahr 1932–1933 Grundschullehrer in Sommariva Bosco.

1933

»Mit dreiundzwanzig, als Gott mit seinem Geist über mich kam, hat mein Verhältnis zu ihm mein Leben radikal verändert« (HH 66).

41

Begegnung mit Luigi Gedda[19] *und Weihe an das Apostolat.*

»Ich entsinne mich, wie Kardinal Fossati[20] mich aus Novara berufen hat,
wo ich Vorsitzender der GIAC war, um dasselbe Amt in Turin zu übernehmen, wo ich wohnte und Assistent am Istituto di Clinica Medica –
medizinische Klinik – war. Unter denen, die mich im Krankenhaus S.
Giovanni besuchten, fiel Carlo Carretto auf, der damals noch Lehrer war
und dem Verband der Crocetta, ›Pier Giorgio Frassati‹ angehörte. Ich
merkte gleich, daß er großen Einfluß auf die jungen Leute ausübte, sich
für jeden bis ins einzelne interessierte und sie für seine Gedanken begei-
sterte. Die Ideale, für die er die Jugend zu gewinnen suchte, waren ihm
wie auch seiner ganzen Familie aus der Schule der Salesianer geläufig,
und jetzt suchte er sie bei der GIAC, die er nach dem Verbot der Jugend-
kreise, das die Faschisten 1931 erlassen hatten, für einen verlockenden
und sicheren Ankerplatz hielt«[21].

»Ich habe die Bekanntschaft eines achtundzwanzigjährigen Arz-
tes gemacht: einer starken Persönlichkeit von gutem Aussehen,
aufrichtig und imponierend. Mit ihm zusammenzusein war für
mich das Paradies. Als er mir in die Augen schaute, mußte ich
einfach gut sein. Eines Tages bat er mich, in die Klinik zu kommen, an der er Assistent war. Ich fand ihn auf einer Station. Er ließ
mich einen weißen Kittel anziehen, als ob ich auch Arzt wäre,
und ich begriff, daß er das tat, um sich in den Krankensälen
zwangloser mit mir unterhalten zu können, ohne bei Kranken
und Schwestern Aufsehen zu erregen. Er führte mich in die Kran-

[19] *Luigi Gedda* (1902), Piemontese, Arzt, Universitätsprofessor und Gründer des
Gregor-Mendel-Instituts zur Forschung an Zwillingen. Nach Ausübung verschiedener Ämter in der Katholischen Aktion von Novara und Turin (1929–1934) wird
er von Pius XI als Gesamtvorsitzender der GIAC (1934–1946) nach Rom berufen;
als Vorsitzender des männlichen Zweiges der Katholischen Aktion (1946–1952)
ruft er die Associazione Medici Cattolici Italiani – katholischer Ärzteverband Italiens – ins Leben, in dem er bis 1973 den Vorsitz führt. Er gründet die Società
Operaia (1942) und die Comitati Civici (1948). Präsident der ACI – Katholische
Aktion Italiens – (1952–1959); während seines Vorsitzes erreicht die Katholische
Aktion ihre höchste Mitgliederzahl: 3 500 000.
[20] *Maurilio Fossati* (1876–1965), Piemontese, Priester (1898), war Sekretär seines
Bischofs, Monsignore Edoardo Pulciano sowohl in Novara als auch in Genua;
Oblate der heiligen Gaudentius und Karl, Militärpfarrer und Volksmissionar mit
Sitz in Varallo Sesia. Bischof von Nuoro (1924), Sassari (1929) und Turin (1930);
zum Kardinal erhoben (1933).
[21] L. GEDDA, »L'Azione Cattolica, il Deserto, l'Eremo«, Artikel im *Osservatore
Romano* 247 (1988) 3.

kenhauskapelle, und unser persönliches Verhältnis nahm seinen Anfang mit einem gemeinsamen Kreuzweg. Dann berichtete er mir, während wir von Krankenbett zu Krankenbett gingen, über die GIAC, den Jugendbund der Katholischen Aktion. Ich schlürfte seine Worte in mich hinein, wie ein Sterbender Sauerstoff einsaugt. Als wir uns angefreundet hatten, lud er mich abends nach dem Dienst im Krankenhaus zu Gesprächen ein. Auf dem Weg zu ihm schlug mir das Herz wie einem Verliebten. Es entbrannte in mir ja auch eine große Liebe. Der junge Arzt sprach mit mir über Gott, wie noch nie jemand mit mir gesprochen hatte, er sprach mit mir über Jesus als seinen besten Freund, dem er mich vorstellen wollte. Ich weiß noch alles, was er mir in jenem Winter gesagt hat, als wir bei unseren Gesprächen der Uferpromenade am Po folgten. In seiner Gesellschaft nahm das Übernatürliche in meinem Geist feste Gestalt an. Mir schien, Gott berührte mich; vor allem wurde Jesus wirklich; manchmal hatte ich den Eindruck, ich sähe ihn an unserer Seite dahingehen. ›Hast Du nie daran gedacht, sagte er, daß auch wir Freiberufler, Ärzte, Ingenieure, Anwälte nach Heiligkeit streben können? Hast Du nie daran gedacht, daß auch wir Laien nach Seelen dürsten und uns mit der Glut der ersten Christen in die Apostolatsarbeit stürzen müssen? Unser Haus in eine Zelle verwandeln müssen, um uns darin zu heiligen, und die Straßen unserer Städte in Klosterflure?‹

Wie traf er mein Herz, als sich diese weiten Horizonte auftaten! So sprach er zu mir, und ich habe mich für die Apostolatsarbeit begeistert. Ich hätte mitten auf dem Platz auf einen Tisch springen und meinen Brüdern von Gott erzählen mögen. Jahrelang war mir das Wort an die Jugend der Katholischen Aktion eine vertraute Freude. Nach Feierabend bin ich mit dem Fahrrad, mit der Bahn, mit der Kalesche und mit dem Auto zu den jungen Leuten hingefahren. Keinen einzigen Feiertag habe ich mehr zu Hause verbracht: ich mußte immer und immer wieder unterwegs sein. Ich habe Tausende und Abertausende von jungen Leuten gekannt, Bauern, Arbeiter, Studenten, Freiberufler: unser Ideal war es, die Welt christlich zu machen.

O, ihr bezaubernden Heimfahrten nach auswärtigen Veranstaltungen, auf denen mir vor Müdigkeit die Augen zufielen, während man im bundeseigenen Auto mit den Bundesbrüdern den Rosenkranz betete. O, ihr Nächte, die wir, gepackt von Begeisterung, durchgemacht haben, um zu organisieren, zu schreiben und zu diskutieren. O, ihr Zusammenkünfte mit Seelen, die nach Aktion dürsteten. Wie habt ihr mich Sport und Spiel, Musik, Malerei und das andere Geschlecht vergessen lassen.

Der junge Arzt, der wie ein großer Bruder über mich wachte, hat mich eines Abends wieder zu einem Spaziergang auf der Po-Promenade eingeladen. Ich ging hin. Ich hatte jetzt ja auch etwas zu sagen und zu berichten. Ich sprach vom Apostolat als von etwas, das ich mir jetzt zu eigen gemacht hatte, etwas, das mein Leben ganz erfüllen würde. Der junge Arzt hatte mir seine gute Hand auf die Schulter gelegt, eine Berührung, die mich elektrisierte: mit ihm wäre ich bis ans Ende der Welt gegangen. In der Tiefe floß ganz still das Wasser. ›Carlo,‹ sagte er zu mir, ›nur Gott erfüllt das Leben ganz. Nur er genügt uns. Wir dürfen uns nicht einmal in das Gute verlieben, einzig in Gott.‹ Uns einzig in Gott verlieben! Dieses Wort, das damals auf jener Uferstraße am Po gesprochen worden war, im Licht der Autoscheinwerfer, die im Abenddunkel nur die Liebespärchen kannten, hat sich mir im Kopf festgesetzt und wollte nicht mehr hinaus. Mich in Gott verlieben? Welch gewaltiges Abenteuer für ein armes Menschenherz! Ich habe Gottes Antlitz im Schein der beiden Lichter gesucht, die der Freund mir empfohlen hatte: dem der täglichen Kommunion und dem der Meditation. Gott essen und an Gott denken. Und Gott, der nicht zögert, wenn jemand ihn erwartet, der dem entgegeneilt, der ihn sucht, der dem öffnet, der anklopft, hat mir sein Antlitz gezeigt. Das Antlitz Gottes!« (ID 66 f)

Für das Schuljahr 1933–1934 Grundschullehrer in Sommariva Bosco.

12. Februar

»Ich bin zur Versammlung in Sommariva gewesen« (D 1).

13. Februar

»Alles ist Eitelkeit. Ich bin ein Gemisch aus Eitelkeit und Stolz. Hoffnung liegt einzig darin, daß Jesus die unendliche Barmherzigkeit ist und meine unendliche Eitelkeit bezwingen kann, und daß ich mir sage, ich müßte mir meiner dienenden Funktion bewußt

44

bleiben. Als junger Mann bin ich eine Null; als Lehrer ganz schlecht, als Sohn ohne Liebe, als Christ bin ich schlimm, weil ich der Gnade Gottes nicht entspreche« (ebd.).

14. Februar

»Carnera[22] hat seinen Gegner totgeboxt. Der Untersuchungsrichter hat alle Schuld ausgeschlossen. Ein legales und... beklatschtes Delikt. Menschliche Bestien! Schon zwanzig Jahrhunderte opfert Jesus sich auf den Altären hin, und sie haben noch nicht gereicht, um Sinnen und Trachten des Menschen zu wandeln. Heilig ist, wer immer den Willen Gottes tut« (ebd.).

15. Februar

»Lehrprobe durch den Schulrat. Vorgefaßte Beurteilungen.

Die Menschen lassen sich täuschen vom äußeren Schein, nur Gott wird jedem einzelnen von uns sagen, was wir wirklich taugen.

Wie dankbar müßten wir denen sein, die sich schon vor uns in schwierigsten Zeiten zum Anwalt katholischen Denkens gemacht und der jetzigen Katholischen Aktion den Weg gebahnt haben« (ebd.).

16. Februar

»*Eingeständnis.* Der Herr läßt häufig zu, daß wir unsere Fehler nicht sehen, damit wir nicht mutlos werden.

Anekdote. Dem Papst, der damals noch Mailänder Diözesanpriester war, ist es einmal auf einem Ausflug mit einem Jungen aus dem Mailänder Adel passiert, daß er sich nicht mehr imstande sah, weiterzugehen, weil seinem Begleiter die Kräfte versagten. Da hat Don Ratti[23] ihn auf den Rücken genommen und mit ihm den Gipfel erstiegen« (ebd.).

---

[22] *Primo Carnera* (1906–1967) aus Friaul, Weltmeister im Schwergewicht (1933) und im Freistil.
[23] *Ambrogio Damiano Achille Ratti* (1857–1939), Lombarde, Priester (1879); hochgebildet, Universitätsprofessor, promoviert an der Ambrosiana in Mailand (1888–1912); an die Vatikanische Bibliothek nach Rom berufen (1912), deren Präfekt er geworden ist (1914). Als Titularerzbischof von Lepanto (1918) hat er im

17. Februar

»*Anekdote.* Ein Freidenker war nach Rom gekommen, wo er die Verehrung der Massen für den Papst sehen wollte, und schaute zu, als der päpstliche Hof in Sankt Peter einzog. Er sah die strahlende Pracht, aber vor allem die Begeisterung, mit der die Menge jeden Segensgestus des Papstes aufnahm. Der Papst ist der Stellvertreter Jesu Christi auf Erden. Als er an dem Mann vorüberzog, wandte sich ihm der Papst, als begriffe er die Gedanken dieses Menschen, der ihn unverwandt anschaute, eigens lächelnd zu und segnete ihn. Das war der Anfang seiner Bekehrung« (ebd.).

18. Februar

»Ich war Ohrenzeuge eines Gesprächs über den Papst. Die Päpste des neunzehnten Jahrhunderts waren die glänzendsten, denn sie hatten verbissene Kämpfe auszustehen wie, zum Beispiel gegen den Liberalismus und die Freimaurerei. Pius IX[24] konnte nicht einmal das Heilige Jahr feiern. Leo XIII[25] hat mit der Enzyklika *Rerum Novarum* die Zeitprobleme behandelt« (ebd.).

19. Februar

»Erste Ratsversammlung in der Diözese: guter Eindruck. Der Geist ist derselbe geblieben, geändert haben sich die Form und das Programm. Auch diejenigen, die nur eine Genossenschaft gegründet haben, waren von dem Geist erfüllt, Christi Reich auszubreiten und für die Rechte der Kirche zu kämpfen.

---

auswärtigen Dienst des Heiligen Stuhles verschiedene Ämter innegehabt; zum Kardinal und Erzbischof von Mailand erhoben (1921); Papst unter dem Namen Pius XI (1922).

[24] *Giovanni Maria Mastai Ferretti* (1792–1878), aus der Mark Ancona, Priester (1822); päpstlicher Delegat in Chile (1823–1825); Erzbischof von Spoleto (1827–1832); Bischof von Imola (1832–1846); zum Kardinal erhoben (1840); Papst unter dem Namen Pius IX (1846). Sein Seligsprechungsprozeß steht vor dem Abschluß.

[25] *Gioacchino Vincenzo Pecci* (1810–1903), aus Latium, Priester (1837); päpstlicher Delegat in Benevent (1838) und Spoleto/Perugia (1841). Apostolischer Nuntius in Belgien (1843–1846); Erzbischof von Perugia (1846); zum Kardinal erhoben (1853); Camerlengo der Heiligen Römischen Kirche (1877); Papst unter dem Namen Leo XIII (1878).

Ich habe Nino Salvaneschi[26] besucht – erblindet. Guter Eindruck. Auf seinem Antlitz spiegelt sich starker innerer Schmerz. Er ist ein Künstler« (ebd.).

20. Februar

»*Gedanken.* De Maistre[27] sagte: ›Ich kenne keine schlechte Mörder- oder Verbrecherseele; ich kenne nur die Seele eines rechtschaffenen Menschen‹.

Fénelon[28] sagte: ›Ich muß mich um zwei Bistümer kümmern, um das, das der Papst mir anvertraut hat, und um meine Seele. Sicher hat mir das letztere mehr Sorgen gemacht und macht mir mehr Sorgen als das erstere‹« (ebd.).

21. Februar

»Oftmals, Herr, hast du mich der Hölle entrissen, und ich merkte es nicht. Und ich war blind und wußte es nicht, bis ich von dir erleuchtet wurde.

O Herr, mit dem Leuchten deines Angesichts hast du den Türsturz am Eingang meines Herzens gezeichnet. Wenn deine Werke hier auf Erden schon so schön und gut sind, Herr, wie werden dann erst diejenigen sein, die du für die bereitet hast, die dich lieben. O unser Töpfer! Wir alle sind wie Ton in deiner Hand. Aber wie du groß bist, so sind es auch deine Gaben; denn du selbst bist Preis und Gabe für all deine rechtmäßigen Streiter.

Kommt und seht, wie gut der Herr ist.

Unbegreiflich sind, o Herr, die Gerichte deiner Gerechtigkeit (aus den *Soliloquia* des heiligen Augustinus)« (ebd.).

24. Februar

»Würden wir uns doch um Gott so sorgen, wie wir uns um das Urteil der Menschen sorgen!

---

[26] *Nino Salvaneschi* (1886–1968), Lombarde, Schriftsteller und trotz seiner Erblindung (1923) Journalist.

[27] *Joseph de Maistre* (1753–1821), savoyischer Staatsphilosoph, schrieb seine bedeutenderen Werke in Rußland, wo er, u. a., für die Wiedervereinigung der Kirchen unter katholischer Führung eintrat.

[28] *Francois Fénelon de Salignac* (1651–1715), französischer Theologe.

Manchmal kommt es mir so vor, als müßte Gott nur an mich denken.

›Jede Wahrheit ist, mag sie aussprechen, wer will, vom Heiligen Geist‹ (hl. Ambrosius)« (ebd.).

25. Februar

»Jede Wahrheit gehört als rechtmäßiger Besitz uns Christen« (hl. Justinus, ebd.).

»Jesus hat mir Gott kundgetan, und ich habe mich in Gott verliebt. Früher war ich in die Schönheit eines weiblichen Antlitzes verliebt, in irdische Güter, in die Musik, in die Malerei, jetzt bin ich einzig in Gott verliebt.

Und Gottes Liebe ist eine schreckliche, mit Alleinanspruch eifernde, unwiderstehliche und unsägliche Liebe.

In meiner tiefsten Seele hat er seine Wohnstatt aufgeschlagen, und ich bin sein Geliebter geworden.

Welch unendliche Zwiegespräche!« (SV)

9. März

»Ich war in Mailand.

Jungfräulichkeit = Liebe. Sie besteht nicht nur darin, daß man keine Sünden begeht – ein Tisch begeht auch keine –, sondern darin, daß man sein Herz dazu bringt, einzig für Jesus zu schlagen.

Die beiden Wege: 1) Zu Gott durch die Geschöpfe – Familie. 2) Von Gott her zu den Geschöpfen – ein riesiges, unermeßliches Feld, auf dem die von Gott erfüllte Seele sich nach allen Seiten entfaltet« (D 1).

10. März

»Krieg der Sentimentalität.

Arsenal: das Gebet.

Anführerin: die Madonna.

Training: wenn möglich, eine Stunde ununterbrochene Meditation täglich – täglicher Rosenkranz.

Liebe = Opfer.

Das Leben muß man als Opfer ansehen. Den Schmerz darf man nicht als ein Übel ansehen.

Vorausschau auf die wahrscheinlichen Opfer, um so der Berufung sicher zu werden.
Gelübde auf Lebenszeit« (ebd.).

26. Mai

»Heute bin ich in das Säkularinstitut der Missionare vom Königtum[29] eingetreten. Das ist eine bedeutende Etappe, auf der ich nur eins tun darf: dem Herrn danken« (ebd.).

21. Juni

»Herz Jesu, dein Reich komme, dein Reich der Liebe!
Wie süß ist dein Joch und wie lieblich deine Last!« (ebd.)

22. Juni

»Ich war in Mailand in der Messe von Monsignore Olgiati[30]. Es war eine Wallfahrt.
Praktische Ratschläge: täglich eine Stunde vor dem Allerheiligsten« (ebd.).

---

[29] Die Bruderschaft der Missionare vom Königtum Christi ist im August 1921 in Castelnuovo Fogliani (PC) von *P. Agostino Gemelli* gegründet worden, der damit der Università Cattolica – der Katholischen Universität – del S. Cuore, Mailand, einen Personenkreis angliedern wollte, der sich Gott weihte mit dem Gelübde der Keuschheit und den Versprechen der Armut, des Gehorsams und des Apostolats. Die franziskanisch ausgerichtete Bruderschaft ist jetzt ein blühendes Säkularinstitut.

[30] *Francesco Olgiati* (1886–1962), Lombarde, Priester (1908), neben P. Agostino Gemelli Mitgründer der Università Cattolica del S. Cuore von Mailand. Mitarbeiter der »Rivista di filosofia neoscolastica« (1909) und der Zeitschrift »Vita e Pensiero« (1914). Archivar des Mailänder Ordinariats (1913); Mitherausgeber der «Rivista del Clero Italiano» (1920). Professor an der Katholischen Universität (1924–1961), sein riesiges philosophisches und theologisches Schaffen umfaßt gut achthundert Titel; Konsultor (1960) der päpstlichen Kommission für die Seminarien und Universitäten zur Vorbereitung des Zweiten Vatikanischen Konzils. Er war Lehrer und Chronist der Katholischen Aktion; Richtpunkt für ganze Generationen von Jugendlichen.

23. Juni

»Herz Jesu, laß alle Herzen dich lieben, laß alle Herzen dein Reich werden!

O Jesu! Laß die Reichen leiden, laß diejenigen zur Besinnung kommen, die dich in der allzu großen Freude an der Welt aus dem Blick verlieren; schicke denen Krankheiten, die durch ihre allzu robuste Gesundheit abständig werden. Schicke Hunger, Elend, Krankheit, damit du triumphierst und alle durch Leiden zu dir gelangen, der du alles bist, zu dir, der du die Wahrheit und das wahre Leben bist.

O Jesu, laß meine Liebe wachsen, mach mich zu einer lodernden Flamme der Liebe! Steh mir bei, Jesu. Nur um das bitte ich dich: daß ich dich liebe, und daß mein Herz nur für dich schlägt. Bezwinge meinen Stolz, Jesu, bestelle meinen verwilderten und dornigen Garten und pflanze darin die Lilien der Tugend an. Laß mich Opfer und Kreuz lieben.

Jesu, Jesu, ich liebe dich!« (D 1)

4. August

»Heute abend um 9 Uhr bin ich in der Kirche der heiligen Wundmale [in Turin, Anm. des Herausgebers] als Novize in den Dritten Orden des heiligen Franziskus aufgenommen worden« (ebd.).

18. August

»Gott hat uns in Christus erwählt, damit wir heilig und untadelig leben vor ihm; er hat uns aus Liebe, weil sein Wille sich danach sehnte, im voraus dazu bestimmt, seine Söhne zu werden durch Jesus Christus« (ebd.).

19. August

»Gott ist Vater. Er zeugt den Sohn und teilt mit ihm seine Natur, seine Vollkommenheit und seine Glückseligkeit. Beide sind vereint durch ein Band machtvoller und wesenhafter Liebe, aus der der Heilige Geist hervorgeht.

Und da will Gott seine Vaterschaft in einem Überschwang der Liebe erweitern. Von Natur aus hat Gott nur einen einzigen Sohn, durch Annahme an Kindes Statt aber alle in Christus wiedergeborenen Menschen. Sein ursprüngliches Vorhaben, das in Adam verwirklicht worden war, wird durch die Sünde zunichte gemacht und durch die Erlösung wieder in Kraft gesetzt. Jesus ist das Haupt vieler Brüder, denen er die göttliche Gnade weitergibt. Die ganze Heiligkeit besteht also darin, daß man von Christus und durch Christus, der sein einziger Mittler ist, das göttliche Leben empfängt. Man bewahrt und mehrt es durch eine immer vollkommenere Nachfolge und ein immer innigeres Einssein mit ihm, der sein Ursprung ist« (ebd.).

1934

31. Januar

Auch seine Schwester Dolcidia tritt nach Aufgabe ihrer Beschäftigung bei der Manufaktur Peretti in Turin als Postulantin bei den Maria-Hilf-Schwestern ein.

»Auch Du, Dolcidia, hast mir gesagt, daß Du Dich Gott weihen wolltest. Nur wenigen habe ich gesagt, wie weh mir das tat, aber ich erinnere mich noch der Tränen, die ich unter meinen Bettüchern versteckt habe. Die Forderungen der Gottesliebe hatte ich noch nicht begriffen, und das Haus Euch, die Schwestern, an denen ich hing, hergeben zu sehen, hat mich in eine Not gebracht, die ich so leicht nicht vergessen habe« (LD 184).

Für das Schuljahr 1934–1935 Grundschullehrer in Sommariva Bosco.

»Eine der erbittertsten Schlachten des geistlichen Lebens, sogar die Schlacht schlechthin, ist die, die man schlägt, um in den kleinen Begebenheiten unseres menschlichen Alltags Gott zu erblicken. Wie oft müssen wir unseren Glaubensakt erneuern!

Zunächst sind wir einmal geneigt, nur uns zu sehen, nur an uns zu glauben, nur uns zu achten. Dann entdecken wir allmählich, daß in unserem Lebenslauf eine Logik waltet, und wir kommen auf den Gedanken, daß in seinen wichtigsten Etappen Gott am Werk ist. Dann merken wir mit dem Wachsen unserer geistlichen Erfahrung, daß Gott nicht nur in den großen, sondern in allen, auch den kleinsten und allerkleinsten mitmacht; kurz,

Gott ist in unserem Leben nie abwesend, er kann es nicht sein, *in ihm sind wir und bewegen wir uns.*

Aber wie müssen wir uns mühen, diese Wahrheit konkret zu verwirklichen! Wie oft spüren wir dagegen die Anwesenheit Gottes nicht!« (SV)

22. November

Luigi Gedda übernimmt in Rom den Landesvorsitz der GIAC.

1935

Für das Schuljahr 1935–1936 Grundschullehrer in Sommariva Bosco.

»Gott vertrauen, wenn uns sein Handeln unverständlich ist, indem wir auch uns sagen, was Abraham vor der schrecklichen Entscheidung, seinen Sohn Isaak zu opfern, gedacht hat: *Er weiß es,* und wiederholen, was Ijob vor dem Geheimnis seines Schmerzes so wunderbar zum Ausdruck gebracht hat: *Gott hat gegeben, Gott hat genommen; dem Herrn sei Dank.*

Verhielte man sich anders, so liefe man Gefahr, daß Gott sich über uns lustig macht, der auf unsere Phantastereien antworten könnte: Wer bist du, daß du mir Ratschläge erteilen willst?

Sicher gibt es in unserer Biographie dunkle Seiten, und ganz sicher kommen in der Geschichte unserer Seele Begebenheiten vor, die unserem beschränkten Geist unbegreiflich sind. Aber genau das sind die Situationen, in denen wir Gott vertrauen müssen, der alles weiß, alles sieht und alles kann« (SV).

»Gott Ratschläge erteilen? Das wäre noch schöner! Und doch ist diese Anmaßung ganz allgemein. Von der gewalttätigen und brutalen Form, die sie im Mund des modernen Spießbürgers annimmt, der ruft: ›Wenn ich da oben wäre, wüßte ich, was ich zu tun hätte‹, bis hin zu der raffinierteren, aber nicht weniger anstößigen Form der heuchlerischen Frommen, die sich selbst für die Dirigenten und Retter der Kirche halten, gibt es eine ganze Skala von törichten und eitlen Gedanken.

Gott allein ist, Gott allein weiß, Gott allein kann!

Würde doch meine Seele diese Lektion gründlich lernen. Wie

würden meine unnützen Sorgen sich verflüchtigen, wie würde der Friede in meinen Tag einziehen, wie geschähe mein Tun in der Wahrheit!

Dann begänne ich tatsächlich an Gott zu glauben!« (SV)

1936

Oktober

Für das Schuljahr 1936–1937 Grundschullehrer in Sommariva Bosco.

Carlo ist stellvertretender Vorsitzender der Gioventù Cattolica Torinese – Katholischer Jugendbund Turin – und zugleich Mitglied des obersten Rates des Verbandes für den Zweijahresturnus 1936–1937.

1937

5. August

Seine Schwester Emerentiana[31] legt bei den Maria-Hilf-Schwestern in Vercelli die ewige Profeß ab.

Oktober

Für das Schuljahr 1937–1938 Grundschullehrer in Sommariva Bosco.

November

Ernennung Carlos zum Diözesanvorsitzenden der Gioventù Cattolica von Turin.

---

[31] *Schwester Emerentiana* sollte in ihrer Kongregation eine ganze Reihe von Ämtern versehen: Grundschullehrerin und Assistentin bei den Novizinnen (1931–1946); Direktorin und Assistentin in einer Reihe von Häusern der Salesianerinnen (1953–1981). Jetzt ist sie als Pensionärin im Salesianerinnenkloster von Roppolo Castello (VC).

»Mit dem Amt wird jetzt Professore Carlo Carretto betraut, den ich nicht vorzustellen brauche, so bekannt sind sein bescheidenes Auftreten und sein glühender Eifer für die Sache Gottes innerhalb der Katholischen Aktion. Er wird sicher den Spuren seiner Vorgänger zu folgen verstehen und ihren Taten und ihrem Opfer nacheifern [...]. Der Erzbischof + *M. Kardinal Fossati – Turin*« (PI).

1938

Oktober

Wiederbestätigung der Mitgliedschaft im obersten Rat der GIAC für den Zweijahresturnus 1938–1939.

Versetzung an die Grundschule »Santorre di Santarosa« in Turin für das Schuljahr 1938–1939

1939

19. März

Carlos Bruder Pietro wird in Thailand zum Priester geweiht und sollte in der Kongregation der Salesianer wichtige Ämter versehen, vor allem sollte er herzliche und fruchtbare Kontakte zu den Spitzen der großen asiatischen Religionen im Land herstellen.

Oktober

Carlo wird als Mitglied des obersten Rates der GIAC für den Zweijahresturnus 1939–1940 erneut bestätigt.

Krankenhausaufenthalt zu einer Blinddarm- und Bruchoperation.

Für das Schuljahr 1939–1940 Grundschullehrer an der Grundschule »Santorre di Santarosa« in Turin.

Schulrat

1940–1945

1940

1. März

Nachdem sich Carlo durch ein Examen unter mehreren Bewerbern als Schulrat qualifiziert hatte, erhält er eine Stelle in Bono (SS), einem Ort in der Gocea, 536 m hoch am Fuß des Monte Rasu (1200 m) gelegen. Die Einwohnerzahl beträgt etwa 4000, vorwiegend Hirten.

In diesem Flecken fühlte er sich als leitender Funktionär der Katholischen Aktion durch die Verwahrlosung der männlichen Jugend sofort herausgefordert und er stellte dem Pfarrer und den Lehrerinnen[32] sein »Organisationstalent« zur Verfügung. Alle, zumal seinen Freund Giuseppe Rovera[33], bat er um Hilfe und gründete so das Oratorium; er baute ein dem Andenken an die Frau seines Freundes gewidmetes Kino »Gina Rovera« und das Waisenhaus für Jungen und Mädchen. Das hat in allen Teilen Sardiniens, wo man von den Einrichtungen in Bono vernommen hatte, als Beispiel gewirkt.

22. März – Bono

»Ich bin den ganzen Tage im Büro und fühle mich dabei sehr wohl. Die Lehrerinnen schätzen mich sehr, und wenn ich Hilfe brauche, bedarf es nicht erst eines Auftrags. Was für herrliche Typen unter den Knirpsen. Etliche kommen barfuß und nur mit einem halben Hemd zur Schule, aber dafür sind sie munter und nett, so daß man sie gern haben muß [...]. Eselchen gibt es hier immer in Hülle und Fülle. Sie sind die Reittiere der Armen. Heute morgen habe ich eine Wanderung in den Bergen gemacht und eine Menge Kinder getroffen, die, ihr Eselchen zur Seite, in den Wald zogen, um Holz zu sammeln. Die Reichen kommen hoch zu Roß. Die Frauen alle in Landestracht [...]« (C 18).

---

[32] Carlo dachte da besonders an Frl. Brigida Sanna und Frl. Angela Maria Cabras.
[33] *Giuseppe Rovera* (1903–1943), Piemontese, Industrieller, Carlo als Freund brüderlich eng verbunden. Verheiratet mit Gina Cantamessa, ebenfalls aus Piemont, Mutter dreier Kinder: Paolo, Giangiacomo und Maristella, 1939 früh gestorben.

6. Mai

»Vormittags mache ich meine Runde durch die Schulen. Bald hier im Ort, dann wieder fahre ich mit dem Rad nach Anela oder Bultei, nach Burgos – nicht in Spanien – oder Bottida. Ich treffe immer gegen 8.30 Uhr ein, wenn man in die Klassen zieht. Sobald die Kleinen mich erspähen, fangen sie an zu rufen: Der Schulrat, der Schulrat, und auf geht's im Laufschritt, um die Lehrerin zu verständigen. Allgemeine Aufregung! Damit es wieder ruhig wird, gehe ich noch ein paar Schritte und begebe mich dann in eine Klasse. Ein Gepolter in den Bänken, und alle haben sich erhoben. Die Lehrerin erwartet mich noch ein wenig bleicher als sonst. Ich nehme Platz und beginne mit meiner Visitation. Der Lehrerin sage ich, sie solle mit ihrem Unterricht fortfahren, während ich mir die Klassenbücher und die Hefte anschaue. Die Kleinen beobachten mich alle mit ängstlichen Blicken aus ganz kohlschwarzen Augen. Dann erhebe ich mich, mache die Runde zwischen den Bänken und beginne, Fragen zu stellen. Normalerweise stelle ich ganz leichte Fragen, um den Kindern Mut zu machen und sie zum Sprechen zu bringen. Doch statt zu antworten, fangen die kleinen Mädchen oft an zu weinen. Die kleinen Buben sind mutiger und antworten besser. Bei meinen Fragen gehe ich durch die Reihen und nehme sie in Augenschein. Fast alle tragen das schwarze Kittelchen mit dem weißen Krägelchen. Einen interessanten Anblick bieten die Füße unter den Bänken. Fast alle sind sie nackt und machen daher keinen störenden Lärm, wenn sie gegen die Holzbänke stoßen. Bei der Sauberkeit der Füße will ich mich nicht aufhalten […]. Die Kleinen schlafen in der Nähe des Schweinchens mit Schaffellen als Kopfkissen […]. Die Lehrerinnen sind alle ganz ausgezeichnet und setzen sich für die Schule ein. Leider gibt es keine Schulgebäude, und der Unterricht findet in Mieträumen statt, die allerdings sauber und einigermaßen zwecksentsprechend sind« (ebd.).

Oktober

Als Mitglied des obersten Rates der GIAC für den Zweijahresturnus 1940–1941 erneut bestätigt.

1941

1. September – Civitavecchia

»Der Gedanke, daranzugehen, ein paar Zeilen über das tägliche Geschehen in meinem Leben niederzuschreiben, ist mir am Augustinusfest während der Exerzitien mit Luigi, Ago[34] und Poldo[35] auf dem Celio[36] gekommen. Mir ging auf, daß es nützlich sein könnte, und ich habe mir vorgenommen, damit zu beginnen. Ich fürchte, ich werde meinem Tagebuch nicht sehr treu sein und mit der Ehrlichkeit meine Mühe haben. So oft habe ich mir schon etwas im Taschenkalender notiert, aber beim späteren Durchlesen immer festgestellt, daß vieles Rhetorik war. Wir werden ja sehen, ob ich diesmal mehr Glück habe. Inzwischen habe ich mir meine Aufzeichnungen im Notizbuch von 1941 noch einmal angeschaut und eine gewisse Bemühung festgestellt, nicht ins Übliche zu verfallen. Wenn sonst nichts, so setzt sich doch deutlich der Ton durch, mit dem ich wieder einen Lebensabschnitt beende, meine Armseligkeit und die Gewißheit, nichts zu können ohne Gott. Ich überdenke ein wenig meine Lebensgeschichte, die letztlich das Gespräch mit Gott zum Thema hat. Der Rest zählt eigentlich wohl kaum. Sehen wir einmal:

1929 Cavaglio d'Agogna: Gabe des Vaters – die Gnade.

[34] *Agostino Maltarello* (1912), Piemontese, Arzt. Aus der Turiner GIAC geht er (1934) als Generalsekretär und dann als stellvertretender Vorsitzender zum Landesverband. Vorsitzender des männlichen Zweiges der ACI – Katholische Aktion Italiens – (1949–1959), führt er dann den Gesamtvorsitz (1959–1964).
[35] *Leopoldo Saletti* (1913), Piemontese, gehört zu Carlos engsten Freunden; gewöhnlich erwähnt er ihn als Poldo. Ihre Freundschaft reicht zurück in die Jahre im Salesianer-Oratorium der Crocetta und sollte bei der intensiven apostolischen Tätigkeit in Turin und ganz Norditalien während der Kriegszeit noch wachsen, bis Poldo schließlich in Rom eine Aufgabe im Centro Sportivo Italiano übernimmt. Mit Carlo wirkt er zusammen bei der Gründung der alpinen Schutzhütte «Nive Candidior» von Cervinia (AO).
[36] Mit Celio ist hier das Exerzitienhaus der Passionisten bei der Basilika der Märtyrer Johannes und Paulus in Rom gemeint. Im Garten befindet sich dort unter einer hundertjährigen Libanonzeder eine Grotte, in der eine große Statue Jesu im Gebet aufgestellt ist. Die Statue ist (1933) von Pius XI auf Verwendung Eugenio Kardinal Pacellis gestiftet worden, der damals Staatssekretär war. Vor diesem Standbild Christi in Getsemani hat Prof. Gedda den Ruf vernommen, die Società Operaia zu gründen.

1933 Turin: Gabe des Sohnes – die Weihe.

1941 am Fest des Kostbarsten Blutes: Gabe des Heiligen Geistes. Etwas Neues ist bei mir eingetreten, das einen Lebensabschnitt abgeschlossen und einen neuen eröffnet hat. Danach noch andere ganz hübsche Kleinigkeiten wie die Übereignung meiner Angelegenheiten an die Vorsehung »omnia mea tua sunt«[37] am Fest der Verklärung und noch andere. Inzwischen muß ich, was die M. betrifft, noch einige markante Daten erwähnen, die in Zukunft von Bedeutung sein können:

Neujahr 1941 – Kapuziner. Gedda, Ago, Poldo und ich. Gebet – *Domine, ut videam*[38].

Fest des heiligen Augustinus 1941 – Wieder ein denkwürdiger Tag bei den guten Passionisten auf dem Celio. *Domine, si vis, potes me mundare*[39] und dann sieben Ave für die Lösung im Sinn der Liebe. Ein schöner Tag« (D 2).

4. September – Bono

»Ich habe mein Leben in Bono wieder aufgenommen. Man muß die Ruhe bewahren durch mehr Innerlichkeit. Also weniger schwätzen und tiefer ins Gebet versenkt leben.

Mitternacht – Ich bin allein im Zimmer, bringe meine dürftige und zerfahrene Meditation zu Ende und spüre, wie dringend ich Gottes Hilfe brauche. Ohne ihn zerrinnt alles, verflüchtigt sich alles wie mein armes Gedächtnis. Mir setzt die Sorge zu, die aus dem Stolz stammt – besonders bei unseren Projekten –, aber ich wehre mich mit lebhaftem Protest. Schließlich habe ich mit ihm den Bund *omnia mea tua sunt* geschlossen, und ich will diesem Bund die Treue wahren. Wenn ich dann in einigen Punkten mein Innerstes erforsche, kann ich mich nicht täuschen. Vor allem: mein Wille strebt mit Macht danach, Gott zu gefallen, strebt nach Heiligkeit, Demut und Opfergeist. Das ist also mein Beitrag, mein eigentlicher Beitrag, und ich biete ihn meinem Gott als Lobopfer an. Heute habe ich mit dem Pfarrer[40] über das Getsemani-

---

[37] Alles, was mein ist, ist dein.
[38] Herr, ich möchte (wieder) sehen können.
[39] Herr, wenn du willst, kannst du machen, daß ich rein werde.
[40] *Battista Marongiu* (1869–1942), Sarde, Priester (1892), seit 1897 bis 1942 Koadjutor und Pfarrer in Bono.

Projekt gesprochen. Er hat sich einverstanden gezeigt. Jetzt geht es um die Verwirklichung, sobald wir auch noch den Willen Gottes um Stellungnahme gebeten haben« (ebd.).

5. September

»O Gott, mehre meinen Glauben. Ich mache mir jedesmal Sorgen, wenn ich mich anschicke, etwas zu unternehmen. Zu sehr spüre ich mein Ich, und ich fürchte, es könne die Absicht Gottes zunichte machen. Jesus, ich will von diesen Gefühlen nichts wissen. Ich liebe dich und will dieses, mein so zudringliches, widerliches, miefiges, aufgeplustertes und aufgeblasenes Ich, das mir zu schaffen macht, immer mehr hassen. Wenn ich dann in Versuchung gerate, gib mir Kraft, sie zu besiegen, denn ich möchte so sein, wie du mich willst, ohne mich übertrieben um diese Angelegenheiten zu sorgen, die nach unserem Bund in deine Zuständigkeit fallen. Jesus, ich liebe dich. Ich gehe jetzt schlafen und möchte dir während der Bewußtlosigkeit des Schlafes mit jedem Herzschlag ›Ich liebe dich‹ sagen« (ebd.).

7. September

»Rovera hat mir mit einem schönen Brief zehntausend Lire geschickt und mir zum Waisenhaus alles Gute gewünscht. Ist das ein Zeichen Gottes? Tatsächlich habe ich vor ein paar Tagen diesen Gedanken halb ausgesprochen, und mir kam der Brief heute wie eine Antwort vor. Handeln wir also wie Gideon: wollen wir ausdrücklich noch ein Zeichen erbitten? Übertreibe ich nicht? Aber ich bin klein, erbärmlich, kleingläubig und kann längst nicht so viel wie Gideon! Herr: mehre meinen Glauben« (ebd.).

10. September

»Einkehrtag auf dem Weingut Virdis[41]. Unter dem Einfluß der Gnade habe ich Herrliches erlebt. Ich habe die Allmacht Gottes im Zusammenhang mit der Sorge, die er für uns trägt, noch besser begriffen. Infolgedessen habe ich begeistert mein *omnia mea tua sunt* erneuert. Sodann war mir die Meditation über die Paulus-

---

[41] *Salvatore Virdis* (1918), Sarde, Lehrer und Publizist.

stelle – ich will mit meiner Schwachheit prahlen – und über das Wort – die Schwäche hat sich mit Kraft umgürtet – Anlaß, mich in die Handlungsweise Gottes zu vertiefen, der aus dem Nichts erschafft. Unsere Ohnmacht ist daher unsere Stärke in Gott.

Im Grunde lautet das Hauptthema der Psalmen: O Herr, auf dich vertraue ich, o Herr, du bist meine Stärke. Diese ständige Rückkehr zu dem Gedanken, daß Gott es ist, der die Kraft besitzt, und daß die Seele sich ganz auf ihn verlassen muß, ist ein Grundelement des geistlichen Lebens. Einzig Gottes Zustimmung zu wollen, nur Gott zu suchen, nur Gott in allem zu sehen, ist Freiheit in hohem Maß, o Herr. Du, der du die Herzen liest wie ein Buch und die Gestirne lenkst und den Jahreszeiten deine Weisung gibst, du siehst das Verlangen meiner Seele, ich bitte dich um dieses große Vertrauen zu dir. Ich möchte es haben. Es ist seltsam, daß ich es bin, der bei dir anklopft: du warst es doch immer, der bei mir angeklopft hat. Zögere nicht, o Herr, es ist unmöglich, es ist unvorstellbar, daß dein göttliches Herz, das vor Liebe zu den Menschen, zu ihrem Elend, brennt, dem Anklopfen der Seele an deiner Tür widerstehen könnte. So klopfe ich denn an und bitte dich, Jesus, mich um der Liebe willen, die ich dir entgegenbringe, um des Verlangens willen, mit dem ich mich nach deinem Anblick sehne, zu erhören: gib mir ein großes, grenzenloses Vertrauen zu dir. Bewahre mich vor dem Selbstbetrug, bei den Menschen Rückhalt zu suchen oder mich auf menschliche Argumente zu verlassen: ich will auf *dich* vertrauen, auf *dich* bauen und ich will *dein* Licht. Gib es mir, Herr, wie ich dich gestern abend an der Kirchtür darum gebeten habe! Es war der Heilige Geist, der in mir gebetet hat mit Seufzen, das man nicht in Worte fassen kann: gib es mir, o Herr« (D 2).

20. September

»Ich sitze im Zug nach Cagliari, wo ich morgen auf einer Versammlung von Lehrern, Delegierter der Bistumsverbände, den Vorsitz führen soll. Ich habe mit der Lektüre der *Via Crucis del povero*[42] von Primo Mazzolari[43] begonnen – ein schönes Buch. Ich

---

[42] P. MAZZOLARI, *La Via crucis del povero*, Brescia 1939. Neudrucke Turin 1953 und Bologna 1983.

[43] *Primo Mazzolari* (1890–1959), Lombarde, Priester (1912); Militärseelsorger;

notiere mir ein paar markante Sätze, um sie besser zu behalten: Beter sind beängstigend, weil sie nur schwer käuflich sind. Und weiter: Die Sünde ist das Urteil, das der Mensch über Gott fällt, wenn er sich einredet, er könne allein fertigwerden ohne ihn. Der Reichtum ist eine vom Menschen gewollte *Flucht*. Das Elend ist eine Flucht unter Zwang. Sowohl der Eine wie auch das Andere sind ein Unglück.

Ich habe aus Rom von meiner Versetzung nach Isili erfahren. Wie soll ich darin den Willen Gottes sehen? Ich bin nicht ganz aufrichtig gewesen, wenn ich von Ahnungen gesprochen habe, als ich doch schon Genaueres wußte. Das ist mein alter, schwerer Fehler, von dem nur Gott mich befreien kann: *Domine, si vis, potes me mundare*. Und trotzdem habe ich mir bei meiner Unterhaltung mit Don Virdis[44] das Evangelium aufschlagen lassen wollen, um ein Wort der Weisung zu erhalten. Was dabei herauskam, war wirklich ein Trost, der wie die liebevolle Antwort auf meine Unaufrichtigkeit klang: Glaube nur, dann wirst du die Herrlichkeit Gottes sehen.

Herr Jesus, diesen Glauben möchte ich haben. Während ich hier im Zug mit dir rede, während es draußen finster ist und hier im Abteil nur ein schwacher Lichtstrahl von oben auf das weiße Tagebuchblatt fällt, fühle ich, daß ich ehrlich bin. Ich möchte den Glauben haben, den Glauben, der so stark ist, wie du ihn willst. Ich spüre aber wiederum in aller Ehrlichkeit, daß nur du ihn mir geben kannst, und so bitte ich dich darum. Gib ihn mir, Jesus, gib ihn mir, damit ich lerne, von seinem Lichtstrahl erleuchtet, im Übernatürlichen zu lesen, meinen Blick auf die göttliche Wirklichkeit zu richten und unter deinen Augen deinen Weg zu gehen« (ebd.).

Pfarrer; von den Faschisten verfolgt, vom Evangelium geprägter Schriftsteller; wirklich ein »Zeichen, dem widersprochen wird«: von weltlichen und kirchlichen Behörden mit Mißtrauen betrachtet, verstanden und geliebt von Wenigen, jetzt aber – wie Johannes XXIII sagen sollte – prophetisch anerkannt als »Trompete des Heiligen Geistes«.
[44] *Michele Virdis* (1917) Sarde, Priester (1940). Zunächst Koadjutor in der Pfarrei Bono, wird er dort nach ein paar Jahren Pfarrer (1949) und ist es noch, wobei er auch das Andenken an Carlo wach hält.

63

27. September

»Nach zwei Kampftagen bin ich auf der Rückfahrt von Sassari. Noch nie habe ich den Beistand Gottes so erfahren wie in diesem Augenblick. Die Wahrheit hat sich klar herausgestellt, und der Erfolg scheint sicher. An einem bestimmten Punkt aber ist mir aufgegangen, daß dies das Zeichen vom Himmel war, das ich erbeten hatte, denn fast unbeabsichtigt fand ich mich auf den Bau des Waisenhauses festgelegt. Wie viele Lehren habe ich aus all dem gezogen. Vor allem habe ich die Überzeugung gewonnen, daß Wahrheit und Aufrichtigkeit die beste Diplomatie sind. Die Kraft kommt dann aus der Freiheit der Kinder Gottes. Sodann habe ich die Erfahrung gemacht, daß wir uns um unsere Verteidigung keine Sorgen zu machen brauchen, da er sich ihrer sehr wohl annimmt, «mein Schild, meine Hilfe, meine Kraft und mein Licht«. In der Nähe des Bahnhofs von Chilivani habe ich noch einmal im Namen der Allerheiligsten Dreifaltigkeit das Evangelium aufgeschlagen, und als ich mich wieder der Stelle «Glaube nur, dann wirst du die Herrlichkeit Gottes sehen», gegenüber sah, stiegen mir die Tränen in die Augen. Ich danke dir, Jesus, von ganzem Herzen. Verzeih mir, wenn ich kleingläubig gewesen bin, doch mehre du meinen Glauben« (ebd.)

Oktober

Er wird für den Zweijahresturnus 1941 – 1942 wieder als Mitglied für Sardinien in den obersten Rat der GIAC gewählt und gleichzeitig zum Zentralsekretär der Abteilung Maestri d'Azione Cattolica – Lehrer in der Katholischen Aktion – ernannt.

1. Oktober

»Einkehrtag der Jugend von Bono in S. Caterina. Ich muß mehr an Gottes Wirken glauben und meinem eigenen gegenüber höchst mißtrauisch sein. Virdis [Salvatore, Anm. d. Hg.] hat eine Dummheit begangen, dann aber wieder Tritt gefaßt; schöne Nachtwanderung mit ihm« (D 2).

Carlo ist einer der vielen politisch Verfolgten der GIAC gewesen; vom damaligen faschistischen Parteisekretär ist er sogar als »für die Politik des Regimes gefährliches Subjekt« eingestuft und sei-

tens der Provinzregierung mit dem Verbot belegt worden, »sich
weiterhin in den Jugendorganisationen zu betätigen«.

Weil er die Veranstaltungen der faschistischen Jugend nicht
offen unterstützt hat, ist er an die Grundschule von Isili (CA)
versetzt worden.

Diese Versetzung hat in Bono, wo ihm die ganze Bevölkerung
zugetan war, Unruhe ausgelöst. Die Mißstimmung wuchs so
sehr, daß die Behörden es mit der Angst zu tun bekamen und ihre
Verfügung nach kurzer Zeit unter Druck zurückgenommen ha-
ben.

10. Oktober

»Ich bin unterwegs zu meinem neuen Wohnsitz: Isili. Beim Aufbruch begleitet mich nur eine einzige große Gewißheit: meine
geistliche Misere. Mein Aufenthalt in Bono hat mir mit vielen
anderen Gnaden auch diese Gabe beschert, die ich, wie man sieht,
brauchte: die Gabe, meine Dürftigkeit zu begreifen. Jetzt merke
ich wirklich – aus konkreter Erfahrung, also nicht theoretisch –,
daß ohne die dauernde Hilfe Gottes und ohne den sofortigen und
inständigen Appell an ihn alles, selbst die Todsünde, möglich ist.
Eine einschlägige Lektion, die ich übrigens auch noch nicht ganz
gelernt hatte, lautet: verlaß Dich nicht auf menschliche Verbün-
dete. Vertraue nicht auf schlaue Diplomatie, setze Deine Zuversicht nicht auf Spielchen menschlicher Machenschaften, berech-
nender Begegnungen und gewichtiger Ratschläge, sondern einzig
auf Gott. Leider werde ich zur Vertiefung des Stoffes noch etliche
Lektionen brauchen. Letztlich will Gott keinen Bund mit den
Heiden – siehe Joschua – und zerbricht denen die Beine, die den
Menschen zu Gefallen sein wollen. Jetzt bin ich auf dem Weg
nach Isili und überlasse mich wiederum mit Zuversicht den Händen dessen, der wirklich etwas vermag: Omnia mea tua sunt. Wir
Menschen sehnen uns so danach, daß man uns liebt, und genießen es maßlos, wenn wir die Aufmerksamkeit der anderen erwek-
ken. Wie würde ich mich, z. B., freuen, wenn ich jemand sähe, der
in der Stille zum Herrn ginge, um an mich zu erinnern und für
mich einzutreten, und dann in den Anliegen erhört würde, die ich
auf diesen Blättern vorbringe. Langer Rede kurzer Sinn ist dies:
ich würde gern träumen, daß eines Nachts, während ich schliefe,

Jesus mit seinen durchbohrten Händen käme, an meinen Schreibtisch träte, mein Notizbuch aufschlüge und alles, worum ich ihn schon immer so aufrichtig gebeten habe, in das seine übertrüge. Wie gefällt mir doch dieser Gedanke!« (D 2).

18. Oktober

»Vor acht Tagen bin ich diese Strecke schon einmal gefahren, aber in umgekehrter Richtung: Ich bin zum ersten Mal nach Isili gereist. Jetzt fahre ich von Isili nach Bono zurück, um zusammenzupacken. Es gibt im Leben Augenblicke, in denen die Finsternis total ist. So war es für mich in diesen Tagen. Aber tatsächlich hat mir nicht einmal etwas daran gelegen, zu verstehen: es ist noch zu früh und außerdem... ich habe gelernt, in meinem Urteil vorsichtiger zu sein. Was habe ich in den vergangenen Tagen nicht alles aufs Geratewohl dahingeredet! Vorsehung hier, Vorsehung da: es schien mir, die Vorsehung habe sich mir zur Verfügung gestellt. Die Wirklichkeit sieht wahrscheinlich ganz anders aus, und ich glaube, daß Gott häufig über uns lacht und wir ihm bei unseren unvernünftigen Überlegungen oft leid tun. Gestern schien mir das Verbleiben in Bono von der Vorsehung gewollt zu sein, heute scheint es mir in der Absicht der Vorsehung zu liegen, daß ich in Isili bleibe. Vielleicht ist es besser, zu schweigen und gründlicher nachzudenken. Wenn ich ein gutes Gedächtnis besäße, würden mir noch andere schöne Lektionen einfallen, die mir in diesen Tagen erteilt wurden. Ich müßte, zum Beispiel, darauf kommen, weniger von der Vorsehung zu reden, mich aber mehr auf ihr Handeln zu verlassen. Sodann könnte ich mir klarmachen, daß das, was Gott vorhat, sich von unseren Vorhaben ziemlich unterscheidet, und daß er es bei seinem Handeln sehr *ernst* meint. Ich brauche mich also eigentlich nicht zu beschweren, wenn ich Bono verlasse: ich habe allen Grund, mich demütig zu fügen und *auch hierin* eine gute Lektion im Fach Liebe zu sehen. Wieviel könnte ich sonst noch aus all diesen Ereignissen lernen! Ich sage mir: Wann mache ich endlich Ernst mit dem Eintritt in das *Wirkliche*? Wann werde ich endlich aufrichtig, einfach und selbstlos? Wann entschließe ich mich zu einem klaren und konsequenten Programm? Vor dem Programm habe ich Angst, und es fehlt mir auch die Kühnheit, mich darauf festzulegen. Jetzt erwarte ich alles von Ihm. Und auch das gehört zur Lektion« (ebd.).

22. Oktober – Sorgono (NU)

»Jesus hat mich in ein Kastanienwäldchen gelockt, weil er mit mir reden wollte. Schon lange hatte ich mich nach diesem Gespräch gesehnt, weil ich spürte, wie sehr ich es brauchte. Jetzt bin ich wieder froh und zufrieden wie immer nach seinen Worten. Mir scheint, ich mache mich wieder auf den Weg. Ich habe über die Gründe der christlichen Demut nachgedacht, und diesmal haben sie mir unter dem noch frischen Eindruck des Geschehenen eine größere Bresche ins Herz geschlagen. Ich will die ihrer Bedeutung nach tiefste Antwort festhalten, die ich auf meine Frage gefunden habe: Die christliche Demut beruht nicht nur auf dem Blick auf die göttlichen Vollkommenheiten, auf der Erwägung unserer schlimmen Grundbefindlichkeit, auf dem Gedanken, daß die Demut eine Schule ist, die zur Erhöhung führt – eine jüdische Vorstellung –, sondern vor allem hierauf: Gott hat sich aus Liebe zu uns entäußert, und wir entäußern uns aus Liebe zu ihm. Die Demut gestaltet uns also über die Wiederherstellung der verletzten Ordnung hinaus «entsprechend der Gesinnung derer, die in Christus sind», und das scheint mir der schönste Ansporn zur Demut zu sein« (ebd.).

12. November

Carlo wird wieder an die Grundschulen von Bono zurückversetzt.

Am Bahnhof hatten sich zu seinem Empfang Hunderte von Menschen, vor allem Jugendliche, versammelt, um ihm ihre Sympathie zu bekunden. Man trug ihn im Triumphzug auf den Schultern durch die Straßen des Städtchens und brachte ihn wieder in seinen Amtssitz. Doch der Rückruf hatte das Ansehen des Parteisekretärs erschüttert, der sich nach Rom wandte und die Zusage erhielt, einen so wenig faschistischen Schulrat werde man so bald wie möglich wieder aufs Festland versetzen, wobei die Angelegenheit nicht den Anstrich einer Bestrafung erhalten dürfe, der die Lage in Bono nur verschärft hätte.

»Isili – Bono. Vor einem Monat habe ich mich auf dieser Strecke gefragt: werde ich wieder zurückkommen? Welche Absicht Gottes führt mich nach Isili? Heute komme ich mit der Antwort zurück. Diese Rückkehr gibt mir Zuversicht: mir scheint, Jesus habe gesagt: wir wollen es noch einmal versuchen, es wird sich zeigen. Aber ich antworte ihm: hast du dich immer noch nicht von meiner Armseligkeit überzeugt? Ich wohl, und deshalb hüte ich mich auch davor, wieder in die Falle zu gehen. Tatsächlich: jeden Tag drei Ave für den Sieg. Unter einem anderen Aspekt scheint mir diese Rückkehr den berühmten Bewährungsproben zu entsprechen, zu denen in «Getsemani» aufgefordert worden ist. Wenn das so ist: an die Arbeit mit Glauben und Entschlossenheit. Ich schreibe hier noch einmal den Meditationspunkt vom 23. Sonntag nach Pfingsten nieder: *Amen dico vobis – quidquid orantes petitis, credite quia accipietis et fiet vobis*[45]. Entweder ist Gott nicht ehrlich und übertreibt in seinen Verheißungen, oder wir sind allzu kleingläubig. Da die erste Erklärung unmöglich ist, trifft die zweite zu. Dieser Gedanke ist mir heute morgen gekommen. Wenn man sein Haus baut, ist ein Neubau leichter als ein Umbau. Das trifft auch für … gewisse geistliche Bauleute zu. Gott hat alles aus nichts erschaffen, aus nichts hat er die edle Menschennatur erschaffen. Ganz sicher hat er dabei nicht gelitten und geschwitzt wie bei den Wiederherstellungsarbeiten; die Schöpfung hat ihn sicher nicht den mühsamen Weg durch die pralle Sonne, den schmerzlichen Undank, die Todesnot in Getsemani und die Qualen des Kreuzes gekostet. Nach dem Schöpfungswerk hat Gott in Ruhe betrachtet, was aus seinen Händen dem Modell des Wortes entsprechend hervorgegangen war, und gesagt, daß alles *valde bona*[46] war; nachdem er mit der Wiederherstellung begonnen hatte, betrachtete er das von den Qualen auf Calvaria entstellte göttliche Modell. Ein Gebet, das mir all das zusammenzufassen scheint, lautet so: *Domine, da mihi Spiritum tuum, cetera tolle*[47]. Alles ist im Geist enthalten, denn der Geist besitzt alles: Demut, Sanftmut, Armut, Freundlichkeit, Gnade, Nächsten-

---

[45] Wahrlich, ich sage euch: Alles, worum ihr betet und bittet – glaubt nur, daß ihr es erhaltet, dann wird es euch zuteil.

[46] Sehr gut.

[47] Herr, gib mir deinen Geist, alles andere nimm.

liebe, Zucht, Glut, Liebe, Aufrichtigkeit, Treue, Kraft, Reinheit, Keuschheit, Barmherzigkeit, Freiheit usw. ...Herr, nimm mich bei der Hand. Ich muß das Grundstück finden, auf dem das Heim[48] entstehen soll. Ich verlasse mich auf dich. Schau nicht auf meine Armseligkeit, sondern auf das Gute, das sich aus dem künftigen Werk zu deiner größeren Ehre ergeben kann« (D 2).

28. November

»Wir stehen am Ende des Kirchenjahres. Mit der morgigen Vesper beginnt der Advent. *Nunc coepi*[49] sage ich mir wieder und wieder vor, aber anders als ich es mir schon unzählige Male vorgesagt habe. Ich setze wieder einen Anfang, aber mit einer weiteren Überzeugung: von der unumgänglichen Notwendigkeit, mich auf Gott zu verlassen und nicht auf mich selbst. Das inständige Beten um die Stärkung meiner Zuversicht und die Erfahrung der Vergeblichkeit meiner Bemühungen beginnen Früchte zu tragen. Ich beginne, Gottes Vorsehung praktisch zu spüren und beginne an das Gebet zu glauben. Möge mir das Kirchenjahr, das morgen Abend anfängt, eine immer größere Erkenntnis Gottes und dessen, den er uns gesandt hat, Jesu, schenken« (ebd.).

1. Dezember

»Das Grundstück, auf dem das Heim entstehen soll, ist gestiftet worden. Wer weiß, was sonst noch kommt! Jetzt bin ich froh und zufrieden« (ebd.).

25. Dezember – Turin – Weihnachten

»Zur Christmette war ich in der Hauskapelle der Anstalt [der Salesianer in der via Caboto, Anm. des Herausgebers]. Das Chorgebet hat um 11 Uhr begonnen, die heilige Messe um Mitternacht. Welch liebevollen Trost habe ich erfahren! Wie habe ich meine Armseligkeit gespürt, und wie habe ich mit meinem ganzen Sein

---

[48] Hier handelt es sich nicht um das Heim, sondern um den Erweiterungsbau des Waisenhauses für Jungen, das den Namen »Piccola Casa del S. Cuore« erhalten sollte.
[49] Jetzt habe ich begonnen.

gerufen: *Veni Domine et noli tardare*[50]! Allein die Einwurzelung Jesu in meinem Herzen kann mich ein für allemal erlösen« (ebd.).

2. Weihnachtstag

»Zum Abendessen bei Familie Badano, wo wir Ninos[51] gedacht haben« (ebd.).

29.–30. Dezember – Parma: die zweitägige Bezirkstagung

»*Leitgedanken*: die Erziehung ist vor allem ein Zusammenwirken zwischen der Gnade und dem Menschen. Sie ist also eine Wechselbeziehung. Der Erzieher ist ein Mitarbeiter. Die Wahrheit steht in der Mitte. Einerseits sagt man: Die Übernatur bewirkt alles, und das ist ein Irrtum; andererseits sagt man: Die Methode bewirkt alles, und das ist auch ein Irrtum. Die Wahrheit liegt in der Synthese, im Gleichgewicht.

Der Formalismus: er ist eine der Wunden, und man kann ihn so definieren: Methode geringer Bildung, verbunden mit Versessenheit auf Ergebnisse und Mangel an Demut. Gott nimmt Rücksicht auf das Reifen des Menschen und übt keinen Zwang aus. Er reißt das Korn nicht aus dem Boden, um es schnell reifen zu lassen. Er hätte sich durchsetzen können und hat es nicht getan. Er hätte Zwang ausüben können und hat es nicht getan. Er hätte den Mond umdrehen, die Berge von der Stelle rücken lassen und die Meere austrocknen können und hat es nicht getan: er hat abgewartet. Er hat nur das zur Unterstützung der Freiheit Unerläßliche beigesteuert, und das reicht.

– Das Ziel der Erziehung deckt sich mit dem Ziel des Menschen. Den Menschen kann man nichts vorgaukeln. Bei Windhundrennen bedient man sich einer Hasenattrappe, um das Rennen anzufeuern, eines Hasen, den die Hunde nie erreichen. So machen es auch diejenigen, die den Schüler einzig für das Diesseits vorbereiten und ihm etwas vorgaukeln.

---

[50] Komm, Herr, und säume nicht!
[51] *Alfonso Badano* (1911–1991) Piemontese, während des letzten Weltkriegs in Deutschland kriegsgefangen, Partisan. Journalist, u. a. Chefredakteur der katholischen Tageszeitung «Il Quotidiano» (1950–1964) und des «Giornale d'Italia» (1966–1969).

– Schmerz und Mühe bei der Erziehung. Man darf dem Schüler nicht den Schmerz aus dem Weg räumen. Man nimmt ihm dann das Beste. Menschen, die zu einem gewissen Wohlstand gelangt sind, glauben, sie erzögen ihre Kinder gut, wenn sie ihnen die Bewährungsproben ersparen, die sie selbst bestehen mußten. Letztlich meinen sie, diese Bewährungsproben und diese Schmerzen hätten sie beeinträchtigt, während sie in Wirklichkeit ihre Größe gewesen sind. Sie machen also aus ihren Kindern Menschen ohne Mark, ohne Rückgrat, Nullen, denn sie entfernen aus ihrem Leben das Beste: die Mühe, den Kampf, das Opfer. Das hat Jesus nicht getan: er hat seine Jünger in der Bewährungsprobe belassen, wie mein Fall zeigt! Man braucht nur an die Brotvermehrung und ihr Nachspiel zu erinnern. War das ein Test! Er nötigt sie, ins Boot zu steigen, nötigt sie, loszufahren und setzt sie dann auf dem See dem Wüten von Wind und Wellen aus; schließlich taucht er auf wie ein Gespenst und fordert sie auf, über das Wasser zu gehen. Alles als Vorspiel der letzten und größten Bewährungsprobe: der Eucharistie. So sehr, daß man am folgenden Tag, als er ihnen Vorhaltungen macht, die Entgegnung vernehmen sollte: Und wohin sollen wir gehen? Nur du hast Worte des Lebens! Und die Bewährungsproben bei der Gefangennahme? Er hätte ihnen aus dem Weg gehen können: aber das hat er nicht gewollt. Lernen wir von Jesus.

– Wo das Wirken der Gnade und der freie Wille einander berühren, ist ein Geheimnis. Man kann tatsächlich sagen, daß gerade diese Wechselbeziehung eins der geheimnistiefsten Wunder ist, die Gott geschaffen hat. Seit drei Jahren erteilt der Herr mir diese Lehre, die ich mich heute abend plastisch nachzuzeichnen bemühe. Nachdem bei mir der Eindruck entstanden war, selbst etwas zu können, hat er mir zeigen wollen, wie wahr das Wort ›Sine me, nihil‹[52] ist. Das war gar nicht so einfach bei einem Individuum, das dazu neigte, die eigenen Kräfte zur Geltung zu bringen. Und dann begannen praktische Versuche. Ich hatte mir eine kleine Schlacht in den Kopf gesetzt; bei den Versuchen kam ich unweigerlich zu Fall. Wie lange hat die Bewährungsprobe gedauert? Drei Jahre. Ich stürzte, stand wieder auf, schaute mich um, setzte erneut an und rannte mir wieder die Nase an der Wand ein. Ich stand wieder auf und setzte immer wieder an in der Hoffnung,

[52] Nichts ohne mich.

der neue Versuch könnte besser gelingen, und... wieder ein Nasenstüber von noch besseren Eltern. Nach Hunderten von Versuchen bildete sich in meinem Kopf die Überzeugung: der Wille ist gebrochen, er besteht nicht mehr, er ist etwas Ohnmächtiges, *tamquam nihil*[53]. Ich befand mich in einem großen, ganz spiegelglatt gebohnerten Saal, in dem man gefährlich ausrutschen konnte, und hatte Schlittschuhe an den Füßen. Tausendmal hatte ich es versucht, und tausendmal war ich gestürzt, bald vornüber, bald rücklings, bald auf die Seite. Jetzt konnte ich wirklich nicht mehr, ich glaubte nicht mehr an mich und machte mir nichts mehr vor: ich blieb liegen. Aber in diesen Posituren konnte ich nicht bleiben: es mußte doch einen Ausweg geben. Die Erfahrung ist eine gewaltige und gestrenge Lehrmeisterin ohnegleichen. Da lag ich am Boden mit meinen Beulen und um genau eine Wahrheit reicher: Ich kann nichts. In diesem Augenblick begann das Gnadenwirken Jesu. Ich faltete die Hände und begriff zum ersten Mal — mit einunddreißig Jahren —, was das Gebet war, kostete seine Süße, gewann Geschmack an seiner Zuversicht und Einblick in seine Kraft. Gott, mein Gott, komm mir zu Hilfe. O Wunder! Ich sah mich wieder auf den Beinen und war in der Lage, zu gehen. Mich erwartete ein Ziel, es war nur zwei Schritt entfernt. Es sagte zu mir: Komm, Gehen ist so einfach. Ich schaute mich um, schüttelte den Kopf und sagte: Das schaffe ich nicht mehr; das war für mich eine harte Lehre. Es kam mir auch ein Lächeln: ich faltete die Hände und betete. Mit diesem Gebet kam die Kraft. Es schien mir, als hätte ich einen starken Arm neben mir, auf den ich mich sicher stützen konnte. Seither bin ich ruhiger und beherzige die Lehre des göttlichen Meisters als eine Kostbarkeit.

— Die Ruhe Jesu im Umgang mit den Menschen ist eine bedeutende Lehre. Ich glaube, eine der zweckdienlichsten Untersuchungen, die ich anstellen könnte, um die Ruhe für das Apostolat zu erlernen, ginge in diese Richtung. In Betlehem verlangt er von niemand, sich nachts aufzumachen, um ihn anzubeten; und doch war er Gott und sehr wohl dazu berechtigt. Er stört niemand, drängt nicht und überstürzt nichts: er ist wie der Bauer, der wartet, bis das Getreide reif ist. Selbst wenn er kein Brot hat, geht er nicht aufs Feld, um mit den Händen daran zu ziehen, damit es

---

[53] Sozusagen nichts.

schneller wächst: er würde es mit der Wurzel ausreißen. In seinem apostolischen Wirken hat er es ebenso gehalten: er hat den Augenblick nicht herbeigezwungen. Er hat die Schwächen seiner Jünger, das Unverständnis der Massen und die Feindseligkeit seiner Gegner ertragen. Und doch hätte er den Mond umdrehen, die Berge von der Stelle rücken lassen und den Juden seine Macht entgegenschleudern können. Er hat es nicht getan: er hat gewartet. Und ich? Ich warte nicht, ich kann nicht warten. Ich möchte die Ergebnisse sehen, hier und jetzt und vollständig. Tief in allem Wirken steckt halt die Eitelkeit« (D 2).

1942

Fastnachtsdienstag – Bono

»Meinen ersten sardischen Tag habe ich in La Maddalena verbracht. Arbeit, herzliche Begegnungen, Neuaufnahmen, was jetzt so üblich ist. Von La Maddalena bin ich nach Oristano und dann nach Cabras gefahren, wo ich ein sehr erfolgreiches Missions-Triduum gehalten habe, das mir ein ganz großer Trost gewesen ist.

Von Cabras aus bin ich wieder nach Oristano gefahren, wo ich vor Lehrern gesprochen habe. Dann ging es nach Sanluri zu den Schülern und von dort nach Nabdia, wo ich gestern den ganzen Tag gewesen bin und die Abreise nach Bono um 24 Stunden aufgeschoben habe.

Heute morgen bin ich schließlich hier angekommen, wo man mich erwartet hat und wo ich Verbindung mit der Welt aufgenommen habe, die Du kennst. Am Donnerstag beginne ich mit den Einkehrtagen, die am Sonntag zu Ende gehen sollten. Am Montag fahre ich, so Gott will, wieder zurück.

Neues gibt es nicht, der Rücken hat trotz der Strapazen dieser Tage – sechs Vorträge pro Tag – kurzen Prozeß gemacht und mich in Ruhe gelassen...« (C 18)

4. März

»Heute abend habe ich noch eschütternder die Schwäche der menschlichen Natur erfahren. Welch eine Lektion! Ich bin ganz bestürzt und vor allem verdemütigt. Auch aus diesen Abgründen kann man mit Gottes Liebe wieder aufstehen und auch aus diesen Niederlagen eine heilsame Lehre ziehen. Wenn ich früher schon Angst vor mir selbst hatte, so ist diese Angst jetzt noch größer geworden, wenn ich früher schon Abscheu vor mir selbst hatte, so ist diese Abscheu noch gewachsen.. Und wenn Gott mich im Stich ließe? Erbarmen, Herr, Erbarmen. Schau her auf den Aussatz, der mich bedeckt, und erhöre noch einmal mein Gebet: *Munda me!*[54] Laß mich nicht noch tiefer fallen; diese Lektion soll mir reichen. Sorge du dafür, daß sie reicht!« (D 2)

8. März

»Ich kehre wieder nach Bono, kehre in die Schlacht zurück.

Vorsätze: Prim und Komplet. Kommunionempfang und Betrachtung. Besuch des Allerheiligsten. Drei Rosenkränze. Meiden und aufpassen.

Herr, du kennst meine Schwäche, von nun an kenne ich sie auch: hilf du mir« (ebd.).

15. März

»Anläßlich einer Vortragsreihe für Akademiker und die Jugend bin ich drei Tage in Oristano geblieben. Ich habe sie genutzt, mich geistlich ein wenig zu erholen, mehr zu beten und meine Angelegenheiten zu regeln. Vor allem habe ich das Breviergebet wieder aufgenommen, das ich seit einiger Zeit unterlassen hatte, und ich habe einen gewaltigen Vorsatz gefaßt: *noli tangere*[55]. Ich habe einen Augenblick erlebt, in dem ich die Bedeutung der Buße begriffen habe. Werde ich etwas tun können? Jetzt habe ich solche Angst vor mir selbst! Es kommt mir vor, als hätte ich einen Satz getan, der mich um zehn Jahre zurückgeworfen hat! Zum Ausgleich dafür verstehe ich jetzt ein Wort Jesu noch besser: Wacht und betet, damit ihr nicht in Versuchung geratet. Der Geist ist willig, aber das Fleisch ist schwach« (ebd.).

[54] Mach mich rein!
[55] Berühre nicht.

5. August

Seine Schwester Dolcidia[56] *legt bei den Maria-Hilf-Schwestern in Mailand ihre ewigen Gelübde ab.*

September

In Bono sickert die Kunde von einer bevorstehenden Versetzung des Schulrats, Professore Carretto, nach Turin durch. Die Bevölkerung gerät in Wallung, und u. a. kommt, wie er selbst erzählt hat, sogar eine Abordnung von Hirten zu Carlo mit dem Vorschlag, den Staatsdienst zu quittieren und seine Arbeit fortzusetzen, und der Versicherung, sie würden schon ein standesgemäßes Auskommen für ihn finden.

Oktober

Carlo wird aufs Schulamt nach Condove (TO) versetzt, wohin sich dann auch die ganze Familie Carretto vor den Kriegsereignissen in Sicherheit bringt. Kaum am neuen Dienstsitz angelangt, muß er eine Erklärung unterschreiben, durch die er sich »unter Androhung der Verhaftung« verpflichtet, »keinen Fuß mehr auf sardischen Boden zu setzen«.

Wieder wird er für den Zweijahresturnus 1942–1943 als Mitglied des obersten Rates der GIAC bestätigt und gleichzeitig wird er wegen der Teilung des Landes (durch die Gotenlinie) Vize-Gesamtvorsitzender der GIAC für Norditalien.

In Rom gründet Luigi Gedda die Società Operaia – »Gesellschaft der Werktätigen« – um unter den Mitgliedern der Katholischen Aktion ein intensiveres Vollkommenheitsstreben zu fördern. Das »Glaubensbekenntnis der Operai« verkündet – nach einem Akt des Glaubens an die Allerheiligste Dreifaltigkeit –, daß ein jeder sich um den

»Geist der Heiligung« bemühen soll, »so daß jedes Werk vor allem mit dem Gebet, dem Opfer und den christlichen Tugenden geschaffen wird; mit dem Geist des Verzichtes, so daß jedes geschaffene Werk nicht Eigen-

---

[56] *Schwester Dolcidia*, die Carlo liebevoll *Dolce* nennen sollte, versieht in ihrer Kongregation das Amt einer Assistentin für die Aspirantinnen und Postulantinnen (1936–1938); Privatsekretärin der Generaloberin (1938–1969); Inspektions-Sekretärin (1969–1982).

tum der operai als solcher wird, sondern durch die Menschen und die Körperschaften, die es natürlich besitzen müssen, Eigentum der Kirche; mit dem Geist der Hochschätzung für die Katholische Aktion, der wir angehören und der aus unserem Wirken kein Anlaß zu Unsicherheit oder Zwietracht erwachsen darf«.

Die Società Operaia ist solidarisch mit dem Geist von Getsemani und bezeichnend für sie ist die Bildung eines Bundes von

»Laien als Laien [wie uns Prof. Gedda vertraulich mitgeteilt hat], mittels einer sehr starken und strengen Spiritualität, wie es auch die Jesu in seiner Verlassenheit in Getsemani ist; und so haben wir vielen Laien geholfen, sich abzuhärten und immun zu werden, auch ohne eigene Gelübde: sie sind und bleiben Familienväter, Arbeiter und Akademiker, die sich gesellschaftlich engagiert haben.«[57]

»Um sich eine Vorstellung von der gehäuften Arbeitslast zu machen, die auf Carlos Schultern fiel, braucht man nur zu bedenken, daß der Mitgliederzahl nach drei Viertel der Angehörigen der Gioventù Cattolica nördlich der Gotenlinie zu Hause waren.

Es ging darum, eine Pressestelle einzurichten, und in Kürze erschienen sogar schon 1943 regelmäßig alle vierzehn Tage die Zeitschrift *Credere* für die Aktiven und *L'Aspirante*, wenn man auch fast von Mal zu Mal die Zustellungserlaubnis wieder neu einholen mußte; dazu kamen die Papierknappheit, die Bombardierung der Druckereien, die Unsicherheit der Zustellung und die ständige Überwachung, der die Provinzbehörden der (von den Faschisten geschaffenen) Repubblica Sociale Italiana (Dezember 1943 – April 1945) die katholische Presse unterwarfen.

Trotzdem sind auch die Zeitschrift *Apostolato* für die Führungskräfte und sogar das ›Cenacolo per i Capi‹ erschienen. Außerdem mußte man den Ortsverbänden die katechetischen Kleinschriften und das notwendigste Organisationsmaterial zustellen. Im Laufe weniger Monate sind 400000 katechetische Kleinschriften und ungefähr 200000 Exemplare von Betrachtungsbüchern in etwa 20 Auflagen und noch 150000 Exemplare von Büchern und Broschüren organisatorischer Art gedruckt worden, dazu noch 50000 Mitgliedsausweise, die in wenigen Monaten vergriffen waren« (PI).

---

[57] F. Mandillo, »Luigi Gedda un senatore mancato« in *Jesus*, 12 (1988) 7.

4. Oktober – St. Franziskus – Turin

»Heute morgen war ich zum Abschluß des Triduums in Novaretto. Ich habe über eine Stunde in einem Kastanienwäldchen verbracht, um über meine Situation nachzudenken. In einen Satz zusammengefaßt, lautet das Ergebnis meiner Betrachtung so: In den Ereignissen ist Gott gegenwärtig. Welch tiefen Trost habe ich doch in den Überlegungen erfahren, auf die meine Betrachtung hinausgelaufen ist. Die Vergangenheit ist unwichtig, die Zukunft ist unwichtig, einzig die Gegenwart ist wichtig. Mit dem lieben-den »Ja, Vater!« anzunehmen, ist das Schönste, was ich tun kann. Letztlich zeige ich so, daß ich an Gott als meinen lieben Vater glaube. Gott tritt auf zweierlei Weise in unser Leben: 1) Mit dem Gesetz und unseren jeweiligen Standespflichten. 2) In den Even-tualitäten. Ich muß immer mehr im Glauben bejahen, was mir Tag für Tag, Stunde für Stunde passiert. Ich muß aufmerksamer auf die Stimme Gottes horchen, die sich mir in den Begebenhei-ten meines Lebens, im Zusammentreffen von Umständen – das alles andere als zufällig ist – und im Gang der Dinge offenbart. Sogar meine Berufung gewinnt durch die Ereignisse für mich immer mehr an Tiefe.

Domine ut videam, bete ich jeden Tag, aber in diesem Augen-blick bin ich sicher, daß der Herr mir seinen Willen genau so zei-gen wird, wie ich oben gesagt habe. O Herr, Ewiger, Allmächtiger, Allwissender, ich glaube an dich und daher auch an deine Ewig-keit, deine Allwissenheit und deine Allmacht. Ich glaube, daß auch im Leben des letzten Menschen kein Detail sinnlos ist. Ich glaube an deine höchste Allmacht, die alles trägt und alles seinem Ziel zuführt: deiner Herrlichkeit. Ich glaube also, o Gott des unendlich Kleinen und des unendlich Großen, daß es genügt, sich dir anzuvertrauen, still in deinen Armen zu verharren und sich auf dich zu verlassen! Gib mir die Gnade, so zu handeln, immer so.

Löse meine Dissonanz auf in deine Harmonie, lehre mich, ganz und gar an deine Vorsehung zu glauben. Laß mich in jedem Ereignis meines Lebens eine Äußerung deines göttliche Willens sehen!

Dein bin ich, o Herr, ich *will* immer mehr dein sein, *halte mich davon ab*, nicht dein zu sein. Amen.

– Die Synthese der Gegensätze. Gott ist die Einheit schlechthin und die Lauterkeit in höchster Vollendung. Vor dem Sündenfall war der Mensch als Spiegelbild Gottes Teilhaber dieser Lauterkeit, besaß er die Wahrheit und war er Ausdruck der Wahrheit. Nach dem Sündenfall ist etwas Furchtbares eingetreten: die Wahrheit konnte nicht mehr Ausdruck des Menschen sein. Sie war sozusagen in ihre Gegensätze zerbrochen, die sich, da sie nicht mehr in der Einheit geborgen waren, voneinander getrennt haben. Diese Gegensätze wieder zusammenzuführen, ist die schwere Arbeit, die dem Menschen aufgegeben ist. Diese Arbeit gehört zum Mühsamsten. Normalerweise erfaßt der Mensch eine Wahrheit, aber nicht die Wahrheit, er erfaßt eine Wahrheit und prahlt in seiner Verblendung gewissermaßen mit ihr. Er untersucht sie genau, versenkt sich in sie, ohne zu merken, daß dies nicht die Wahrheit ist. Alle Häresien sind Wahrheiten, aber sie sind nicht die Wahrheit.

Die Wahrheit ist eine Synthese der Gegensätze und etwas sehr Seltenes. Nur die Offenbarung versetzt uns am ehesten in die Lage zur Synthese, aber dazu bedarf es des Glaubensaktes. Die Wahrheit schaut man intuitiv wie einen Blitz, man erreicht sie nicht durch Schlußfolgerungen der Vernunft.

Die Vernunft besitzt nur die eine oder andere Wahrheit, die ganze Wahrheit kann sie nicht fassen.

Beispiel für Gegensätze:

1. *sine me nihil potestis facere*[58], hat Jesus gesagt, und infolgedessen kommt das diskursive Denken des Menschen zu dem Schluß: Gott allein kann den Menschen retten, der Mensch ist nichts, und... wir haben das Luthertum. Worin besteht die Wahrheit? In der Verbindung der beiden Gegensätze: Gott tut alles. Der Mensch hilft mit: Er, der dich ohne dich erlöst hat, wird dich nicht ohne dich retten.

2. Gerechtigkeit und Liebe, Gottesfurcht und Zuversicht. Es ist schrecklich, in die Hände des lebendigen Gottes zu fallen, heißt es an der einen Stelle, aber an der anderen: Und wenn selbst eure Mutter euch verläßt, ich verlasse euch nicht.

3. Aktive und passive Frömmigkeit. Dazu sagt der heilige

---

[58] Ohne mich könnt ihr nichts tun.

Ignatius: Handle immer so, als hinge alles von dir ab, und dann erwarte immer, als hinge alles von Gott ab.

4. Gottes Erhabenheit und Gebet: ›Israels Ringen mit Gott‹« (D 2).

5. Oktober

»Heute morgen sind meine Gedanken immer noch beim Thema ›Gott in den menschlichen Ereignissen‹, und ich will abschließend zu einer Verhaltensnorm kommen. Ich muß unbedingt den Ereignissen mehr Aufmerksamkeit schenken. Schon bei anderer Gelegenheit hatte ich über die Gewissenserforschung geschrieben: das Tagewerk in Gottes Hand legen, wobei ich an den Tag von Esporlatu gedacht hatte. Nichts ist schwieriger, als in den Armen Gottes ruhig zu bleiben, da wir von der Katastrophe der Erbsünde so mitgenommen sind!

Es gibt also nichts Harmonischeres als den Tag hindurch ehrlich aktiv und, in der Erwartung des Handelns Gottes an uns, dabei zutiefst passiv zu sein. Wo ist der Punkt, an dem sich unser Handeln und das Handeln Gottes berühren? Wie weit reicht unser Handeln? Ich komme zu dem Schluß, daß nur Gott das Rätsel in mir lösen kann. Grundsätzlich will ich mir angewöhnen, alle Einzelheiten meines Tages, zumal die, die nicht von meinem Willen abhängen, als Boten Gottes anzusehen« (ebd.).

8. Oktober

»Gott ist Vorsehung! Wenn ich doch dieses schöne Thema in meinem Leben zum Tragen bringen könnte! O Jesu, zeig mir den Vater! Laß mich immer im Übernatürlichen leben, laß mich spüren, wie du mich in deinen göttlichen Armen wiegst! Den Armen, die die Sterne am hohen Himmel halten, die uns jedes Jahr den Erntesegen schenken, die uns am Leben halten und meinen schwachen Glauben stützen. Bewirke du, daß ich über die Wogen gehe und den Naturalismus besiege, der mich untergehen läßt, daß ich wie die durch deine Wunder Begnadeten sagen kann: ich glaube! O Jesu, ich glaube, mehre meinen Glauben!« (ebd.)

11. Oktober – Mariä Mutterschaft

»Heute morgen habe ich den Wecker nicht gehört und mich ver-
schlafen. Ade, Mailand! Gestern abend hatte ich mich zur Fahrt
dorthin entschlossen und alles darauf abgestellt: da trat das Un-
kalkulierbare ein und hat meine Tagesplanung umgeworfen. Zu
anderen Zeiten hätte ich mich aufgeregt, heute aber habe ich das
Mißgeschick mit viel Geduld hingenommen in dem Gedanken,
daß gerade hier Gottes Vorsehung am Werk gewesen war. Wie
tröstlich ist doch dieser Gedanke! Wie will ich mich immer mehr
daran gewöhnen, im Überraschenden den Beweis für das Walten
der Güte Gottes über mein Leben zu sehen. Gewöhnlich beginnen die Heiligen mit ihrem Werk nach Zufallsereignissen: Don
Bosco und der Junge in der Sakristei von San Francesco; Cottolengo und die arme Savoyardin; der heilige Franziskus in San Damiano usw. usw. Ich will immer mehr von derartigen Gedanken
ausgehen, denn das tut mir gut« (D 2).

13. Oktober

»Ich lese gerade: *Selig die Hungernden* [59]. Ein wirklich großes
Buch, und bei seiner zweiten Lektüre entdecke ich darin ganz
tiefe Gedanken. Es gibt, wie der Autor sagt, zwei Wege zur Heiligkeit: den Weg der Gerechtigkeit und den der Barmherzigkeit; un-
heimlich und beschwerlich den einen, leicht und sorglos den anderen. Wenn wir uns auf unsere eigenen Kräfte verlassen und uns
etwas auf unsere Leistungen zugute halten, werden wir nach der
strengen Gerechtigkeit Gottes gerichtet werden. Wenn wir uns
etwas einbilden und in den Augen Gottes groß erscheinen wollen,
wird er von uns den Beweis für unsere eingebildete Tüchtigkeit
verlangen. Den Weg möchte ich ja nicht mehr einschlagen; früher
habe ich das versucht und dabei Niederlagen eingesteckt und mir
die Hörner abgestoßen. Wie möchte ich dagegen den lieblichen
Weg der Barmherzigkeit kennenlernen und einschlagen, dem die
kleine heilige Theresia und der Pfarrer von Ars gefolgt sind! Ich
begreife aber, daß das nicht leicht ist, denn es ist der Weg der Demütigen, und ich bin ganz und gar nicht demütig. Wir verfallen
immer in denselben Irrtum: nämlich zu glauben, daß es in erster

---

[59] R. Gräf, *Selig die Hungernden*, Regensburg 1940.

80

Linie auf uns ankomme und alles von uns abhängen müsse. Dieser Gedanke beherrscht uns so sehr, daß er sich auf alles auswirkt, was wir tun. Wir sind davon überzeugt, daß wir uns im Herzen zum besseren wandeln, wenn wir diese oder jene geistliche Übung auf uns nehmen, die wir für wesentlich halten: und wir fühlen uns unglücklich und geschlagen, wenn wir nicht erreicht haben, was wir uns vorgenommen hatten. Ist es etwa notwendig, uns im Schweiße unseres Angesichtes dreißig oder vierzig Jahre lang abzumühen, nur um zu dem Schluß zu kommen: ich kann nichts, ich bin zu allem unfähig? Muß denn eigentlich jeder von uns all diese bitteren Erfahrungen sammeln und so viele Fehlschläge durchmachen, um sein ganzes Vertrauen auf Gott und auf ihn allein setzen zu lernen? Es kann sein, daß dieser Weg für einige absolut notwendig ist, doch scheint mir das nicht die Regel zu sein. Für mich ist es regelrecht «notwendig» gewesen. Ich wiederhole: es ist der Weg der Demütigen, und ich bin nicht demütig gewesen, und wenn ich es immer noch nicht bin, werde ich leider auch künftig noch diesem Weg nachjagen müssen« (ebd.).

19. Oktober

»Auch die Müdigkeit ist etwas Wertvolles, das man Gott anbieten kann, wie übrigens auch die Ohnmacht, ein Krankenlager, das Unglück und die Sünden. *Quaerens me, sedisti lassus*[60]. O Jesu, auch du hast erfahren, was Müdigkeit bedeutet; auch du hast dich müde am Wegrand niedergesetzt und erfahren, was es heißt, wenn die Augen vor Müdigkeit zufallen und nicht mehr offen bleiben wollen« (ebd.).

20. Oktober

»Der Begriff vom Gleichgewicht unter Gegensatzpaaren erobert mich immer mehr. Heute morgen überkam mich eine einzigartige Glaubensüberzeugung: wie hätte die Kirche sich auf der Linie der Rechtgläubigkeit halten können ohne den Beistand des Geistes? Es wäre unmöglich gewesen, absolut unmöglich!« (ebd.)

[60] Auf der Suche nach mir hast du dich müde niedergesetzt.

21. Oktober

»Zum ersten Mal ist der Jungmännerkreis in der Kirche Santa Maria in Piazza zusammengekommen. Die Art und Weise, wie wir diesen neuen, idealen Sitz gefunden haben, hat mich erneut in dem Vorsatz bestärkt, immer mehr an das Unvorhergesehene zu glauben, das uns während unseres Tageslaufes begegnet, und mit feinem Gespür den mitunter auch unbedeutenden Einzelheiten nachzugehen, die Stunde für Stunde mein Leben füllen. Im Grunde ist es Gott, der da durch seine Boten am Werk ist, und ist es sein Wille, der sich uns leise andeutet, und den die Zeit allmählich zur Entfaltung kommen läßt. Die Heiligen haben diese Stimme gekannt, und in ihrem Leben haben sehr oft große Entwürfe in kleinen und unbedeutenden Begebenheiten ihren Ursprung gehabt. Wäre es ein Zufall, daß Don Bosco am Morgen des Festes der Unbefleckten Empfängnis in der Sakristei von San Francesco den ersten Jungen für sein Oratorium getroffen hat? Das glaube ich nicht!

Gott, und das vergessen wir oft, hat mit uns seine Absicht und zu ihrer Erklärung bedient er sich eben dieser Unwägbarkeiten, die wir heidnisch »Zufall« nennen. O Herr, du siehst, wie ich heute morgen diese Gedanken niederschreibe, während ich mit dem ersten Zug nach Condove komme, um bei den Jungen die Eucharistiegruppe ins Leben zu rufen. Wirke du auf mich ein mit deinem Heiligen Geist, damit ich auf dein liebes Wort achte, um es bestmöglich und trotz meiner angeborenen Armseligkeit und meiner noch schlimmeren angeborenen geistlichen Insensibilität in die Tat umzusetzen. *Domine, da mihi Spiritum tuum, cetera tolle*« (D 2).

1943

In Turin wird die Società Operaia gegründet, deren Vorsitzender Carlo wird.

6. Januar – Epiphanie

»Nach so langer Zeit schreibe ich mein altes Heft weiter. Wie unbeständig bin ich doch in eigener Sache! Wie lösen sich doch die schönsten Versprechungen in nichts auf! Also! Machen wir weiter. In dieser letzten Zeit hatte ich mir geschworen, eine Stunde festzusetzen, die ich ganz für mich reservieren wollte – Gebet – Meditation – Erinnerungen usw. Mir scheint, dabei das alte Heft zu Hilfe zu nehmen, ist angebracht, und so sitze ich denn hier. Großes hat sich also in dieser Zeit ereignet: die Luftangriffe auf Turin und der damit verbundene Wohnsitzwechsel nach Condove, die Klärung der ›Operai‹[61]-Frage, und die schönen Exerzitientage in Susa, denen pechschwarze Tage vorausgegangen waren.

Das Gegensatzpaar, das diesen Zeitabschnitt zusammenfaßt und mir mitten im dauernden Hin und Her aufgegangen ist, lautet ›im Dunkeln tappen‹ und ›Realismus‹. Wer weiß, warum und wie es sich herausgebildet hat, aber zweifellos entreißt es mich, wenn ich es ausspreche, der Abstumpfung, die aus der allzu langen und zu nichts führenden Analyse gewisser Beziehungen herrührt.

Über die Aufgabe der ›Operai‹ ist etliches zu sagen. Vor allem melden sich die Werke immer deutlicher. Was wird unser künftiges Werk sein? Das Haus für Triduen? Das Haus des Studenten? Des Arbeiters? Hm! Wir wollen einmal sehen. Und Sardinien? Auch da gibt es etwas. Alba. Ich bin unterwegs nach Rom. Mein Herz ist in Hochstimmung. Ich freue mich schon auf das Wiedersehen mit Luigi und den Freunden.

Erst kürzlich war ich in Parma und habe dort wunderbare Tage verbracht.

Und ist Susa nicht auch eine schöne Pause gewesen?

Und die Kampagne des Papstes mit ihren fünf Punkten?[62]

---

[61] Carlo meint hier und a.a.O. mit »operai« (Werkleute) oder (in der Einzahl) «operaio» die Mitglieder der Società Operaia.

[62] Pius XII, *Weihnachtsbotschaft 1942*, Unione Donne di Azione Cattolica, Rom 1943.

Mir kam der Tag so wichtig vor, daß ich auf dem Andenken-
bildchen des Triduums die Unterschriften der Teilnehmer gesammelt habe« (D 2).

7. Januar

»Den ganzen Tag unterwegs nach Catania. Ein Tag, der mich im
Verlauf der Fahrt an den Wind in Sardinien, das Klima von Bono
und die Trachten von Illorai erinnert. Mir fallen auch die Zitrus-
früchte im Erzbistum Oristano, die Oliven von Cuglieri und die
Feigenkakteen von Medeles ein.

Ich habe mit großem Gusto das Buch Judit gelesen: ein wahres
Meisterstück des Glaubens! Holofernes: der Mensch, der an die
Stärke seiner Pferde und die Anzahl seiner Soldaten glaubt. Judit:
die Seele, die an Gott glaubt.

Es ist die ewige Frage, die sich der Seele stellt: wird Gott mit
seiner anscheinenden Ohnmacht siegen, oder werden die Menschen mit ihrer nutzlosen, aber offensichtlichen Allmacht siegen?

Judits Glaubensakt ist einer der tiefsten und entschiedensten,
ein wunderbares Vorbild für den geistlichen Kampf. Typisch ist,
was Holofernes will: alle Götter der Erde vernichten, um zu beweisen, daß einzig Nebukadnezzar, sein König, Gott wäre.

Großartig, wie resolut Judit auftritt: Und Ihr habt gewagt, Gottes Barmherzigkeit eine Frist zu setzen? (Sie meinte damit die fünf
Tage, die man Gott bis zur Kapitulation zugestanden hatte.) Das
Ende ist immer dasselbe: die Ohnmacht Gottes wird in den Händen dessen, der glaubt, zur Allmacht und besiegt wider alles Erwarten die Arroganz der Feinde, die sich nur auf die eigene Kraft verlassen haben. Siehe Gideon, Mose, Josef, die drei Jünglinge, Joschua.
Dies ist die Lehre, die man daraus ziehen muß: auch mich im
geistlichen Kampf um diesen Glauben zu bemühen« (ebd.).

10. Januar – Catania

»Die sizilianischen Tage in Kurzdarstellung. Der Film *Pastor
Angelicus*[63], den ich gestern abend gesehen habe, wird eine immer tiefere Bedeutung erlangen. Heute morgen war es mir eine

---

[63] Spielfilm über Pius XII; weitere Teile sind nicht mehr vorhanden; zusammen-
geschnittene Szenen des Originals, das verschollen ist, hat man in einen Doku-

Freude, im ›Leonardo-da-Vinci-Kolleg‹ zu den jungen Leuten zu sprechen, die das Triduum in Catania mitgemacht haben. Bester Eindruck. Der Abschied von Catania hat mich an die Güte und Großherzigkeit der Sarden erinnert.

All die guten Leiterinnen haben sich mir mit wahrer Herzlichkeit gewidmet. Das erinnert mich wieder an *Pastor Angelicus*. Dieser Film ist wirklich ein bedeutender Markstein in der Geschichte des katholischen Films.

Ich bin unterwegs nach Turin und lege morgen einen vierundzwanzigstündigen Aufenthalt in Rom ein.

– Den Augenblick abpassen, die Absicht Gottes, unverhoffte Überraschungen im Glauben aufnehmen, Vertrauen, mehr Vertrauen auf ihn« (ebd.).

14. Januar

»Die Ansprache des Papstes über die innere Ordnung der Staaten hat in den Gewissen der Katholiken ein gewaltiges Echo gefunden. Jetzt muß man den Feldzug zu Ende führen.

– Hierauf kommt alles an: die Finsternis erkennen und um das Licht bitten, die Ohnmacht empfinden und die Allmacht anrufen, die eisige Kälte spüren und die göttliche Liebe anrufen.

– Die Gestalten der Heiligen Schrift sind nicht passé, sondern aktuell. Joschua vor Jericho bin ich, Gideon vor dem zahllosen Heer der Feinde bin ich, Abraham auf dem Berg Morija bin ich, so auch Josef am Hofe Pharaos, Mose am Roten Meer und in der Wüste, Joschua im Bund mit den Gibeonitern. Und auch ich muß einer der drei Jünglinge im Feuerofen, Susanna vor der Anklage und Daniel vor dem Gericht des Verfolgers sein. Und schließlich bin auch gerade ich Simson, der treulos wird, der verwilderte Weinberg bei Jesaja und die sündige und ehebrecherische Gattin bei Jeremia. Die Geschichte des Auserwählten Volkes ist die Geschichte meiner Seele.

– Nur eines zählt: auf Gott hören, Gott lieben, Gott dienen« (ebd.).

mentarfilm eingefügt, der 1950 unter der Regie von Bruno Simonetto von der San Paolo Film hergestellt worden ist.

25.–26.–27. Januar – Pisa

»Ein Triduum in dieser toskanischen Stadt gehalten. Erste Begegnung mit diesem von meinen Piemontesen so verschiedenen Menschenschlag. Feststellbare Resultate mittelmäßig. Die eine oder andere Einzelbegegnung, besonders mit einer Konvertitin« (D 2).

28.–29.–30.–31. Januar – Florenz

»Tage intensiver Arbeit und herzlicher Freundschaft mit Giorgio[64]. Hoffentlich hat das im Refektorium von San Marco abgehaltene Triduum die Fundamente für die künftige Arbeit der Florentiner Sektion gelegt und haben die Gespräche mit La Pira in der Seele zu einem entschiedenen Fortschritt aufgerüttelt. Sonstige interessante Begegnungen? Der Direktor[65] der Salesianer in der ihnen übertragenen Pfarrei und die so lieben Patres Favero[66] und Cambiaghi[67] im ›La Quercia‹-Kolleg. Sehr gut auch das Ge-

---

[64] *Giorgio La Pira* (1904–1977), Sizilianer, Universitätsprofessor in Florenz. Mit P. Agostino Gemelli beteiligt er sich an der Gründung des Säkularinstituts des Werkes des Königtums Christi. Leiter der Katholischen Aktion in Florenz; gründet (1934) das San Procolo-Werk für die Ärmsten der Stadt. Schriftsteller; politisch verfolgt; Abgeordneter der verfassunggebenden Versammlung (1946); charismatischer Oberbürgermeister von Florenz (1951–1965). Apostel und Pilger für den Frieden, veranstaltet in Florenz (1952–1958) die »Internationalen Tagungen für den Frieden und die christliche Zivilisation«, ständig unterwegs von einem Ende der Erde zum anderen (1966–1977), wird er immer mehr zum Leitbild für alle, die für den Schutz der Menschenwürde und die Schaffung einer weltweiten Zivilisation der Liebe kämpfen. Sein Seligsprechungsprozeß auf Diözesanebene ist eingeleitet (1986).

[65] *Alfredo Treggia* (1881–1979) aus Bologna, Salesianerpater (1909); Direktor der Salesianerniederlassungen in Modena, Varazze, Faenza, Florenz, Collesalvetti; Beichtvater (1954) in der Salesianerkommunität und -pfarrei von La Spezia.

[66] *Michele Favero* (1886–1965), Piemontese, Barnabitenpater (1909), Erzieher ganzer Generationen junger Menschen in den verschiedenen Internaten seiner Kongregation und Exerzitienmeister, vor allem im Exerzitienhaus in Galliano-Eupilio (CO).

[67] *Placido Maria Cambiaghi* (1900–1987), Lombarde, Barnabitenpater (1924); übt in seiner Kongregation verschiedene Ämter aus (1933–1953): in Moncalieri, Florenz und Rom. Bischof von Crema (1953) und Novara (1963); tritt gesundheitshalber zurück und geht nach Rom (1971), wo er verschiedenen Aufgaben nachkommt und Kapitelsvikar der Laterankanoniker ist.

spräch mit Monsignore Meneghello[68], dem Sekretär des Kardinals[69], mit dem ich mich über die Operai unterhalten habe.

Mit Giorgio habe ich zwei sehr tiefe Gedanken erarbeitet, die ich hier wiedergeben möchte.

1. Die derzeitige Situation des Apostolats.

Es gibt die Kirche als Gesellschaft von Christen mit ihren Beziehungen von Seele zu Seele. Von ihr kann man wirklich sagen: *non praevalebunt*[70]. Es gibt ein nicht-kirchliches Gemeinwesen – die Gesellschaft –, von der wir mit Gewißheit sagen können: es ist nicht christlich. Weder die Wirtschaft, noch die Politik, noch die Schule, noch die Industrie erfüllen die Bedingungen des ›Christlichen‹.

Es geht darum, sie in derselben Weise umzugestalten, wie es schon bei den ersten Christen der Fall war.

Es hat in der Geschichte einen Versuch gegeben, bei dem es der Kirche gelungen ist, die Gesellschaft zu formen und christlich zu prägen: die mittelalterliche Gesellschaft. Die Reformation hat alles zerschlagen, und von Jahrhundert zu Jahrhundert ist die Zerstörung noch schlimmer und offenkundiger geworden. Der augenblickliche Konflikt ist einer ihrer letzten Akte: jetzt geht es um den Wiederaufbau und seine Modalitäten. Die Glieder, die die Kirche bilden – die lebendigen und aktiven Christen, zahlreich wie noch nie –, müssen den bürgerlichen Institutionen den Stempel ihres Glaubens aufdrücken. Das ist die Aufgabe der Stunde.

2. Eine gewisse Ermüdung.

Als Apostel im Dienst der katholischen Aktion in Italien umherzureisen, führt bei mir zu einer nicht so sehr physischen als vielmehr geistlichen Ermüdung. An einem gewissen Punkt – zu-

---

[68] *Giacomo Meneghello* (1896–1943), Venezianer, Priester (1922), Sekretär Kardinal Dalla Costas sowohl in Padua als auch in Florenz. In den Kriegsjahren Diözesanassistent der Florentiner GIAC. Nach dem Tod des Kardinals Dompönitentiar, Richter am kirchlichen Gericht für Etrurien und Prosynodalexaminator.

[69] *Elia Dalla Costa* (1872–1960), Venezianer, Priester (1895); Seminarprofessor und Pfarrer, Bischof von Padua (1923) und Florenz (1931), zum Kardinal erhoben (1933). Außergewöhnliche Persönlichkeit als Christ und Seelenhirte, ein echter Vater seiner Kirche. Sein in Florenz durchgeführtes (1981–1988) Seligsprechungsverfahren ist jetzt zwecks Erfüllung der weiteren Rechtsformalitäten in Rom bei der Heiligsprechungskongregation anhängig.

[70] Sie werden sie nicht überwältigen.

mal bei langem Reden – fühle ich mich leer, und das stimmt mich
traurig. Auf Grund dieser Feststellung kommt Giorgio zu den folgenden Überlegungen: a) Man darf sich nicht völlig verausgaben,
indem man nur redet. Man muß meditieren. Die ›Schallplatte‹
meiden, die der eigentliche Grund dafür ist, daß man leer wird. b)
Wichtig ist nicht, was wir sagen, sondern wie wir es sagen. Die
Hörer müssen im Redner einen neuen Aufbruch spüren, eine
Überraschung nach der anderen, kurz, das Wunder. Man muß
sich also davor hüten, wie eine Schallplatte zu leiern, sondern von
Mal zu Mal sein Konzept neu gestalten. Diese Überlegung ist für
mich sehr bedeutsam, da sie bei vielen, vielen Mißlichkeiten eine
Rolle spielt. Das Gebet und die Feier der Liturgie sind die Ele-
mente, die die Fülle wiederherstellen, die man zum Weitermachen braucht« (ebd.).

1. Februar

»In Reggio Emilia« (ebd.).

7. Februar – Rom

»Zentralrat« (ebd.).

8. Februar – abends – Foggia

»Ankunft nach Einbruch der Dunkelheit. Heute habe ich inten-
siv über das Gottvertrauen meditiert« (ebd.).

9. Februar – Foggia

»Lehrerinnenbildungstag bei den Marcellinen[71]. Gutes Klima. Zu
Tisch beim Vorsitzenden[72] der katholischen Männer und drei
kleinen Kindern« (ebd.).

---

[71] Schwesterkongregation päpstlichen Rechtes, von dem Priester Luigi Biraghi
und Marina Videmari (1837) zur Jugenderziehung gegründet. Heute mit etwa 1 000
Schwestern in rund 50 Häusern in verschiedenen Ländern Europas und Amerikas
verbreitet.
[72] *Camillo De Chiara* (1893–1988), Apulier, EAAP-Angestellter; auf Diözesanebene tätig in der Katholischen Aktion und der Vinzenzkonferenz.

10. Februar – Potenza

»Nach einer Reise, deren Besonderheit die Übernachtung in einem kleinen lukanischen Gasthof – dürftige Bettwäsche! – war, bin ich in der Hauptstadt von Lukanien, dieser armen Gegend, eingetroffen. Gast Sr. Exzellenz [73] – ernst und herzlich zugleich – eines Lombarden, der seit zwölf Jahren im Süden ist, habe ich einen guten Tag verbracht. Ich habe allen Jugendlichen mit dem Kehrvers geschrieben, der mir so spontan kommt: Herr, sende Arbeiter (›operai‹) in deine Ernte!« (ebd.)

11. Februar – Rom

»Mit sechsstündiger Verspätung des Schnellzugs aus Kalabrien in Rom eingetroffen, nachdem ich in Battipaglia kommuniziert hatte. Sitzung des Lehrerausschusses. Aufbruch nach Turin« (D 2).

12. Februar – Piemont – auf der Reise nach Turin

»Eine schöne Meditation über das Wirken Gottes. Hier ein paar Punkte: Zu Beginn des geistlichen Lebens glaubt man nur an sich, sieht man nur sich selbst und liebt die Geschöpfe. Wenn man das Ziel – die Heiligkeit – erreicht hat, sieht man nur Gott, liebt man nur Gott, glaubt man einzig an Gott. Zwischen diesen beiden Extremen gibt es Abstufungen aller Art, die sich über einen sehr langen Weg erstrecken. Ich befinde mich auch darauf, und die große Schwierigkeit, die ich im Augenblick habe, ist, zu sehen, wie Gott in mir, in meiner Tätigkeit und in meiner Heiligung am Werk ist.

Wenn ich den Gang der Geschichte in der Heiligen Schrift aufmerksam verfolge, komme ich leicht zu dem Schluß, daß Gott der große Orchesterdirigent ist, und nicht der Mensch.

---

[73] *Augusto Bertazzoni* (1876–1972), Lombarde, Priester (1899). Nach seinem bischöflichen Wirken in seiner Diözese Mantua wird er als Oberhirt der Diözese Potenza (1930–1966) berufen, wo er konkrete Spuren seiner Heiligkeit und seines eifrigen Wirkens, zumal während des Krieges, hinterlassen hat. Zum Titularerzbischof von Temuniana erhoben, hat er sich vom bischöflichen Wirken zurückgezogen und seine Tage ganz im Gebet verbracht.

Gott allein ist es bei der Schöpfung;
Gott allein ist es bei der Erlösung;
Gott allein ist es bei der Verherrlichung;
Gott ist es, der Josef ins Ägypterland führt, der Abraham sucht, der Mose beruft und ihn zum Handeln drängt, der Joschua befiehlt, Jericho zu erstürmen und keine Bündnisse einzugehen, der Gideon zwingt, die Feinde anzugreifen, der Jona nach Ninive schickt, der Jesaja und Jeremia erwählt, der mit dem Wort der Propheten Schritt für Schritt die Ankunft seines Sohnes vorbereitet. Gott, einzig Gott, ganz und gar Gott.

Was könnten wir ihm auf den großartigen Seiten des Schöpfungsberichtes noch vorschlagen? Wem von uns wäre eingefallen, was im Drama unserer Erlösung geschehen sollte? Und was könnten wir uns für unsere künftige Verherrlichung ausmalen?

Gott, Gott allein, ganz und gar Gott. Wenn wir darum ringen, Gott im Rätsel der Schöpfung zu sehen, ihn mit der wunden Leidenschaft unseres Herzens und unseres Geistes zu hören, ihn zu erkennen, wie er ist, ihn zu lieben, wie er es verdient, so brauchen wir dazu unseren ganzen Glauben.

Und anders geht es nicht.

Gott in den Ereignissen und in der Geschichte zu sehen, zu lernen, ihn den Geschöpfen vorzuziehen und ihn zu lieben, ihn zu lieben, wie er es verdient, das ist es, worum wir kämpfen.

Diesen Kampf führen wir unser Leben lang in einem geheimnisvollen Zwiegespräch, bald ganz, ganz leise, bald laut und deutlich.

Der Heilige lebt zweifellos im Wunderbaren. Er glaubt zuallererst an das Übernatürliche und dann an das, was natürlich ist. Man könnte sagen, jenes sei für ihn die wahre Welt, und diese – die natürliche – sei nur Schein, ein Abbild der ersteren.

Die wahre Sonne ist nicht das natürliche Gestirn, sondern Christus; das wahre Wasser ist die Gnade, und unser Wasser ist nur ihr Abbild; das Sonnensystem, um das die Welten kreisen, ist das System der Seelen, die um Gott kreisen, und das (natürliche) System ist nur ein Bild; das wahre Feuer ist die Liebe, die wahre Kälte ist die Sünde. Die wahre Freude ist Gott, und die wahre Trauer ist der Verdammte; das wahre Licht ist die Wahrheit, und das Licht, das uns umgibt, ist das Heimweh nach ihr« (ebd.).

25. Februar

»In Serra di Buttigliera« (ebd.).

26. Februar

»In Bra und Carmagnola, dann in Mathi« (ebd.).

18. März – auf der Fahrt nach Loreto

»In diesen Tagen habe ich die Nachricht erhalten, daß Don Angelo Angioni zum neuen Pfarrer von Bono ernannt worden ist. Ich gestehe meine Freude über diese Ernennung. In einem Brief an ihn habe ich sie zum Ausdruck gebracht, und eine noch begeistertere Antwort hat die Verbindung zwischen uns hergestellt. Mir scheint, hier ist der Finger Gottes am Werk gewesen. Mit Zuversicht voran.

Was mich tagelang in Gedanken beschäftigt hat, war der Wille Gottes. Ich wollte mir ein so schwieriges Problem verständlich machen und gebe zu, daß mir das zunächst nicht ganz leicht gefallen ist. Die Eingebung, dabei das Leben Jesu als Paradigma zu nehmen, hat helles Licht in die verwickelte Frage gebracht. Früher hat es mich immer dazu gedrängt, das Wirken des Menschen, die Freiheit zu betonen; das Verhältnis zwischen Gottes Verfügungsgewalt und Freiheit, Wirken der Gnade und Mitwirkung des Menschen erwies sich daher als schwieriges Problem.

Der Blick auf das Leben Jesu hat genügt, zu der Lösung zu gelangen, die ich seit langem erwartet hatte. Und so sieht sie aus: Jesus ist frei den Weg gegangen, der ihm vom Willen des Vaters vorgezeichnet worden ist. Das war sogar seine Lebensregel: Meine Speise ist es, den Willen meines Vaters zu tun, der im Himmel ist.

Praktisch habe ich das Problem so gesehen: Gott entwirft – und auf Grund seines schöpferischen Einfallsreichtums kann er nicht umhin – allen ihren Weg.

Dieser Weg stellt für den Einzelnen den größten Segen dar und ist zweifellos die bequemste Regel zur Erreichung des bestmöglichen Ergebnisses. So kann der Mensch sich denn mit seiner Freiheit an diesen Weg halten oder nicht; ich würde sagen, der Wille Gottes sei das schon gelegte Gleis, auf dem der Zug Mensch fahren kann.

Das Gleis zu verlassen, hieße, auf halbem Weg zu bleiben, hieße, in den Sumpf zu geraten, hieße, den ganzen Zug ins Schwanken zu bringen, hieße, kaum vom Fleck zu kommen. Vernünftig ist es also, den Willen Gottes zu tun, da in ihm unser Heil liegt.

Eine weitere Überlegung, die sich für uns an diesem Punkt ergibt, lautet: Wie bekundet sich der Wille Gottes?

Vor allem durch die Gebote. Wenn man sie befolgt, kann man nicht fehlgehen: *ubi lex, ibi Deus*[74]. Und nicht nur die Todsünde, sondern auch die läßliche und die Unvollkommenheit entfernen uns vom Willen Gottes. Also mit Nachdruck und Entschiedenheit: Tod der Sünde!

Außer durch das Gesetz als solches bekundet sich der Wille Gottes durch die Standespflichten eines jeden und in der Liebe: *ubi caritas, ibi Deus*[75]. Hier zu unterscheiden, ist schon schwieriger, aber die Seele gewöhnt sich in der Schule Gottes an, den Willen Gottes sicher und unbeirrt zu erkennen.

Den dritten Weg für den Willen Gottes bilden die Wechselfälle des Lebens. Hier die Stimme des Vaters herauszuhören, ist noch schwieriger, und es gelingt nur der Seele, die sich vom Geiste Gottes leiten läßt, sich ihm anvertraut und ihn anruft. Letztlich trifft der Mensch unter dem Einfluß der leisen Stimme, die sich der Seele in den Wechselfällen bemerkbar macht, die Entscheidungen für sein Handeln. Immer aber ruhigen Herzens. Gott erschwert die Dinge nicht, und die Seele muß zu der Überzeugung gelangen, daß sie in Demut und Liebe allen Wechselfällen, die eintreten werden, gewachsen ist, und in diesen Wechselfällen erkennt sie dann klar den Willen Gottes.

Ein großes Vertrauen zum Vater und ein grenzenloses Vertrauen zum Vorgehen unseres Bruders Jesus ermöglichen es, die Ruhe zu bewahren und gelassen zu verfolgen, wie sich der Knäuel unserer Tage entwirrt« (D 2).

---

[74] Wo das Gesetz ist, da ist Gott.
[75] Wo die Liebe ist, da ist Gott.

April – landesweites Triduum in Castel Gandolfo

»Schöne Durchführung. Zur nächtlichen Stunde am Gründonnerstag Wache mit Jesus in der Todesnot unter den Bäumen des Parks der Villa« (ebd.).

1. – 8. September

Carlo wird plötzlich wieder eingezogen. Er übernimmt als Hauptmann den Befehl über eine Kompanie des 3. Alpini-Regiments, das in Susa (TO) liegt.

Wegen des allgemeinen Drunter und Drüber bei den Streitkräften und der disziplinären Schwierigkeiten übernimmt er beim Eintreffen der Waffenstillstandsmeldung die Verantwortung für die Auflösung seiner Kompanie. Er entläßt die Soldaten nach Hause, versieht sie mit Personalpapieren und erbittet für sie bei der Bevölkerung Proviant, Zivilkleidung und Geld.

13. Oktober

»Nach meinen Vorstellungen wäre die Ehe mein Lebensweg gewesen. Eines Tages habe ich mich in Gott verliebt, und da sind alle anderen Lieben im Feuer dieser größten verzehrt worden« (C 18).

7. November

»Wie gewohnt, muß ich mich dafür tadeln, meine Versprechen nicht gehalten zu haben. Das Tagebuch, zum Beispiel.

Dazu hat es genügt, die Kladde zu Hause zu lassen und sechs Monate lang diese Form der Meditation zu vernachlässigen. Doch in der letzten Zeit habe ich mich danach gesehnt und das Bedürfnis empfunden, zu schreiben und meine besten Gedanken auf dem Papier festzuhalten. Vielleicht, weil ich spüre, daß mein Gedächtnis schwindet! Die Beschwerlichkeit der Reisen ist ein Entschuldigungsgrund, genügt aber nicht. Seltsam: das Reisen erleichtert mir das Tagebuchschreiben; habe ich doch heute morgen beim Durchlesen der früheren Notizen festgestellt, daß ich auf Reisen die meisten Seiten gefüllt habe. Also auf ein neues. Was gibt es nicht alles in dieser Zeit! Der immer unerbittlichere und in seinem Fortgang rätselhaftere Krieg, die Ausweitung des

Horizontes der Werktätigen, der Ruin des Vaterlandes. Was für Lektionen! Heute früh habe ich im dunklen Viehwaggon nach schwarzen Tagen so viel Licht gefunden! Wie wunderbar ist doch, was das Gespräch mit Gott bewirken kann! Unter anderem habe ich jetzt eine klare Vorstellung vom Aufbau des Buches, dem ich den Titel ›Dem neuen Tag entgegen‹ geben könnte« (D 2).

26. November

»Heute morgen hat das neue Schuljahr begonnen. Gottesdienst in der Kirche« (ebd.).

30. November

»Ich könnte das Betrachtungsbuch für Erwachsene zusammenstellen. Ich muß es mir einmal überlegen« (ebd.).

2. Dezember

»Heute früh habe ich in der Kirche, als ich nach meiner kurzen Betrachtung zum morgigen Fest des heiligen Franz Xaver auf meinen Platz zurückkehrte, das Bedürfnis zu beten empfunden, damit meine Worte fruchtbar würden. Womit konnte ich sie düngen? Ich habe überlegt.

Da kam mir ein Gedanke: mit dem Mist meiner Armseligkeit. Daran fehlt es mir nicht. In der Landwirtschaft tut der Mist ja auch seine Dienste. Wer weiß, ob er nicht auch im Reich Gottes nützlich ist? Gott kann alles verwandeln, mithin kann er auch unsere Fehler, unser Versagen und unsere Treulosigkeiten zu etwas nütze machen.

Da habe ich doch noch Glück gehabt!« (ebd.)

3. Dezember – Hl. Franz Xaver

»Heute morgen habe ich den Kindern, die zur Gemeinschaftskommunion am ersten Freitag des Monats gekommen waren, mit großer Begeisterung vom Tagesheiligen erzählt, dem heiligen Franz Xaver. Anschließend habe ich mich, gewissermaßen zur würdigen Feier seines Gedächtnisses, bei Schneefall für drei Stunden aufs Fahrrad gesetzt, um zu einer Vorstandssitzung nach

Pinerolo zu kommen… Gott helfe mir bei der Arbeit mit seiner Gnade« (ebd.).

7. Dezember

»Angezeigt scheint mir auch ein Lehrbuch der Pädagogik, das alle bisherigen Erfahrungen zusammenfaßt. Es könnte dabei ein Buch wie ›*Educazione Cattolica*‹ von Casotti[76] herauskommen, das sich aber enger an die Errungenschaften der Katholischen Aktion hielte. Das könnten einige Kapitel sein: Ziel der Pädagogik – Aktion als Mittel – Aktivismus – Das Übernatürliche – Die Liturgie – Gemeindeleben – Gebet – Katholische Erziehung – Lehrer-Schüler-Verhältnis« (ebd.)

10. Dezember

»Als ich heute morgen mit den Jungen Betrachtung gehalten habe, kam mir dieser Gedanke: Maria willigt ein, Mutter zu werden, und spricht ihr *fiat*, wenn sie auch weiß, welche Schmerzen ihr bevorstehen sollten. Eheleute wissen vor den Fragen, die die Geburt eines Kindes aufwirft, daß ihnen Schmerzen und Sorgen bevorstehen, aber sie sprechen ebenso ihr *fiat*. Das gilt wohl auch von dem Jawort, mit dem man Apostolatsaufgaben übernimmt, die man regelrecht als Geburten mit schweren Wehen ansehen kann« (D 2).

1944

Carlo verweigert den Diensteid auf die Republik von Salò und wird infolgedessen aus der Liste der Schulräte gestrichen.

»Dauernd ist er auf Reisen mit intensiver Propagandatätigkeit bis in den letzten Winkel und klappert alle Bistümer Norditaliens ab, dazu kommen noch die ›Tage‹ und die Tagungen, die zum großen Teil heimlich durchgeführt werden mußten.

Es ging darum, die Jugendorganisation aufrechtzuerhalten, die damals den schlimmsten Aderlaß seit ihrem Bestehen erlitten hatte, alle ›Seniores‹ unter den Mitgliedern und selbst die ›Juniores‹ im Alter von

---

[76] M. CASOTTI, *Educazione Cattolica* (»Katholische Erziehung«), Brescia 1932.

18, 19 oder 20 Jahren standen infolge der ständigen Aufgebote und Einberufungen seitens der Regierung der Republik oder in den Partisanenverbänden im Gebirge schon unter Waffen.

Die Schwierigkeiten haben sich infolge der katastrophalen Lage im Verkehrswesen noch gehäuft. Es fanden sich nicht immer Lastwagen, und in gewissen Gegenden war sogar der Gebrauch von Fahrrädern verboten. Bei einem historischen »Triduum« im winterlichen Piemont, im Priesterseminar von Asti, während dessen auf einer geheimen Abendsitzung mit Carlo, den örtlichen Leitern der Jugendorganisation und den Anführern der künftigen Befreiungsbewegungen die Fundamente zur Partisanentätigkeit der GIAC gelegt wurden, sieht man Carlo zu Fuß aus dem über 30 km entfernten Casale Monferrato kommen. Und das war nicht das einzige Mal, daß Carlo... beträchtliche Strecken auf Schusters Rappen zurückgelegt hat« (PI).

1945

Carlo wird wieder als Schulrat aufgemommen und tritt seinen Dienst in Condove wieder an. Inzwischen zieht die Familie Carretto nach Turin zurück.

März

Mit einer Gruppe von Freunden eröffnet er in Räumlichkeiten, die zur Kirche der Annunziata gehören, das Jugendheim auf der Via Sant'Ottavio 5. Es sollte die Aktionsbasis für Werke eines vielseitigen Apostolats werden wie, z. B., das AVI (Apostolato Librario Italiano – Italienisches Bücherapostolat) zur Versorgung aller Schulämter und Papeterien in Piemont mit Heften, den SPAC (Servizio Parrocchiale Assistenza Cinematografica – Filmdienst für die Pfarrkinos) und die SEMCI (Società Editoriale Messaggerie Cattoliche Italiane – Verlagsgesellschaft für das katholische Pressewesen in Italien), die ein dichtes Netz zur Verbreitung von Büchern und Veröffentlichungen der Katholischen Aktion aufbaut. Diese Aktivitäten hatten, gelinde gesagt, in der unmittelbaren Nachkriegszeit etwas von einem »Wunder« an sich.

Azione Cattolica Italiana

1945 – 1954

1945

Mai

Carlo wird nach Rom berufen, um mit Maria Badaloni [77] die Associazione Italiana Maestri Cattolici (AIMC), den Bund katholischer Lehrer Italiens, ins Leben zu rufen.

Das ist die Zeit, in der Carlo seine Liebe zur geistlichen Schriftlesung der fortlaufenden, meditierten und betenden Lesung der Heiligen Schrift entdeckt, die er der Jugend ans Herz legt mit dem Buch »L'invisibile amore«.

»Es ist ein geradezu leidenschaftliches Zeugnis für den Glauben an die entscheidende Stellung des Gotteswortes, das er, eingeführt durch Monsignore Giuseppe Angrisani [78], schon zu einer Zeit entdeckt hatte, da die Heilige Schrift in der katholischen Kirche noch nicht Allgemeingut war.«

»Die Bibel ist doch etwas Großartiges! Wenn wir bedenken, daß sie der von Gott im Lauf der Jahrtausende ihrer bewegten Geschichte an die Menschen gerichtete Brief ist, wie liebevoll müssen wir uns dann über sie beugen, um ihre Worte zu entziffern! Wenn wir bedenken, daß sie das Herbeisehnen Christi (Altes Testament) und die Offenbarung Christi (Neues Testament) ist, wie sorgfältig müssen wir dann ihre Geheimnisse erforschen, um nicht in die schreckliche Gefahr zu geraten, auf die der heilige Hieronymus hinweist: Die Unkenntnis der Schrift ist Unkenntnis Christi« (IA 7).

»Man braucht nur zu bedenken, daß diese Zeilen aus dem Jahr 1945 zwanzig Jahre lang in einer Zeit, die vom Konzildokument ›Dei Verbum‹ noch weit entfernt war, seine geistliche Wegzehrung gewesen sind.« [79]

---

[77] *Maria Badaloni* (1903), Römerin; Landesleiterin der Gioventù Femminile d'Azione Cattolica, des weiblichen Zweiges der Jugend der Katholischen Aktion; mehrmals Parlamentsabgeordnete (1957–1970) mit Regierungsämtern.

[78] Giuseppe Agrisani (1894–1978), Piemontese, Priester (1919); Pfarrvikar, und für zwei Jahre Sekretär Kardinal Gambas (1927–1928); Pfarrer der Crocetta in Turin (1931); von 1940 bis 1971 Bischof von Casale Monferrato (AL).

[79] L. A. DE MOLA, *La fede, la storia e i due amori…*, Lizentiatsarbeit, Pontificia Universitas Lateranensis, Rom 1990, 12–23, siehe Anm. 1.

1946

Seine Schwester Liliana kommt angesichts des Umzugs der ganzen Familie Carretto in die Hauptstadt für neun Monate zu Carlo nach Rom.

21. Juli

In Bono auf Sardinien wird ihm das Ehrenbürgerrecht verliehen.

»Der Bürgermeister, Dr. Giuseppe Tiana, übernimmt den Vorsitz, stellt die Rechtmäßigkeit der Versammlung fest und erklärt die Sitzung für eröffnet. Nach dem Verlesen des ersten Tagesordnungspunktes – «Ehrenbürgerrecht für Professor Carlo Carretto» – erklärt der Vorsitzende, daß es ihm eine Freude und eine Ehre ist, im Rat den Antrag zu stellen, der die Verdienste selbstloser Menschenfreundlichkeit anerkennt, die Professor Carlo Carretto sich in den Jahren 1940 bis 1942 in Bono, wo er als Schulrat ansässig war, erworben hat. Wir alle wissen noch, mit welcher Begeisterung er sich mit aller Kraft für die Erziehung der Jugend, die er von den Straßen holte, in den Abendkursen für die Analphabeten, in dem Kreis, den er im Geiste tiefer christlicher Liebe ins Leben gerufen hat, und im Lehrkino eingesetzt hat, dessen Bau die Spenden ermöglicht haben, die ihm die Vorsehung aus ganz Italien hat zufließen lassen. Mit Rührung entsinnen sich die Armen, wie der Professor Carretto sich sogar des Existenzminimums beraubt hat, um fremder Not abzuhelfen, und sie sehen ihn noch von Hütte zu Hütte gehen, wo immer jemand in seiner Verlassenheit Hilfe, im Leid Trost und in der Hinfälligkeit Stütze brauchte: ein Beweis dafür, was ein edler Geist vermag, wenn er vom Glauben erleuchtet und motiviert ist.

Bewundert hat er die feierlich-stillen Landschaften unserer Heimat, die er geliebt hat wie ein Sohn, und er hat, gewiß, sie verwirklichen zu können, von der Krönung der historischen Höhe von San Raimondo durch den Bau einer Gipfelhütte geträumt, die im Sommer frommen Gottsuchern als Klause dienen könnte.

Der Rat, der die Vorstellungen des Präsidiums ganz und gar teilt, beschließt durch Akklamation die Verleihung des ›Ehrenbürgerrechtes‹ an Professor Carlo Carretto« (S).

8. August – Rom

»Dieser Tage werde ich vom Heiligen Vater empfangen.

Hier in Rom ist die Rede davon, daß Gedda die Männer der Katholischen Aktion übernehmen und ich zum Vorsitzenden der

Jugendorganisation ernannt werden soll. Ich weiß nicht, wie verläßlich diese Meldungen sind« (C 18).

24. August – Rom

»Hier häuft sich die Arbeit. Doch am Montag ziehe ich mich zu Exerzitien in die Abtei Subiaco zurück. Mein Programm für September und Oktober kenne ich noch nicht« (ebd.).

September

Erstes Treffen der AIMC – des Bundes katholischer Lehrer – in der Pontificia Università Lateranense, der päpstlichen Lateran-Universität; Carlo wird zum ersten Präsidenten gewählt.

11. Oktober

Reform der Statuten der Katholischen Aktion.

Pius XII.[80] beruft Carlo für die drei Jahre von 1946 bis 1949 zum Vorsitzenden des Gesamtverbandes der italienischen katholischen Jugend, GIAC.

»Er schätzte die Organisation und empfand ihre Notwendigkeit: vielleicht merkte er, daß er einen großen Apparat leitete, von dem er eine gewisse Distanz zu halten schien. Er hat sich nie mit den Leitungsorganen gleichgesetzt, sondern sich mit anderen in die Leitung geteilt. Dazu hat er sich mit Kräften umgeben, die ihm helfen sollten, ihnen weiten Spielraum gegeben und nicht gezögert, wichtige Ämter sogar ganz jungen Führungskräften anzuvertrauen, oft noch Studenten, die er geistlich für reif genug hielt. Er war, mehr als Organisationspläne, die Gewähr für die einheitliche Richtung, und er hielt die Situation im Griff mit absoluter Treue dem Vorrang des Übernatürlichen gegenüber und mit unerschütterlichem Vertrauen auf die Vorsehung im großen wie im kleinen. Es ging so weit, daß er, wenn er Geld fand – und die Katholische Aktion brauchte es dringendst –, nicht erst nach seiner Herkunft oder seiner

---

[80] *Eugenio Pacelli* (1876–1958), Römer, Priester (1899); im Dienst des Heiligen Stuhles; Titularerzbischof von Sardes (1917), päpstlicher Nuntius in Deutschland; zum Kardinal erhoben (1929); Staatssekretär (1930) am Vorabend des Zweiten Weltkrieges (1939) Papst unter dem Namen Pius XII. Er hat sich bemüht, jeder Art von Gewalt entgegenzuwirken, und sich für die Rettung von Verfolgten gleich welcher Herkunft eingesetzt. Sein Seligsprechungsprozeß ist im Gange (1965).

Bestimmung fragte, auch dann nicht, wenn seine nicht so arglosen Mitarbeiter bei ihm Fragen nach der Erlaubtheit aufwarfen: er empfand sie als Zweifel an der Großherzigkeit des Herrn.«[81]

28.–29. Oktober

Mit Prof. Luigi Gedda und weiteren Spitzenfunktionären der italienischen Katholischen Aktion ist er im Gefolge Kardinal Maurilio Fossatis, des Erzbischofs von Turin, persönlich dabei, als in Montevergine (AV) das Heilige Grabtuch gezeigt wird, das seit dem 25. September 1939 zum Schutz vor eventuellen Kriegseinwirkungen in diesem Marienheiligtum aufbewahrt worden ist. Nach dieser außerordentlichen, nicht-öffentlichen Aussetzung wird das Heilige Grabtuch noch am gleichen Tag wieder nach Turin gebracht. Carlo sollte es immer besonders verehren und hat es als Andachtsbildchen oft in seinen Büchern.

»Möchtest Du ein Foto Christi?

Hier hast Du eins, ich schenke es Dir: es ist echt. Ich habe es Dir aus Montevergine mitgebracht, als es mir mit Gedda vergönnt war, Kardinal Fossati von Turin zu begleiten, der das Grabtuch dort wieder abholte, wohin es vor den kriegerischen Ereignissen in Sicherheit gebracht worden war.

An jenem Abend hat der Erzbischof von Turin im Beisein ganz Weniger, die sich wirklich glücklich schätzen konnten, die Truhe geöffnet, die die kostbare Reliquie birgt, und ich habe das Foto Jesu wiedergesehen.

Ein echtes Foto Jesu? Ist das denn überhaupt möglich?

Ja, Jesus hat sich schon fotografieren lassen, als es noch keinen Photoapparat gab.

Und das ging so.

Es war gegen Abend am Freitag, an jenem tragischsten Freitag, der je über diese Erde gegangen ist: Christus hing noch am Kreuz.

Josef von Arimatäa, der von Pilatus die Erlaubnis erhalten hatte, ging mit jemand, der den Mut dazu hatte, hin, um Jesus vom Kreuzesholz abzunehmen. Es war schon spät, und die Stunde rückte näher, in der die Juden insgesamt von jeglicher Arbeit lassen müssen, weil der Vorabend des Sabbats anbrach.

---

[81] P. Tardini, »La tenerezza di Dio« in *Il Regno-attualità*, 20 (1988) 592.

In aller Eile nahmen sie Christus ab und trugen ihn auf ihren Armen in das Grab Josefs von Arimatäa, das ganz nahe bei Golgota lag.

In der Höhle angelangt, betteten sie Jesus auf ein langes und schmales Leintuch – ein Grabtuch –, hatten aber keine Zeit mehr, ihn zu waschen und die Blutkrusten rings um die Wundmale abzuwischen. Man hat ihn so beigesetzt, wie seine Henker ihn zugerichtet hatten; nur das Leintuch hat man seiner ganzen Länge nach über seinen Leib gefaltet, so daß es ihn von Kopf bis Fuß völlig bedeckte.

Bevor sie weggingen, haben sie das Grabtuch mit einer Aloe-Mischung getränkt, um den Leichnam vor der Verwesung zu bewahren; sie hatten ja vor, nach dem Sabbat wiederzukommen und ihn einzubalsamieren.

Und was geschah?

Das Linnen wurde zum lichtempfindlichen Film, nahm die Ammoniak-Ausdünstungen des Leichnams auf und fixierte unmerklich die Konturen Jesu – Ärzte haben das Experiment an Leichen wiederholt und sind zu denselben Ergebnissen gekommen.

So hat Jesus uns sein Foto hinterlassen wollen.

Aber sein Foto ist das eines Toten.

Schau ihn Dir genau an: Kein Bild Jesu ist so beredt! Wenn das Grabtuch bei den Christen jetzt, da die Ärzte die Reliquie wissenschaftlich mit größerer Verläßlichkeit als echt erwiesen haben, bekannter wird, werden sie an anderen Darstellungen Jesu keinen Geschmack mehr finden.

Schneide Dir das Bild aus und mach es Dir zur Gewohnheit, in diesen geschlossenen Augen zu lesen. Du wirst sehen, wieviel es Dir zu sagen hat!

Schau Dir das Blut auf der Stirn an, das nicht einmal seine Mutter in der Hast abwischen durfte, damit Du es sähest.

Schau Dir diese Augen an, die geschlossen sind und sich doch fest auf Dich heften, um in Dir zu lesen.

Schau Dir diesen vom Tod verschlossenen Mund an, der Dir Dinge sagt, die niemand Dir sagen kann.

Schau Dir Jesus an! Die Jahrhunderte ziehen an ihm vorbei, und er richtet sie; Du ziehst an ihm vorbei, und er richtet Dich.

Sei wachsam, Bruder!

Wenn das im Tod auf seiner Stirn geronnene Blut in Herrlichkeit erstrahlt, wenn diese Augen sich öffnen, um sich beim Jüngsten Gericht auf die Völker zu heften, wenn dieser Mund den auf ewig verdammt, der nicht auf seine unendliche Liebe gehört hat, Bruder, mögest Du Dir dann nicht vorzuhalten brauchen, daß Du ein unwürdiges Mitglied der Gioventù di Azione Cattolica (GIAC) gewesen bist!«[82]

Manchmal betrachte ich unverwandt das Antlitz auf dem Grabtuch, das uns das Antlitz Jesu wie eine Fotografie wiedergibt, und warte dann, ob ich nicht auf diesem Antlitz das strahlende Licht der Auferstehung hervorbrechen sehe» (SV).

14.–15. Dezember – Rom

Carlo führt den Vorsitz bei der ersten Vorstandssitzung des Gesamtverbandes der GIAC.

1947

Februar

In ganz Italien Treffen der Diözesanvorsitzenden.

6. – 17. März

Vorstandssitzung des Gesamtverbandes der GIAC.

22. Juni – Rom

Vorstandssitzung des Gesamtverbandes der GIAC.

5. – 11. August – Anagni (FR)

Woche für die Juniores aus ganz Italien.

---

[82] C. Carretto, »Guarda Gesù!« in *Gioventù*, 21 (1946), 1.

20. – 21. September – Bologna

Treffen für Mittel- und Norditalien zur Übertragung der sterblichen Überreste Giovanni Acquadernis[83] anläßlich der fünfundzwanzigsten Wiederkehr seines Todes. Über hunderttausend junge Menschen nehmen teil.

1948

Ein Jahr, das Carlo noch mehr in ganz Italien im Einsatz sieht; er hält Reden, Konferenzen, Versammlungen usw. zu Hunderten.

Januar

Nach neunzehnjähriger Abwesenheit kommt sein Bruder Piero wieder nach Italien.

8. Februar

Luigi Gedda gründet die Comitati Civici (Bürgerausschüsse), eine Körperschaft jenseits aller Religionsgemeinschaften, die dazu dient, den Sinn der Wählerschaft für ihre politische Verantwortung zu wecken. Er tut das im Geist des Gehorsams Pius XII gegenüber, der in diesem besonderen historischen Augenblick die eigentliche Kraft ist, die die katholischen Verbände aufbietet. Gedda erwähnt diese Ereignisse, weitere, die ihnen folgen sollten, und sogar seine Meinungsverschiedenheiten mit Carretto einzig in religiöser und nicht in politischer Sicht.

»Ich wollte nicht Politiker werden, da ich in den Augen der Öffentlichkeit Vertreter der Kirche war und bleiben mußte, und das schon der Freiheit der Kirche wegen. So war es die Vorstellung Pius' XII; und ich bin ihm darin gefolgt«[84].

---

[83] *Giovanni Acquaderni* (1838–1922), aus der Emilia, zusammen mit Mario Fani Gründer der Società della Gioventù Cattolica Italiana, deren erster Vorsitzender er gewesen ist. Er hat die »Opera dei Congressi« – Tagungswerk – gegründet (1874). Er war der geistige Urheber und Anreger verschiedener Unternehmen, darunter des Peterspfennigs, der Ausstellung zum Jubiläum Leos XIII, der Zeitung »L'Avvenire d'Italia« und der Bank »Il Credito Romagnolo«.

[84] F. MANDILLO, »Luigi Gedda un senatore mancato« in *Jesus*, 12 (1988), 7.

19. – 21. März – Castel Gandolfo (Roma)

Gesamtitalienisches Triduum für die Diözesanvorsitzenden der GIAC.

1. – 2. Mai – Viterbo

Vorstandssitzung des Gesamtverbandes der GIAC im Seminar von »La Quercia«.

23. Mai

»Maria, hier komme ich wieder zu dir wie an den vergangenen Abenden!

Ich habe mich etwas verspätet wegen aller Arbeit, die gar nicht aufhören wollte, und jetzt sind wir ganz allein in dieser Kirche.

Es liegt Maiduft in der Luft, und im Herzen dürste ich nach unendlicher, mütterlicher Güte. Ich werde vor deinem Altar sitzen bleiben, und du wirst mir verzeihen, ich bin ja so müde. Ich schließe die Augen und stelle mir vor, ich legte den Kopf in deinen Schoß, während mir in meinem Traum das Jesuskind bei meinem Gespräch mit dir mit seinen kleinen Fingerchen die Haare krault.

Da bin ich wieder, Maria, und heute erzähle ich dir nichts von mir, ich möchte dir etwas von meinen Jungmännern erzählen [...]. Du bist Mutter und hast Verständnis dafür: du weißt, was Verantwortung bedeutet. Sieh, mir war es beschieden, der zehnte und sicher der unwürdigste Nachfolger Mario Fanis[85] zu werden. Aber du weißt, daß das nicht mein Wunsch war und daß diese gewaltige Aufgabe schmerzlich auf mir lastet. Du bist Mutter und verstehst mich: Ich werde dir von meinen Jungmännern erzählen; denn trotz meiner selbst muß die GIAC etwas Großes sein. Ich muß mit dir über sie sprechen: hör mir zu. [...]. Nach meinem Dafürhalten gibt es in der Jugend der Katholischen Aktion zweierlei Typen.

Die einen sind ›Feuer und Flamme‹, und das sind etliche Tausend.

---

[85] *Mario Fani* (1845–1869) aus Latium, zusammen mit Giovanni Acquaderni Mitbegründer der Società della Gioventù Cattolica Italiana – Bund der italienischen katholischen Jugend – (1867). Die Società ist (1868) von Pius IX bestätigt worden und führte auf ihrer Standarte die Devise: »Gebet – Aktion – Opfer«.

Sie sind ein wahres Wunder, unser ganzer Stolz. Junge Leute, die keinen Tagesanbruch kennen, ohne deinen göttlichen Sohn ans Herz gedrückt zu haben. Sie haben ihn den ganzen Tag bei sich, leben in seiner Gegenwart, und die Adern brennen ihnen, wenn sein heiliges Blut in ihre Nähe kommt. Sie kennen nur die Familie, die Arbeit und das Apostolat. Kaum sind sie aus dem Haus, so eilen sie zu ihrem Treff, rackern sich ab, fordern nichts, geben aber alles. Sie leben nicht für sich, sie leben für die anderen. Ihre Eltern, ›bürgerliches Christentum alten Stils‹, werfen ihnen vor..., sie dächten nicht an ihre Zukunft, sie gäben sich zu sehr hin, sie... verdienten nichts und dächten nicht an ihr Fortkommen; sie aber sind auf diesem Ohr taub und stürmen voran, rein wie Erzengel und großmütig wie Helden.

Dann kommen die, die man ›ins Schlepptau nehmen‹ muß.

Sie meinen es nicht böse, und ich müßte bei dir, Maria, für sie um Nachsicht bitten. Du kennst sie. Ich würde sagen, sie hätten es noch nicht... so recht begriffen. Sie sind schlapp, zerstreut, wenig auf Draht, doch alles kommt darauf an..., du weißt ja, worauf es ankommt. Sie müssen deinen göttlichen Sohn inniger lieben, müssen großmütiger sein... Maria, sie empfehle ich dir ganz besonders, laß sie nicht im Stich, Maria. Übrigens vertraue ich dir alle an, auch die ersten. Was würden wir ohne dich tun, was wäre die GIAC ohne deine Hilfe? [...]

Und jetzt sage ich nichts mehr. Still bleibe ich hier in dieser Kirche, in der wir allein geblieben sind, und ich lasse meinen Kopf weiter auf deinem Schoß ruhen.«[86]

6. – 8. Juni – Castel Gandolfo

Triduum für die Druckereifachkräfte, die Sekretäre, die Leiter und die Delegierten der Sektion »Buona Stampa« (Gute Presse) aus ganz Italien.

11. – 14. Juli – Loreto (AN)

Quatriduum für die Diözesanassistenten aus ganz Italien.

---

[86] C. CARRETTO, «Colloquio con Maria» in *Gioventù*, 14 (1948), 1.

August – Cazzaniga, Rom, Ischia (NA)

Triduen für Diözesandelegierte der Juniores aus ganz Italien.

10. – 12. September

Zur Feier des achtzigjährigen Bestehens der Gioventù Italiana d'Azione Cattolica kommen dreihunderttausend Jungmänner, die berühmten »baschi verdi« – so genannt wegen ihrer grünen Barette –, nach Rom.

»Als wir damals beschlossen, uns allesamt in Rom einzufinden, unser Credo auf dem Petersplatz zu sprechen, war der Antrieb echt, und unsere Gedanken und Anstrengungen waren von der Liebe geleitet.

Wir dachten nicht einmal, daß wir so zahlreich sein würden, und ich kann sagen, daß in jener wahrhaft heiligen Nacht, die ganz von Gebet und Glauben durchtränkt war, der Heilige Geist mit all seinem lichten Glanz anwesend war.

Wir haben uns keinen Triumphalismus zuschulden kommen lassen und wollten mit unserem Treffen keine Stärke demonstrieren. Wir waren wie glückliche Kinder froh, daß wir so viele waren und Gott danken durften. Das könnte ich beschwören« (HH 159 f).

»Wenn ich noch einmal von vorn anfangen müßte, würde ich die Katholische Aktion gründen. Jene Jahre haben die Grundlagen meines Christenlebens geschaffen. Die Katholische Aktion, die Idee, daß ein Priester nicht allein bleiben darf, die Idee, daß Laien nicht allein bleiben dürfen, mithin die Idee der *christlichen Gemeinde*, die vom Zweiten Vatikanischen Konzil wieder aufgegriffen worden ist, stammt schon aus jener Zeit.

Die Gemeinde, die in der Kirche von wesentlicher Bedeutung ist, war wirklich mein Herzensanliegen. Irgendwer behauptet: Was Ihr getan habt, war Triumphalismus. Aber nein! Wir haben versucht, die Furcht zu überwinden; das war unser Triumphalismus. Wir waren schwach, wir waren immer in der Minderheit. In der Schule war ich immer allein gegen alle, wenn es darum ging, für Christus einzutreten, und im Leben ebenfalls. Solch ein ›Triumphalismus‹ macht mir keine Sorgen, in meinen Augen ist er nicht negativ. Der gefährliche Triumphalismus hat sich nach dem Sieg der Democrazia Cristiana im April 1948 eingestellt. Die Politiker haben begriffen, was für eine Macht die Katholische Aktion war, und versucht, sie auszunutzen. Das muß ich sagen: das war der Punkt, an dem ich mich nicht mehr zurechtgefunden habe. Sie wollten sich unser bedienen, und ich habe nie im Dienst eines politischen Systems gestanden« (CC 12).

13. September

Grundsteinlegung der Domus Pacis.

»Als während des Krieges die deutschen Truppen Rom bedrohten und die zivilisierte Welt um das Los der Ewigen Stadt zitterte, bangte die GIAC um die Person, die ihr auf Erden am teuersten ist: um den Papst.

So hat sie denn dieses Gebet formuliert: Herr, allmächtiger, ewiger Gott, rette Pius XII. aus jeder Gefahr. Wenn seine erhabene Person beim Durchzug der Kriegsheere keinen Schaden nimmt, geloben wir dir den Bau eines Hauses, das Schulungszentrum für die Leiter und die jungen Mitglieder unserer Organisation werden soll.

Die Planung der ›Domus Pacis‹ hing mit einem Gelübde zusammen, das uns allen am Herzen lag« (RO).

15. September

Carlo beteiligt sich mit anderen leitenden Funktionären der GIAC an der Gründung des »Bureau International de la Jeunesse Catholique« und wird zum Vizepräsidenten gewählt. Damit sollte die Verbindung zwischen den katholischen Jugendordanisationen Italiens, Spaniens und Deutschlands aufgenommen werden, um die Idee der italienischen Katholischen Aktion zu verbreiten, die sich vom französischen Modell der JOC unterschied.

7. – 10. Oktober – Sant'Agnello di Sorrento (SA)

Vorstandssitzung des Gesamtverbandes der GIAC in der Villa Crawford.

28. Oktober

Vater Luigi, Mutter Maria und Schwester Liliana ziehen von Turin nach Rom in die via delle Grazie 3 um.

7. – 8. Dezember – Rom

Erste Generalversammlung der Seniores. Über die Audienz bei Pius XII schreibt Carlo:

»Achtunddreißig Minuten beim Papst! Als der Papst kam, lag auf seinem Gesicht ein Schleier von Traurigkeit; er hielt seinen tiefen Blick, der die Abgründe des Leidens aller Menschen auszuloten pflegte, auf mich gerichtet.

Nach drei Minuten war die Traurigkeit geschwunden: die GIAC steckte ihn mit ihrem unheilbaren Optimismus und der Vitalität ihrer unerschöpflichen Jugend an [...]. Unversehens redete er mich an: ›Sagen Sie Ihren jungen Leuten, daß wir das Wort Furcht aus unserem Wörterbuch gestrichen haben [...]. Jawohl, wir streichen das Wort Furcht aus dem Wörterbuch der italienischen Sprache, wir streichen es... Wir haben es sogar schon gestrichen, und jemand, der damit nicht einverstanden war, weiß das sehr wohl‹« (RO).

1949

29. – 30. Januar – Grottaferrata (Roma)

Wochenende für Regionaldelegierte aus ganz Italien.

11. – 13. Februar – Grottaferrata

Erstes Triduum für Diözesandelegierte der Seniores aus ganz Italien.

16. – 20. März – Loreto (AN)

Vier Tage für Diözesanvorsitzende aus ganz Italien.

23. – 25. April – Rom

Zweiter Nationalkongreß des Centro Sportivo Italiano.

16. Juni – Florenz

Akademikerkongreß.

18. Juni – Florenz

Vorstandssitzung des Gesamtverbandes der GIAC, auf der die Gründung des Centro Turistico Giovanile (CTG) (Referat für Jugendreisen) beschlossen wird.

11. – 14. Juli – Loreto

Woche für Diözesanassistenten der GIAC.

28. – 31. Juli – Mondragone (CE)

Quatriduum für Aspiranten-Delegierte[87].

Juli – August – Mondragone

Kongresse des Movimento Studenti – Lavoratori – Rurali (Schüler-Arbeiter-Bauern) mit landesweiter Beteiligung.

»Es ist beachtlich, daß Carretto schon 1949 einen scharfen Blick für die Krankheiten hatte, an denen seiner Meinung nach die Jugend litt, wobei er außer dem selbstverständlichen Hinweis auf den Kommunismus und den üblichen Hinweisen auf Freimaurerei und Protestantismus auch noch auf den Neo-Faschismus verwies, der im katholischen Milieu in den jungen Köpfen nicht ganz ohne Einfluß blieb… Schon von damals stammte seine Polemik gegen das ›Spießbürger-Christentum‹, d.h. ein Fassaden-Christentum, dessen bedenklichster Wesenszug im Auseinanderklaffen von Glauben und Leben besteht«[88].

Carlo veröffentlicht: Famiglia piccola Chiesa – Familie, Kirche im kleinen. *Das Bändchen entfesselt hierzulande einen Sturm von Polemiken unter den linientreuen Konformisten, geschürt von den Zeitschriften* Il Travaso *und vor allem von unserem*

---

[87] Die »Aspiranten-Delegierten« der GIAC betreuen die noch nicht vierzehnjährigen Aufnahmebewerber und -bewerberinnen (Anm. d. Übs.).
[88] G. ZIZOLA, »Carlo Carretto« in *Rocca*, 21 (1989), 50.

streitbaren G. Guareschi[89] *im* Candido, *wo die GIAC wiederholt als »carrettolisch« hingestellt wird. Über diese mißliche Angelegenheit hat Carlo in seinem Privatarchiv Material in Fülle zusammengetragen.*

»Es hieß sogar, das Heilige Offizium habe eingegriffen wie angesichts eines verbotenen Buches. Eine schöne Bescherung, daß der Vorsitzende der Gioventù Cattolica unschickliche Bücher schreibt!

Ja, ich kann mich eines Lächelns kaum erwehren, wenn ich diese so ganz unschuldigen Seiten wieder lese, und ich glaube, vielen geht es ebenso wie mir.

Ich erinnere mich, wie mir der unvergeßliche Pater Cordovani[90], Maestro del Sacro Palazzo, der mir in seiner Güte das Vorwort zur zweiten Auflage geschrieben hat – die dann nicht erschienen ist, damit die Wogen sich legten –, sagte: Wenn wir den jungen Leuten nicht ein wenig träumen helfen, werden sie von einer Wirklichkeit weggefegt, die zu hart für sie ist« (FP 8).

Brief P. Mariano Cordovanis O.P.:

»Sehr geehrter und lieber Herr Vorsitzender, ich erhalte heute (31.) Ihren Brief und danke Ihnen herzlich.

---

[89] *Giovanni Guareschi* (1908–1968), aus der Emilia stammender italienischer Journalist und Romanschriftsteller, Schöpfer des »Don Camillo«. Ehemals Chef-Redakteur der humoristischen Zeitschrift »Bertoldo«, hat er 1945 die Zeitschrift »Candido« gegründet.
Interessant und bezeichnend war das gespannte Verhältnis, das Carlo zu Guareschi unterhielt: die erwähnten Polemiken hatten Carlo dazu geführt, mehrmals eine Klärung zu suchen, die jegliches Mißverständnis zerstreut hätte, von Guareschi aber immer abgelehnt wurde. In tiefer und bitterer Enttäuschung kam Carlo auf die Vergeblichkeit seiner Bemühungen zu sprechen, jegliche Reiberei zu überwinden, so, z. B., auf seinen Versuch, persönlich mit seinem »Gegner« Verbindung aufzunehmen, als er in Roncole di Busseto (PR) in dem Restaurant einkehrte, das Guareschi gehörte, aber nicht bei ihm vorgelassen wurde. Diese »unbeugsame Härte« ließ Carlo keine Ruhe, und bei Guareschis Tod sorgte er dafür, daß man Messen für sein Seelenheil feierte.
[90] *Mariano Felice Cordovani* (1883–1950), Toskaner, Dominikanerpater (1906); Hochschuldozent in Rom, Mailand und Florenz; Maestro del Sacro Palazzo (1935) – päpstlicher Hoftheologe, zu dessen Obliegenheiten die Pflege der Rechtgläubigkeit gehört – und Theologe der Staatssekretarie (1942). Nach einem Wort Pauls VI war »seine Lehre eine Öffnung von Fenstern zum Unendlichen hin«.

Von der Polemik, die auf Ihrem Buch lastet, habe ich nichts gewußt; sie wird aber bald vergehen.

Einem Brief an Monsignore Guano[91] habe ich eine kurze Rezension beigelegt, die Sie wohl schon haben.

Sie ist kurz, aber ich glaube, im Augenblick genügt sie.

Mit den besten Wünschen verbleibe ich, lieber Herr Vorsitzender, Ihr stets sehr ergebener P. M. Cordovani« (RO).

9. September – Bologna

»Der Heilige Vater hat mich für die drei Jahre 1949–1952 erneut als Gesamtvorsitzenden der GIAC bestätigt. Dieses großmütige Handeln des Vaters erinnert mich an die Großmut Gottes. ›Warten wir noch ein Jahr, und wenn... er keine Frucht bringt, werde ich ihn umhauen.‹

Und das gilt mir! Vielleicht ist die Axt schon an den Fuß des unfruchtbaren Baumes angelegt.

Wie soll ich diese drei römischen Jahre werten? Als Erfahrung? Mahnung? Welch eine Vergeudung von Zeit, Gnade und Autorität! Gott stehe mir bei!

Miserere mei Deus!

Jesu, petra mea et redemptor meus!«[92] (D 3)

30. September

»Die Katholische Aktion leidet an Altersschwäche. Sie ist gefährdet durch Gelenkversteifung infolge einer übertrieben juridischen Struktur. Wenn das so weiterginge, würde das Laienapostolat bei anderen, jüngeren und nicht so mit Statuten gesegneten Werken Zuflucht suchen, die aber eher in der Lage sind, die Botschaft des Geistes in intuitiver Schlichtheit zu erfassen. Es ist allerdings schade, daß es so ist, denn ich habe die Katholische

---

[91] *Emilio Guano* (1900–1970) aus Ligurien, Priester (1922); Professor der Exegese, Vize-Assistent in der Leitung der FUCI – katholische Studentenschaft – (1934) und des Movimento Laureati Cattolici – katholische Akademikerschaft – (1943), Assistent in der Leitung der Pax Romana (1955) und geistlicher Beirat des Comitato cattolico docenti universitari. Als Bischof von Livorno (1962) und Mitglied des Rates für die Liturgiereform und der Kommission für das Laienapostolat sitzt er im Zweiten Vatikanishen Konzil.

[92] Erbarme dich meiner, o Gott! Jesu, mein Fels und mein Erlöser!

113

Aktion wirklich gern gehabt, vielleicht so, wie man eine Geliebte gern hat« (ebd.)

10. – 13. Oktober – Subiaco (Roma)

Vorstandssitzung des Gesamtverbandes der GIAC

»An Gott zu glauben, heißt, an seine Gegenwart, an seine All-macht und an seine Liebe zu glauben. An Gott zu glauben, heißt, sich vor niemand zu fürchten, heißt, den Kopf immer hoch zu halten, heißt, frei zu sein, wirklich frei. An Gott zu glauben, heißt, Wunder zu wirken, niemals zu fürchten, daß das Brot nicht reicht, oder daß die Mittel für die Apostolatsarbeit nicht reichen, heißt, optimistisch zu sein, heißt, selbst unter Tränen zu singen, selbst angesichts des Todes zu lächeln. Alles andere kommt dann von selbst« (SV).

11. Oktober – Subiaco – Mariä Mutterschaft

»Ein Ort, der mir wegen eines geistlichen Reichtums teuer ist. Drei Tage mit der Verbandsleitung. Ich sehe immer deutlicher, daß ich das Amt des Verbandsvorsitzenden der GIAC niederlegen muß. Ich werde bald meinen Nachfolger einweisen müssen. Das wird eine organisch bedingte Schwäche sein und an mir liegen, aber ich bin nicht mehr der Mann, der im Namen dieser Organisation auftreten könnte.

Mit großer Freude habe ich meine Zuflucht bei den Gedanken genommen, die Don Paoli in den Meditationen über die Demut vorgetragen hat. Ich habe solche Sehnsucht nach stiller Zurück-gezogenheit! Aber oft schleichen sich Trägheit und Feigheit in diese Sehnsucht ein. Ich glaube, ich muß noch einmal *von vorn anfangen*« (ebd.).

»Ich bin hier in meiner so lieb-vertrauten, kleinen und stillen Zelle, um den dritten Tag meines Aufenthaltes in Subiaco zum Abschluß zu bringen.

Ich fühle mich schon wie neu geschafft, das können bei mir Gebet und Schweigen bewirken.

Meine Zeit verbringe ich mit Schreiben, Lesen, Beten, Gymna-stik *und dergleichen*. Mit dem Buch bin ich ein Stück weiter-gekommen, und ich bin sicher, daß es Dir gefallen wird. Ein paar

wesentliche Kapitel sind mir, eigentlich gegen meine Erwartung,
gut gelungen.
Die Mönche hier sind mir sehr zugetan und erweisen mir um
die Wette Gefälligkeiten und Dank.
Ein idealer Ort« (C 18).

14. Oktober

»Soeben habe ich *Cielo sulla palude*[93] gesehen. Das ist ein Film
über Maria Goretti[94]. Überwältigend!
Angesichts solchen Heldentums habe ich den ganzen Abend
geweint.
Gott, gib mir *auch diese* Gnade. Mich verlangt nach Einkehr
und Buße!
Nichts im Menschen ist so bedeutend wie die Sittenreinheit.
Dann versteht man alles, auch die Versuchungen« (D 3).

15. Oktober

»Ein sehr guter Tag. Der Eindruck von gestern abend dauert an.
Ich habe mit Inbrunst gebetet. Jetzt bin ich unterwegs nach Pes-
cara, wo ich morgen zu tun habe. Ich bin zusammen mit Land-
wirtschaftsminister Segni[95] gefahren.
Die Diät bekommt mir offenbar gut.
Strenge Askese gehört zu den Dingen, die dem geistlichen Leben am zuträglichsten sind. Leider vergesse ich sie leicht. Und
doch ist das, so wie ich gebaut bin, meine schwache Seite. Frau
Badaloni, die diesen Punkt besonders betont, hat recht. Ich neige
da entweder aus Trägheit oder aus Überschwang eher zum Fehler
des Fideismus.
Ich muß mir mehr Gewalt antun, viel mehr« (ebd.)

[93] «Himmel über den Sümpfen»; Regie: Augusto Genina; Produktion: Bassoli
Film / Arx Film, Rom, 1949.
[94] *Maria Goretti* (1890–1902), aus den Marche gebürtig, gehörte einer armen Land-
arbeiterfamilie in der römischen Campagna an und hat als Martyrin ihre Reinheit
mit ihrem Blut verteidigt. Sie ist von Pius XII heiliggesprochen worden (1950).
[95] *Antonio Segni* (1891–1972), Sarde, Universitätsprofessor und Parteipolitiker
des Partito Popolare Italiano und dann der Democrazia Cristiana; Mitglied der
verfassunggebenden Versammlung (1946); mehrmals Minister; Ministerpräsident
(1955–1957 und 1959–1960); Staatspräsident (1962–1964).

19. Oktober – Camaldoli (AR)

»Es ist Nacht. Ich bin heute hier oben eingetroffen mit der Erlaubnis des Generaloberen der Camaldulenser[96], acht Tage in einer der Klausen der Einsiedelei zu wohnen. Ich bin mit Paolo Rovera gereist... Wir sind kurz in Assisi gewesen. Jetzt beginnt meine Zeit geistlicher Einkehr. Gott helfe mir! Mir liegt so daran, daß es mit mir aufwärts geht!

Vor allem brauche ich den Geist des Herrn! Wenn er fehlt, ist alles aus. Ich muß Buße tun und warten. Ich habe mir ein riesiges und anspruchsvolles Programm vorgenommen. Hoffen wir« (ebd.).

25. Oktober

»Ich beende meine stille Einkehr in der Einsiedelei in der Klause ›S. Pietro‹. Ich bin glücklich. Mir kam es wirklich so vor, als hörte ich wieder die Stimme Gottes wie *damals*, als er mich zum äußersten Opfer berief.

Gebe Gott, daß ich mir nichts vormache und daß ich geheilt nach Rom hinuntergehe. Ich habe meine Kräfte wieder gestählt, die Programme überarbeitet und inständig gebetet: ich bin froh.

Das Programm, das mich erwartet, könnte ich in einem einzigen Wort zusammenfassen: Sammlung.

Ich muß *in Gott gesammelt* sein. Jedes Pech, das mich trifft, hat seinen Grund darin, daß ich mich von ihm ablenken lasse. Ich werde mit mir streng sein müssen und in meiner gewissenhaften Treue in den vier Punkten nicht versagen dürfen: in der Arbeit – in der Weihe an das Apostolat – in der Buße – im geregelten Leben.

Gott helfe mir.

Besondere Vorkommnisse? Ich habe L. zwei geharnischte Briefe geschrieben. Ich weiß wirklich nicht, was aus ihm einmal wird. Gewiß habe ich etwas gewagt. Aber ich glaube, daß es so gut war. Gott erleuchte ihn und erleuchte mich.

Ich lasse in der Einsiedelei, in die ich, wie ich mir fest verspreche, oft zurückkehren werde, gute Freunde zurück.

---

[96] *Pierdamiano Buffadini* (1894–1973), aus der Romagna, Camaldulenserpater (1920), Generalprior der Camaldulenser (1932–1951).

Der Generalobere ist großherzig und offen. Don Gioacchino[97] ist ein guter Freund. Die Brüder haben ein sehr angenehmes Wesen und sind demütig. Gott segne diese Stätte des Friedens. Künftig werden die ›Werkleute‹ solche Einsiedeleien errichten müssen, um dort ihre geistlichen Kräfte zu stählen.

Auf, Carlo, steig ins Tal hinunter und erweise dich der Gnade des Herrn würdig.

Vor allem vergiß die Sammlung nicht, den Quell des Gebetes und fruchtbarer Arbeit. *Laus Deo*« (ebd.).

1. November – Allerheiligen – Villa S. Croce in Turin

»Operai-Exerzitien – Erwägung: *Die Versuchung soll dich nicht aus der Fassung bringen.* Sie ist kein Anzeichen von Sünde. Sie ist eine Prüfung.

Und das Leben ist ein Kampf, und infolgedessen findest Du Dich total engagiert.

Wenn die Märtyrer gesagt haben, sie seien froh, etwas für Christus zu erdulden, kann der Versuchte das in seinem Kampf mit gleichem Recht sagen. Einverstanden? Also Mut!« (D 3)

2. November

»Im Christenleben gibt es zwei Pole: Gott und Mensch.

Diese beiden Pole zu bewerten, ist schwierig, da sie abgrundtief voneinander verschieden sind, anderseits aber zur Verwirklichung des göttlichen Planes beide ihre Aufgabe erfüllen müssen. Mit der Heiligung, dem Siegespreis und dem Tugendakt steht es wie bei einer Geburt: man muß zu zweit sein. Von selbst ausgelöste Zeugung ist nicht nach Gottes Plan.

Daraus läßt sich eine sehr interessante Wahrheit ableiten. Gott muß handeln, aber ich muß auch handeln. Sein Wille ist im Spiel, aber auch der meine.

Das muß ich mir wieder gut vor Augen halten, da ich seit einiger Zeit dazu neige, meinem Willen keinen Wert beizulegen und – aus Trägheit – einzig das Wirken des Himmels abzuwarten. Heute morgen ist mir diese Wahrheit im Herzen noch deutlicher

---

[97] *Bernardino Gioacchino Strambi* (1913), Toskaner, Priestermönch (1939), lebt jetzt im Kloster S. Gregorio al Celio in Rom.

aufgegangen, und das muß ich nutzen. So muß ich denn mehr an den Willen, die eigene Anstrengung und das *agere contra* [98] glauben. Das muß ich unbedingt. Und das aus ganz konkretem Grund, einmal zur Wahrung meiner uneingeschränkten Hingabe an Gott, die augenblicklich solchen Anfechtungen ausgesetzt ist, und dann zur Förderung eines männlicheren und effektiveren Tonus bei der Wahrnehmung meiner apostolischen Aufgaben. Gott möge mir helfen« (ebd.).

4. November – Hl. Karl Borromäus

»Meinen diesjährigen Namenstag habe ich bei den Operai in S. Croce verbracht. Vielleicht war das der konstruktivste Kurs, den ich je gehalten habe, weil ihm die Freude über das Namenstagsgeschenk meines heiligen Karl zuteil geworden ist. Soeben hat Borromäus sich wieder bei mir gemeldet!

Ich denke ja wenig an ihn, aber er hat sich, weiß der Kukkuck..., nie gemeldet!

Ich weiß nicht, ob es an einem gewissen klerikalen Groll liegt, de facto hat er sich jetzt erstmals auf seinen armen Schützling besonnen.

Wenigstens hat es, menschlich gesehen, diesen Anschein.

Doch hat er sich diesmal gemeldet, und ich bin ihm dankbar dafür.

Sein Mitbringsel besteht hierin: positives und konkretes Verständnis des *Willens*. Wirkursache? Monsignore Agrisani, der Exerzitienmeister.

Kurzgefaßt, wäre dies der Inhalt: *Wille und Heiligkeit.* Im großen und ganzen habe ich das verstanden, und ich danke dem Spender dafür.

Wenn ich es näher ausführen müßte, würde ich so sagen: unsere Heiligung ist gottgewollt – *haec est voluntas Dei, sanctificatio vestra* [99]. Er leistet sicher seinen Beitrag dazu. Und dann? Warum gelangt man nicht zur Heiligkeit? Woran liegt das? Wer ist daran schuld? Die Antwort ist ganz eindeutig. Jetzt begreife ich es genau und beende einen langen Exkurs in meinem Leben, ich sage ›beende‹ und will mir nichts mehr vormachen.

---

[98] Das Angehen gegen Widerstände.
[99] Das ist es, was Gott will: eure Heiligung (1 Thess 4,3).

Jetzt beginne ich, als *Werktätiger den Willen Gottes* auszuführen.

Was für ein Wunder ist doch der Wille des Menschen! Was für eine unheimliche und erstaunliche Gegebenheit! Kann er doch das Wirken Gottes vereiteln, kann er es aber auch zu Ende führen! Und wie sehr respektiert Gott den Willen des Menschen! Willst du gesund werden? Si vis? Quis vult?[100] So geht Gott immer vor. Unser freier Wille gibt den Ausschlag.

Vielleicht hat Jesus Blut geschwitzt, um ihn zu erschüttern!

Mein Programm habe ich jetzt gefunden, und meine Aufgabe besteht darin, nicht zu vergessen, was der heilige Karl Borromäus mir 1949 zum Namenstag geschenkt hat« (ebd.).

9. November – Reise nach Avezzano (AQ)

»Trotz meiner selbst bewahrt mir Gott das Geschenk vom 4. November. Ich spüre es« (ebd.).

11. November

»Heute war einmal der Geburtstag des Königs[101]. Dann... ist alles so gelaufen wie in den Berichten der Bibel.

Einzig das Fest, das Gott feiert, vergeht nicht!

Wie müssen wir doch lernen, in Ihm *fest* zu bleiben, um uns nicht von der Zeit wegreißen zu lassen. Wir würden mit so vielem fertig!

Zum Beispiel mit dieser Unruhe von heute morgen, die mich zur Ortsveränderung drängt, zur Bewegung, zum Tun... Ich muß fest stehen« (ebd.).

12. November

»Ich fahre nach Viareggio, wo ich mich mit Don Paoli[102] treffe, mit dem ich dann nach Lucca weiterreise.

---

[100] Willst du? Wer will?
[101] *Vittorio Emanuele III.* von Savoyen (1869–1947), König von Italien (1900 bis 1946).
[102] *Arturo Paoli* (1912), Toskaner, Philosophieprofessor in Lucca, Priester (1940), Partisan, im letzten Krieg aktiv im Comitato di liberazione in favore degli ebrei –

Heute abend hatte ich Gelegenheit, meine Lage zu überdenken, und durfte dabei wohl eine entschiedene Besserung feststellen. Jetzt muß ich mich bemühen, 1) mehr still allein und an der Arbeit zu bleiben, 2) niemals überstürzt zu urteilen, 3) korrekter zu berichten und 4) mich bei noch ungewohnten Lösungen nicht zu selbstsicher und zufrieden zu fühlen. [...]« (D 3)

20. November

»Jetzt ist meine Seele wirklich ausgedorrtes Land, das nach Wasser lechzt, der Kranke, der auf den Arzt wartet. Wie schwer ist es doch, zu dieser Einsicht zu kommen! Der Stolz hindert uns daran, an die Stelle der Büßerin Magdalena, des Aussätzigen, des Blinden oder des Gelähmten zu treten. Der Herr muß – und das ist sehr traurig – die Aufgabe, uns zu dieser Überzeugung zu führen, der Erfahrung, dem Leben überlassen ... Und das schafft es dann nach und nach mit all seinen Niederlagen, Schwächen und den abscheulichsten Treulosigkeiten.

Doch dann stellt sich die Gefahr der Verzweiflung ein, und auch das ist der Stolz, der sein unheilvolles Spiel treibt. O Gott! Hilf mir, bei der Wahrheit zu bleiben; Maria, erbitte mir die Gnade der Demut. Laß mich aufrichtig den Aussätzigen verkörpern, ohne Haltungen einzuüben, die es mir erträglicher machten. So wie ich bin, ohne Als-ob und ohne Ästhetizismus, ohne Rechtfertigungen und ohne unnütze und gefährliche Begründungen.

Übrigens, Herr, ist es das Elend, das dich beleidigt, oder der Elende, der dich nicht braucht? Ist es die Ehebrecherin oder der Pharisäer? Ist es der tote Lazarus, oder sind es die toten Tempelpriester? Ist es der Schächer oder Kajafas?

Befreiungsausschuß zugunsten der Juden. Vize-Assistent in der Gesamtleitung der GIAC unter dem Vorsitz con C. Carretto und M. Rossi. Nach einem kurzen Einsatz as Schiffskaplan unter italienischen Auswanderern auf dem Weg nach Argentinien, trat er ganz kurz vor Carlo (1954) ins Noviziat der Kleinen Brüder Jesu in El-Abiodh ein. Heute lebt er als Kleiner Bruder vom Evangelium im Süden von Brasilien und teilt mit Gruppen von Freiwilligen und ortsansässigen Familien die harte Wirklichkeit landwirtschaftlicher Genossenschaften. Vgl. A. Paoli, *Facendo verità*, Turin 1984.

O Herr, laß mich all deine Kranken verkörpern, alle, die dein Mitleid erregt oder dir mit ihrem Elend das wahre Heil entwunden haben. Hier sind sie: das Brautpaar von Kana, der Sohn des königlichen Beamten, der Gelähmte am Teich Betesda, der Besessene von Gerasa, die Schwiegermutter des Petrus, der Aussätzige, Levi, der Mann mit der verdorrten Hand, der Knecht des Hauptmanns, der Sohn der Witwe von Nain, die Sünderin, die Tochter des Jairus, die Bluterin, die kanaanäische Mutter, der Blinde von Betsaida, der Fallsüchtige, der Bettler im Tempel, die Ehebrecherin, der Blindgeborene, die beiden Blinden, der stumme Besessene, der Wassersüchtige, die zehn Aussätzigen, der Zöllner, die Kinder, Zachäus, Petrus, der Schächer, die hungrigen Massen, die Kleinen, die Einfältigen... Laß mich spüren, daß ich sie bin und sie ich sind und du der Arzt bist, der Erbarmer, der Gute Hirt, der Samariter, das Wasser am Horeb, das Manna, das Licht, der Fels, die Blume, das Leben, der Unersetzliche, der Spender, der Barmherzige, der ewige Gott, Gott, Gott, mein Gott, unser Gott« (ebd.).

26. November

»Ich will euch zeigen, wem ein Mensch gleicht, der zu mir kommt und meine Worte hört und danach handelt. Er ist wie ein Mann, der ein Haus baute und dabei die Erde tief aushob und das Fundament auf einen Felsen stellte: es kam ein Hochwasser, eine Flutwelle, prallte gegen das Haus und konnte es nicht zum Einsturz bringen, denn es war auf den Felsen gegründet. *Ich bin davon überzeugt, o Jesu, laß meine Überzeugung wachsen*« (ebd.).

27. November

»Heute beginnt der Advent des Jahres 1949, der das ganz besondere Weihnachtsfest unmittelbar vorbereiten soll, an dem Pius XII mit der Öffnung der Heiligen Pforte für die ganze katholische Welt das außerordentliche Jubiläumsjahr eröffnet.

Ich will mich gut auf dieses Ereignis vorbereiten, will diese Zeit nutzen, um meine Seele mit den kostbaren Werkzeugen der Buße und des Gebetes zu läutern. Gott segne mich mit seiner zuvorkommenden Gnade« (ebd.).

28. November

»Sünde = *aversio a Deo*[103]; Bruch mit Gott – Liebeskrise = *transgressio legis Dei*[104]; Wiederherstellung = Rückkehr zu Gott; Willensänderung – Umkehr *(metanoia)*; Vereinigung mit Gott – Liebesakt.

Wieviel Schaden richtet der Sünder ringsum an! Jede Sünde wühlt die Gemüter auf: zwischen die Reue und das Unbehagen – drängt sich die Liebe – zwischen die Sünde und die Liebe – drängt sich die Reue.

Die Reue ist schon Sühne, wahre Liebe empfindet das Bedürfnis, Schmerz zu erleiden; die Reue ist nicht nur Ausdruck der Gerechtigkeit, sondern auch der Liebe.

Beim Erlösungswerk: Luthertum: Gott allein; Materialismus: der Mensch allein; Katholizismus: beide zusammen.

Wir sind *adiutores Dei*[105] – der dich ohne dich erschaffen hat, wird dich nicht ohne dich erlösen: das ist Gottes Absicht = sich unserer Mitwirkung zu bedienen – das ist Gottes Stil = komm, komm – daher unsere Größe« (D 3).

5. – 8. Dezember – Loreto

Tagung der Diözesandelegierten der Seniores aus ganz Italien.

Weihnachtsnovene

»*Erwägungen*: Jesus ist in einem Stall geboren.

Auf diese Weise hat er die Menschen nicht zu sehr aufgeschreckt. Er wollte in einer Umgebung ankommen, die zu seinen Anschauungen am besten paßte und mit seinem Programm der Armut, Schlichtheit und Lauterkeit am ehesten in Einklang stand. Wäre er an den Königshof gegangen, dann wäre er zu sehr aufgefallen und hätte die Menschen zu sehr betrübt.

In Betlehem werden die Hirten nach anfänglicher Überraschung gedacht haben: ›Er ist nach unserem Maß gearbeitet. Er ist arm, wir sind arm. Er ist im Stall, wir sind im Stall. Er ist einfach, wir sind einfach‹.

---

[103] Abkehr von Gott.
[104] Übertretung des göttlichen Gesetzes.
[105] Gottes Gehilfen.

– Horaz[106] singt im Anblick von Rom: Sonne, die du dich frei und froh in den Himmel schwingst, zügle auf unseren Hügeln deine feurigen Rosse. Du wirst auf der Welt nichts Großartigeres sehen als Rom.

Hätte er es gekonnt, so hätte er diese Hymne auf Betlehem gesungen.

– Wenn ihr nicht umkehrt und wie dieser Kleine werdet… Wer ist dieser Kleine, von dem Jesus als Erwachsener spricht? Das Jesuskind.

Hier ist also das Vorbild zur Nachahmung: wenn ihr nicht zu dieser Schlichtheit, zu dieser Lauterkeit umkehrt, usw. …

– Armut? Sie ist ein großes Problem. Doch müssen wir wenigstens eine Regel anwenden. Nicht unter dem Gesetz des Reichtums leben, das die Rangordnung ist, nach der man die Welt aufbaut. Die Menschen nicht unter dem Gesichtspunkt dieses schrecklichen Gesetzes behandeln.

– Jesaja sagt von Jesus, der kommen soll: Ein Kind ist uns geboren, ein Sohn ist uns geschenkt. Die Herrschaft liegt auf seiner Schulter; und er wird heißen: 1) Wunderbarer Ratgeber – 2) Starker Gott – 3) Vater in Ewigkeit – 4) Fürst des Friedens. Und das ist nicht wenig! Wenn es stimmt, daß Jesus der Immanuel, der ›Gott mit uns‹ ist, dann stimmt es auch, daß *mit ihm alle Probleme eine Lösung finden.* Nach seiner Ankunft können wir nicht mehr sagen: ›Dagegen gibt es kein Mittel‹.

– Ist die Rettung mit Jesus unter uns leicht oder schwierig? Die Antwort kann man sich sparen. Sie ist leicht, leicht, leicht! Man muß es machen wie David: sich des unnützen *Pomps* begeben und zum Kern des Problems kommen. Dann wird alles einfach, und der Sieg wird leicht.

– Das Wort Immanuel, Gott mit uns, kann man in dreierlei Bedeutung verwenden: Gott sei mit dir = Segenswunsch – Gott ist mit dir = Gruß – Gott ist mit uns = Gebet, diese letzte Bedeutung ist das Gegenteil des Gebetes adventlicher Erwartung. Schließlich ist er da, und dann sagen wir: *Mane nobiscum, Domine*[107].

---

[106] *Carmen saeculare* (3. Strophe, Verse 9–12). Allerdings gibt Carlo hier die Verse wieder, die im »Hymnus an Rom« dem Gedicht des Horaz von Salvatori frei nachempfunden und von Giacomo Puccini (1919) vertont worden sind.
[107] Herr, bleib bei uns.

– Der Weg zum Besitz Gottes: Ausschluß der Todsünde – Ausschluß der läßlichen Sünde – Entsagung – Treue der Gnade gegenüber – Dunkelheit und Nacht – Gott nimmt die Seele in Besitz – Gott führt die Seele.

– Der Weg des Gebetes: Lippengebet – Meditation – Herzensgebet – Gebet der Stille, Gebet der Schlichtheit – Ekstase – Lebensbund« (D 3).

1950

Epiphanie

»Die geistige Verfassung zum Gewinnen des Jubiläumsablasses besteht darin, daß sie zusammenfassen kann, was ich mir heute für mein geistliches Leben wünsche: Ausschluß jeder vorsätzlichen Sünde – Abscheu vor jeder Unvollkommenheit.

Das soll mein Epiphanieversprechen sein: 1) bei der Weihe an Gott – 2) bei der Arbeit – 3) beim geregelten Leben. All das in der konstruktiven Atmosphäre der Buße. Gott hat mich Sünder geliebt; das ist es, was den heiligen Paulus umgeworfen hat und auch mich umwirft. Gestern habe ich mich von ihm in die Fremde abgesetzt, und er ist mir in seiner leidenschaftlichen Liebe nachgegangen. Gott, ich liebe dich, laß mich dein eigen sein! Herr, lehre mich beten, das ist im Augenblick mein Gebet. Wenn der Vater euch nicht zieht, könnt ihr nicht zu mir kommen, sagt Jesus« (D 3).

6. Februar

Carlo wird als Schulrat in den Ruhestand versetzt.

»[…] Im Namen des Ministeriums bringe ich mein lebhaftestes Bedauern darüber zum Ausdruck, daß die italienische Schule aus den Reihen ihrer Aktiven einen Pädagogen von der Gediegenheit und dem Herzensformat, die Ihnen, sehr geehrter Herr, eigen sind, verlieren soll. In jedem Augenblick Ihrer ehrenvollen Laufbahn, zumal in den für die Geschichte unsres Vaterlandes so traurigen Zeiten, sind Sie immer in höchstem Maße ein Vorbild an Treue zu Ihrer Sendung und ein Ansporn für mutige Scharen tüchtiger Lehrer gewesen. Der Kreis Condove in seiner unwirtlichen Bergwelt wird sich immer dankbar an Schulrat Carlo Carretto erinnern, der seiner standhaften und trefflichen Bevölkerung klug und geduldig mit Rat und Tat geholfen hat. Dem Dank des Ministeriums schließe ich den besonderen Dank unseres Oberschulamts und meinen persönlichen an. Luigi Pescetti, Leiter des Oberschulamts« (SM).

»Mein lieber Carretto,
laß mich, bitte, dem amtlichen Schreiben, das ich anläßlich Deiner Versetzung in den Ruhestand – und was für einen Ruhestand! Du stehst an der Spitze einer recht lebendigen und achtunggebietenden Aktion – an Dich gerichtet habe, noch ein Wort der persönlichen Freundschaft und tiefer, herzlicher Verehrung und Bewunderung anfügen. Seit ich die Freude hatte, Dich in La Spezia in einem noch chaotischen Jahr (1946) kennenzulernen und zu hören, habe ich Dein ununterbrochenes Wirken zum besten der italienischen Jugend mit voller und bewegter Zustimmung verfolgt. Heute darf man des Sieges gewiß sein, der ein Sieg Christi und der Freiheit ist« (ebd.).

9. – 12. Februar – Castel Gandolfo (Roma)

Erster gesellschaftskundlicher Schulungskurs für Teilnehmer aus ganz Italien.

18. März

»*Überlegungen.* Es gibt zwei voneinander deutlich unterschiedene Welten: die natürliche und die übernatürliche Welt, die beide von Gesetzen regiert werden.

Die Gesetze, die die natürliche Welt regieren, sind materieller Art (Schwerkraft, Undurchdringlichkeit, Trägheit usw.; die Jahreszeiten, die Fruchtbarkeit, Geburt und Tod; die Gesetze über das Steuerwesen, das Sparwesen, die Ausgaben, den Gewinn usw.)

Die Gesetze, die die übernatürliche Welt regieren, sind ganz anderer Art, wenn sie manchmal auch in den ersteren ihr Vorbild zu haben scheinen. Das Gegenteil ist aber der Fall, denn die Gesetze der Natur richten sich nach denen der Übernatur, da die primären die sekundären an Wahrheit und Würde übertreffen.

Die wahre Sonne ist Jesus, und die natürliche Sonne ist ein Abbild jener Sonne, so ist es auch das Wasser im Verhältnis zur Gnade, und so verhält sich die göttliche Tugend der Liebe zur menschlichen Liebe. Sehen wir einmal zu, ob wir etwas begreifen können. Und beginnen wir ruhig bei der natürlichen Welt, denn sie ist das Sichtbare, das sich nach dem Unsichtbaren richtet. In der natürlichen Welt ist das All eine Grundwirklichkeit. Das All besteht aus Körpern, die durch das Gesetz der Schwerkraft – die in direktem Verhältnis zur Masse und in umgekehrtem Verhältnis zur Entfernung steht – miteinander verbunden sind und um Mittelpunkte kreisen. In unserem Fall um die Sonne. Wenn wir nun zu unserem Planeten kommen, bemerken wir auf ihm die große natürliche Grundwirklichkeit: die Fruchtbarkeit, die Geburt, die Entwicklung und den Tod. Das ist das Gesetz des Lebens, das zweifellos das wichtigste ist, das wir kennen. Das Gesetz des Lebens führt uns seinerseits eine Reihe von sehr interessanten Gegebenheiten vor Augen: die Jahreszeiten, das Wirken des Wassers, das Wirken der Sonne, das Sterben des Samenkornes, das Aufgehen in der Umwelt, die Selbstaussaat, das Wachstum, die gegenseitige Abhängigkeit usw.

Diese sichtbaren Gesetzmäßigkeiten führen uns mehr oder weniger dazu, nach den unsichtbaren zu suchen, die die übernatürliche Welt regieren. Zum Beispiel den Kosmos der Seelen, die um Gott kreisen, der die Sonne ist. Das Gesetz der göttlichen Tugend der Liebe als Anziehungskraft, die in direktem Verhältnis zur inneren Größe des Christen steht. Am Leben kann man dann ganz leicht die Parallelen feststellen. Empfängnis, Geburt, die Eingliederung, die Fülle usw.

Die Gnade hat ihr Sinnbild im Wasser, das Wachsen in Christus das seine in den Jahreszeiten usw.

Ich halte mich jetzt nicht dabei auf, diese Beziehungen in allen Einzelheiten zu untersuchen, mögen sie auch noch so wunderbar und geheimnisvoll sein. Ich möchte hier nur den lebendigsten Gedanken festhalten, der mir heute morgen gekommen ist. Und der besagt: die Gesetze sind streng voneinander unterschieden. Wenn das Reifen des Getreides von der Sonne, vom Wasser, vom Boden, von der Umwelt usw. abhängt, so hängt das Reifen der Seele von Gott, von der Gnade, von göttlicher Liebe, von der Demut und von der Reinheit ab. Wenn das Christentum vom Geld, von der Bildung, von beruflicher Tüchtigkeit abhinge, unterläge es natürlichen Gesetzen, so aber unterliegt es den übernatürlichen.

Selbstverständlich muß es einen Zusammenhang geben, insofern er sich auf das zeitliche Leben auswirkt, aber das Lebensprinzip gehört der übernatürlichen Ordnung an. Entscheidend sind die Stärke der Gottesliebe, das Opfer, die Reinheit, der Glaube, nicht das Geld, die Macht und die Bildung. Zweifellos haben auch sie ihren Wert, weil sie ihren Platz im Plane Gottes haben, aber sie sind unfruchtbar ohne das Lebensprinzip, das einzig der Welt entstammt, die mit der Natur nichts zu tun hat.

– Heute abend muß ich nach der Arbeit zu dir kommen, Jesus. Du hast mich zum Rapport gerufen. Es ist Gründonnerstag und, wie du weißt, ein Termin, den du mir für die Rechenschaftsberichte über meine Arbeit gesetzt hast. Es ist schon einige Jahre her, daß ich in den Dienst deiner Werkstatt getreten bin, und je mehr Zeit vergeht, um so unzufriedener bin ich mit mir selbst, und um so größer wird der Abstand zwischen deiner Geschicklichkeit als Vorarbeiter und meiner Ungeschicklichkeit als Hilfsarbeiter, zwischen deiner strengen Forderung und meiner angeborenen Treulosigkeit, zwischen deinem geduldigen Warten und meinem unruhigen Krankenschlaf.

Eins muß ich gleich sagen, wenn ich noch nicht ganz an deiner Werkbank bin: es klappt nicht. Und du wirst mir sicher mit einem Kopfnicken beipflichten, denn es stimmt. Vor allem klappt es mit der Arbeit nicht; an erster Stelle klappt es nicht mit der Arbeit, die ich liegenlasse. Und das ist die meiste. Ich schaffe nicht ein Zehntel von dem, was ich tun müßte. Das ist mein Kapitalfehler, die Unterlassung, und auch der schlimmste.

Du hast die schreckliche Gewohnheit, nichts zu sagen, dich nicht zu beschweren; du erweckst bei mir immer den Eindruck, als läge dir nichts an mir, als suchtest du mich nicht, und ich nutze das aus, um mich hinter den großen Brettern da zu verstecken und zu schlafen, die Zeit zu vertrödeln oder zu träumen.

Dann kommen die peinlichen Situationen, denn du siehst doch alles, merkst alles, und ich begreife, daß ich dein Vertrauen verletze.

Aber es ist nicht nur die Arbeit, die ich nicht verrichtet habe, die mir als Sünde vor Augen steht, sondern auch die Arbeit, die ich getan habe.

Da liegt sie neben meiner Werkbank. Schau nur, was für ein Zeug! Jetzt, da sie fertig ist, sieht man, daß sie stümperhaft ist. Vorher nicht. Du hast mir die Pläne gegeben, aber ich habe mir nicht die Mühe gemacht, sie zu beachten.

Ich hatte meine eigenen Pläne und habe sie mit Leidenschaft ausgeführt, meiner Kräfte, meiner Kompetenz und meiner Intuition sicher. Schau nur, was für ein Zeug herausgekommen ist. Schau dir das Joch da an! Das wird keinen Käufer finden und hier in der Werkstatt herumliegen, bis du es ins Feuer wirfst. Schau dir den Tisch da an, wie unsolid und wacklig er ist; der Käufer wird nur darüber schimpfen und sagen, aus deiner Werkstatt käme Schund, während ich es bin, der den Schund hergestellt hat. Ich bin ein schlechter Arbeiter, Jesus, ich weiß es, ich gebe es zu.

Aber das Vertrackteste ist noch etwas anderes: ich achte dich nicht, ich liebe dich nicht, ich suche dich nicht.

Als ich in deinen Dienst trat, war ich in dich verliebt. Tief im Herzen hatte ich mir gesagt: ich werde nur tun, was er will; ich werde mich eifrig bemühen, seinen Lehren zu folgen, ich werde nur seine Pläne beherzigen. Ich war beeindruckt von dem Psalmwort *Sicut oculi ancillae in manibus dominae*[108], aber dann haben sich meine Augen nicht nur an deine Hände geheftet, eifrig bedacht, das Geheimnis deines Willens zu erfassen, sondern ich habe sie in der Werkstatt umherschweifen lassen auf Dinge und Menschen, die mit dir absolut nichts zu tun hatten.

Das ist noch am schlimmsten, Jesus, denn so habe ich kein inniges Einvernehmen mit dir gesucht. Es war kein Einvernehmen bei der Arbeit vorhanden, kein echtes Miteinander bei der Bewältigung gemeinsamer Aufgaben. Du hast eine Arbeit ausgeführt, und ich habe mir eine andere gesucht: wir sind jeder seinen eigenen Weg gegangen, und natürlich habe ich nichts Gutes fertiggebracht.

Das ist meine Schuld, ich weiß es. Du hast es mir auch mit so rücksichtsvollen Worten gesagt, um mich nicht zu beleidigen, und ich habe mich tief getroffen gefühlt.

Sieh, Jesus, diese Situation tut mir so leid. Zufrieden bin ich sicher nicht, und das will auch schon etwas heißen.

Aber das reicht nicht! Du willst etwas anderes. Jetzt fürchte ich mich sogar, dir etwas zu versprechen. Zu oft habe ich vergessen, was ich versprochen hatte. Ich weiß nicht einmal, was ich tun soll. Das Problem ist sehr verzwickt. Sicher ist die Sünde ein

---

[108] Wie die Augen der Magd auf die Hände ihrer Herrin.

Geheimnis! Sicher ist das Böse ein Geheimnis, die Abkehr von dir, die Willensschwäche, die Blindheit.

Es muß wohl so sein, sonst blieben gewisse Dinge unerklärlich! Und doch sprichst du vom wirklichen Wollen, sagst du in der Bibel, daß hier das eigentliche Problem liegt, und bringst das Problem auf den einfachsten Nenner. So nämlich: Steh auf und wandle. Geh und sündige nicht mehr – Deine Sünden sind dir vergeben. Offensichtlich sind wir schwer von Begriff, und es ist uns nicht gegeben, alles zu verstehen.

Weh uns, weh uns! Wie soll ich das heute abend nur schaffen beim *redde rationem*[109]? Jesus, tadle mich scharf, bleib nicht so stumm! Prügle mich, schau mich nicht an mit deinem so gütigen Antlitz. Drohe mir mit Entlassung, behalte meinen Lohn ein. Weh mir heute abend!« (D 3)

2. April – Rom

Ausschreibung des Wettbewerbs für Kunst und Kultur, veranstaltet von der GIAC anläßlich des Heiligen Jahres.
»*Quadraginta annos taeduit me*[110].

Jetzt reicht es aber! Die Wüste liegt hinter mir, und die Mauern von Jericho sind in Sicht« (ebd.).

9. April

»Ostern mit Pius XII. in Sankt Peter« (ebd.).

11. April

»Beichte bei Padre Pio[111] in San Giovanni Rotondo.
Ein unvergeßlicher Tag.
Besuch der Wallfahrtskirche des Erzengels Michael in Monte Sant'Angelo. Märchenhaft« (ebd.).

---

[109] Gib Rechenschaft.
[110] Vierzig Jahre war mir [dies Geschlecht] zuwider...
[111] *Francesco Forgione* (1887–1968), aus Kampanien, Kapuzinerpater (1910) mit dem Ordensnamen P. Pio da Pietralcina. 1916 nach S. Giovanni Rotondo (FG) entsandt, empfängt er (1918) die Wundmale Christi. Sein ganzes Leben hat er im

17. April

Brief an den Missionarbruder.

»Mein liebster Piero, heute morgen hat man mich zu Sr. Exzellenz, Monsignore Costantini[112] ins Büro gerufen, der mir unter dem Siegel der Verschwiegenheit mitgeteilt hat, daß Du zum Bischof von Thailand ernannt worden bist.

Du kannst Dir nicht vorstellen, wie ich mich gefreut habe; diese Nachricht hatte ich aus verschiedenen Gründen, die Du auch noch begreifen wirst, sehnlichst erwartet, und mir kamen Tränen der Rührung, während Monsignore Costantini mir die Nachricht bestätigte und mir von Dir erzählte.

Ich weiß nicht, ob Du derselben Meinung bist wie ich, glaube aber, daß Du es sein wirst, denn Bischof der Kirche Gottes zu werden ist etwas Riesengroßes; jetzt empfinde ich Dich doppelt und dreifach als Bruder und mir durch erhabenere Bande tief verbunden.

Als Ordensmann Bischof zu werden, heißt, die Ergebenheit und die Ganzhingabe, zu der das von den drei Gelübden besiegelte Opfer des eigenen Lebens verpflichtet, mit der Dimension der Katholizität zu verbinden, die allgemein ein bißchen eingeengt wird, weil man sich als einer kleinen Familie innerhalb der großen Familie der Kirche angehörig empfindet.

Siehst Du, lieber Bruder, mir sind die Salesianer lieb, die Dominikaner, die Jesuiten und alle anderen Ordensleute schließlich auch, aber die Bischöfe sind mir noch lieber, weil sie für mich die Kirche in Großbuchstaben und für den Bau der Einheit, auf die es ankommt, die Einheit des Leibes Christi, der Mittelpfeiler sind. Mir hat die Katholische Aktion sehr zu Herzen ge-

---

Gebet und im Beichtstuhl mit der Spendung des Sakraments der Versöhnung verbracht. Sein Seligsprechungsprozeß (1983) ist im Gange.

[112] *Celso Costantini* (1876–1958), aus Friaul stammend, Priester (1899), Pfarrer und Generalvikar der Diözese Concordia; Titularbischof von Geropolis (1921); Apostolischer Delegat in China (1922), wo er auf dem ersten chinesischen Nationalkonzil den Vorsitz führt. Sekretär der Kongregation für die Glaubensverbreitung (1935); zum Kardinal erhoben (1953); mit der Leitung der Cancelleria Apostolica betraut. Gründer und treibende Kraft der Gesellschaft »Amici dell'arte sacra« und Herausgeber der Zeitschrift »Arte Sacra«.

hende Lektionen über das Wesen der Kirche erteilt, und deshalb freue ich mich so über Deine Ernennung zum Bischof.

Vielleicht könntest Du angesichts des für Dich so unverhofften Geschehens auch Bedauern empfinden, zumal im Gedanken daran, was der Inspektor in einer Mission wie der von Thailand darstellt; doch ich bin sicher, daß die Weite Deines Geistes und Deines Herzens in Dir neue Vorstellungen und neue Kräfte für das heranreifen läßt, was Deine missionarische Aufgabe in der Kirche Gottes sein muß.

Ich bin sehr glücklich, lieber Pierino, und verspreche Dir schon jetzt, am Tag Deiner Weihe in Bangkok zu sein, doch immer unter der Voraussetzung, daß Du sie auf einen Termin legst, an dem ich kann, und Du nicht etwa in Rom geweiht werden möchtest.

Da kommt mir noch ein schöner Gedanke: Warum kommst Du nicht und läßt Dich am Fest Peter und Paul hier in Rom weihen? So würdest Du den festlichen Glanz zur Einweihung der Domus Pacis beitragen, und da ließe es sich wirklich gut sein.

Denk einmal darüber nach; die Reise stifte ich Dir.

Zu Hause wissen sie noch nichts, und auch die Freunde sind noch nicht eingeweiht, da ich noch an die Geheimhaltung gebunden bin; aber sicher wird es ein herrliches Fest für alle.

Ich sehe Deinen Eindrücken und den Vorkehrungen entgegen, die Du für die Weihe treffen möchtest; schick mir sodann auch eine Liste dessen, was Du brauchst – Gewand, Stab, Ring usw. –, so daß alles bestens gelingen kann.

Wenn Du über den Termin verfügen kannst, wäre der einzige Sonntag, von dem ich Dich abzusehen bitten würde, die Festfeier des heiligen Petrus, weil ich dann von der Einweihung der Domus Pacis in Anspruch genommen bin.

Liebe Exzellenz, bleib' froh und heilig im Herrn – so würde der heilige Paulus Dich heißen. Ich umarme Dich ganz herzlich« (C 19).

21. – 25. April – Castel Gandolfo

Quatriduum für Diözesanvorsitzende aus ganz Italien.

»Die Wirkung und die Haltung des *Quadraginta annos* hält an. Vielleicht liegt die Wüste tatsächlich hinter mir!

Ein paar Gedanken:

1. Die Sünde ist etwas Individualistisches. Den Willen Gottes zu verlassen, ist ein Aussteigen aus dem Gefüge der Gesellschaft. Es gibt also eine sündhafte Absonderung, eine Flucht aus der Wirklichkeit des Mystischen Leibes.

2. Damit die Eucharistie in uns ihr Wirken entfalten kann, muß sie eine angemessene Disposition vorfinden. Ob sie Frucht bringt, hängt zum großen Teil von unserer Bemühung ab, sie treu zu leben.

3. Die Gewöhnung an das betrachtende Gebet, die Sammlung und das Stillschweigen sind für die gottgeweihte Seele von grundlegender Bedeutung. Ich muß mich energisch und entschieden um sie bemühen« (D 3).

5. Mai

»Man muß auf der ganzen Linie Angst vor sich selbst haben. So entstehen Gebet und Wachsamkeit« (ebd.).

15. Mai

»Ich muß meinen Schritt beschleunigen und das nach Maßgabe seines Willens. Die zweite Bekehrung muß, wie ich spüre, das unverwechselbare Gepräge der ›Zusammenarbeit‹ tragen.

Die erste hat er mit seinem übermächtigen Handeln bewirkt. Ich habe gespürt, wie ich in einen unwiderstehlichen Strudel gezogen wurde. Das Boot segelte von selbst dahin: alles war Wind.

Diesmal nicht. Das Handeln Gottes erheischt von mir auch den einen oder anderen Ruderschlag. Vielleicht auch nur zum Schein, vielleicht ist es wieder genauso – wer kennt die geheimnisvollen Wege Gottes! –, doch von mir wird es so gefordert. Ich muß mehr *Willen* einsetzen.

Und marschieren wir sofort los, sofort, sofort, auf der Stelle, und beobachten wir die Marschleistung Tag für Tag, als sei es die Marschleistung eines *anderen*. Es ist merkwürdig, daß es uns leichter fällt, die *anderen* zu beobachten und zu beraten. Machen wir es doch so: stellen wir uns vor, wir beobachteten jemand *anders*. Wieviel gute Vorschläge haben wir doch immer für die anderen bereit.

Wir wollen diesem Carlo, dessen Seele bis in den letzten Winkel wie ein offenes Buch vor uns liegt, so manches sagen, was wir beide wissen. Wir wissen das alles: er wird sein Haupt senken, sich demütigen und sich schämen müssen. Wir werden ihm, z. B., sagen, daß er sein Herz völlig ausräumen und den vertrauten Umgang mit Jesus wieder spüren muß wie damals, daß er Buße tun und sich vor allem auf das Wort Jesu besinnen muß: *Qui vult venire post me, abneget semetipsum*[113].

Nur Mut, Carlo, mach dich auf. Gott hat Großes mit dir vor. Versteck dich nicht mehr nur im Hintergrund, hinter seiner Macht, seiner Erwartung. Nein, Er will jetzt deinen Willen. Hab› Geduld, aber es ist so. Er braucht ihn. Keine Sorge, für dich besteht doch, was deinen Willen angeht, nicht die Gefahr der Übertreibung; du bist träge, sehr träge. Von heute an auf, sofort, denk an die vier Treuversprechen: Weihe an das Apostolat, Arbeit, Regeln und Abtötungen« (ebd.).

17. Mai

»Es kam mir so vor, als hätte mir der Herr heute morgen gesagt: Tu meinen Willen, dann wirst du sehen.

Weitere Worte erübrigen sich« (ebd.).

18. Mai

»Im Menschenleben kann ein und dasselbe, dieselbe Tat, dieselbe Versuchung Leben oder Tod, Erlösung oder Verdammnis, Weg zum Himmel oder Weg zur Hölle sein.

Ein und derselbe Sumpf, dieselbe Blockierung, dieselbe Prüfung, dasselbe Elend, derselbe Tod können uns nach oben oder nach unten führen, können zum Unglück oder zur Größe gereichen, zur Ehrenkrone oder zum Mühlstein am Hals. Es kommt ganz darauf an, wie wir es hinnehmen.

Ich würde sagen, das ist der Prüfstein, mit dem Gott uns testet.

Wenn sie vor das ewige Gericht kommen, werden der Heilige und der Verdammte feststellen, daß in ihrem ererbten Leben kein Unterschied bestanden hat. Ich bin arm gewesen, wird der eine sagen – ich auch, wird der andere sagen. Ich bin versucht worden –

---

[113] Wer mir nachfolgen will, der verleugne sich selbst.

Ich auch. Ich hatte eine verderbte Natur. Ich auch. Ich habe in einer schrecklichen Stadt gelebt. Ich auch. Doch während der Verdammte darüber gestürzt ist, hat der Heilige dieselbe Psyche, dieselbe Blockierung genutzt, um sich zu heiligen.

Und im Licht eben dieser Gegebenheiten konnte der heilige Paulus sagen: ›Ich rühme mich meiner Schwachheit‹. Sie waren die Altäre, auf denen er seine Anbetung dargebracht hat. Wie tröstlich ist das doch alles.

– Mein Entschluß steht fest. Ich will mein Leben überwachen, will Tag für Tag höher steigen, die Finsternis hinter mir lassen, mir das Herz befreien und läutern. Dann kommt der Geist. Inzwischen beginnen wir schon einmal mit einer schönen Novene zum Heiligen Geist. Heute ist Christi Himmelfahrt« (ebd.).

22. Mai

»Heute morgen habe ich über den Sinn des Genesiswortes: ›Adam entdeckte, daß er nackt war‹, nachgedacht. Die Sünde führt zu einer Entdeckung. Es muß allerdings eine gefährliche Entdeckung sein, wenn sie ihren Ursprung im Bösen hat!

Zuerst entdeckt man, daß man nackt ist, dann entdeckt man, daß man nicht gut gekleidet ist, dann, daß etwas nicht besonders schön ist, dann, daß die andern reicher sind, dann, daß man eine unbehagliche Wohnung hat, und so wird das Herz Schritt für Schritt, von Entdeckung zu Entdeckung, völlig ruiniert; es ist voller Gier und wird von Unersättlichkeit verschlungen. Ergebnis: das heulende Elend. Als ich noch klein war, habe ich, wie ich noch weiß, nie darüber nachgedacht, wie es bei uns aussah. Ebendeshalb war unser Heim schön. Entdeckt hatte ich es nicht! Auch in Condove war ich glücklich; ich erinnere mich, daß die alten Bergbauern immer zufrieden waren, obgleich sie in Bruchbuden hausten. Es war ihr Glück, daß sie das Haus noch nicht entdeckt hatten! Entdecken ist scheußlich! Der Kommunismus ist eine einzige, große und mächtige Organisation, die entdeckt... Und deshalb macht er auch so viele Menschen unglücklich. Aber wer wagt das schon zu sagen?« (ebd.)

23. Mai

»»Sucht zuerst das Reich Gottes und seine Gerechtigkeit; dann wird euch alles andere dazugegeben«. So sind die Dinge in Ordnung. Hierin besteht die Vollkommenheit. Die Unordnung, die Sünde, sie stellen nur diese Norm auf den Kopf.

Von nun an will ich meine ganze Kraft dafür aufbieten, Ordnung in mein unordentliches Leben zu bringen. Gott helfe mir!«
(D 3)

21. Juni

Brief an seinen Bruder, den Missionsbischof.

»Mein liebster Bruder,
gestern habe ich Deinen langen Brief erhalten und beeile mich mit der Antwort, zumal wir uns schon an der Vigil des großen Tages befinden.

Vor allem möchte ich Deinem Herzen versichern, daß ich mich völlig mit Deinem Willen identifiziere.

Ich bin sehr einverstanden gewesen mit Deiner Entscheidung und nehme absolut nichts übel, ja, ich kann Dir sagen, daß ich heute begreife, daß es so kommen mußte, und daß dies Gottes Wille war; Tag für Tag sehe ich, daß meine Reise derzeit unmöglich gewesen wäre, und daß ich nicht in dem Maße ›etwas von Dir gehabt‹ hätte, wie ich es mir gewünscht hätte.

Ich verschiebe also die Reise auf eine andere Zeit, die wir noch miteinander ausmachen können, auch weil ich mit Dir während einer Deiner Europareisen eine Wallfahrt ins Heilige Land machen möchte.

Jetzt wollen wir uns der geistlichen Vorbereitung des großen Tages Deiner Bischofsweihe widmen und unser Sinnen und Trachten auf ein einziges Ziel richten, damit es ganz aufgeht in dem, was Gott plant und will.

An Deinem Namenstag bin ich, wie übrigens all Deine Lieben, bei Dir und schließe mich der Weihehandlung von hier aus betend und wachend an. Da es bei uns ja noch Nacht sein wird, glaube ich, daß ich die Nacht in Anbetung verbringen werde und mir die Stunde der Weihe ausrechne.

Bleib froh und munter; der Herr meint es sehr gut mit Dir und setzt fest auf Deine Zukunft. Ich begreife, daß das Bischofsamt eine erdrückende Last ist, aber ich begreife auch, daß niemand Gott näher ist als der Bischof, d. h. als jemand, der Jesu Wirken auf Erden unmittelbar weiterführt... Sicher beginnt Deine Missionsbischofstätigkeit unter einem guten Stern: der Papst hat dieser Tage eine Missionsenzyklika[114] erlassen, auf die man schon seit einiger Zeit gewartet hat; die heilige Kirche hat einen so außergewöhnlichen Menschen wie Pius X.[115] zur Ehre der Altäre erhoben; Du hast es also richtig getroffen.

Deinem Wirken fehlt es weder an Kraft noch an geistiger Ausrichtung.

Glaub mir, daß ich Deinem Herzen ganz nahe und in der Apostolatsarbeit mein Leben lang Dein Verbündeter bin« (C 19).

11. – 14. Juli – Rom

Quatriduum für Diözesanassistenten der GIAC aus ganz Italien.

29. Juli – 3. August – Rom

Quatriduum für Diözesandelegierte der Juniores aus ganz Italien.

15. – 16. August – Rom

Nationalkongreß der JOC (Christliche Arbeiterjugend).

20. August – Rom

Italienisch-deutsch-amerikanisches Jugendtreffen im Kolosseum.

9. – 10. September – Rom

Nationalkongreß der Gioventù Rurale (Landjugend).

---

[114] Pius XII., *Evangelii Praecones*.
[115] *Giuseppe Sarto* (1835–1914), aus Venetien, Priester (1858); Pfarrer und Träger verschiedener Ämter in der Diözese Treviso; Bischof von Mantua (1884); zum Kardinal und Patriarchen von Venedig erhoben (1893); unter dem Namen Pius X. Papst (1903). Von Pius XII. heiliggesprochen (1954).

29. September

»Den Monat Oktober muß ich in beständiger, treuer und beharrlicher geistlicher Vorbereitung auf den großen Tag des 1. November [Verkündigung des Dogmas der Aufnahme Mariens in die himmlische Herrlichkeit, Anm. d. Herausgebers] verbringen. Ich muß mich nach all meinen Kräften bemühen, damit dieser Tag zu einer ganz wesentlichen Station meines Lebens wird.

Und damit das gelingt, muß ich:

I – Viel beten, viel und gut: den ganzen Rosenkranz – das marianische Offizium – Stoßgebete – Hl. Messe und Kommunion – Besuch des Allerheiligsten.

II – Sammlung und Stillschweigen wahren.

Nach der hl. Messe eine Betrachtung halten und am Schreibtisch bleiben. Studieren und die Zeit nutzen.

III – Aufmerksam mein Leben überwachen: in der Weihe an das Apostolat – in der größten Gewissenhaftigkeit der Wahrheit gegenüber – in den täglichen Pflichten.

IV – Nächstenliebe praktizieren – in Gesprächen – im Urteilen – in den Emotionen.

V – Alles mit etwas Abtötung würzen. Jeden Tag. Es wird gut sein, mich diesen Monat ein paar Tage nach Camaldoli zurückzuziehen um zu beten und inständiger zu meditieren.

Maria, meine Zuversicht!« (D 3)

1. Oktober – Rom

Vorstandssitzung des Gesamtverbandes der GIAC.

8. Oktober

»Gott will, daß wir Maria lieben [...]. Die marianische Frömmigkeit ist im Katholizismus von fundamentaler Bedeutung, und es fehlt sicher nicht an Beweisgründen dafür. Mir gefällt der Gedanke, daß die Muttergottesverehrung dazu beiträgt, die Gefahr einer Entmenschlichung der Religion zu verringern. Die Muttergottes ist wirklich das Tor, das den Himmel mit der Erde, das Göttliche mit dem Menschlichen verbunden hat. Ihr ganzes Leben ist eine Meditation über diese Inkarnation des Unsichtbaren

137

im Sichtbaren, des Ungreifbaren im Greifbaren, der Allmacht in der Ohnmacht. Kurz: Maria stammt von dieser Erde und ist Mutter Gottes.

Sie läßt ihren Sohn in einem Stall auf die Welt kommen und hat die Engel, die sie besingen. Sie hat ob ihrer Armut kein Lamm, das sie im Tempel opfern könnte, und besitzt das Lamm ob ihres Reichtums schlechthin.

Sie muß fliehen wie ein schwaches Geschöpf, und die Götzenbilder Ägyptens bersten in Stücke bei ihrem Vorübergang. Sie wohnt in einer ärmlichen Hütte und sucht Brot für ihren Sohn und hat einen Sohn, der das Brot für die ganze Welt besorgt.

Es gibt wirklich keinen stärkeren Ansporn, in uns das christliche Leben zu einem Ganzen aufzubauen, wird doch gerade in ihm das Göttliche auf das Menschliche aufgepfropft, trifft doch in ihm die Gnade auf die Natur [...]«[116].

10. – 11. Oktober – Rom

Dritter Nationalkongreß der Gioventù Studentesca.

11. Dezember

»Das vorige Programm gilt noch bis Weihnachten. *Excita potentiam tuam et veni, Jesu!*«[117] (D 3)

18. – 19. Dezember

Konferenz zur Vorbereitung des Weltkongresses für das Laienapostolat.

---

[116] C. Carretto, »Ottobre mariano« in *Gioventù* 37–38 (1950), 1.
[117] Rüttle auf deine Macht, und komm, Jesus!

Neujahr

»Die Nacht zwischen dem alten und dem neuen Jahr ist verstrichen. In ihrem Dunkel ist das Licht gekommen.

Das Licht, auf das ich seit Jahren gewartet hatte, wenigstens glaube ich so. Es war die höchste Wonne, himmlisch. Ich bin glücklich. Ich fühle mich wiederhergestellt, neu. Ich habe recht gehabt, an die Gnade zu glauben – es mußte so sein – genau so – wie die vergangenen beiden Male. Gott verleugnet sich nie, und seine Verhaltensweise ändert sich nicht.

Jetzt mache ich mich auf den Weg, und ich *will* schnell marschieren. Ich habe so viele Jahre verloren, *vielleicht* die besten. Der einzige Aktivposten ist, daß ich gelitten habe, sehr gelitten habe.

Sich von Gott zu entfernen, ist eine langsam fortschreitende Anämie, ein langsamer Zerfall, mit einem Wort: ein Sterben. Und ich war im Zerfall begriffen.

Ich habe auch gebetet, viel gebetet, weil ich mich von früher an die Wonnen mit dem Bräutigam erinnerte – vergessen konnte ich sie nicht, und sie haben mich gezwungen, mich von neuem danach zu sehnen. Aber vor allem habe ich gelitten. Der Herr hat bei meinem Schreien so oft geschwiegen, weil er mich bis in die tiefste Tiefe führen wollte, wo wirklich Finsternis herrscht, wo es keine Hoffnung gibt, wo man stirbt.

Zu sagen, daß er mich geführt hat, während ich es doch war, der ich mit meinen Treulosigkeiten dorthin ging, klingt wie eine Gotteslästerung, aber ich weiß, was ich sagen will, wenn ich es auch nicht wiederholen kann, da es ein tiefes Geheimnis ist, wie wir frei dahingehen und dabei unter dem Willen Gottes stehen. Daß wir uns von ihm entfernen, ist ganz sicher unsere Schuld, aber er nutzt sie, um uns zu neuen Erkenntnissen zu verhelfen.

O felix culpa! So ist es immer. Aber wie abgrundtief ist seine Liebe! Sie wird nie müde, sie versagt nie, sie macht nie Schluß! Und doch kann man nicht sagen, sie scherze, und sie läßt einen das spüren, und wie! Ich habe das am eigenen Leib erfahren und verstehe, wie Gottes Liebe sogar Kriege auf die Menschheit loslassen kann.

Und immer ist es *seine Liebe*, die die Lage beruhigt, auch wenn sie noch so entsetzlich ist.

Jetzt breche ich auf, und ich will laufen.

Ich fasse keine Vorsätze wie früher: sie sind unnötig.

Ich weiß, was ich will, und wenn ich weiterhin *begreife*, seine Stimme *höre*, merke ich, daß mein Programm überflüssig ist. Er stellt mir ein Programm auf. Mein Teil besteht in der Demut, auf es zu hören und es zu befolgen.

Und es droht nur eine einzige Gefahr: die Hörfähigkeit zu verlieren.

Nimm Dich in acht, Carlo!

Oder die Sehfähigkeit zu verlieren.

Nimm Dich in acht, Carlo!

Denk immer an das Morgendämmern des Jahres 1951 – wie es Dir gefällt: *quadraginta annos proximus fuit* ...[118]

Das ist aber jetzt vorbei: und es beginnt eine neue Zeit« (D 3).

3. – 7. Januar – Castel Gandolfo

Quatriduum für die Delegierten der Seniores aus ganz Italien.

24. Januar – Rom – New York

»Es ist Abend, und ich bin auf dem Flug nach Amerika.

Ich habe Rom um 16 Uhr verlassen und mich über das Geschenk eines neuen Erlebnisses gefreut, das die Vorsehung mir gemacht hat« (RO).

Im Flugzeug der PAA – um 18³⁰ Uhr

»Auf dem Flug nach Paris. Der Himmel ist dunkel und die Atmosphäre turbulent. Nur unten im Westen sind noch ein paar rote Streifen vom Sonnenuntergang übriggeblieben. Ich habe Rom um 16 Uhr frohgestimmt verlassen. Auf der Flughafenterrasse winkten Enrico Dossi[119], Paolo Tardini[120] und viele andere mit den Armen.

---

[118] Vierzig Jahre ist er uns ganz nahe gewesen ...

[119] *Enrico Dossi* (1916), Lombarde, während des Krieges Leiter der Geheimdruckerei der GIAC in Costigliole d'Asti (1943–1945); Gründungsvorsitzender des Centro Turistico Giovanile (1950–1967); in Gubbio (PG) zum Priester geweiht (1974).

[120] *Paolo Tardini* (1925), aus der Emilia stammend, Dozent an der staatlichen

Auch Monsignore[121] war da, aber ich weiß nicht, ob er mit den Armen gewinkt hat. Doch mit seinem Herzen ist er immer bei mir und hat mir für jeden Morgen die Messe versprochen. Ich fühle mich zufrieden, aber etwas benommen. Es hängt von so vielem ab, daß man es nur schwer sagen kann. Ich muß wieder zu mir kommen, und das ist nicht leicht. Wer weiß, ob ich nicht im Straßengewühl der amerikanischen Metropolen wieder zu mir komme. Gottes Gnade kann alles.

Vor ein paar Tagen ist Don Pierino in den Fernen Osten aufgebrochen: ich hingegen reise in den Fernen Westen: das ist gut so, wenn wir auch dieselbe Hoffnung hegen. Aber abgeflogen sind wir beide von Rom aus, und Rom bedeutet nur etwas, weil dort der Stellvertreter des Ewigen seinen Sitz hat.

Doch während man in der Horizontalen reist – von Ost nach West –, brauchte man den Anschluß nach oben, in der Vertikalen. Und das ist es, was mir im Augenblick leider fehlt.

– Da sind wir in Paris: ein Lichtermeer unter dem Flugzeug, ein langweiliger, einstündiger Aufenthalt, dann wieder Abflug« (D 3).

Universität in Modena (1987–1990), nachdem er vorher wichtige Stellen bei einigen Bankinstituten der Emilia-Romagna und der Bank von Italien innegehabt hatte. Während seiner frühen Studienjahre an der Vatikanischen Bibliothek wird er von Pius XII zum Einsatz in den Comitati Civici berufen. 1949 wird er Generalsekretär der GIAC und in den fünfziger Jahren Generalsekretär des Bureau International de la Jeunesse Catholique, in dem er schon in leitender Stellung tätig gewesen war. Aus seiner Ehe mit Piera Andreis sind fünf Kinder hervorgegangen.
[121] *Federico Sargolini* (1891–1969), aus den Marche stammend, Priester (1913), wird nach Wahrnehmung verschiedener Aufgaben auf Diözesanebene als geistlicher Beirat in die Leitung der GIAC nach Rom berufen (1929) und sollte 26 Jahre lang wegen seiner Güte und Hilfsbereitschaft für die italienische Jugend »Mamma Sargolini« sein. Generalvikar seiner Heimatdiözese Camerino (MC) und Titularbischof von Lysias (1963).
»Nur wenige Menschen habe ich getroffen – sollte Carretto schreiben –, die schweigen können, die ein zufriedenes Gesicht machen können, wenn es in ihnen stürmt, die auf dem Höhepunkt der Schlacht gelassen sein können wie Monsignore Sargolini... Pionier der sozialen Frage, hat er vor nichts und niemand Angst gehabt: Neuerungen sind ihm ein inneres Fest, und Bigotterie läßt ihn die Nase rümpfen. Er hat ein Gespür dafür, was die Menschen taugen, und kommt pfeilgrade und ohne Umschweife zur Sache« (»Freschezza perenne« in *Gioventù*, 39 [1949], 1).

»Nie verlangt es mich so nach Gott wie über einer Großstadt. Es heißt, Paris sei eine lasterhafte Stadt. Doch von hier oben sehe ich nur Licht, und ich stelle mir gern unter diesen Lichtern Männer und Frauen vor, die gegen die Finsternis kämpfen und den Sieg des Guten, der Reinheit und der Liebe wollen.

Gott läßt sich nicht besiegen, und Christus ist nicht umsonst am Kreuz gestorben. Wie viele wandeln doch in seinen Spuren.

Nein, ich habe keine Angst vor der großen Stadt, der Kloake des Lasters. Ich stelle sie mir vor als einen Ort, an dem sich die Brüder dichter, zahlreicher drängen, wo es mehr Böses gibt, wo es aber vielleicht auch Gutes gibt. Wenn überhaupt etwas, empfinde ich Erbarmen und begreife, daß Gott, wenn er die Menschen liebt, eher dort anzutreffen ist, wo die Menschen zahlreicher sind. Wir von der Katholischen Aktion haben keine Angst vor der Stadt; vielleicht haben wir gerade in der Stadt Seelen von Helden reifen sehen« (RO).

»Ich habe schon gesagt, daß es die Verbindung in der Vertikalen ist, die mir, natürlich aus eigener Schuld, fehlt. Da helfe ich mir mit der Wiedergabe des Briefes, den Luigi mir geschrieben und gestern abend nach dem Essen übergeben hat mit der genauen Anweisung, ihn erst unterwegs zu lesen. Hier ist er:

›Während Du diesen Brief liest, bringen Dich die dröhnenden Motoren auf Deinem Kurs am Himmel immer weiter. Man spürt die Wirklichkeit des einzigen Gesprächs, das wichtig ist, des Gesprächs mit Gott, nie so sehr wie im Flug. Die Erde ist jetzt in weiter Ferne; ihre Werte schrumpfen; man begreift, daß alles nur eine ephemere Inszenierung ist; worauf es ankommt, ist der Gedanke im Geist des Autors, sein Plan mit jedem einzelnen, selbst wenn er unbegreiflich, selbst wenn er paradox ist. Wiege Dich daher auf den Tragflächen des Flugzeugs und übe Dich in dem Gefühl, daß Du im geistlichen Bereich von den Flügeln des göttlichen Willens getragen wirst. Wenn wir dann wirklich von der Erde abheben, spüre ich, daß es schön sein wird, auf den Willen Gottes geachtet zu haben, der wie ein Aufwind wirkt, statt auf den Willen der Welt, der Schwerkraft ist. Diese neuen Himmel und diese neuen Länder werden Dir noch lebhafter den Sinn unserer Relativität und das Bedürfnis unserer Einbettung in das Absolute vorführen.

Es ist ein gewaltiges Erlebnis, das der Herr Dir bietet. Vielleicht kommst Du Dir wie ein Missionar vor.

Eines Tages wird die Società Operaia tatsächlich ihre Missionare haben. Aber das müssen wir noch erst verdienen und den Rohstoff unser selbst veredeln.

Gute Reise, mein lieber Carlo, und bete für mich unter jedem Himmel! Dein Luigi‹« (D 3).

»Wir haben die irische Küste hinter uns gelassen und befinden uns jetzt über dem Ozean. So werden wir in diesem ›Stratoclipper‹, der ein Schiff zu sein scheint, die Nacht in 6000 m Höhe über dem Atlantik verbringen. Glaube ich.

Man spürt die Wirklichkeit des einzigen Gesprächs, das wichtig ist, des Gesprächs mit Gott, nie so sehr wir im Flug. Die Erde ist jetzt in weiter Ferne und ihre Werte schrumpfen ...« (RO)

25. Januar – New York

»Mit fünf Stunden Verspätung wegen schlechten Wetters sind wir auf dem Flughafen der gewaltigen amerikanischen Metropole von Bord gegangen.

Ich habe zum ersten Mal die Stadt durchquert. Wir Italiener haben keine Vergleichsmaßstäbe, die geeignet wären, ihre Größe auszudrücken. Sie ist wirklich ganz anders, eine andere Welt. Ich habe auch eine Menge Kirchen gesehen. Kleiner als die Wolkenkratzer, aber schöner. Als ich gegen Abend einen Gang durch die Stadt gemacht habe, haben die Lichter die Straßen überflutet. Ich hatte dasselbe Gefühl wie in Paris, nur viel stärker. Nicht einmal New York hat mir Angst gemacht« (ebd.).

5. Februar – New York – Chicago

»Ich sitze schon wieder im Flugzeug, um die Entfernung von Rom um weitere tausend Meilen zu vergrößern. Die ersten amerikanischen Tage sind sehr friedlich verlaufen. Villa Walsh ist als Basis wie geschaffen, die Begegnung mit der Welt der Technik abzufedern.

Wenn ich an die Hirsche und die Eichhörnchen im Wald denke, kommt es mir vor, als könne ich mich nicht in Amerika befinden, das in meinen Vorstellungen ganz aus Häusern und Straßen bestanden hatte.

Das ist einer der ersten Gegensätze, die ich in diesem Land empfinde: Wolkenkratzer und Wald.

Aber es gibt noch mehr, und darüber werde ich von Fall zu Fall etwas sagen. New York ist wahrhaft Stadt. Keine Stadt ist so sehr Stadt.

Wie schön und mächtig ist diese Stadt! Abends sehen die Wolkenkratzer aus wie funkelnde Diamanten, und bei Tag scheinen ihre Hände aus Stahl und Beton Gebet zu sein, ihre maschinelle Anbetung, die sie Gott erweisen.

Italien hat so viel alten Plunder im Kleiderschrank, Amerika hat nur sein modernes Gewand, ganz aus Eisen, Glas und Beton. Deshalb ist es auch ein einheitliches Land, ohne Tadel, ohne Nationaldenkmäler, ganz auf die Suche nach dem irdischen Paradies bedacht. Ich glaube, wenn diese Welt Gott entdeckt und seinen Weg einschlägt, wird sie sehr schnell schreiten, da sie nicht durch ihre Vergangenheit befangen ist; das gebe Gott.

Das Flugzeug sinkt jetzt. In Kürze wird es auf der Landebahn in Chicago aufsetzen. Da fällt mir der Schluß so vieler meiner Reden ein, ›die prall gestopfte Wurst‹. Ich habe die Uhr um eine Zeitzone verstellt, während das Flugzeug immer noch genau nach Westen fliegt« (D 3).

14. Februar – Des Moines

»Von Chicago aus mit Walter[122] Abstecher noch weiter nach Westen, Des Moines, Agrarzentrum. Begegnung mit Monsignore Ligutti[123] und dem amerikanischen Farmwesen.

[122] *Walter Persegati* (1920), Veneter, wird von Carlo als Generalsekretär der GIAC (1946) nach Rom berufen; Sekretär des Bureau International de la Jeunesse Catholique (1948); Leiter der Domus Pacis (1951–1954); tätig in der FAO und in der Kommission Justitia et Pax (1958–1970); Sekretär und Schatzmeister der Vatikanischen Museen (1971–1989).
[123] *Luigi G. Ligutti* (1895–1983), aus Friaul, Priester der Diözese Des Moines, Iowa, USA (1917). Lehrer für klassische Sprachen (1918–1920); Landpfarrer (1920–1941). Autorität für Fragen der Entwicklung bäuerlichen Lebens: Genossenschaften, Landreformen, internationale Zusammenarbeit usw. Ständiger Beobachter des Heiligen Stuhles bei der FAO (1948–1970); Mitglied der Päpstlichen Kommission Justitia et Pax; arbeitet für das Zweite Vatikanische Konzil als Peritus in den Kommissionen für das Laienapostolat, für Diözesanleitung und Schema 13. Gründer und Vorsitzender der »Agrimissio«, eines Dienstes zur Verfügung der Missionskongregationen für Entwicklungs- und Bildungsprojekte in den ländlichen Gebieten der Dritten Welt. Mehrmals mit akademischen Graden geehrt,

Ein interessantes Erlebnis zum immer besseren Kennenlernen dieses Landes, das wirklich auf rein natürlicher wie auf religiöser Ebene gegensätzliche Aspekte bietet.

Ich glaube, es ist nicht leicht, Amerika auf religiöser Ebene zu beurteilen. Im ersten Augenblick ist man geneigt, es als ein Land anzusehen, in dem man den Dollar als Gott anbetet. Dann entdeckt man, daß die Jagd auf den Dollar ihren Grund im Verlangen nach Aufstieg und Unabhängigkeit hat. Sicher ist, daß man hier arbeitet und das tüchtig, und ich leugne nicht, daß ich mir für die Italiener dieselbe Ausdauer gewünscht habe. Bischof Sheil[124] hat mir eine sehr gute Definition der amerikanischen Geisteshaltung gegeben: ehrgeizig. Oft arbeiten die Amerikaner aus einem gewissen Ehrgeiz, der hier in der Atmosphäre, in der Luft liegt. Auf religiöser Ebene ist die *Selbstzufriedenheit* die gefährlichste Sünde. Und das scheint mir zu stimmen« (ebd.).

15. Februar – Chicago

»Ich sitze im Flugzeug nach New York. Mein Gruß gilt dieser amerikanischen Stadt, die so liebenswürdig mit mir umgegangen ist.

Eben habe ich mich von Bischof Sheil, Morelli, Father Donanzan und noch vielen anderen sehr lieben Freunden[125] verabschiedet. Welche eine Fülle von Erlebnissen hat Chicago mir geschenkt! Boxkämpfe, Radio, Neger, social service, Fliegerschule, Schlittschuhlaufen, Vorträge und hundert andere Dinge. Jetzt habe ich den Heimweg angetreten. Aus Rom nichts Neues. Ich habe Paolos, Lilianas und Papas Stimme gehört. Gott sei gelobt.

Religiös ist das eine sehr schwierige Zeit gewesen; es scheint unmöglich zu sein, daß wir uns am Kragen nehmen und mit uns so verfahren, wie es uns anscheinend bei den anderen so leicht fällt.

erhält er den Friedenspreis (1961) der Amerikanisch-Katholischen Gesellschaft für den internationalen Frieden.

[124] *Bernard James Sheil* (1886), Amerikaner, Priester (1910) und Titularbischof von Pege (1928), Weihbischof des Kardinals von Chicago.

[125] Es ist uns trotz unserer Nachforschungen nicht immer gelungen, restlos alle Persönlichkeiten, die Carlo aufführt, zu identifizieren.

Das klare Ja kommt nicht, es kommt vielmehr die Rebellion. Wie wahr ist doch die Bibel! Wie wirklich ist doch der innere Kampf. Domine, compelle voluntatem meam etiam rebellem![126] Das schlimme Ja ist, daß es in meinem Spiel um ein Linsengericht geht! Armer Mensch! Weh mir! Gott, Gott, Gott, hilf mir. Du weißt Bescheid! Du erinnerst dich!

Auch ich erinnere mich an deinen Ruf – an deinen Brautbund – dein inniges Einvernehmen – an die Arbeit für dich allein, ganz für dich. Warum diese Finsternis? Warum diese Gefühlskälte? Nur deine Gnade kann mich retten. Nur deine Macht kann mich heilen! Ich will sie, auch wenn ich sie nicht will; ich liebe sie, auch wenn sie mich ängstigt. Gott, dein bin ich und dein will ich sein bis an mein Ende. Mach, daß ich sehe, mach, daß ich genese, mach, daß ich liebe, mach, daß ich immer, immer, immer mit dir aufbaue!

Ich höre deine Stimme: Wenn ihr nicht Buße tut und euch nicht bekehrt, werdet ihr sterben. Es ist wirklich so, wirklich – ich will es, o Herr. Nie sehe ich so klar wie jetzt, sehe ich die Unmöglichkeit, ohne dich ein Apostolat auszuüben, ohne Selbstlosigkeit, ohne Reinheit der Absicht ... und doch! Und nie sehe ich so wie jetzt die große Chance zum Guten, die Schönheit unserer Berufung, die Mühelosigkeit des Sieges, die unermeßliche Fruchtbarkeit des Opfers.

Und jetzt, warum noch zögern? Warum soll ich mich noch aufhalten? Maria, meine Mutter, hilf mir: du kannst es doch, zögere nicht, mir entgegenzukommen!« (ebd.)

25. – 28. Februar – Castel Gandolfo

Zweiter Gesellschaftskunde-Kurs für Seniores

6. März

»Ich bin von der Audienz beim Heiligen Vater zurück. Es war eine lange Audienz von fünfundvierzig Minuten, in der ich die ganze Liebe sehen konnte, die der Heilige Vater der Gioventù ... und auch mir entgegenbringt« (RO).

---

[126] Herr, zwinge meinen Willen, auch wenn er sich widersetzt.

146

17. – 19. März – Castel Gandolfo

Vorstandssitzung des Gesamtverbandes der GIAC in der Villa der Propaganda Fide.

25. März – Ostern

Exerzitien im Getsemani von Casale Corte Cerro [127].

»Ich bin hier heraufgekommen zum ersten Getsemani der Società Operaia. Der Herr weiß, in welchem Zustand! Und doch spüre ich, daß ich ein neues Leben beginnen muß. Im Ohr klingt mir der Ruf des Herrn.

Quadraginta annos. Und so ist es auch, weil ich in diesen Tagen einundvierzig Jahre alt werde und... spüre, daß es reicht. Ich muß mich rüsten für den Einzug in das Land der Verheißung, d. h. in die Wahrheit, in ein wirkliches Christenleben, in die Liebe, in das Opfer, in dies alles zugleich. Don Arturo spricht über die Kontemplation und Luigi gibt einen Überblick über die Geschichte der Spiritualität. Ich würde sagen, für meine Verfassung hätte es keinen geeigneteren Kurs geben können. Hoffen wir. Der erste Vortrag, der die Leitgedanken des Kurses enthielt, war ein Kommentar zur Passion. Wieso ist Gott von mir verurteilt worden? Aus Haß? Sicher nicht. Aus Leichtfertigkeit. Ein Verfahren, das nicht ernst gemeint, sondern nur ein Scherz war.

Es herrscht die Unaufrichtigkeit, und gerade die Unaufrichtigkeit ist es, in der ich Jesus verurteile. Ich nehme Jesus nicht ernst, und damit ist in wenigen Worten alles über meine Sündhaftigkeit gesagt.

Weihe an das Apostolat? Wahrheit? Ehrlichkeit? Arbeit? Nächstenliebe? Wie mache ich mich darüber lustig! Und warum? Es fehlt die Kontemplation, d. h. das tiefe und liebende Erkennen Gottes und seines Wirkens.

Ganz mein Fall, und diesmal muß ich mich zwingen, sie zu erreichen und sie mir anzueignen, diese Kontemplation, die ich

---

[127] Exerzitienhaus in der Provinz Novara auf dem Landrücken zwischen dem Lago Maggiore und dem Lago d'Orta. Auf Initiative von Prof. Gedda von dem Architekten Avetta und anderen erlauchten Künstlern gebaut, ist es auch ein Wallfahrtsort zur Verehrung der Todesangst Jesu, die in einer ausdrucksvollen Skulptur in der Krypta der Kirche dargestellt ist.

wie das Buch der Weisheit[128] ›Zeptern und Thronen vorzog, Reichtum achtete ich für nichts im Vergleich mit ihr. Keinen Edelstein stellte ich ihr gleich; denn alles Gold erscheint neben ihr wie ein wenig Sand. Ich liebte sie mehr als Gesundheit und Schönheit und zog ihren Besitz dem Lichte vor; denn niemals erlischt der Glanz, der von ihr ausstrahlt. Zugleich mit ihr kam alles Gute zu mir, unzählbare Reichtümer waren in ihren Händen‹.

Darum werde ich den Herrn inständig und gläubig bitten.

– *Überlegung: Betlehem begreifen* (Entäußerung) – *Das Kreuz begreifen* (leiden) – *Die Eucharistie begreifen* (sich verzehren lassen). Maria? Sie ist *die weibliche Gestalt des Erlösers*. So wie die Augen ohne Licht, kann der Mystische Leib nicht ohne Leiden leben. Der verklärte Leib Jesu leidet nicht mehr. Jetzt sind wir an der Reihe.

Welch ein Glück, daß es unser Los ist und nicht mehr das seine; Apostolat und Leiden.

Dann wird das Leben des Apostels priesterlich, denn es nimmt den Charakter einer Opfergabe an.

Hoc sentite et in Christo Jesu![129]

Ich muß mein Herz läutern – Gott ist eifersüchtig.

Warum hat der Herr die Jungfräulichkeit vorgezogen? Etwa weil er in der Ehe keine Heiligkeit gesehen hat? Etwa um sich der Belastung durch Kinder zu entziehen? *Etwa um mehr als nur eine einzige Frau zu lieben?*

Nein. Die Jungfräulichkeit ist die konsequente Verwirklichung der Zurückgezogenheit des Herzens. *Ich muß einfach sein.* Was ist Einfachheit? Sie ist keine Zweideutigkeit. Weg mit der Lüge – weg mit der Unehrlichkeit – weg mit der Heuchelei. Einst wart ihr Finsternis, jetzt sei ihr Licht, wandelt also im Licht.

Wer ein wahres Wort spricht, hat Anteil an Gott, der die Wahrheit ist« (D 3).

---

[128] 7,8–11.
[129] Seid so gesinnt, wie es dem Leben in Christus Jesus entspricht (Phil 2,5).

26. März – Ostermontag

»Heute morgen habe ich beim ersten Vortrag deutlich das Wirken Gottes gespürt. Es war ganz sanfter, umgestaltender Art. Wie wurde mir da alles klar! Ich brauchte nicht zu überlegen. Es war wie eine Verliebtheit. Gebe Gott, daß das der Anfang eines wirklich neuen Lebens ist.

Überlegung. Der Glaube ist eine Nacht. Wieviel sieht man in einer Nacht! Und wie sieht man ferne Welten, während man am hellen Tag nur den Nahbereich wahrnimmt.

Läuterung des Willens: Kampf gegen die Passivität. Wer seinen Willen läutern will, darf ihn nicht für Belange einsetzen, die das Ich angehen. Der Wille verschwendet keine Mühe darauf, sich um das Ich zu kümmern. Er muß ihn vielmehr für Tugenden einsetzen, die sich auf andere beziehen, wie: *Gerechtigkeit – Nächstenliebe – Religion – Gehorsam – Wahrhaftigkeit.*

Mit den Jahren müßte man dann an *Selbstlosigkeit* zunehmen, um der Jugend ein Beispiel zu geben. Der Opfergeist muß zur Haltung werden, denn nur so können wir dem Meister ähnlich sein und dem Ziel genügen, und… das Ziel heißt Opfer.

Rhythmus:
Er ist der, der ist, ich bin der, der nicht ist.
Er ist ewig, ich bin der Tod.
Er ist der, der weiß, ich bin der, der nicht weiß.
Er ist die Weisheit, ich bin die Unwissenheit.
Er ist der, der kann, ich bin der, der nicht kann.
Er ist die Kraft, ich bin die Schwäche.
Er ist der, der will, ich bin der, der nicht will.
Er ist die Festigkeit, ich bin das Schwanken.
Er ist der, der handelt, ich bin der, der nicht handelt.
Er ist das Schaffen, ich bin die Trägheit.

Ostern – Exerzitien – Getsemani von Casale Corte Cerro

»Et incarnatus est de Spiritu Sancto ex Maria Virgine. – Tuus sum – Gewöhnlich heißt es… - Non mea voluntas[130] – Die Wahrheit wird euch befreien.

[130] Hat Fleisch angenommen durch den Heiligen Geist von der Jungfrau Maria – Dein bin ich – […] – Nicht mein Wille.

Wer meine Gebote hat und sie hält, der ist es, der mich liebt; wer mich aber liebt, wird von meinem Vater geliebt werden, und auch ich werde ihn lieben und mich ihm offenbaren.

Ja, Jesus, ich werde deinen Willen tun, damit du dich mir offenbaren kannst« (ebd.).

[Der Text trägt den Stempel Don Arturo Paolis, Anm. d. Hrsg.]

13. April

»Wir müssen die Kunst studieren, den Augenblick zu deuten« (RO).

30. April – 3. Mai – Castel Gandolfo

Quatriduum für Diözesanvorsitzende aus ganz Italien.

3. Mai – Rom

Eröffnung des Soldatenheimes.

2. Juni – Rom

»Vor zwanzig Jahren haben die Faschisten in eben diesen Tagen die Einrichtungen der GIAC geschlossen.

Nach einem Lügenfeldzug, in dem man die Jugendlichen als staatsgefährdend anschwärzte, hat die Polizei die Türen unserer harmlosen Vereinshäuser versiegelt, die Organisation aufgelöst, und die Leiter bespitzelt, während die Witzblätter sich darin gefielen, Spott und Hohn über die Bildungsveranstaltungen, den Stil und die Kundgebungen unserer Jugend auszugießen.

Der Papst hatte in jenen Tagen den Mut, zu sagen, selten habe er einen so bitteren Schmerz empfunden wie den, den er vor so viel Unverschämtheit und Lügenhaftigkeit der Faschisten empfände, und er ergriff sein strenges und scharfes Wort – damals das einzige – gegen die anmaßende Staatsgewalt, die sich berechtigt fühlte, die heiligsten Rechte freier Bürger mit Füßen zu treten.

Wieviel haben wir in jenen Tagen mitgemacht!

[...] Die jungen Gruppenleiter, die der Unpopularität die Stirn geboten hatten, um unter der männlichen Jugend in der Überzeugung weiterzuwirken, daß nur heroisch gelebtes Christentum der Oberflächlichkeit der Stunde widerstehen könnte, wurden Schikanen aller Art ausgesetzt und in den Karteien der Geheimpolizei geführt.

Ich erinnere mich noch eines Ausspruches meines damaligen Oberschulamtsleiters, der sich angeblich Sorge um meine Zukunft machte: ›Carretto, wenn Sie Karriere machen wollen, schlagen Sie sich die Katholische Aktion aus dem Kopf und lassen Sie die Finger von Jugendorganisationen außerhalb der GIL [Gioventù Italiana del Littorio[131], Anm. d. Hsg.], die Jugend muß dem Staat gehören und niemand anders‹.

Dieser Ausspruch würde schon genügen, um all die Irrtümer aufzuzählen, auf denen das faschistische Gedankengut beruhte; und logischerweise konnte es nicht anders sein.

Das waren die Früchte einer ganz bestimmten Ideologie: der der Staatsvergötzung, die dabei war, Europa zu vergiften, und in Deutschland mit dem Nationalsozialismus den Höhepunkt ihrer Entwicklung erreicht hat.

Der Staat ist alles, und nichts darf sich dem Staat entziehen, der Staat hat den Auftrag, alle Massengüter zu speichern: das Getreide, die Gedanken, die Kinder, und Zwang und Polizei sind die Mittel, die diejenigen auf Vordermann bringen, die die Vermassung ablehnen.

Im Grunde ist das auch der Irrtum des Marxismus, der sein Vetter ersten Grades ist.

Linksextremismus und Rechtsextremismus sind zwei Triebe aus ein und derselben giftigen Wurzel, ein wahres Krebsgeschwür unserer Generationen [...].«[132]

Quatriduum für Diözesanassistenten der GIAC aus ganz Italien.

29. Juni – Rom

Einweihung der Domus Pacis.

»An die Domus Pacis... Als gastliche Stätte für die Mitglieder der katholischen Jugendverbände aller Länder, ihre Tagungen, Studienwochen und Einkehrtage gedacht, ist dieses Haus zugleich Sinnbild und Beispiel

---

[131] Faschistische Staatsjugend.
[132] C. CARRETTO, «Una data da ricordare» in *Gioventù*, 23 (1951), 1.

für die vollkommene Herzenseintracht, die der göttliche Meister die große Familie derer, die an ihn glauben, gelehrt hat, und die die leidgeprüfte Menschheit in ihren Träumen immer noch vergebens durch das wirre Geflecht von Egoismen, Haß, Eifersucht und Gewalt anstrebt.«[133]

Monsignore Pietro Carretto wird in Bang Nok Khuak, Thailand, zum Bischof geweiht; 1965 sollte er in die Diözese Ratburi und 1969 nach Surat Thani versetzt werden.

1. – 5. Juli – Rom

In der Domus Pacis Quatriduum für Diözesandelegierte der Juniores aus ganz Italien.

27. – 31. Juli – Rom

Tagung der Aspiranten-Delegierten aller italienischen Diözesen.

15. August – Mariä Himmelfahrt – Casale Corte Cerro (NO)

»Den Osterexerzitien habe ich kaum etwas anzufügen. Ich möchte nur nachtragen: jeden Tag andächtig das ›Veni, Sancte Spiritus‹ und das ›Stabat Mater‹ sprechen. Ersteres, um die Gabe des Heiligen Geistes zu erbitten, letzteres, um von der Muttergottes ›Schmerz‹ für meine Sünden und die der Welt zu erbitten.

In meinem Tagesprogramm muß ich treu folgende Punkte beachten: eine halbe Stunde Betrachtung – wenigstens eine halbe Stunde Studium – Besuch des Allerheiligsten – im Büro: muß ich mich sorgfältiger der Arbeit, der Post und den Gesprächen widmen. Mich in jeder Hinsicht der Società Operaia annehmen, die Neugier bekämpfen« (D 3).

21. – 24. August – Madonna di Campiglio (TN)

Zusammenkunft der Gesamtleitung der GIAC zur Vorbereitung der Vorstandssitzung des Gesamtverbandes. Einer der Diskussionsbeiträge Carlos:

---

[133] *Pius XII*, Rundfunkbotschaft, abgedruckt in *Gioventù*, 28 (1951), 27 f.

»Einer der Gründe für die derzeitige Spiritualisierung liegt in der Verlegung des Gottesreiches an einen Ort außerhalb der Welt. Wir haben uns zusammengeschlossen, um uns gegen die alte Methode zu wehren, die leider in den rückständigsten Pfarreien noch in Kraft ist...

Wir haben von der mißlichen Lage des jungen Priesters gehört, der es nicht schafft, Kontakt mit der Bevölkerung aufzunehmen, während jeder beliebige Klempner es schafft und sie ihm wegschnappt...

Das Bemühen um die Wiederverleiblichung des Christentums war ja der eigentliche Grund unserer Mitgliedschaft in der Katholischen Aktion.

Wir arbeiten für eine neue Begegnung zwischen der Hierarchie und den Laien, wie es sie vor dem Konzil von Trient gegeben hat...

Die Kirche ist die Gesellschaft der Gläubigen. Wir stellen die Autorität nicht in Frage, aber es ist sicher, daß mit zunehmender Reife der Welt auch die Christen reifer werden. Mitunter bedienen wir uns in der Kirche einer militaristischen Methode; wenn man der Basis kein Gehör schenkt, kann man die Entwicklung des Mystischen Christus nicht deuten...

Der Vatikan hat angesichts des Erstarkens der Rechten noch keinen entschiedenen Standpunkt bezogen und empfiehlt, nach Bündnissen zu suchen...« (RO)

30. September – Livorno

Interregionale Tagung der GIAC.

»Heute verkündet die Jugend hier aus Livorno: wir werden Bündnispartner sein und bereit, mitzumachen, zu helfen und jeden zu unterstützen, der sich in Italien um eine christliche Lösung der Probleme der Gerechtigkeit und der Freiheit bemüht, aber wir werden immer kämpfen, um die Demokratie vor der Knechtschaft des Totalitarismus zu bewahren, welcher Farbe er auch sei.

Aber wir verlangen im Namen der Jugend, der Jugend insgesamt, mehr Entschlossenheit, mehr Mut und mehr Gerechtigkeit. Sicher hat man unter Einsatz aller Kräfte schon viel erreicht.

Wir fordern, daß man fester Tritt faßt, ohne Unsicherheit und ohne Angst. Der Weg ist noch weit; sicher wird es Anschläge aus dem Hinterhalt, Abweichungen und Gefahren geben, aber wenn wir an Gott, an die Freiheit seiner Kinder und an unsere gemeinsame Bestimmung glauben, ist ein Fehlschlag einfach unmöglich. Und gerade das ist es, meine lieben Brüder, was ich Euch zur Begründung der Siegesgewißheit in dem Kampf zurufen wollte, den wir aufgenommen haben.

Wir glauben an Gott; das ist unsere Stärke, auf der unsere Gewißheit beruht. In einer Welt, die dabei ist, sich in Obszönitäten und den ausweglosen Windungen des Atheismus zu verlieren, soll die GIAC die Fackel ihres Glaubens an Gott mit lodernder Flamme hochhalten, Mario Fani mit festem Blick in die klaren Augen schauen und die Jugend von heute das wunderbare Abenteuer des Glaubens lehren.

Im Dunkel der Nacht, auf hoher See oder im Gebirge wird der Jungmann unserer Tage das Gespür dafür erwerben, daß er nicht allein ist, und wenn er seinen Schrei zum Himmel richtet: Gott, mein Gott, wird er die Antwort auf den Schrei vernehmen, den er in der Bedrängnis ausgestoßen hat, den irritierenden und sterilen Monolog des glaubenslosen Menschen verlassen und den Dialog mit Gott erlernen, wird er beten lernen [...]«[134]

3.–6. Oktober

In der Domus Pacis, Rom, zweite Generalratsversammlung des Bureau International de la Jeunesse Catholique, das sich zur »Fédération Internationale de la Jeunesse Catholique« wandelt; seine Statuten sollten allerdings erst 1957 approbiert werden.

7.–14. Oktober – Rom

Weltkongreß für das Laienapostolat.

4. November – Rom

Landeswettbewerb für religiöse Bildung und Kirchenlied.

---

[134] C. Carretto, »I giovani lotteranno« in *Gioventù*, 38–39 (1951), 4f.

10. November – Rom

Die geistliche Familie Charles de Foucaulds[135], *vertreten durch die Kleinen Schwestern Jesu*[136], *faßt Fuß in Rom mit der Gründung einer Arbeiterfraternität im Quartiere Prenestino.*

[135] *Charles de Foucauld* wurde am 15. September 1858 als Sohn einer reichen Adelsfamilie in Straßburg geboren. Sehr früh verwaist, wurde er mit seiner Schwester Marie vom Großvater väterlicherseits erzogen. Er schlug die Offizierslaufbahn ein und zog dem Studium ein angenehmes und lockeres Leben vor. Aber schließlich gewannen Stolz und Abenteuerlust die Oberhand und machten aus ihm einen vorbildlichen Soldaten.

Eine gefahrvolle »Marokko-Expedition« trug ihm eine Auszeichnung seitens der Société de Géographie ein. Eine innere Krise, die sich in der moslemischen Umgebung angebahnt hatte und von seiner Cousine Marie de Bondy klug und behutsam begleitet worden war, führte ihn in den Beichtstuhl Abbé Henri Huvelins (1838–1910) in der Kirche St-Augustin in Paris. Nach einer Wallfahrt ins Heilige Land (1889) trat er bei den Trappisten ein (1890–1896) und wurde in ein armes Priorat nach Syrien entsandt, trat aber (1897) ganz aus, um bei den Klarissen in Nazaret ein Leben in der Nachfolge seines »vielgeliebten Bruders und Herrn Jesus« zu führen. 1901 zum Priester geweiht, begann er in Algerien seinen Zug durch die Sahara mit Stationen zunächst in Béni-Abbès und dann in Tamanrasset. Im Morgengrauen des 1. Dezember 1916 wurde er umgebracht. Französischer Vicomte, war er, nachdem er sich ins Elend gestürzt hatte, wie die Wüstenväter des Altertums auf Gottsuche gegangen und zugleich in Liebe zu den durch Christi Blut erlösten Menschen entbrannt und dann der Kontemplative und der Prototyp des »evangelischen« Missionars des 20. Jahrhunderts geworden.

Vgl. J.-F. Six, *Das Leben von Charles de Foucauld*, Freiburg i.Br. 1966; K. Klein, *Tanz in das Abenteuer der Wüste. Das Leben des Charles de Foucauld*. Mit einem Vorwort von Carlo Carretto, Freiburg i. Br. 1981.

[136] Schwesternkongregation päpstlichen Rechtes, 1939 von der Kleinen Schwester *Maddeleine Hutin* (1898–1989) aus Paris gegründet. Die Kleinen Schwestern, heute etwa 1350, sind mit ungefähr 270 Fraternitäten über 58 Länder in allen fünf Erdteilen verbreitet, vgl. dazu: A. Daiker, *Kontemplativ mitten in der Welt. Die Klein Schwestern Jesu*, Freiburg i. Br. 1992.

1952

Januar

Errichtung des Comitato Permanente dei Congressi Internazionali per l'Apostolato dei Laici – ständiger Ausschuß für die internationalen Tagungen für das Laienapostolat – und Ernennung des Anwalts Vittorino Veronese [137] zu seinem Sekretär.

Luigi Gedda übernimmt den Vorsitz des Gesamtverbandes der Azione Cattolica Italiana.

18. – 21. März

In der Domus Pacis zweiter gesellschaftskundlicher Auffrischungskurs für Diözesanassistenten der GIAC.

23. März

In der Domus Pacis dritter landesweiter Gesellschaftskunde-Kurs der GIAC.

30. März

»Es gibt eine Versuchung, die den von Eifer erfüllten Menschen zu allen Zeiten überkommt, und das ist die Versuchung zur Gewalt, d.h. die Versuchung, zum Ziel gelangen zu wollen, und dabei nicht den Weg der Geduld und der Überzeugung einzuschlagen, sondern den Weg des Zwanges und der Gewalt.

Wie leicht hört man aus dem Mund junger Leute: ›Wenn ich da wäre, würdet Ihr sehen! Wenn ich zu sagen hätte, würde ich die Kommunisten in die Verbannung schicken, ihre Anführer verhaften, und dann wäre von ihnen nicht mehr die Rede.‹

---

[137] *Vittorino Veronese* (1910–1986), Veneter, Anwalt, war in verschiedenen leitenden Funktionen auf nationaler und internationaler Ebene tätig: Vorstandsvorsitzender des Banco di Roma, Beisitzer im Verfassungsgericht, Generaldirektor der UNESCO usw. Von 1939 bis 1976 hat er im kirchlichen Bereich verschiedene Aufgaben wahrgenommen, darunter die des Vorsitzenden des Verlags »Studium« und Herausgebers der gleichnamigen Zeitschrift, des Gesamtvorsitzenden der italienischen Katholischen Aktion, eines Beobachters beim Zweiten Vatikanischen Konzil, eines Mitglieds der päpstlichen Kommission »Iustitia et Pax«, eines Konsistorial-Anwalts usw. Aus seiner Ehe mit Maria Petrarca sind sieben Kinder hervorgegangen.

Auch sie sind der Versuchung zur Gewalt erlegen und haben somit nicht den Geist Jesu.

Der Faschismus ist, so könnten wir sagen, ganz genau so vorgegangen, und was hat er erreicht? Daß man den Kommunismus noch schlimmer wieder aufblühen sah als zuvor.

Gewalt schafft Gewalt, Kerker schafft Kerker, und es ist Jesus, der uns im Augenblick seiner Prüfung mit seinem Wort an Petrus darauf hinweist: ›Steck dein Schwert in die Scheide; denn alle, die zum Schwert greifen, werden durch das Schwert umkommen‹.

Wenn wir als freie Menschen den Kommunisten den Einsatz von Gewalt nicht gestatten, müssen wir konsequent sein: wir dürfen ihn auch uns selber nicht gestatten.

Das ist ja der Irrtum der Rechtsextremisten, die, vom Geiste Christi weit entfernt, glauben, das Problem so lösen zu können, und alle Regierungen, die ihrer Methode nicht folgen, als schwach bezeichnen.

Auf der Weltbühne wiederholen sich diese Situationen mit einer geradezu aufreizenden Monotonie, und nur ganz selten bringen es die Menschen fertig, Lehren aus der Geschichte zu ziehen, gestern wie heute wie immer.

Aber wir Christen dürfen da nicht mithalten, es sei denn im äußersten Notfall, es sei denn, daß unser Heil auf dem Spiel stünde: *nicht eine Minute früher.*

Das ist sicher eine schwierigere Methode, die mehr Geduld verlangt, aber sie ist unendlich christlicher und infolgedessen lohnender.

Denken wir doch daran, daß die Früchte der Gewalt nicht von Dauer sind; sie schaffen äußerlich Ruhe, einen Scheinfrieden, dem es bestimmt ist, beim ersten Zusammenstoß in Trümmer zu sinken. Einsichten hingegen bewirken einen stabilen, aufrichtigen Frieden von Dauer; sie verhelfen zum Besitz des Landes: ›Selig, die keine Gewalt anwenden; denn sie werden das Land erben‹.

Es scheint unmöglich zu sein: es gibt eine Sorte Mensch, die ungeeignet ist für den Geist der Demokratie, der doch nichts anderes bedeutet als den Geist eines Menschen, der andere Menschen respektiert. Das sind die Despoten, die Faschisten der Seele, die Gönnerhaften: wahre Katastrophen für die Menschheit. Sie arbeiten, als hinge alles von ihnen ab; sie kommen sich vor, als habe Gott selbst sie mit der Aufgabe betraut, die Welt zu retten, und halten sich für die Achse des Heils, um die sich alles dreht; im Grunde sind sie Gewalttäter, wenn sie auch ihre Fäuste nicht einsetzen und nicht zu schießen wagen würden. In Gemeinschaften reißen sie schnell die Herrscherrolle an sich, und wenn alle ausgeschaltet sind, die ihre Meinung nicht teilen, errichten sie ein System, kraft dessen sie unentbehrlich werden. Nichts geschieht ohne sie, weh, wenn man auch nur einen Finger ohne sie rührt!

Manchmal täuschen die Leute, zumal die schwächsten, sich und sagen: ist der tüchtig, wie der schafft!

Aber wollt Ihr wissen, wozu das führt?

Sobald sie aus dem betreffenden Umfeld, aus der betreffenden Stadt, aus der betreffenden Einrichtung verschwinden, bricht alles zusammen; sie hatten keine Menschen herangezogen, sie hatten Schafe herangezogen; sie waren Despoten. Die Despotie hinterläßt bestenfalls ein Nichts.

Wenn wir aber unseren kleinen Nahbereich verlassen und einen Blick auf die Weltbühne werfen, stellen wir fest, daß das Übel heute wieder zu grassieren beginnt und die jungen Leute sich irreführen lassen, weil sie natürlich der Versuchung zur Gewalt am meisten ausgesetzt sind.

Schaut Euch die neo-faschistischen Zeitungen an; daran werdet Ihr sie erkennen, an der Verherrlichung der Gewalt. Selbst unter dem Samtmäntelchen der Vaterlandsliebe können sie nichts als die stolz geschwellte Brust, die geballte Faust, den Dolch zwischen den Zähnen und das verzehrende Feuer verherrlichen: immer so, und es scheint unmöglich, daß sie ihre Lektion gelernt haben, und das Schlimmste ist, daß sie sich oft christlich geben.

Sind Streiks im Gange, die lästig sind? Weg mit den Streiks. Sind Kommunisten da, die unsere Geduld auf die Probe stellen? Verhaften wir die Kommunisten.

Und ihr Traum ist ein großer Friede, in dem alles reglementiert und vorgesehen ist, in dem alle in Kolonnen marschieren und die Regie perfekt ist.

Und aus diesem Grund ist auch der Kommunismus ein Faschismus, sogar die schlimmste und logischste unter allen Formen des Faschismus.

Diese Krankheit befällt auch den einen oder anderen Halbkatholiken.

Es gibt sogar einen eigenen Typ des halbkatholischen oder katholischen Faschisten; das ist der Opportunist, jemand, der sich zur Lösung jeder Schwierigkeit, einschließlich der religiösen, das Eingreifen des Staates erträumt. Im Schatten der Bajonette geht es uns so gut, sagt er: die Kirche wird von der öffentlichen Ordnungsmacht beschützt und die Religion auf Grund der autoritären Eingriffe respektiert.

Sie sind unheilbar und haben den Wert der Freiheit nie begriffen.

Sie sind Nostalgiker, die auf Schritt und Tritt sagen: ›War das doch eine gute Zeit! Alle haben die Gesetze geachtet!‹

Daß zu eben dieser Zeit die Rassengesetzgebung erlassen wurde und das italienische Volk vor der Verrücktheit der Rassenverlautbarungen geschwiegen hat, sagen sie nicht.

Doch der Friede Jesu ist anders, dabei ist er ein Friede, der die Freiheit achtet, der auch die Freiheit des Gedankens achtet und sogar die Freiheit, Fehler zu machen.

Sie spüren nicht, daß die Diktatur für die heutige Zeit ein echtes soziales Übel ist; und daß die Verherrlichung ihres Anführers nur ein Götzendienst ist, der, wie jeder Götzendienst, zum Tode führt.

Diese Anführer sind es doch, die unsere Generation zur Schlachtbank geführt haben, während alle Beifall klatschten, weil sie das Denken und Protestieren aufgegeben hatten.

Sicher sind wir keine Kommunisten, und wir sind alle zum Handeln bereit, damit dieses menschliche Elend nicht unser Land erobert. Aber wir sind auch keine Faschisten und haben unsere Lektion begriffen.

Selbst bei all ihren Mängeln ist keine Regierungsform dem Christentum so angemessen wie die echte Demokratie, denn das Christentum ist der Freund, ja sogar der Anreger, der beiden Hauptprinzipien der Demokratie: der Freiheit und der Gleichheit.

Die Christen können in einer Atmosphäre der Freiheit und der Gleichheit nur gewinnen.

Ich habe keine Angst, mich mit der Behauptung zu irren, daß das Evangelium auf der ganzen Linie die Gleichmacherei der Intelligenz und die Knechtung der Freiheit verabscheut.

Es ist wahrhaft das Evangelium der freien Menschen, und Gott respektiert die menschliche Freiheit so sehr, daß er sich ohrfeigen und kreuzigen läßt.

Und vor allem glauben wir nicht an die Übermenschen, wir haben Angst vor ihnen, da wir wissen, daß die Menschheit noch immer von den Supermenschen ruiniert worden ist. Wir brauchen normale Menschen, einfache Menschen, die schlafen wie die anderen, die essen wie die anderen Menschen, und die Fehler machen wie die anderen Menschen.

Ich habe aus der Bibel gelernt, daß die Verherrlichung des Menschen Götzendienst ist, sowohl beim Regime wie bei der menschlichen Gefolgschaft. Nur Einen darf man verherrlichen und preisen: Gott. Nicht die Geschöpfe.

Wir wollen ein Volk von freien, gewissenhaften und verläßlichen Menschen.

Wir wollen die Kasernen nicht idealisieren und den Stechschritt nicht verherrlichen; wir leben in einer anderen Zeit. Am Horizont tauchen ganz andere Dinge auf, ob es uns paßt oder nicht; der Kommunismus wird die letzte, wenn auch die schrecklichste unter den Despotien, den Staatsvergötzungen und grausamen Zwangsherrschaften sein. Dann kommt die Freiheit für alle Völker, die davon durchdrungen sind, daß alle gleich sind und einen einzigen Vater haben: Gott«[138].

22.–25. April

In der Domus Pacis Quatriduum für Diözesanvorsitzende der GIAC.

27. April – Rom

Auf dem Kapitol Verleihung der Preise des landesweiten, anläßlich des Heiligen Jahres ausgeschriebenen Kunstwettbewerbs der GIAC

16. Juni

Durchschlag eines Briefes, den Carlo an einen nicht näher bestimmten Freund Domingo gerichtet hat.

---

[138] C. CARRETTO, »La tentazione della violenza« in *Gioventù*, 12 (1952), 1.

»[…]. Du kannst Dir denken, wie wohl es mir tut, einen Freund wie Dich auf der Suche nach der Wahrheit und dem Guten eine so entschiedene und mir gewogene Stellung beziehen zu sehen, und das sage ich Dir, auch wenn ich den näheren Umständen, unter denen Du mir schreibst, entnehme, daß Du nicht gut unterrichtet worden bist.

Dein Beweggrund ist jedoch nur die Liebe, die Dich mit Luigi und mir verbindet, und darüber kann ich nur sehr froh sein.

Meine Bemerkung, Du seiest nicht gut unterrichtet worden, beruht auf Deinem Brief, der den Anschein erweckt, zwischen mir und Luigi bestehe ein Zerwürfnis, während das absolut nicht zutrifft. Ich suche ihn dauernd auf und bespreche mit ihm wie eh und je unsere Angelegenheiten bezüglich der Katholischen Aktion oder der Società Operaia.

Der Vorfall der vergangenen Tage hat sich zugetragen auf Grund eines Mangels an Klarstellung der Peripherie gegenüber, die die Leitung des Gesamtverbandes m. E. unterlassen hat und die wir als Zweigverbände, die mit dem Gros der Mitglieder in Verbindung stehen, nachholen mußten.

Alles beschränkt sich dann auf die Stellung, die wir dem Faschismus gegenüber bezogen haben, eine wohlüberlegte Stellung, zumal unserseits, die wir im Norden gelebt und die Republik von Salò gekannt haben. Luigi, der das nicht mitgemacht hat, hat vielleicht die ganze Schwere der von seinem Schweigen und noch mehr vom hämischen Geschwätz der Boulevardblätter verursachten Orientierungslosigkeit an der Peripherie im Süden nicht recht eingeschätzt. Wenn er jedoch diese Klarstellung noch nicht geliefert hat, so hat er mir versprochen, das schnellstens zu tun, und damit ist alles bereinigt. Glaub mir, Domingo, zwischen uns besteht kein Zwist. Dazu brauchte es mehr! Wehe, wenn die Freundschaft so anfällig wäre und bei derartigen Vorfällen zerbrechen könnte.

Ich wünschte mir aber, daß Luigi von nun an begriffe und wir, die wir oft mit der Peripherie zu tun haben, sagen es ihm um so eindringlicher –, daß er sich nicht absondern darf, daß er besser zuhören muß, daß er die Leitung nicht im Alleingang übernehmen darf, daß er mehr Zeit für Gespräche einräumen muß, usw., lauter Dinge, die wir ihm schon immer gesagt haben und die von

Mal zu Mal mit noch größeren Risiken verbunden sind, je höher er auf der Ämterleiter emporsteigt.

Mach Dir also keine Sorge, lieber Domingo, denn ich versichere Dir, wenn Dir die Einheit der Katholischen Aktion am Herzen liegt, liegt sie auch uns am Herzen; doch nimm unsere Schwierigkeiten in Dein Gebet.

Wenn ich die Freude habe, Dich wiederzusehen, und Dir in allen Details berichten kann, wirst Du auch selbst die Logik unserer Stellungnahme einsehen.

Juli

»Dieser alte Kontinent, den wir Europa nennen und dem wir als Italiener angehören, dieses alte Land, die Wiege der Zivilisation, [...] ist etwas Großes, und es ist aus einem ganz einfachen Grund unumgänglich, daß die Europäer davon Kenntnis nehmen: es muß eins werden.

Wenn es in der Geschichte eine Zeit gegeben hat, die man als Zeit der großen Nationen bezeichnet hat, so ist jetzt die Zeit der Kontinente gekommen. [...]. Was hat sich die GIAC angesichts des Problems, das sich da offensichtlich ergibt, gedacht, und was denkt sie? Was denken die Christen? Die Antwort ist eindeutig: die Christen freuen sich und setzen sich für die Einheit Europas ein; es könnte nicht anders sein.

[...]. Mir scheint, daß die Arbeit für die Einheit Europas genau dem Willen Gottes entspricht.

Und hier möchte ich den Jugendlichen, die sich vielleicht sorgen, ein vereinigtes Europa könne Minderung der Vaterlandsliebe bedeuten, etwas sagen.

Nur keine Angst. Die Einheit Europas wird niemals das Aus für die Vaterlandsliebe bedeuten. Wie die Liebe zu Italien nicht die Liebe zur Familie ausrottet, so wird die Liebe zur europäischen Gemeinschaft und zur Weltgemeinschaft die Liebe zu Italien nicht ausrotten, sondern sie eher noch stärken.«[139]

---

[139] C. CARRETTO, »L'alba di un mondo nuovo per la giovane Europa« in *Gioventù operaia*, 26–27 (1952), 1.

26. – 30. Juli

Quatriduum für Aspiranten-Delegierte aus ganz Italien.

1. August

Carlos Reise nach Spanien, Marokko, Senegal, Brasilien und Argentinien.

»Seit fast einem Jahr habe ich dieses Tagebuch vernachlässigt. Ein schlimmes Zeichen! Ich habe mich verhärtet, und das Wasser strömt über den Felsengrund der Seele ohne eine Spur zu hinterlassen. Vor einer Stunde bin ich von Ciampino nach Madrid gestartet. Das ist der Beginn der längsten Reise meines Lebens. Ich habe Lust verspürt, das Tagebuch, das Peppino Rovera mir geschenkt hatte, weiterzuführen, und das ist ein gutes Zeichen. Ich habe alles nötig. Die Muttergottes, die mich erweichen muß, den Heiligen Geist, der mich erneuern muß, Jesus, der zu mir reden muß, und den Vater, der mir verzeihen muß.

Wenn ich nach dieser Reise wieder nach Rom komme, erwarten mich, wie es richtig wäre, die Trennung von der GIAC oder der Wiederantritt des Vorsitzes. Jedenfalls möchte ich von Grund auf erneuert zurückkehren. Aber etwas zu versprechen, ist zwecklos, nur Gott kann mich heilen. Ich wünschte, daß er mich träfe wie damals, als er mich aufjubeln ließ und sich mit mir in der Einsamkeit vermählte. Wie viele Treulosigkeiten seither! Wieviel Vergessen! Einem Menschen, wer er auch sei, wäre es unmöglich das alles zu vergeben! Er aber, das spüre ich, kann und will mir vergeben! Er ist ja Liebe, einzig Liebe. Ich begänne gern ein neues, ein völlig neues Leben. Es trüge seinerseits den Stempel seines Erbarmens und meinerseits den meiner grenzenlosen Dankbarkeit. Maria möge mir helfen!« (D 3)

2. August

»Den Tag in Madrid verbracht [...]. Bester Eindruck von der Stadt. Abendliches Treffen mit der Jugend einer Pfarrei. Begegnung mit der Maler-Familie Veronese im Prado« (ebd.).

3. August

»Im Morgengrauen Abflug von Madrid mit einer nach Casablanca bestimmten Maschine der ›Iberia‹. Ich überquere Spanien von der Mitte in südlicher Richtung. Ein riesiges, nur wenig landwirtschaftlich genutztes, trockenes Gebiet. Ich verlasse das spanische Festland und fliege jetzt über das Meer. Unter dem Flugzeug eine riesige Saline. Die weißen Häuser des Südens. Tiefblaues Meer. Cadiz. Jetzt geht's an der Küste von Marokko entlang. Man erkennt die Berge sehr deutlich; das ist das erste Mal, daß ich diesen Erdteil erblicke: Afrika. Ich bete um seine Berufung zu Christus« (ebd.).

15. August – Mariä Himmelfahrt

»Ich habe heute abend mit einer Maschine der KLM Dakar verlassen. In acht Flugstunden habe ich den Atlantik in Richtung Recife überquert. Die brasilianische Küste habe ich um 10 Uhr Ortszeit erreicht. Äquatorlandschaft. Jetzt geht die Reise nach Rio, wo ich um 16 Uhr einzutreffen hoffe.

Die erste Begegnung mit Afrika ist interessant gewesen. Dakar ist ein Land für sich, ganz eigener Art. Schwül-warm, moderne Stadt, tiefschwarz die Einwohner.

Die Kleinen sind wunderbar, und die Frauen kommen im leuchtenden Bunt ihrer Umhänge daher wie Königinnen. Geistlich ist es eine sehr unglückliche Zeit gewesen, fast seelenlos; zerstreut, leer, ohne Gebet.

Möge die Muttergottes mir helfen! Südamerika: Buenos Aires – Montevideo – São Paulo – alles liebe, ganz liebe Erinnerungen. Das dort gewirkte Gute ist in überreichem Maß auf mich zurückgefallen.

Ich reise erholter, besser und in meiner Berufung gefestigter nach Hause zurück« (D 3).

6. – 7. September – Viterbo

Treffen der GIAC anläßlich der Übertragung der sterblichen Überreste Mario Fanis in die Wallfahrtskirche St. Rosa.

30. September – 5. Oktober

Lourdes-Wallfahrt der GIAC mit Beteiligung aus ganz Italien.

11. Oktober

Carlo wird für die drei Jahre von 1952–1955 zum dritten Mal als Vorsitzender des Gesamtverbandes der GIAC bestätigt. Das ist der entscheidende Augenblick, der Angelpunkt, in Carlos Leben

»auf Grund der nun offenen Meinungsverschiedenheit mit Gedda, der dem Vatikan für die Kommunalwahlen in Rom das Einverständnis zur Aufstellung einer gegen die von Nitti angeführte sozialistisch-kommunistische Liste gerichteten Superliste von Katholiken, Monarchisten und Faschisten abgerungen hatte. Es war der Augenblick der berühmten ›Operazione Sturzo‹[140], die nicht zum Abschluß gebracht worden ist.

Seit dem Wahlsieg der Christdemokraten vom 18. April 1948 liebäugelte Gedda mit einer gesellschaftlichen und politischen Ordnung salazarianischen Gepräges, träumte von einer zweiten katholischen Partei und stützte sich sehr auf die Comitati Civici, ein merkwürdiges Gebilde ohne Amtsbefugnisse von oben oder Weisungen von unten, das mit dem Anspruch auftrat, alle Organisationen christlicher Richtung zusammenzufassen.

Carretto hingegen glaubte an ein Bildungs- und religiöses Ideal jenseits des oberflächlichen Bildes von einem offiziell christlichen Italien, das wohl ausschlaggebend gewesen war für die Ausmaße des Wahlerfolges, der aber nach Carrettos Ansicht vom politischen Notstand begünstigt worden war und eine entschiedenere Einwirkung des Christentums auf das gesellschaftliche Gefüge zur Folge haben mußte.

Carretto zog den kürzeren und hat sein mutiges Nein Gedda gegenüber mit der Absetzung bezahlt.

Er hätte im Amt bleiben können: mehr als die Hälfte der Katholischen Aktion hielt zu ihm; es wäre nicht leicht gewesen, ihn hinauszudrängen angesichts der Beliebtheit, deren er sich erfreute; früher oder später hätte das Klima, auch das kirchliche, sich gewandelt; jedes seiner Bücher war ein Bestseller.«[141]

»Carlo hat seine Gewissensbedenken gegenüber dem Plan eines

---

[140] *Luigi Sturzo* (1871–1959), Sizilianer, Priester (1894). Universitätsprofessor und Wissenschaftler, Generalsekretär der Katholischen Aktion, gründet nach einigen Wechselfällen (1919) den Partito Popolare Italiano (»Italienische Volkspartei«). Als politisch Verfolgter ins Exil gezwungen, verläßt er Italien für ein paar Jahrzehnte (1924–1946); 1952 wird er zum Senator auf Lebenszeit ernannt.

[141] V. BONGINI, »Carlo Carretto« in *La vita*, 38 (1988), 2.

Bündnisses der Katholiken mit den Faschisten anläßlich der römischen Kommunalwahlen auf sein Panier geschrieben und den Mut, dem theokratischen Plan den Weg gebahnt zu haben, mit der Absetzung bezahlt.«[142]

»Da ließ Pius XII. die Vorsitzenden der sieben Zweigverbände der gesamten Katholischen Aktion kommen, um aus erster Quelle zu erfahren, was uns vom Vorsitz Geddas abrücken ließ. Vorgeladen wurden wir durch einen Telefonanruf der päpstlichen Staatssekretarie. So trafen wir uns denn eines Nachmittags bei Sonnenuntergang in den Amtsräumen dieser Behörde. Natürlich war auch der Vorsitzende des Gesamtverbandes, Gedda, anwesend. Mit der Leitung des Treffens war der ältere der beiden Pro-Sekretäre, Monsignore Tardini[143] mit seiner kurz angebundenen Verfahrensweise beauftragt, dem der andere Pro-Sekretär, Monsignore Montini[144], zur Seite stand. In einer Ecke saß – gesprochen hat er nicht, sondern absolutes Stillschweigen gewahrt – Monsignore Dell'Acqua. Das war die Gelegenheit, bei der Carlo Carretto mit Gedda gebrochen hat. Der Papst möchte wissen – sagte Tardini – warum Ihr Euch nicht vertragt; der Papst wünscht Zusammenhalt in der Gesamtleitung der Katholischen Aktion. Tardini fügte hinzu, daß jeder in fünf Minuten Redezeit seine Meinung und seine Einstellung zum Ausdruck bringen könne. Gedda solle als letzter sprechen.

Ich[145] habe, ohne zu dramatisieren und mit studentisch-fucinischer Nonchalance in Rede und Antwort den Gesichtspunkt der FUCI dargelegt. Aber Carretto, der der Vorsitzende der GIAC war, kam aus einem anderen Erfahrungsbereich, er war so etwas wie ein geistiger Sohn Ged-

---

[142] G. ZIZOLA, »Carlo Carretto« in *Rocca*, 21 (1988), 48–50.

[143] *Domenico Tardini* (1888–1961), Römer, Priester (1912), Professor an der Lateran-Universität und an der Urbaniana (Universität der Propaganda-Fide-Kongregation); in der Staatssekretarie seit 1921 und gleichzeitig geistlicher Beirat der Uomini Cattolici (1921–1925); geistlicher Beirat der GIAC (1925–1930). Verschiedene Ämter mit ständig wachsenden Befugnissen in der Staatssekretarie bis zur Ernennung von Monsignore G. B. Montini (1953) zum Pro-Staatssekretär Pius XII. Staatssekretär (1958) unter Johannes XXIII., der ihn zum Kardinal im Bischofsrang erhob (1958).

[144] *Giovanni Battista Montini* (1897–1978), Lombarde, Priester (1920); Attaché an der Nuntiatur in Warschau, Polen (1923); geistlicher Beirat der FUCI (1923–1933); Substitut (1937) und Pro-Staatssekretär (1952); Erzbischof von Mailand (1954); Papst mit dem Namen Paul VI. (1963).

[145] *Romolo Pietrobelli* (1925), Veneter, Universitätsdozent. Landesvorsitzender der FUCI (1949–1955) und des Movimento Laureati Cattolici (1970–1980) – Hochschul- und Akademikerverband – das 1976 in Movimento Ecclesiale di Impegno Culturale (MEIC) umbenannt wird; er ist auch Vorstandsvorsitzender des Verlags AVE.

das gewesen und infolgedessen an andere Methcden gewöhnt. Carretto ging ganz hart mit Gedda ins Gericht. Kritisch waren aber fast alle (FUCI, GIAC, Laureati Cattolici, Maestri Cattolici), mit Ausnahme der Frauen und der Männer in der Katholischen Aktion. Dann war Gedda an der Reihe und überschritt die festgesetzte Redezeit. Da zog Monsignore Tardini, während Gedda noch sprach, seine alte Uhr, eine richtige Zwiebel, hervor und sagte in seiner brummigen Art: Professor Gedda, fünf Minuten. Gedda war damals eine Macht (die Katholische Aktion zählte 2 – 3 Millionen eingeschriebene Mitglieder); er flößte Achtung ein, und sein Ansehen war sogar bei denen gewaltig, die nicht seine Meinung teilten. Zu erleben, daß man mit ihm so kurzen Prozeß machte, und das in einer kurialen Kanzlei, war für alle verblüffend. Bei dieser Zusammenkunft hatten wir alle das Gefühl, es würde uns eine große Verantwortung übertragen. Vor allem wir Jüngeren wägten die Worte. Wir wußten nicht, was dieses Gespräch besagen konnte, ja, wir wußten beim Eintritt in den Saal nicht einmal, warum man uns hatte kommen lassen. Trotzdem passierte dann nichts. Nur Carretto, der sich zu äußersten Alternativen christlichen Zeugnisses durchgerungen hatte, verließ die GIAC und ging dann zu den Kleinen Brüdern in die Wüste.«[146]

»Carlo sah die Doppeldeutigkeit der Situation, die unter dem Anschein einer Verwaltungsalternative eine ekklesiologische Alternative verbarg: einerseits die Anhänger der Institution Kirche, der Kirche der Bulle Unam Sanctam, die Carlo als Kirche der Macht empfand, die immer noch Opfer der Furcht und auf den Schutz des Staates angewiesen war, andererseits die Anhänger der Kirche als Gemeinde, die frei von Furcht und weltlichen Einflüssen war und einzig auf Gott vertraute. Carlo war für die zweite These, bestärkt durch die Zustimmung Monsignore Montinis, von dem er sich hatte beraten lassen.

Er lehnte es ab, daß man die Katholische Aktion ihrem Zweck entfremdete und kompromittierte, und hielt daran fest, daß der Übergang von einer Stadtverwaltung zu einer anderen weder eine Glaubensfrage noch eine Angelegenheit für das unfehlbare Lehramt darstelle. Er hatte keine Lust zu ›gehorchen‹ und folgte lieber seinem eigenen Gewissen. Es handelte sich also nicht um eine Revolte oder um Unterstützung der Atheisten, wie es damals hieß, sondern um Treue zu den Vorstellungen, die ihn schon jahrelang beschäftigten.«[147]

[146] C. ALBERTINI, »Quando Pio XII ci interrogò« in Il Popolo. 276 (1986), 5.
[147] P. TARDINI, »La tenerezza...«, a. a. O. 593.

16. Oktober

Brief Luigi Geddas.

»Mein lieber Carlo,
nach allem, was ich heute abend erfahren habe, hättest Du den Wunsch geäußert, man möge der GIAC den Führungswechsel morgen abend bekanntgeben. In dem Gedanken, Dich dort zu sehen, bin ich zur Heiligen Stunde gegangen. Da ich Dich nicht getroffen habe und nach Bologna reisen muß, hinterlasse ich Dir dieses Schriftstück, das unter Zeitdruck kurz ausfällt, zwischen dessen Zeilen Du aber sicher liest, was mir zu sagen nicht gelingt.

Es ist ja wichtig, daß man einander in leidvollen Augenblicken nahe ist; und dieser Augenblick der Trennung von der GIAC ist sicher ein Schmerz für Dich. Tröstlich möge Dir der Gedanke sein, daß Du Werke wie die Domus Pacis und das CTG [Centro Turistico Giovanile, Anm. d. Hrsg.] hinterläßt, die auch weiterhin gute Dienste tun und Dir bei unserer Jugend Anerkennung eintragen werden. Ich rate Dir, reg' Dich nicht auf über die Wechselfälle dieses so schmerzlichen Jahres. Man muß Zeit verstreichen lassen, dann werden auch alle Umstände klar. Inzwischen ist es wichtig, daß man betet, und ich werde Dir dabei helfen, auch auf Reisen. Dann treffen wir uns und vervollständigen unser Programm. Ich bin bei Dir und umarme Dich von Herzen. Dein Luigi« (RO).

17. Oktober

Carlo reicht seinen Rücktritt als Vorsitzender des Gesamtverbandes der GIAC ein, der mit einem Schreiben der Staatssekretarie vom 17. Oktober 1952, Prot.-Nr. 286668, sofort angenommen wird:

»Euer Hochwohlgeboren,
Es war mir ein besonderes Anliegen, Seiner Heiligkeit Ihren Wunsch, vom Amt des Vorsitzenden des Gesamtverbandes der männlichen Jugend in der Katholischen Aktion entbunden zu werden, persönlich zu unterbreiten. Der Heilige Vater nimmt Ihren Rücktritt an und möchte Ihnen durch mich für die großherzige Selbstlosigkeit und den erleuchteten Eifer bei der Entfaltung Ihrer organisatorischen und leitenden Tätigkeit auf diesem wichtigen Sektor der Katholischen Aktion sein Wohlgefallen und seinen Dank aussprechen.

Seine Heiligkeit weiß den Ausdruck kindlicher Ergebenheit, deren Sie sie erneut versichern wollten, und die Bekundung Ihres Willens, der Sache der Kirche immer zu dienen, sehr zu schätzen, spricht Ihnen aus väterlichem Herzen die besten Wünsche für Ihr Wohlergehen aus und erteilt Ihnen, damit Gott seine schützende Hand über Ihr ganzes ferneres Leben halte, den Apostolischen Segen. Ich nutze die Gelegenheit und bleibe mit dem Ausdruck vorzüglicher Hochachtung Euer Hochwohlgeboren stets sehr ergebener G. B. Montini, Substitut« (RO).

»Carretto war ein unbequemer Mann geworden... Bei Ablauf seines Mandates als Vorsitzender wurde er erneut bestätigt, damit man nicht sagen könnte, er sei abgeschoben worden, aber es scheint, als sei ihm von höherer Stelle nahegelegt worden, sofort seinen ›freiwilligen‹ Rücktritt einzureichen. Carlo hat diese Ansicht nicht bestätigt: er war von Natur aus zurückhaltend, zumal hinsichtlich der kirchlichen Obrigkeit, und jeder Form von Ohrenbläserei abhold, die sich für ihn nicht mit der Nächstenliebe vertrug. Es steht fest, daß er 1952 als Vorsitzender zurückgetreten ist und nur das Amt des Vizepräsidenten der Jugendinternationalen beibehalten hat, das es ihm erlaubte, auch in Zukunft zu reisen und seine Kenntnis junger Länder zu erweitern«[148].

»Zunächst stand an der Spitze der Gioventù Cattolica Professor Carlo Carretto, ein Mann ganz aus einem Guß, ein Antifaschist reinsten Wassers, ein halb sozialistischer Demokrat, nach dessen Überzeugung man mit leerem Bauch schlecht betet und noch schlechter argumentiert. Zur Zeit der ›Operazione Sturzo‹ zugunsten des Bündnisses zwischen Christdemokraten und Faschisten ist Carlo Carretto mit der ganzen Gioventù Cattolica gegen Gedda marschiert und hat ihn mit den flammendsten Anklagen angegriffen, mit jakobinischem Furor. Ein paar Monate später, als der Zeitpunkt zur Erneuerung der Verbandsämter gekommen war, hat man Carlo Carretto aus dem Vorsitz der Gioventù Cattolica entfernt. Geddas Triumph war aber nur ein Scheinsieg; denn dank eines Aufstands der Basis fiel Carrettos Posten nicht an Geddas Kandidaten, sondern an einen jungen Arzt aus dem Veneto, Mario Rossi[149], der in puncto Antifaschismus und gesellschaftspolitischer Öffnung sogar Carretto noch weit voraus ist«[150].

---

[148] Ders., ebd.

[149] *Mario Rossi* (1925–1976), Veneter, Chirurg, hat versucht, sein Studium als Fabrik- und Landarbeiter zu finanzieren. Leiter der GIAC in seiner Heimatdiözese Rovigo, hat er nazi-fasistischistische Kerkerhaft erlitten; als Mensch, Arzt und unbeirrbarer Christ sollte er in seinem Dienst als Vorsitzender des Gesamtverbandes der GIAC auf viele Hindernisse stoßen bis hin zu seinem verfrühten und aufsehenerregendem Rücktritt.

[150] A. Adelfi, »Questi cattolici cercano nuovi cieli e nuove terre« in *L'Europeo*, 1 (1954), 7.

»Es ist nicht leicht, die GIAC zu verlassen!

Und dieses Leid empfinde ich um so mehr, als ich mir darüber im klaren bin, daß es nicht so bald aufhören wird, daß es sich auf die Zeit verteilen wird, daß es wiederkommen und bei mir anklopfen wird. Der Anblick einer Gruppe mit wehender Fahne wird reichen, ein vertrautes Lied wird reichen und eins dieser lauteren Jungengesichter, die man nur in der Gioventù Cattolica antrifft, wird reichen, Heimwehempfindungen zu wecken, die mich in Tränen ausbrechen lassen...

Aber mich bewegt noch ein Gefühl, und das ist ein Gefühl tiefer Freude. Die Freude darüber, daß die Verantwortung nicht mehr auf meinen Schultern lastet. Die Freude, ein wenig allein zu bleiben ohne die leidige Verantwortung für die anderen. Diese Last hat mich so viele Jahre verfolgt, und ich bin so froh, sie niederzulegen, auch weil ich mir immer unwürdig vorgekommen bin. Es bleibt allerdings der Gedanke, daß ich sehr vieles schlecht erledigt und darüber hinaus auch vieles liegenlassen habe. Dafür bitte ich alle um Verzeihung.

Ich erbitte sie in aller Demut und Ergebenheit vom Papst, ich erbitte sie von den Bischöfen, ich erbitte sie von Euch, den geistlichen Beiräten der GIAC, ich erbitte sie von Euch, all meinen Brüdern. Verzeiht mir und helft mir mit Eurem Gebet, die Vergebung des Herrn zu erlangen« (SV).

»Ich habe so viel Zeit vertan. Vor allem in diesen sechs Jahren meines Vorsitzes in der GIAC. Jetzt, da ich begriffen habe, daß der Herr mir geholfen hat, dem zu entrinnen, will ich dieses schlappe und spießbürgerliche Leben völlig ändern, will ich mich wieder mit Kraft und Entschlossenheit auf den Weg machen. Jetzt habe ich so vieles begriffen und fühle mich freier und fähiger« (C 19).

Reise nach Griechenland, Syrien, Libanon, Pakistan, Indien, Thailand, Irak, Jemen, Ägypten, Eritrea, Saudi-Arabien, Israel und Palästina.

30. Oktober

»Athen. Das ist die erste Station der großen Orientreise. Diese Reise ist mein Abschied von der Vergangenheit.

Vor allem mein Abschied von der GIAC. Die Ereignisse dieses letzten Zeitabschnittes braucht man nicht dem Papier anzuvertrauen, sie haben sich dem Gedächtnis zu tief eingeprägt. Ich kommentiere sie nicht, es führt zu nichts. Ich stütze mich auf die Zukunft. Sie zählt. Ich habe diese Reise angetreten, um mich vorzubereiten. Ich brauche sie einfach. Ich möchte umgewandelt zurückkehren. So stelle ich mich denn unter den Schutz der Madonna [...].

Wieviel Menschen am Flughafen! Noch nie hat sich so viel Jugend um mich gedrängt.

Sie erwarten viel von mir, und dieser Anblick ruft mich wieder in die Verantwortung. Gott helfe mir!« (D 3)

30. Oktober – Athen

»Ich beschließe diesen turbulenten Oktober in einer der ältesten Städte der Welt: Athen. Ich habe einen Sonnentag in ihr verbracht. Ich bin zur Akropolis hinaufgestiegen und habe in den Ruinen des Parthenon das Te Deum rezitiert. Wie fromm ist doch alles. Mir fielen die Tempel von Agrigent wieder ein.

Ich habe den Opferstein geküßt und versucht, mir die Gefühle aller Griechen zu eigen zu machen, die gebetet haben. Wie schön ist es, in Gedanken dem Gebet aller Menschen nachzugehen! Die Griechen sind wirklich fromm gewesen, und ihre Denkmäler sind beredt. Die Vesper habe ich in einem Tanz von Sonnenstrahlen gebetet, die in die Säulen einfielen.

Mich hat das Schauspiel auch gepackt, und das hat mir gut getan.

Beim Abstieg von der Akropolis bin ich in zwei schöne griechische Kirchen gegangen, von denen eine sehr schöne der Muttergottes geweiht ist. Die Frömmigkeit der Griechen kann man so auf eine Formel bringen: Kerzen und Küsse. Die »Werkstatt der Priester« tritt hier viel deutlicher in Erscheinung, womit sie nicht herabgesetzt werden soll« (ebd.).

1. November – Allerheiligen

»Ausflug nach Korinth. Heute hat es mich stark nach Korinth gezogen. Ich bin nach der Messe von Athen aufgebrochen und nach zweistündiger Busfahrt am Meer entlang in die Stadt gekommen, der es beschieden war, den Apostel Paulus zu sehen. Ich habe mir Gedanken zu dem gewaltigen ›Anpfiff‹ gemacht, den

Paulus den Korinthern erteilt hat, und bin still durch die Ruinen gewandert. Man zeigt hier noch die Stätte der Predigt und die der Verurteilung. Auf der Rückfahrt habe ich den Durchstich des Isthmus von Korinth gesehen, der bekannt ist durch den ganz tief eingeschnittenen, sechs Kilometer langen Kanal« (ebd.).

2. November

»Ein schwerer Tag infolge der andauernden Verschiebung des Abflugs nach Damaskus. Von Aufschub zu Aufschub vierundzwanzig Stunden Verspätung. Ich habe meinen Rundgang in Athen wieder aufgenommen, aber angesichts des Wetters und der Eile ohne festen Plan. Anderseits konnte ich viel nachdenken. Wenn ich ›viel‹ sage, obwohl es wegen des Mißmuts in der Seele und im Kopf ganz wenig war, so, weil das, was ich fertiggebracht habe, auf Grund meiner derzeitigen Situation schon außerordentlich ist.

Als ich nachmittags vor dem königlichen Schloß spazierenging, habe ich mir das Programm für mein geistliches Leben aufgestellt. Ich hatte auch das Gefühl, als lebte der vertraute Umgang mit Gott wieder auf. Hoffentlich. Heute morgen habe ich die – sehr schöne – russische Kirche besucht und in einer griechischen Kirche ein Hochamt miterlebt. Wirkliche Liturgie, ganz auf einer Linie mit der römischen. Der Mangel der abendländischen Christenheit, der in ihrer Spiritualisierung liegt, zeigt sich hier noch viel deutlicher. Man hat tatsächlich den Eindruck einer klaren Trennung zwischen Liturgie und Leben, Frömmigkeit und Politik, Gebet und Gesellschaft.

Und hier fällt auch die abstoßende Erscheinung des Bettelpriesters viel mehr auf, der immer bettelt, aufdringlich und verschlossen ist und nur an seinen Kerzen hängt. Ich habe auch bemerkt, daß der Küster und noch öfter die Küsterin – vielleicht die Frau des Popen – die vor den Ikonen brennenden Kerzen lange vor ihrem natürlichen Verlöschen einsammelte und löschte« (ebd.).

3. November – Damaskus

»Nach Athen und Korinth bin ich jetzt hier in Damaskus, Reiseroute des heiligen Paulus. Gestern abend angekommen, habe ich im Hotel Semiramis mein Lager aufgeschlagen mit einem Fenster, das fast die ganze Stadt beherrscht.

Den Tag habe ich bis Sonnenuntergang mit der Besichtigung dieser alt-ehrwürdigen Oase verbracht, die ob ihrer Wasser und ihrer Gärten besungen worden ist. Eigentlich ist sie ein grüner Fleck in der weiten Wüste. Eine kosmopolitische und für den Nahen Osten typische Stadt. Ich habe das italienische Krankenhaus mit den Maria-Hilf-Schwestern gefunden. Herzliches Willkommen bei echten Freunden. Ich bin vor den Toren von Damaskus an der Stätte gewesen, an der der Blitzschlag den heiligen Paulus getroffen hat, dann auch an dem berühmten Fenster in der Stadtmauer, das an seine Flucht erinnert. Ich habe viel gebetet, da der Ort mich aufgewühlt hat. Wirklich schade, daß diese Stätten von den Christen so vernachlässigt werden. Das Haus des Hananias fast völlig verwahrlost im Privatbesitz einer Familie. Interessant die große Moschee von Damaskus, auf einem christlichen Gotteshaus errichtet. Man zeigt auch das Grab mit dem Haupt Johannes des Täufers. Besuch der berühmten Basare und harte Geduldsprobe infolge der Verspätung des Taxis nach Beirut, wo ich noch am Abend hatte eintreffen wollen.

Nachtfahrt, die mir die Freude verdirbt, die Strecke Damaskus-Beirut zu sehen. Dafür dann dank einem Pack von rabiaten Chauffeuren die Freude zweier Grenzen, zweier Zollabfertigungen und einer Ankunft in Beirut im Regen. Gannagets Lächeln und das Gespräch über die Umstände und Verhältnisse bringen mich wieder ins Gleichgewicht« (ebd.).

4. November – Hl. Karl Borromäus

»Das Erwachen in Beirut wurde aufgeheitert vom Blick auf das Meer. Der herbe Zimmerpreis – 20 libanesische Pfund, umgerechnet 4000 italienische Lire – wurde aufgewogen durch das Eintreffen Gannagets, der mich, wie ich es mir gewünscht hatte, zu einer griechischen Kirche brachte, um dort meinen Namenstag mit dem Empfang des Herrn *sub utraque specie*[151] zu beginnen.

Ich bin um 10 Uhr von Beirut abgeflogen in Richtung Dhahran, das auf dem äußersten östlichen Zipfel Saudi-Arabiens liegt. Mein Sitznachbar, der in Dhahran arbeitet, erklärt mir, daß es

---

[151] Unter beiderlei Gestalt.

dort siebentausend Amerikaner gibt, die… sich für die Gegend interessieren, oder besser, für das Erdöl der Gegend.

Bei dem Gedanken an das Erdöl fällt mir die Armut der Menschen dort ein. Seltsam? Es ist so: die reichen Bodenschätze bereichern ferne Länder, aber nicht die arme ortsansässige Bevölkerung. Die Landwirtschaft ist etwas ehrlicher als die Industrie, und hier sieht man das deutlicher.

Wir sind in Dhahran, der amerikanischen Erdöl-Stadt, von Bord gegangen. Ich habe entdeckt, daß die Flughafenbar von Italienern betrieben wurde. Wir haben uns lange unterhalten: sie waren ziemlich müde und niedergeschlagen. Sie kommen alle aus Eritrea. Sie sind hier, um etwas zu verdienen und dann nach Asmara oder nach Hause zurückzukehren.

Augenblicklich überquert das Flugzeug den Persischen Golf; vor der Küste sieht man die Rohre der Pipeline, an der die amerikanischen Tanker festgemacht haben, die das Erdöl abtransportieren. Ich schreibe jetzt nach Hause und beschließe so meinen St. Karls-Tag 1952, den Namenstag zum Abschied von der ›Vergangenheit‹« (D 3).

Carlo sollte bei seiner Rückkehr unter den Namenstagsglückwünschen auch die Don Giovanni Calabrias[152] finden und dazu das Büchlein »Urge meditare«, d. h., so schreibt der heiligmäßige Priester, »in der gegenwärtigen Situation angebrachte Gedanken über die flüchtige Stunde«. Dieses Büchlein bewahrte dann Carlo immer bei seinen Lieblingsschriften auf.

5. November

»Gestern abend sind wir um 10 Uhr in Karatschi, der Hauptstadt von Pakistan, eingetroffen. Der Flughafen ist, so merkwürdig das klingen mag, mit allen Annehmlichkeiten ausgestattet. Man sieht, dieses kleine Land erwacht. Die KLM hat uns in ihrem eleganten Hotel auf dem Flughafengelände gastlich beherbergt. Wirklich angenehm.

---

[152] *Giovanni Calabria* (1873–1954), Veneter, Priester (1901), Gründer der »Armen Diener der Göttlichen Vorsehung«, einer Priester- und Schwesternkongregation mit etwa 250 Ordensleuten, die mit über zwanzig Häusern in sechs Ländern vertreten ist. Schon zu Lebzeiten im Ruf der Heiligkeit, wird er 1988 von Johannes Paul II seliggesprochen.

Ich habe kein Auge zugetan, da ich ganz von meinen Gedanken in Anspruch genommen war. So wurde es 2 Uhr, und der Wecker ging. Um 3 Uhr Start nach Indien. In ein paar Stunden wird der Morgen dämmern. Für mich die erste Morgendämmerung im Orient.

Die Morgendämmerung ist dann wirklich gekommen, natürlich auch ohne mein Zutun, ein rosenfarbiges Dämmern, bezaubernd.

Um 8 Uhr sind wir in Kalkutta zwischengelandet, um eine Stunde später wieder zu starten. Augenblicklich überqueren wir den Golf von Bengalen. Das Wetter ist zauberhaft.

Um 15.30 Uhr rollte die Maschine in Bangkok pünktlich aus. Zu meiner Überraschung stehe ich allein da. Piero hat meine Briefe nicht erhalten. Hoffentlich treffen wir uns später« (ebd.).

6. November – Bangkok

»Zu dem Treffen mit Piero ist es dann vor der Missionsprokura der Salesianer gekommen. Da hat offensichtlich die Vorsehung mitgeholfen, denn die Indochinareise hätte auch den traurigen Umstand bedeuten können, daß ich einige Zeit in diesem unbekannten Land allein geblieben wäre.

Gastlichkeit bestens, gute Gespräche, überraschendes Land.

Das erste, was mir auffällt, ist die Schönheit dieses Landes: sie hätte ich nicht vermutet. Was die Missionare erzählen, ist, wie gewohnt, leicht gefärbt von der Absicht, beim Publikum Eindruck zu machen. Thailand ist schön, reich und interessant. Sein äquatoriales Bild ist ganz überwältigend, die Natur üppig, die Architektur harmonisch und lebendig, zumal bei den Pagoden. Bangkok ist eine Mischung europäischen und einheimischen Gepräges, ist aber in jedem Fall Ausdruck einer beneidenswerten Fülle und Vitalität.

Stadtbesichtigung, besonders Besuch von Pagoden und Märkten.

Noch eine Überraschung: die Küche. Als wollte sie beweisen, daß die aus Propagandagründen übertriebenen Berichte der Missionare das Urteil färben. Das ganz hervorragend zubereitete thailändische Essen ist reichhaltig und schmackhaft. Hier regiert der Reiso (ebd.).

7. November

»Nach Erledigung aller mit meinem Aufenthalt in Thailand verbundenen Formalitäten – bei der Fremdenpolizei – geht es zu Pieros Bischofssitz: Bang-Nuk-Khuetz. Bahnfahrt, bequem und
schnell bis Bangkok. Sowohl die Natur wie auch die Bevölkerung
und die Missionen machen einen guten, gesunden und optimi-
stischen Eindruck. Mein unerwartetes Eintreffen in Bang-
Nuk-Khuetz wird von den lieben Patres ganz herzlich aufgenommen. Rundgang durch den Bischofssitz. Abend unter einem zau-
berhaften äquatorialen Himmel und Besuch am Grab Monsignore
Pasottis[153] auf dem Christenfriedhof rechts von der Kirche, ein-
zigartiger Spaziergang zu den Lebenden und den Toten.

Ich habe das Gefühl, daß ich hier eine sehr gute, fruchtbare und
aktive Zeit verbringen werde. Die Typen der Mission sind besonders gute Kerle« (ebd.).

8. November

»Kahnfahrt zu zwei Gemeinden. So habe ich Gelegenheit, etwas
von der typischen Äquatorlandschaft zu sehen, in der die Mission
tätig ist. Wirklich interessant. Die bäuerliche Bevölkerung wohnt
auf den Kokosplantagen. Einziges Fortbewegungsmittel: das
Boot. Die auf Pfahlrosten stehenden Häuser säumen den Kanal,
der der einzige Verkehrsweg ist. Der Boden ist sehr fruchtbar«
(ebd.).

9. November

»Missionstag mit drei Vorträgen und jeweiliger Übersetzung
durch Piero. Unter Tränen habe ich den Boden des Kirchleins
geküßt, in dem mein Bruder zum Priester geweiht worden ist.
Gesprochen habe ich bei den Seminaristen, zu den Ordensschwestern und zur Katholischen Aktion. Beste Eindrücke. Es
ist wirklich schade, daß das Gros der Salesianer zu kindlich
ist! Wenn es mit seiner so kostbaren und christlichen Schlichtheit etwas Nachdenklichkeit verbinden könnte, wäre das wunderbar... Doch scheint es immer im Jugendheim unter den

---

[153] *Gaetano Pasotti* (1890–1950), Piemontese, Priester (1916), Salesianer-Missio-
nar (1930) in Singapur und (1941) Bischof in Thailand.

176

Kleinen zu sein, auch wenn es unter Erwachsenen ist. Was macht doch die Schule aus!« (ebd.)

10. November

»Morgen geht's nach Süden. Mit etwas Bedauern verlasse ich diesen lieben und gefälligen Ort. Heute habe ich bei der Taufe eines Mannes die Patenschaft übernommen. Er hat meinen Namen bekommen: Carlo. Ich habe seinem Haus am Flußufer einen Besuch abgestattet« (ebd.).

11. November

»Ortswechsel nach Hua-Hin, einer schönen Ordensniederlassung am Meeresstrand des Golfs von Thailand. Auch hier liebenswürdige Aufnahme.
Strandwanderung bis zum Fischerdorf. Orientalische Farbtöne im glühenden Sonnenuntergang. Man hat uns in einer Flechtwerk-Hütte untergebracht, die abseits der Gebäude liegt und nach allen vier Winden offen ist. Gespräch mit den Alumnen des Bildungshauses« (D 3).

13. November

»Ausflug in den Huci-Jang-Wald samt einer dabei üblichen Treibjagd auf Affen. Interessant in jeder Hinsicht, wenn auch die Haut an unseren Beinen von Dornengestrüpp zerkratzt wurde. Wir haben drei Affen, ein Eichhörnchen und ein paar Vögel erlegt. Völlig erschöpft sind wir zum Ausgangspunkt zurückgekehrt, nachdem wir in einer Hütte bei einem unserer Treiber Mahl gehalten hatten« (ebd.).

15. – 20. November

»Die Thailandreise geht weiter.
Piero ist sehr geduldig gewesen und hat sich mir immer als Fremdenführer zur Verfügung gestellt. Ich habe die ländlichen Gebiete und die Stadt gesehen. Ich bin froh und zufrieden.
In Bangkok haben wir etliche Einladungen erhalten [...]. Ich habe den Königspalast, das Museum, den Zoo und das Pasteur-Institut zur Herstellung von Serum gegen Schlangenbisse besucht« (ebd.).

»Ich habe Bangkok um 6 Uhr morgens verlassen. Piero und der Inspektor waren am Flughafen. Jetzt geht die Reise nach Indien. So ist in meinem Leben eine interessante Exkursion zu Ende gegangen. Der erste Teil der großen Reise zum Abschied von meiner Vergangenheit. Ich habe den Eindruck, es geht mir besser und ich bin in meinem Vorhaben bestärkt worden. Jedesmal wenn ich mich auf dem weiten Feld der Apostolatsarbeit befinde, spüre ich meine Berufung stärker. Gebe Gott, daß es diesmal gut ist.

Neulich habe ich nachts, von Moskitostichen und der Hitze geplagt und munter gehalten von einem starken Kaffee, den ich im Hause eines italienischen Ingenieurs zu mir genommen hatte, fast die ganze Zeit damit verbracht, über die Verfassung für das *Oratorium* nachzudenken. Sie muß eine Grundsatzerklärung sein, die Lösungen für die Zukunft bietet, und darf nicht wiederholen, was schon einmal war.

Ich habe versucht, den Pflichtenkatalog aufzustellen, den ich so umreißen würde. Natürlich muß das Ganze noch mit anderen durchdacht werden, besonders mit Poldo und Testa[154].

1. *Verpflichtung zum Gnadenleben*, d.h. Sinn für das Übernatürliche und unbedingte Pflege des Wachstums in Christus.

2. *Auf die heilige Messe – Besuch und Mitfeier – ausgerichtetes liturgisches Leben*. Altarssakrament.

3. *Verpflichtung zur Besinnung auf das Christentum* und zur regelmäßigen Meditation.

4. *Verpflichtung zum Apostolat* als effektiver Bezeugung des eigenen Glaubens.

5. *Glaube an die Gesamtorganisation der Katholiken*. Es mag Vorlieben für ausgeprägte Sonderformen geben, aber man muß anerkennen, daß sie in der allgemeinen Einheit der Katholiken aufgehoben sind.

6. *Verpflichtung zu einer jährlichen Ruhepause*, die als Zeit der geistlichen Erneuerung und des Hörens gilt. Exerzitien.

---

[154] *Giovanni Testa* (1915), Piemontese, Carlos Jugendfreund aus den frühen Jahren. Er sollte als Nino Carlo in die Leitung der GIAC nach Rom folgen und sich dem Comitato Assistenza Militari (CAM) – Soldatenbetreuung – und der Associazione dei Maestri Cattolici – katholischer Lehrerverband – widmen.

7. *Sinn für die Jungfräulichkeit* als Berufung und als Hilfestellung für ehelose Menschen, die sich hauptberuflich der Apostolatsarbeit verschrieben haben.

8. *Sinn für die Berufung zum Ehe- und Familienstand* und Studium aller Mittel, die diesem Stand bei der Verwirklichung der persönlichen Heiligkeit dienlich sein könnten.

9. *Gegenseitige Hilfe im Mitgliederkreis.*

10. *Glaube an ein soziales Christentum.*

Und nach dem Pflichtenkatalog wollen wir einmal sehen, wie man das Oratorium umreißen kann.

1. Das Oratorium ist der Zusammenschluß von Christen, die alle am selben Ort (Stadt, Dorf, Viertel, Diözese) wohnen und sich verpflichten, sich guten Willens der Verwirklichung der christlichen Botschaft im eigenen Leben und in dem der christlichen Gemeinde zu widmen.

2. Zum Aufbau eines Oratoriums ist die Erlaubnis des Bischofs erforderlich. An ihn wendet man sich immer als wichtigste Instanz und befleißigt sich dabei im Geiste besonderer Demut des *Nihil sine episcopo*[155].

3. Das Oratorium hat seinen Sitz möglichst im Umkreis einer Kirche, damit es seinen Gebetsübungen nachgehen kann. Eine der ersten Sorgen der Oratorianer sei die Einrichtung einer Bibliothek.

4. Die Oratorianer wählen ihre Oberen in geheimer Wahl. Die Zahl der Oberen richtet sich nach der Größe und der Vitalität des Oratoriums.

5. Die Hauptämter sind: der Vorsitzende, sein Stellvertreter, der Sekretär, der Schatzmeister, der Exerzitienbeauftragte, der Beauftragte für die Bibliothek, der Beauftragte für die Novizen.

Zum Oratorium gehören zwei Klassen: Oratorianer und Novizen.

Die Novizen verlassen ihren Status nach Ablauf wenigstens eines Jahres (man rechnet zwei).

Die Zeitschrift des Oratoriums heißt *Principi*, und die Mitglieder müssen sie halten.

Die Oratorianer halten ihre Versammlungen in variablen Zeit-

---

[155] Nichts ohne den Bischof.

abständen, je nach Bedarf, Erfordernissen oder Entwicklungs-
stand des Oratoriums.

Vom Alter wie von der Klasse her gibt es nur ein einziges Oratorium. Das gemeinsame Anliegen bildet die Zugehörigkeit zum
Christentum, nicht irgendein Problem.

Das Apostolat des Oratoriums ist universell wie das der Kirche: es ist eine Kirche im kleinen.

Das Oratorium verwendet bei seinen Versammlungen immer
etwas Zeit auf das Gebet.

Die Versammlungen sind die besondere Ausdrucksform des
Oratoriums. Über das Gebet hinaus setzen sich die Oratorianer
auf ihnen in ihrem Willen, Fortschritte zu machen, eifrig ein. Das
geschieht auf dem Weg der Diskussion. Das Feld ist unendlich
weit, aber bislang setzt man den Akzent auf Glaubensbildung –
Apostolat – Soziales. Das Leben des Oratoriums beruht auf
Selbstverwaltung als demokratischer Methode.

Am eindringlichsten muß man den Oratorianern den Sinn für
ihre persönliche Verantwortung einschärfen.

Die Einheit aller Oratorianer im Bistum und in der Christenheit ist von grundlegender Bedeutung und spielt eine Rolle für das
Wachstum.

Versammlungen, Studientage und Begegnungen fallen in die
Zuständigkeit der Oberen.

Die Oratorianer müssen entschlossen und tatkräftig sein. Passivität, Trägheit und unbeteiligtes Zuschauertum sind absolut un-
zumutbar. Wer nichts tut, kann kein guter Oratorianer sein« (D 3).

25. November

»Vor einer Stunde habe ich mit einer Maschine der Indian Natio-
nal Airways New Delhi verlassen. Damit ist der indische und gewiß nicht uninteressanteste Abschnitt meiner Reise beendet.
Kalkutta hat mich nicht sehr beeindruckt. New Delhi hat mir
sehr gefallen. Die Vorsehung hatte ihre Hand im Spiel, als ich auf
den Gedanken kam, das Hotel Mendel aufzusuchen. So war es
mir beschieden, einen Italiener als Manager […] anzutreffen, und,
was noch mehr ist, die Nuntiatur direkt dem Hotel gegenüber. So
wurde mein Aufenthalt angenehm, und alles ist trotz der riesigen
Sprachschwierigkeiten glatt verlaufen. Der Geschäftsträger, Mon-

signore Raimondi [156] war sehr, sehr liebenswürdig. Ich konnte mich sozusagen als seinen Gast betrachten. Gute Abendgespräche. Auch die Salesianer in Kalkutta waren liebenswürdig, besonders der Inspektorats-Sekretär [157], klassischer Typ eines intellektuellen Seminaristen mit seinen Traumvorstellungen. Auf dem Weiterflug zur Hauptstadt habe ich vom Flugzeug aus rechts die Himalaja-Kette liegen sehen, leuchtend weiß wie einen Diamanten.

In New Delhi hat mich ein Passionistenbruder durch die Stadt geführt. Ich habe eine unförmige indische Kirche jüngeren Datums gesehen, die von den Mohammedanern stammende Festung und den einen oder anderen Tempel außerhalb der Mauern. Schließlich hatte ich noch Gelegenheit, einer Leichenverbrennung am Ufer des heiligen Flusses beizuwohnen – fürwahr kein sehr attraktives Schauspiel. Darüber zogen die Raben ihre Kreise. Was die Raben angeht, so muß ich auf die ungeheure Menge von Vögeln hinweisen, die man in Indien sieht. Da sie als heilig gelten, rührt niemand sie an, nicht einmal die Kinder, und so erlebt man, wie sie einem auf die Nase fliegen, die Autos bekleckern und einen morgens wecken mit wenig schönen Lauten, da die Raben prozentual bei weitem überwiegen: Kra, kra... Bemerkenswert sind auch: der Antifaschismus des italienischen Gesandten bei der indischen Regierung und die hohe Prozentzahl von Katholiken unter den Kellnern des Hotels. Ich habe sogar von einem von ihnen, der so höflich war, mich heute morgen zum Flughafen zu bringen, zwei prächtige Rosensträuße erhalten. Ich hoffe, daß ich ihm einen päpstlichen Segen schicken kann« (ebd.).

26. November – Bagdad

»Ein Glück, daß ich in New Delhi angesichts der Unruhen in Bagdad auf den Gedanken gekommen bin, meinen Aufenthalt hier auf einen einzigen Tag zu beschränken. Da hatte ich genau die

---

[156] *Luigi Raimondi* (1912–1975), Piemontese, Priester (1936); Sekretär, Uditore, Botschaftsrat (1938–1951) an den Nuntiaturen in Guatemala, in Washington, D.C., (USA), und New Delhi. Apostolischer Nuntius in Haiti (1953); Titularerzbischof von Tarsus (1954); Apostolischer Delegat in Mexiko (1956) und den USA (1967); zum Kardinal erhoben und zum Präfekten der Kongregation für Heiligsprechungen ernannt (1973).
[157] *Rosario Stroscio* (1922), Sizilianer, Priester (1951); Salesianermissionar.

richtige Nase, und ich reise sehr gern wieder ab. Bagdad ist langweilig und verdient sein bißchen Ruf nicht. Damaskus war besser. Allerdings habe ich nach der Messe in der lateinischen Kirche eine Stadtrundfahrt gemacht und mich mit P. Emmanuel, einem französischen Karmeliten, der hier stationiert ist, unterhalten. Ich habe wenig Interessantes gesehen und sonst nur Soldaten, Soldaten, Soldaten.

Auch hier die Ruhe vor dem Sturm und dumpfes Rumoren. So ist es überall.

Um die katholische Kirche ist es hier tragisch bestellt, und wohin man schaut, gehen Positionen verloren. Der Islam ist hier stark und auf dem Siegeszug. Noch im vergangenen Jahr sind, wie mir der Pater berichtet hat, hundertsechzig junge Christen zum Islam übergetreten. Um 15 Uhr fliege ich mit Vergnügen nach Kairo ab, wo ich hoffentlich meine Zeit ersprießlicher nutzen kann.

16 Uhr. Ich bin um 15 Uhr froh mit Ziel Kairo abgeflogen. Unter mir habe ich irakisches Gebiet, teils wüstenhaft, teils von den großen Flüssen Euphrat und Tigris bewässert. Nach Syrien hin weitet sich die Wüste aus. Mit mir fliegen etwa dreißig Moslems, die wohl auf dem Weg nach Mekka sind. Sie beten. Auch auf dem Flughafen haben sie gebetet. Der Islam ist, natürlich außer dem Christentum, die einzige Religion von einiger Bedeutung. Schade, daß diese Moslems solche Rassenvorurteile haben. Bald werde ich das schöne Damaskus wiedersehen und am Abend Kairo: hoffentlich in tiefem Frieden. Von Kairo aus hoffe ich morgen abend nach Rom anzurufen. Das wird schön: hoffen wir das Beste.«

1. Dezember

»Kairo habe ich heute nacht um 1 Uhr nach viertägigem Aufenthalt verlassen. Es war rundum schön. Die gute Gastfreundschaft der Salesianer, Paggis[158] Güte und das Auto meines ägyptischen Freundes Antonio haben dazu beigetragen, daß die Tage in Ägypten einen ungetrübten und nutzbringenden Verlauf genommen haben. Kairo ist eine Großstadt. Durch die historische Bedeutung

---

[158] *Massimiliano Paggi* (1897–1983), gebürtiger Ägypter mit Wahlheimat in den Marche, Versicherungskaufmann, Freund der Familie Carretto.

ihrer Lage entwickelt sie sich zur Weltstadt. Leider deuten nationalistische Probleme und der alte Groll gegen die Engländer an, daß es zum Schlagabtausch unter den Völker kommen könnte. Tatsächlich waren nicht viele Touristen da, während das Land doch angesichts der vorhandenen großen Denkmäler der Vergangenheit größten Zustrom verdiente. Selbstverständlich bin ich an den Pyramiden und im Basar von Kam-Katti gewesen. Wirklich großartig die Moscheen [...].

Im Augenblick fliege ich auf die Grenze zwischen dem Sudan und Eritrea zu. Ich hatte nicht vor, unter solchen Umständen und bei dieser Gelegenheit nach Eritrea zu geraten. Alles hat seinen Sinn, und wir wollen es hinnehmen. In Khartum ein wahrhaft afrikanischer Sonnenaufgang. Ausgerechnet in diesem Jahr muß ich in alle kritischen Situationen geraten, die die Welt beunruhigen. Sie erhitzen im Gespräch aber auch die Gemüter; denn gestern abend bin ich mit Paggi fast in Streit geraten über die Frage nach der Freiheit dieses Volkes. Geduld!

9^{45} Uhr. Wie immer hat mir die Vorsehung – die alles besser macht als dieser arme Wandersmann – die Freude bereitet, Eritrea zu sehen. Ich bin in Asmara zwischengelandet und befinde mich nun auf dem Abstieg von der Hochebene zum Roten Meer. Rechts sieht man am Ende des langen Bandes der schönen Straße Massaua mit seinen Salinen. Das Flugzeug dreht nach Süden und nimmt Kurs auf Adua« (ebd.).

3. Dezember – Hl. Franz Xaver

»Sich heute, am Fest des heiligen Franz am Gestade des Meeres zu befinden, das Arabien mit Goa verbindet, darf nicht unerwähnt bleiben. Es ist der Herr, der mich hierhin geführt hat, und ich danke ihm. Ich habe ihm heute morgen in der Kapuzinerkirche von Aden bei der hl. Messe gedankt und werde ihm den ganzen Tag hindurch danken, den ich im Geist des großen Missionars verbringen will. Gestern habe ich meine erste Bekanntschaft mit Aden gemacht. Zwei Dinge haben sofort meine Aufmerksamkeit erregt: die Zisternen König Salomos und das Grab Kains. Diese beiden Erinnerungsstätten sind ganz typisch: die erstere kann man in den Schluchten oberhalb der Stadt besichtigen. Große, in den Berg gehauene Zisternen, wie von der Natur geschaffen, Zisternen, die den Regen, der hier ganz selten fällt, auffangen und dieses Land bewässern sollten, das ganz so ist, wie man sich eine wasserlose Wüste vorstellt. Und als ob das nicht genügte, erwecken diese Berge einen so trostlosen Eindruck, daß die Überlieferung hier das Grab des ersten Mörders ansiedelt: das Grab Kains. Diese beiden symbolischen Stätten würden als Erinnerung an Arabien genügen. Die Gräben sind jedoch ausgetrocknet: so daß nur das Schrecknis des Kainsgrabes auf den Bergen von Aden übrigbleibt. Herr, gib uns erneut einen heiligen Franz Xaver, der die Erde wieder bewässern und das Kainsgrab in Vergessenheit sinken lassen kann« (ebd.).

6. Dezember

»Ich befinde mich auf der Strecke von Asmara nach Dschidda, wo ich gegen 12 Uhr eintreffen werde. So habe ich Aden mit seinem angenehmen Aufenthalt und der liebenswürdigen Gesellschaft der Kapuziner, zumal P. Anselmos [159], wieder verlassen. Ich hatte auch das Vergnügen, einen Feiertag an Bord der berühmten ›Rose Mary‹ zu verbringen, des Dampfers, der mit der Ladung irakischen Erdöls die englische Blockade zu brechen versucht hat.

Alles in allem ist die Mission geglückt, und ich reise zufrieden ab. Einen guten Eindruck hat auf mich P. Domenico [160] gemacht, ein Inder, vielleicht der Beste unter den Kapuzinern von Aden. Bei ihm habe ich viel lernen können, besonders über die Missionsmethode zur Vorbereitung des Milieus. Ich habe zu den indischen Katholiken aus Goa und zur italienischen Kolonie von Aden gesprochen. Beste Aufnahme. Bald werde ich am Himmel über Mekka sein.

Schon dieser Name reicht aus zum Verständnis so vieler Dinge. Es bleibt das Gebet, das sich auf diesen Sand senken wird, der erglüht ist vor Erwartung, daß sich das Gottesreich entfaltet« (ebd.).

---

[159] *Anselmo Luigi Giuseppe Ferreira* (1909), Inder, Kapuzinerpater (1935), Missionar. Lebt jetzt in Bombay.
[160] *Domenico Romualdo Athaide* (1909–1982), Inder, Kapuzinerpater (1932). Theologiedozent in Häusern seines Ordens; Apostolischer Vikar in Arabien (1940), 1956 zum Erzbischof von Agra in Indien gewählt.

8. Dezember – Hochfest der ohne Erbsünde empfangenen Jungfrau und Gottesmutter Maria

»Heute habe ich in Kairo den Tag im vertrauten Umgang mit der Jungfrau Maria verbracht. Sie war es, die mir das Geschenk gerichtet hat. Sie hat tatsächlich die Dinge so gefügt, daß ich meine Abreise nach Jerusalem aufschieben mußte. Schon seit der Messe habe ich ihre Hilfe und ihre vertraute Nähe gespürt, und ist das der Fall, so ist es ein Zeichen, daß auf Maria Jesus folgt, und das Geschenk ist perfekt. Heute bin ich richtig aufgelegt, und es hat nicht an Themen gefehlt. Fangen wir gut an. Ich habe über das Oratorium nachgedacht, und es scheint mir gut, es christlich zu nennen. Der Leitgedanke müßte lauten: ›An das Christentum glauben ohne sich ersatzweise in Tätigkeiten zu verzetteln‹.

Es unmittelbar auf die Bildung der Gewissen anlegen. Während andere an die Veranstaltung von Spielen denken, müßten wir katechisieren, während andere an den äußeren Bau denken, müßten wir an die Innerlichkeit denken. Hieraus ergibt sich, daß das Anliegen des Oratoriums sozusagen ausschließlich als Katechese und als Gebet präzisiert wird. Die große Zuversicht des Christen müßte die Gnade sein. Wir müßten die Welt einzig mit dem Rüstzeug Christi verblüffen: dem Wort und den Sakramenten. Den andern der Kärrnerdienst der Werke, uns das Vertrauen auf den Vater. Unumgänglich mögen die Werke sein, die wir den Werkleuten überlassen – unsere Aufgabe ist es, das einzig wahre Gebäude zu errichten: das innere. Wieviel ergibt sich daraus! Auf die Glaubensverkündigung folgen die Anleitung zum Gebet und die vorgelebte Nächstenliebe. Das Oratorium muß es sich angelegen sein lassen, sich mit den Gebetsformen zu beschäftigen, die dem Herrn, sei es im privaten, sei es im gemeinsamen Gebet, lieber sind. Was für ein großartiger Programmpunkt ist das Gemeindeleben mit seinem liturgischen Leben, seiner Sakramentenkatechese, seiner Liebe zur Verehrung der Eucharistie, seiner Pflege des Kirchenliedes, seinem katechetischen Eifer. Und dabei darf man nicht auf den Gedanken geraten, die Liebe zum Christentum ohne Zutaten bedeute mangelndes Interesse für das, was in der Welt passiert, mangelndes Interesse für soziale und politische Fragen. Schließlich haben wir begriffen, daß es unmöglich ist, Andachtsübungen losgelöst vom Leben und Frömmigkeit losgelöst von Werken zu pflegen. Wir müssen wirklich die Einheit und Ganzheit des Christen aufbauen, aber bei der Einheit mit Gott und der Annahme des Evangeliums ›sine glossa‹ – ohne erläuternde Bemerkungen – beginnen.

Was für eine wunderbare Aufgabe! Unser Ziel muß das Christentum schlechthin sein, ohne menschliche Entstellung. Glaube an die Gnade in einem unwahrscheinlichen Maß, inständiges Gebet, Vertrauen auf das Kreuz, Leben der Nächstenliebe, Überzeugung, daß mit Christus alle Schwierigkeiten beseitigt sind. Seit er Mensch geworden ist, gibt es keine ungelösten Probleme mehr. Wir müssen lernen, auf neue Weise von ihm zu reden, ihn von den Christen aufs neue entdecken lassen, das Gespür für seine Stärke, seine Nähe und seine Lebenskraft wecken. Die Bücher, die nur Worte enthalten, schließen, die Bücher, die das Leben enthalten, aufschlagen. Das Gespür dafür wecken, daß eine Liebestat mehr vermag als eine lange Diskussion, daß ein wenig Demut mehr wert ist als aller Reichtum, daß ein bißchen Glauben mehr zählt als alle Empfehlungen der Mächtigen. Gott, Gott, Gott möge uns helfen! Mit ihm ist alles möglich, ohne ihn braucht man gar nicht erst anzufangen« (D 3).

9. Dezember – Das Heilige Land

»Und jetzt habe ich Ägypten hinter mir. Nach dem herrlichen Tag der Unbefleckt Empfangenen in Kairo – eine richtige Vorwegnahme – habe ich die jordanische Grenze in Richtung auf Jerusalem passiert. Ich habe das Rote Meer gesehen, die Halbinsel Sinai und die Landsenke, den Weg, der für das Volk beim Auszug aus Ägypten hinüber ins Land der Verheißung die Regel war. Gebe Gott, daß dies auch wirklich *mein Hinübergang* ist. Ohne mein Dazutun liegt tatsächlich die ganze *Szenerie* vor meinen Augen, und ich danke dem Herrn ganz, ganz herzlich dafür. Seit langem habe ich keinen Tag mehr verbracht wie den in Kairo, und das ist ein gutes Vorzeichen. Jetzt muß ich an die Arbeit gehen und darf die Gnade, die mir widerfahren ist, nicht einfach abtun« (ebd.).

10. Dezember – Betlehem

»Schon das Wort genügt, um mein Herz mit Bewegung zu erfüllen. Und ich bin tatsächlich hier, in dieser Gegend, die die Herrlichkeit der Engel über der Grotte gesehen hat, die vom Erschallen der gewaltigen Kunde geweckt worden ist, die die Weisen bestaunt und an erster Stelle für die Erlösung den Preis des Blutes ihrer unschuldigen Kinder entrichtet hat.

Tantur[161], das ist die Zufluchtsstätte, die die Vorsehung mir eingerichtet hat, ein Hügel zwischen Betlehem und Jerusalem. Von der Terrasse des Hauses aus sieht man, wenn man sich nach Süden wendet, die Kirche mit der Geburtsgrotte.

Ich bin noch nicht zur Grotte gegangen: ich will mich ein wenig vorbereiten. Heute habe ich mich – auch hier ohne mir dessen bewußt zu sein – im Garten Salomos, dem *hortus conclusus*, befunden, wo der Sohn Davids vielleicht das ›Hohelied‹ geschrieben hat. Die Stelle ist wirklich zauberhaft, und mir war es eine innige Freude, das Hohelied an Ort und Stelle laut zu rezitieren. Von Kairo (Hochfest der Unbefleckt Empfangenen) führt zum Garten der Jungfrau wirklich ein logischer Weg – *seine Logik*. Jetzt brauche ich mich nur noch wie ein Boot den Wellen anzuvertrauen. Ich spüre, daß Gott mein Begleiter ist.

Ein verschlossener Garten bist du, meine Schwester Braut, ein großer verschlossener Garten, ein versiegelter Quell« (ebd.).

11. Dezember

»Jeden Tag ein Strich – wie wird der Strich heute aussehen? Aufgebrochen sind wir mit dem Gedanken, im Garten Getsemani die Messe zu hören. Wir sind etwas zu spät gekommen und von der nicht sehr übertriebenen Liebenswürdigkeit des Guardians empfangen worden, der... uns, kurz angebunden, fortgeschickt hat. Da kommt Don L. auf den Gedanken, weiterzugehen und bei gewissen Sionsschwestern[162] zu zelebrieren, die in dem kürzlich

[161] Örtlichkeit auf einer Anhöhe zwischen Jerusalem und Betlehem, ursprünglich Hospizgründung der Malteser-Ritter. Jetzt Eigentum des Heiligen Stuhles, das ein riesiges ökumenisches Zentrum für theologische Studien beherbergt (1972).
[162] Kongregation päpstlichen Rechtes – 150 Häuser mit 1340 Schwestern – gegründet (1843) von M. Théodore Ratisbonne (1802–1884), um »in der Kirche und

entdeckten römischen Innenhof wohnen, in dem Jesus mit Dornen gekrönt worden ist.

Das ist großartig und stimmt zudem. Vor allem? Ein schöner vollkommener Ablaß und inniges Gebet unter Tränen auf dem römischen Fußboden, der sicher Jesus gesehen hat.

Das war der Strich für heute, den 11. Dezember 1952. Morgen setze ich auf die Ankunft Poldos und Ninos. Das wird etwas ganz Großes. Gott sei gedankt« (ebd.).

13. Dezember

»Jetzt sind wir vollzählig und können mit unserer Palästinazeit beginnen. Poldo und Nino sind eingetroffen und haben ihre Zelte hier in Tantur aufgeschlagen. Jetzt brauchen wir nur noch die Gnade Gottes. Mit ihr ist alles möglich, ohne sie ist nichts möglich« (ebd.).

14. – 21. Dezember

»Wir haben die ersten palästinischen Tage mit Poldo und Nino verbracht. Begünstigt von der Schönheit dieses Fleckchens und der Güte unserer Gastgeber, haben wir mit geistlichen Übungen begonnen. Morgens gehen wir zur Messe nach Betlehem oder Jerusalem, besuchen die heiligen Stätten, lesen im Evangelium und führen geistliche Gespräche. Wir haben auch zwei hochinteressante Ausflüge gemacht: einen nach Hebron zum Begräbnis der großen Patriarchen und den anderen nach Samaria. Besonders der letztere hat sich für uns als sehr hilfreich erwiesen. Beim Morgengrauen aufgebrochen, haben wir nach einstündiger Autofahrt Jericho erreicht. Von Jericho haben wir die Richtung zum Toten Meer eingeschlagen und von dort zum Jordan und sind zu der Stelle gekommen, an der der Überlieferung zufolge die Taufe Jesu stattgefunden hat. Nach Jericho zurückgekehrt, haben wir uns nach Norden gewandt und sind zu der unvergeßlichen Stätte der Versuchungen Jesu, dem Quarantana-Berg – Berg der vierzig Fastentage – , gelangt. Nach einem steilen Anstieg unter einem unwahrscheinlich strahlenden und mit der rötlichen und öden

in der Welt die Treue Gottes dem jüdischen Volk gegenüber zu bezeugen und das in der Erwartung der Erfüllung der Verheißungen an Juden und Heiden«.

Felsenlandschaft kontrastierenden Himmel sind wir zu der griechischen Einsiedelei gelangt, die an die Bergwand geklebt ist. Ein
wirklich verlockendes Ziel – großartige Aussicht auf den Nebo
und die Ebene von Jericho. Nach dem Halt am Quarantana-Berg
Fahrt nach Samaria. Im alten Sichem – heute Nablus – angekommen, Ausflug zu den Trümmern von Samaria. Gang zum Ort der
Einkerkerung des Täufers – zum Gebäude, in dem die Tochter der
Herodias getanzt hat – zur Stätte des Martyriums. Inständiges
und glühendes Gebet. Zurück zum Jakobsbrunnen, Lesung der
Perikope von der Begegnung mit der Samariterin, gegen Abend
Rückkehr nach Betlehem über Jerusalem« (ebd.).

23. Dezember

»Ein Weihnachtsfest steht vor der Tür, das für mich in vielfacher
Hinsicht den Stempel des Außergewöhnlichen trägt. Der Ort, die
Zeit, die Disposition, all das trägt dazu bei, daß meine Seele in
Feiertagsstimmung ist. Wie danke ich Gott, daß er mich in diese
glückliche Lage versetzt hat! Daß er mich aus der GIAC genommen und mir die Möglichkeit gegeben hat, noch einmal an meine
Angelegenheiten, meine Seele und meine Zukunft zu denken!
Daß er uns unsere Treulosigkeit und unsere Dickköpfigkeit nicht
anrechnet! Ich danke ihm ganz nachdrücklich für das, was er getan
und für die Art und Weise, wie er es getan hat. Jetzt befinde ich
mich vor meiner Zukunft – einer neuen Zukunft – und muß ihr in
der heiligen Nacht in der heiligen Grotte zur Geburt verhelfen. Ist
sie dann geboren, so muß ich dafür sorgen, daß sie mit einem einzigen Wesenszug im Licht des Vaters lebt. Ich muß sie ihm anvertrauen, seiner Barmherzigkeit, seiner Eingebung, Minute für Minute. Das muß ihr unverwechselbarer Wesenszug sein! Der Herr
wird mir helfen. Wehe, wenn er an mein Elend dächte – ich wäre
längst am Ende! Ich spüre, daß er mich noch liebt – ich muß lernen,
darauf einzugehen. Ich muß lernen, ihn zu lieben. Ich habe noch
Zeit, er hat mich wiedererobert: ich will ihm gehören, ganz ihm,
einzig ihm« (ebd.).

Weihnachten

»Ich habe die Nacht in der Grotte verbracht, die das hochheilige
Geheimnis der Geburt Jesu gesehen hat. Ich habe die heilige

Messe ganz nahe bei der Krippe gehört. Mir kam es vor, als berührte ich die Hände Jesu. Ich habe die Anwesenheit Mariä und Josefs in meiner Nähe gespürt. Und mit Weihnachten 1952 beginnt ein neues Leben. 6^{30} Uhr Wecken – 7 bis 8 Uhr Messe – Prim, Betrachtung – 9 bis 13 Uhr Arbeit – 16 bis 21 Uhr Arbeit – 23^{30} Uhr Gewissenserforschung, Besinnung – 24 Uhr Nachtruhe.
Notizen: sofort einen Französisch- und Englischlehrer suchen.
Termine: Montini, La Pira, Veronese, Scelba[163].
Aufgabe: das Buch über das Oratorium vorbereiten« (D 3).

Dezember

In Castel Gandolfo Vorbereitungstreffen Carlos mit diversen Freunden zwecks Planung einer Zeitschrift zur Sammlung der katholischen Kräfte, die sich mit den offiziellen Entscheidungen nicht mehr identifizieren konnten; das Grundsatzreferat Giuseppe Lazzatis[164] behandelt die »Physiognomie des Laien als Erneuerer der Welt«.

1953

31. Januar – 1./2. Februar

Carlo nimmt in Rom in der Villa »Il Maestro« im Stadtteil Monte Sacro unter dem Vorsitz Mario Rossis an der Sitzung des Gesamtvorstandes der GIAC teil und richtet sein Abschiedswort an die Präsidiumsmitglieder (EA 161–164).

[163] *Mario Scelba* (1901–1991), Sizilianer, Jurist; Politiker des Partito Popolare Italiano und danach der Democrazia Cristiana; Mitglied der verfassunggebenden Versammlung (1946); mehrmals Minister in verschiedenen Ministerien und Ministerpräsident (1954–1955); Vorsitzender der Democrazia Cristiana (1965); Präsident des Europa-Parlaments (1969–1971). Hat sich (1983) aus der politischen Betätigung zurückgezogen.
[164] *Giuseppe Lazzati* (1909–1986), Lombarde, bedeutende Apostelgestalt. In Mailand Vorsitzender der GIAC (1934–1943). Gründer des Säkularinstituts »Milites Christi« (1938); nach Polen in ein Konzentrationslager verschleppt (1943). Mitglied der verfassunggebenden Versammlung (1946) und Parlamentsabgeordneter (1948–1953). Vorsitzender der Laureati Cattolici ebenfalls in Mailand (1958); Schriftsteller und Hauptherausgeber der Tageszeitung »L'Italia« (1961–1964). Professor an der Katholischen Universität Mailand und deren Rektor (1968–1983). Seligsprechungsprozeß wird eingeleitet.

Man kann die Krise Carrettos und später auch die Mario Rossis nicht einfach auf politische Anschauungen, wie sie besonders mit der »Operazione Sturzo« zutage getreten sind, zurückführen, sondern muß sie auch im innerkirchlichen Bereich und Zusammenhang sehen.

»Gemeinschaft muß ein Verband freier Menschen sein, die argumentieren, diskutieren und handeln, und keine Ansammlung von Schafen. Der Sinn der Demokratie verlangt genau das. Deshalb wird ja auch der Kommunismus niemals das Christentum verstehen können, weil er eben eine Diktatur ist wie auch der Faschismus... Wehe, wenn wir aus falscher Nächstenliebe der Wahrheit den Mund stopften« (C 19).

»Die Ehe mit der Politik war ein Faktor, der zum Bruch geführt, mir geholfen hat, aber sie war nicht entscheidend. Es war so etwas wie Lebensmüdigkeit, die dazu beiträgt, daß man sich den Tod wünscht. Doch dem Herrn ist es gelungen, mich herauszuziehen, weil ich kein Vertrauen mehr zu mir selbst, zur Organisation und zur Bewegung empfand. Ich fühlte mich völlig leer... Ja, ich wiederhole, die Ausnutzung der Katholischen Aktion zu politischen Zwecken war ein Faktor, der die Entscheidung vorbereitet hat, aber sie war nicht ihr Beweggrund. Ich kam zu der Einsicht, daß es in Italien und in der Welt nicht an Arbeitern für den Weinberg Gottes mangeln würde: die Christenheit insgesamt begann aufzuwachen. Alle begannen von der Arbeiterfrage und den Armen zu reden. Ich empfand jedoch das Bedürfnis, weiter vorn in Stellung zu gehen, an einer Front des Geistes. Ich versichere, es war keine ›Trostlosigkeitskrise‹. Ich hätte in der Katholischen Aktion bleiben können, aber ich begriff intuitiv, daß die Zeit vor der Tür stand, in der die schwerste Schlacht auf dem Gebiet des Glaubens ausgetragen würde. Alle würden wir von der ›Macht‹ versucht werden, von dem Verlangen nach ›immer größerer Stärke‹...« (CC 13–14).

»Man muß nachdrücklich auf die Entwicklung hinweisen, die sein Kirchenbild um das Jahr 1953 durchmacht. Wenn man sich Carlos Leben vor Augen hält, ahnt man, wie die Entwicklung, die schrittweise, wenn auch nicht geradlinige und von Überzeugung getragene Änderung in der Kirchenauffassung von den schmerzlichen Ereignissen jener Zeit vorbereitet worden war. Es ist nicht belanglos zu entdecken, wie er vom Bild einer Kirche als fester Burg, die man gegen äußere Feinde aller Art verteidigen müsse, hinübergewechselt ist zu dem der barmherzigen Mutter, der man bei den Gegnern nicht durch die Macht ihrer Organisation und die Effektivität ihrer Mittel Achtung verschaffen will, sondern durch das Vertrauen auf die Gnade dessen, der der Mächtigste ist...«[165]

»Carretto war nicht ›belesen‹ im akademischen Sinne, wenn er auch viel Zeit darauf verwandte, auf dem laufenden zu bleiben; aber was er las, konfrontierte er sofort mit der Bibel, die für ihn Vergleichsmaßstab und Wasserscheide war, wenn es darum ging, den Thesen der diversen Autoren, mochten sie Geistliche oder Laien sein, zuzustimmen oder sie abzulehnen.«[166]

»Carrettos Lektüre während der Jahre in der Katholischen Aktion trägt die Spuren von Büchern und Artikeln, die in den zwei Jahrzehnten in unserem kleinen Italien die Runde machten, vornehmlich von den Schriften Fogazzaros und von Rosminis Schrift ›Über die fünf Wunden der Heiligen Kirche‹. Damals führte sie jeder im Gepäck, und sie bot Anlaß zu Träumen und Debatten. Diesen Werken muß man noch die Faszination des französischen katholischen Geisteslebens der frühen fünfziger Jahre hinzufügen. Da sei erinnert an die geistlichen Schriften Abt Chautards unter dem Titel *L'âme de tout apostolat* oder auch *La vie intérieure simplifiée* von Tissot und vor allem die *Geschichte einer Seele* der heiligen Teresia vom Kinde Jesu. Werke, die seit den Jahren des Konflikts unter Pius XI im Jahre 1931 bei Carretto einen bleibenden, wenn auch nicht unmittelbaren, Einfluß auf seine Vorstellung von Kirche, Apostolat, Laien und Berufung zur Heiligkeit ausgeübt haben. Und sie waren Markstiene, hinter die er nicht mehr zurückgegangen ist.«[167]

»Wer erinnert sich noch an Carretto in Rom und auf Reisen in Italien während der Jahre ›53/‹54, also schon nach seinem Rücktritt? Immer tadellos, elegant, Bewohner einer schönen Wohnung, Fahrer eines schweren Wagens und auch ausgesprochen wohlhabend, so daß viele von uns zur Unterstützung kleiner Apostolatsaufgaben zu seinen Mitteln Zuflucht genommen hatten.

Aber nicht nur das, er hatte auch versucht, eine Gemeinschaft zum aktuellen Glaubenszeugnis zu errichten, die sich um ihn hätte drehen sollen. Es hieß sogar, man wolle eine Zeitschrift ins Leben rufen, die Prophetenwort sein sollte. Nichts ist ihm gelungen! Auf einem dieser Mini-Konvente hat Giuseppe Lazzati festgestellt, wie schwer die Gruppe sich mit der Identifikation tat, und allen Anwesenden empfohlen, das Buch ›Mitten in der Welt‹ von René Voillaume zu lesen. Für Carlo war

---

[165] L. A. DE MOLA, *La fede...*, S. 22, siehe Anm. 1.
[166] P. TARDINI, »La tenerezza...«, a.a.O. 593, siehe Anm. 1.
[167] L. A. DE MOLA, *La fede...*, S. 23–24, siehe Anm. 1.

das *die* Entdeckung. Er hatte noch andere Versuche gemacht, sich wieder in den Gang der Dinge einzuschalten..., sogar daran gedacht, mit der Democrazia Cristiana zusammenzuarbeiten, die ihn aber, damals unter der Führung von Amintore Fanfani, nicht ernst nahm, vor allem, weil gerade die Zeit war, in der die Partei sich den Laien glaubhaft machen wollte, und infolgedessen niemand aufnehmen konnte, der ganz Kirche war und sich auf die Dauer in den Vordergrund gedrängt hätte.«[168]

Mit einer Gruppe von Freunden beteiligt er sich an der Redaktion der Zeitschrift, die in Rom in der via Sant'Eufemia 8 schon ein Büro hat.

Exerzitien des Redaktions-Teams in der Hütte des italienischen Alpenvereins in Cervinia.

14. Juli

Treffen der ganzen Familie Carretto in Valtournanche (AO); auf der Tagesordnung steht ganz besonders Carlos Lage nach seinem Ausscheiden aus der GIAC und dessen Auswirkungen im Familienkreis.

20. September

Carlo ist in Spello (PG), wo die Diözese Foligno die erste Diözesantagung der GIAC abhält.

26. – 29. Oktober – Assisi – Exerzitien

»I – Die Berufung ist die Weiterführung der Schöpfung. Gott, der beruft, ist derselbe Gott, der erschafft, ja sogar durch seinen Ruf erschafft. Wir leben in dem Maß, in dem wir gerufen werden – wir sind in dem Maß, in dem wir auf den Ruf antworten. Die Berufung richtet sich an alle. Gott ruft ganz sicher. Das Problem liegt bei uns. *Schenken wir Gott Gehör!* Seine Stimme klingt weiter. Um sie zu hören, muß man die Binden entfernen, die unseren Tod umwickeln.

Bei mir liegt es nicht daran, daß ich nicht hören wollte, es liegt

---

[168] F. Ferraudo, »Carlo Carretto operatore di pace« in *Comunità in cammino...*, einzige Nummer, herausgegeben von der Pfarrei S. Giulio d'Orta in Turin, Ostern 1989.

193

daran, daß ich mich fürchte, mich ganz dieser Stimme zu überlassen. Inzwischen klingt das Wort Gottes weiter und wartet.

II – Laßt uns den Menschen machen, sagt Gott, und er soll nicht so gemacht werden, wie es bei den Dingen der Fall ist. Sein Wort schließt hier eine Bewegung ein, arbeitet gewissermaßen mit dem Menschen. Das ist eine sehr wichtige Wahrheit, denn während die Dinge aus dem Nichts erschaffen werden, vollbringt Gott sein Schöpferwerk beim Menschen mit der Mitwirkung des Menschen. Der Mensch setzt sich in Bewegung. Zieh weg, geh, sprich, folge mir, das sind Ausdrücke, die diese Bewegung, dieses Gehen, besagen. Will man gut daherschreiten, so ist es wichtig, nie auf den alten Positionen zu verharren, sich nie *niederzulassen*, sich nie zu *begnügen*. *Immerwährende Bewegung* des von Gott angespornten Menschen.

Laßt uns machen, sagt Gott und wirkt mit dem Menschen die Heiligung. Er wirkt seine Menschwerdung. Sie ist Werk des Heiligen Geistes, sicher, aber mittels des *fiat*. Wie die Jungfrau Maria.

Die Berufung Abrahams: Zieh weg aus deinem Land, aus deinem Vaterhaus = Loslösung.

Denk nur, was das für einen Menschen bedeutet, der 2000 Jahre vor Christus gelebt hat. *Echte Entwurzelung – äußerste Einsamkeit – totale Loslösung*. Alle Geschlechter werden dich segnen, aber er nimmt ihm die eigenen Verwandten. Deine Kinder werden zahlreich sein wie der Sand, aber er nimmt ihm den einzigen Sohn.

Das ist Berufung – sich zur Verfügung stellen – sich entwurzeln lassen – sterben – so erlangt man die Freiheit. Von dieser Loslösung hängt unsere künftige Fruchtbarkeit ab. So handeln, daß Gott unsere Sicherheit ist – der einzige Halt – ohne zu wissen, wohin es geht.

Wo stehst Du in diesem Zusammenhang? Du selbst kennst die enorme Menge Deiner Fesseln nicht.

Doch... die Du kennst!! Deine Absichten – Deine Sicherheit – Dein Vermögen...

Unter Beruf verstehen wir gewöhnlich die Arbeit, die zu erledigen ist, die herrlichen Werke, die man in Angriff nehmen möchte, nicht aber das, was *die Loslösung, das Ersterben allem gegenüber*, bedeutet. Ist das übrigens keine Vorwegnahme der Wirklichkeit des natürlichen Todes?

Das Apostolat. Zeugnis. Zeuge – jemand, der alles gesehen hat; das Apostolat der großen Ausgesandten: Abraham – Mose – Jesaja – Jeremia – Petrus – Jakobus – Paulus – beginnt mit dem, *was sie geschaut haben.*

›Wir waren bei ihm... Was wir mit unseren Augen gesehen, was wir geschaut und was unsere Hände angefaßt haben‹ (Joh).

Das ist also, mit einem Wort, die Apostolatsarbeit: *contemplata... tradere*[169]. Was aber will man machen, wenn das *contemplata* fehlt? Eben deshalb müssen sich die hierarchischen Instanzen mit den charismatischen verschmelzen. Sich verschenken. Christliche Berufung ist apostolische Berufung. Der Mensch muß Geber sein, also Christ, also Apostel. Das ist das einzige Gesetz: das des Sich-Verschenkens. Dagegen anzugehen, heißt steril, unnütz zu werden, heißt, sich dem Tode zu nahen. Ich kann mich nicht im Alleingang retten. Meine Frömmigkeit darf mich nicht von der Gemeinschaft scheiden – scheidet sie mich von ihr, dann ist sie falsche, schädliche Frömmigkeit.

Es gibt kein sakrales Leben und daneben ein profanes Leben. Wer da einen Trennungsstrich zieht, ist kein Christ. Meine Botschaft ist mein *Leben*, nicht meine selbstgerechte Frömmigkeit. Sonst würde die Frömmigkeit zur Flucht vor dem Willen Gottes.

Also: mein Leben soll auf die anderen ausgerichtet sein, alles hingeben und dann mich selbst hingeben. Wenn das Weizenkorn nicht stirbt... *Es ist das Hinschenken seiner selbst.* Die Berufung ist Dienst und Dienst an allen, denn niemand ist einem Christen fremd.

Was verkündet die Botschaft? Sie ist Freudenbotschaft.

Ein Christ muß Freude bringen. Die Freude über die Wahrheit, die man erobert hat. Die Freude über die Liebe, die man erfahren hat. *Die Freude, Gott zu besitzen.* Er hat die Schrecken des Todes abgeschüttelt, die Sorgen um den morgigen Tag, den Schatten des Schmerzes, die Knechtschaft der Sünde; ein Christ ist frei und daher voller Freude.

Seine Freude ist Gott selbst. Der Besitz Gottes verleiht Sicherheit, verleiht überströmende Freude. Er verleiht den Vollbesitz der Kräfte, so daß man alles kann, infolgedessen gebricht es uns

---

[169] Was man geschaut hat, weitergeben.

an nichts, und darin besteht unsere Armut. Selbst die Tugenden, selbst die Gesundheit, was bedeuten sie verglichen mit dem Besitz Gottes? Was liegt mir an ihnen?

Die Welt wird uns akzeptieren, wenn das unsere Botschaft ist.

Freude schenken, das ist Christentum. Den Menschen helfen, sich zu befreien, Gott wiederzufinden, aus ihm zu leben und die Freude Gottes zu erkennen.

Wer bestimmt den Weg? Das ist Gott.

Wir dürfen nicht meinen, wir seien es, die für uns planen und bestimmen.

Meine Wege sind nicht ... die Deinen, das ist die nackte Wahrheit. Das ist die radikalste Entsagung, mit der ich einverstanden sein muß.

›*Komm in das Land, das ich dir zeigen werde*‹. Er wird es sein, der mich führt. Deinerseits Vertrauen und restlose Ergebenheit. Wirklich.

Frömmigkeit: wenigstens Prim, Betrachtung, Messe und Kommunion, Gewissenserforschung und Besuch des Allerheiligsten, Rosenkranz und Komplet.

Leben: viel Arbeit – Sprachstudium, Artikel, Lektüre, Öffentlichkeitsarbeit.

Opfer: täglicher Verzicht auf Speisen und Bequemlichkeit.

Nächstenliebe: mehr an die anderen denken, die man lieben muß – sich zwingen, viel zu lieben.

Wahrheit: ja – ja, nein – nein, ganz entschieden; um keinen Preis eine Lüge.

Reinheit: große Wachsamkeit und Vertrauen auf die Gnade.

Hauptmerkmale: Gottvertrauen von Kind auf. Seht die Vögel des Himmels... Absolute, umwerfende Großherzigkeit. Sich Minute für Minute unter der ständigen Einwirkung Gottes fühlen und evangelische Einfachheit« (D 3).

1954

Januar – Rom

»Der Beginn dieses neuen Jahres war geprägt von der Reise nach Sardinien, den Exerzitien in Ales[170], der Kälte in Bannari, widerstreitenden Eindrücken, Unentschiedenheit, Stimmungshochs und Stimmungstiefs und Niedergeschlagenheit. An Gutem hat sich ergeben: der Gedanke, genau auf die kleinen Dingen zu achten, auf den beharrlichen Einsatz des Willens und auf die Absage an den sorglosen und bequemen Wunderglauben. Don Ferraudo[171] ist mir nützlich gewesen, und ich möchte hier die Vorsätze zusammenfassen, die sich aus der besonderen Art seiner Vorträge ergeben haben: geistliche Begleitung, Betrachtung, Gewissenserforschung, heilige Messe. Es ist die alte Reihe, die jemand aufgegeben hatte, der sich mit einer besonderen Sendung und mystischen Gluten begnadet fühlte, aber immer noch mit seiner Begabung auf der Stelle tritt…, der mit etwas Demut gestehen muß, daß er etliche Male auf die Nase gefallen ist. Wir wollen es nochmals sagen: an die Arbeit, und mit dem heiligen Karl *nunc coepi*. Das soeben eröffnete marianische Jahr müßte mir eine besondere Hilfe sein. Wäre es möglich, daß die Muttergottes sich nicht bemerkbar machte?
Fangen wir an« (C 19).

[170] Carlo hat immer eine Vorliebe für die Diözese Ales-Terralba (OR) gehabt. Sie beruhte auf einer brüderlichen Freundschaft mit Bischof Antonio Tedde (1906–1982), früher Pfarrer in Sassari. Als Hirte offen und einfühlsam für die Probleme der Arbeiter, besonders der Bergleute, hat er sie in ihren Arbeitskämpfen unterstützt, sich für ihre Emanzipation und die Befreiung von ganz drückenden Verhältnissen eingesetzt, für ihre Kinder Betreuungseinrichtungen geschaffen und ihren Zugang zu den höheren Schulen gefördert. 1949 hat er das in seinem Hirtenbrief »In paupertate« nicht nur in Italien, sondern auch im Ausland bekanntgemacht. Seiner Zeit voraus, hat er alle Stolgebühren abgeschafft.
[171] *Franceso Ferraudo* (1915), Piemontese, Priester (1947); Volksmissionar; Pfarrer in Moncalieri (1972–1984); Mannschaftskaplan des Fußballklubs »Torino« (1956–1986).

20. Januar – Rom – Hl. Sebastian

»Messe in Gesù. Gute Beichte. Vorsatz, nicht mehr zu träumen, sondern mich an die Heiligung jeden Augenblicks zu halten. Genau wie damals, als ich meinen Marsch zum Herrn angetreten habe, nachdem ich das erste Geschenk empfangen hatte: das Geschenk der Gnade. Mir scheint, das war im Jahre 1932. Ich will also wieder zu schreiben beginnen etwa nach dem Vorbild von *L'invisibile Amore* und und gründlich Englisch lernen.

Als Seelenführer werde ich mir Don Ferraudo nehmen. Was die Betrachtung angeht, so will ich sie am Abend bei der eucharistischen Anbetung halten. Wir werden sehen, wie es mit der Treue steht« (ebd.).

27. Januar – Turin – In Santa Maria Ausiliatrice

»Hl. Messe und Beichte. Ich fange mit mehr Glauben wieder an. Der Titel des Merton-Buches, das ich gestern abend in Rom am Bahnhof gekauft habe: *Im Zeichen des Jona*[172].

Die Volksmission in Moncrivello werde ich für mich selbst halten. Wer weiß, vielleicht bekehrt er mich!« (ebd.)

31. Januar – Turin

»Ich habe mir selbst gepredigt und habe ziemlich viel erreicht. Wir werden sehen, wie sich das auswirkt.

Gute Merton-Lektüre. Moncrivello ist ein Städtchen meines heimatlichen Piemont von einst. Ruhig, altertümlich, traditionsgebunden und unbeweglich.

Es hat die übliche Atmosphäre. Es lebt aus einem überkommenen Glauben, der noch Kraft ausstrahlen kann, aber freudlos ist.

Welch große Vergangenheit liegt im Leben dieser Bevölkerung! Aber alles ist altersschwach, und nichts ist durch Neues ersetzt worden.

Aus der Frömmigkeit der Jugend quillt Überdruß.

In diesen Tagen hat sich der Frost klirrend und unbarmherzig bemerkbar gemacht, während ich nicht mehr darin geübt war, ihn zu ertragen. Die Gegend hat sich unter der weißen Schneedecke präsentiert, und das Thermometer ist so tief gesunken, daß es

---

[172] T. MERTON, *Das Zeichen des Jonas*, Einsiedeln 1954.

dem makellosen Weiß jegliche Poesie genommen hat. Bei der Mission habe ich mein Bestes gegeben und reise jetzt entspannt und getrost nach Rom zurück« (ebd.).

Mai

Im Auftrag Monsignore Angelo Dell'Acquas[173]*, Substitut im Staatssekretariat, nimmt er, begleitet von seiner Schwester Liliana, in Sachen »Peregrinatio Mariae« Verbindung zu einigen Gruppierungen in Frankreich, England und Irland auf.*

»Turin – Paris mit Liliana, ich reise bei Tag zu Beginn der warmen Jahreszeit. Ich habe wieder einen Blick auf die Val di Susa und auf Bardonecchia getan. Jetzt rollen wir nach Norden und werden heute abend in Paris sein« (C 19).

Juni

Mit Poldo Saletti beteiligt er sich an der Errichtung der alpinen Schutzhütte »Nive Candidior« in Cervinia in 2080 m Höhe.

»Mein Traum war es, in die Alpen zu steigen und mich mit den Bergführern zu verbrüdern, deren Dienst darin bestand, am Matterhorn Menschen Hilfe zu bringen, die im Schneesturm in Not geraten waren. Träume kommen nicht von ungefähr. Mein Leben lang war ich Bergsteiger gewesen und in meiner Militärzeit Gebirgsjägerhauptmann; die Berge waren meine Leidenschaft. Meine Sendung wollte ich für meine Brüder einsetzen, die in Eis und Schnee in Not geraten waren.

Ich hätte mich gern mit einem Bergführer verbrüdert und mein Gebet und meinen Dienst dieser, gewiß nicht leichten Aufgabe gewidmet, wie Jesus es mir eingab« (PE 10f).

Zweiter Exerzitienkurs des Redaktions-Teams der künftigen Zeitschrift bei den Schwestern »de la Retraite«[174] *in Rom auf der via Ulisse Seni Nr 2.*

---

[173] *Angelo Dell'Acqua* (1903–1972), Lombarde, Priester (1926); Sekretär Eugenio Kardinal Tosis in Mailand (1926–1929); Sekretär der Apostolischen Delegation in Istanbul (1931–1935); im Dienst des Heiligen Stuhles (1938), Substitut der Staatssekretarie (1952–1967); Titularerzbischof von Chalkedon (1958); zum Kardinal erhoben (1967) und Kardinalvikar von Rom (1968–1972).

[174] Kongregation päpstlichen Rechtes, in Frankreich (1821) von Jean Pierre

Oktober

»Ich war damals Vikar in Vigone (TO). Carlos Ankunft habe ich noch gegenwärtig, es war 1954 gegen Herbst. Er kam, um sich Rat zu holen, aber seine Entscheidung war schon gefallen. ›Daß niemand mich will‹, sagte er mir, ›ist ein klares Zeichen dafür, daß der Herr mich in die Stille ruft. Übrigens habe ich auch zuviel geredet; es wird gut sein, daß ich ernstlich zu beten beginne‹. Es ist nicht sicher, daß er früher nicht gebetet hätte, doch in keinem Verhältnis zum Reden. Ich habe versucht, es ihm auszureden, aber vergebens. Übrigens ist es mir noch nie gelungen, jemand, der um Rat kam, damit von seinen Vorstellungen abzubringen. Ich weiß noch gut, daß auch Montini nicht einverstanden war. Der künftige große Papst Paul VI dachte, früher oder später müsse in der Kirche eine gewisse Wende eintreten, und dann wäre Carretto genau der richtige Mann gewesen, um die Massen zu begeistern. Ich war außerdem gewohnt, mich über Menschen, die von ihren Ideen besessen waren, lustig zu machen, zumal wenn es sich um so schwärmerische Enthusiasten wie Carretto handelt, und hielt es mehr mit einer Vorahnung, der nämlich, ihn von einem Augenblick auf den anderen wiederkommen zu sehen, wenn die Zeichen wieder entgegengesetzt stünden.

Doch er hatte zweifellos recht gesehen; der vertraute Umgang mit Gott in einer eremitischen Umgebung war Carrettos Berufung. Den Carretto von früher konnte man vergessen. Aber nicht, weil seine Tätigkeit in einer Weise kirchenbezogen gewesen wäre, die sich als trügerisch erweisen sollte, sondern weil sie ganz eng mit seiner natürlichen und übernatürlichen Verfassung zusammenhing.«[175]

21. Oktober

Die Angehörigen nehmen Anteil an Carlos schmerzlicher Suche. Aus Thailand schreibt ihm sein Bruder, Monsignore Piero:

»Liebster Carlo, ich habe Liliana geschrieben und kann Deinen nunmehr nahen Namenstag nicht vergessen. Möge der heilige Karl dir den ›Geist Gottes‹ erwirken, damit Du Dein neues Apostolat gut beginnen und zum besten so vieler, besonders in den Missionen, ausbauen

---

Etienne Terme und Maria Vittoria Couderc gegründet. Die Kongregation verteilt sich auf 20 Häuser mit etwa 1012 Schwestern, die sich besonders der ewigen Anbetung und der Betreuung von Einkehrtagen und Exerzitien in ihren vom Geist des Gebetes erfüllten Häusern widmen.
[175] F. FERRAUDO, »Carlo Carretto operatore di pace« in Comunità in cammino…, a. a. O., vgl. Anm. 167.

kannst... Ich weiß noch nicht genau, was Du vorhast: daher erwarte ich von Dir auch einen ausführlichen Brief: den schreibst Du mir doch bald, nicht?

Sei gewiß, daß bei mir keine hl. Messe vergehen kann, ohne daß ich Dich Jesus – und das ganz innig – namentlich empfehle; ich bin sicher, daß auch Du keine Messe oder hl. Kommunion vergehen läßt, ohne das auch für mich zu tun« (C 19).

Carlo unternimmt eine Wallfahrt nach Nazaret.

Kleiner Bruder Jesu

1954–1964

1954

1. November

Er erwähnt seiner Schwester Liliana gegenüber den Wunsch, in einen Orden einzutreten.

»In den unzähligen Briefen, die ich damals erhalten habe, hat niemand mir Recht gegeben. Die einzige, die mir sagte, ich handele richtig, war meine Schwester, die auch die einzige war, die dafür bezahlt hat, denn sie blieb allein zurück. Sie hatte sich in meinem Kielwasser gehalten und nie eine Frage gestellt. Sie sagte mir: ›Ja, vielleicht ist das Deine Berufung, geh, ich will Dich nicht aufhalten‹« (RO).

4. November

»Als ich 44 Jahre alt war, erging an mich der gewichtigste Ruf meines Lebens: der Ruf zum kontemplativen Leben. Er hat in der tiefsten Tiefe des Glaubens Gestalt angenommen, dort, wo absolute Finsternis herrscht und menschliche Kräfte nicht mehr weiterhelfen.

Diesmal mußte ich mein Ja sprechen, ohne etwas zu verstehen: Verlaß alles und komm mit mir in die Wüste. Ich will nicht mehr Dein Tun, ich will Dein Beten, Deine Liebe.

Manch einer, der mich nach Afrika gehen sah, dachte an eine Krise aus Trostlosigkeit oder Resignation. Nichts trifft weniger zu als das… Ich bin von Natur aus so optimistisch und hoffnungsfroh, daß ich nicht weiß, was Trostlosigkeit oder Resignation vor Schwierigkeiten ist.

Nein: dies war der entscheidende Ruf. Und nie habe ich ihn besser begriffen als an jenem Abend bei der Vesper am Fest des heiligen Karl 1954, als ich der Stimme mit ja geantwortet habe« (LE 8 f).

Carlo verkündet seinen Entschluß, bei den Kleinen Brüdern Jesu[176] *einzutreten. Natürlich hat dieser, für jeden, der ihn gut zu*

---

[176] Kongregation päpstlichen Rechtes, 1933 von René Voillaume gegründet. Sie zählt heute etwa 274 Brüder in 115 Fraternitäten, die in 44 Ländern vertreten sind.

kennen glaubte, so unerwartete und »seltsame« Entschluß vor allem seine Angehörigen in Verwirrung gestürzt, wie aus deren folgender Korrenspondenz ersichtlich ist.

12. November – Moncrivello

Brief Schwester Emerentianas an ihre leibliche Schwester, Schwester Dolcidia.

»Meine liebste Schw. Dolcidia,
ich kann Dir nicht verheimlichen, daß mir der Gedanke an den Entschluß, mit dem Carlo sich trägt, die ganze letzte Nacht zu schaffen gemacht hat, und ich kann mir nicht schlüssig werden. Auch ich frage mich: Ist es möglich, daß er sich so plötzlich einer Kongregation anschließen sollte, ausgerechnet er, der vielleicht unterstützt hätte, daß die Ordensleute sich für diese arme Welt in die Bresche würfen?... Und dann Mama und Papa, die doch jetzt alt und materiell und menschlich auf ihn angewiesen sind, und Liliana, die von heute auf morgen allein dasteht, fern von uns und den Brüdern, selbst wenn ein Notfall einträte... Welch ein schmerzlicher Widerstreit der Gefühle... O! möge doch der Heilige Geist uns klar sehen lassen, ob das wirklich das Schlachtopfer ist, das er mit dieser Entscheidung von uns verlangt und am meisten von allen zu Hause.

Warum aber diese Kongregation? welchem guten Zweck dient sie? und außerdem, sollte Carlo sich bei seiner Bildung und der Anziehungskraft, die er auf die Massen ausübt, ausgerechnet in diesem Augenblick in Handarbeit vergraben, da die Menschheit religiöse Unterweisung und geistige Bildung braucht?... Jetzt reicht es, ich bin ganz benebelt und versichere Dir, daß ich gestern abend gegen 21 Uhr, als ich ahnungslos auf meiner Zelle das Päckchen öffnete, das Du mir so lieb geschickt hast, nur noch die bangen Stunden nachvollziehen konnte, die Du nach Deinem Gespräch mit Carlo in Rom durchgemacht hast. Nachdem Du am 1. November zu Hause gewesen warst, hattest Du mir in Deinem Brief aus Rom Andeutungen gemacht, aber da habe ich die Sache nicht als dringend angesehen, und niemals habe ich auch nur im Traum daran gedacht, daß Carlo sich mit einem Entschluß trüge, der von einem Augenblick auf den anderen Wirklichkeit werden könnte. O! der liebe Gott möge in dieser Angelegenheit den rechten Weg weisen. Aber ist es denn möglich, daß er keine Arbeit finden und sein Apostolat nicht durch eine vorbildlich katholische Lebensführung fortsetzen kann? möglich bei seinem, wenn auch beschränkten Bekanntenkreis?... Und hat Carlo Monsignore Piero um Rat angeschrieben, oder will er auch ihm die Überlegung verschweigen, mit der er sich trägt? Mir ist das Martyrium unvorstellbar, das unser Väterchen und Mama in der Trennung von ihm, der ihre einzige Stütze ist, empfinden werden...

Liebe Schw. Dolcidia, ich habe hier Deinen Brief vor mir liegen, und wenn ich ihn anschaue, befällt mich immer stärker ein beklemmendes Gefühl. Was wird geschehen? mit ihm?... mit ihren? und das jetzt, wo sie von einem Augenblick auf den anderen erkranken können... und Liliana... allein. Mein Gott! ich kann einfach die Tränen nicht mehr unterdrücken...« (C 19)

14. November

Carlo hatte Monsignore Giovanni Battista Montini, inzwischen zum Erzbischof von Mailand erwählt, von seiner Berufsentscheidung unterrichtet und um eine Empfehlung an P. René Voillaume[177]*, den Prior der Kleinen Brüder Jesu gebeten.*

»Lieber Herr Professor,
Ihre Worte erfüllen mich mit Rührung und Nachdenklichkeit. Gottes Wirken ist tatsächlich unsichtbar, aber machtvoll, beim Weben unseres Menschenschicksals mit im Spiel. Das von Zeit zu Zeit ganz deutlich zu spüren, bestärkt unseren Geist mit Freude, Ermunterung und Zuversicht.

So ist es mir beim Lesen Ihres guten Briefes ergangen, und ich nehme nicht seine Entschuldigungen – die sind überflüssig –, wohl aber das Gebetsversprechen und das der Verbundenheit in der Liebe Christi dankbar an.

Doch zu dem, was Sie mir vertraulich mitteilen, fehlen mir die Worte; auch ich werde den Heiligen Geist bitten, er möge Sie erleuchten, leiten und mit seinem Trost erfüllen.

Ihr in Christo sehr ergebener G. B. Montini« (RO).

28. November

Monsignore Montini empfiehlt Carlo in einem Schreiben dem Prior der Kleinen Brüder Jesu.

»Hochwürdigster Vater,
Professor Carlo Carretto, der ehemalige Vorsitzende der Gioventù Cattolica Italiana, bittet mich, ihn Ew. Paternität zu empfehlen.

---

[177] *René Voillaume* (1905), Franzose, Priester (1929). begründet mit noch vier jungen französischen Priestern, von Kardinal Verdier am 8. September 1933 in der Pariser Basilika auf dem Montmartre mit dem weißen Ordensgewand eingekleidet, eine neue Form des Ordenslebens in der Nachfolge Charles de Foucaulds.

Das tue ich gern und versichere, daß er ein Mensch von großer Aufrichtigkeit, glühender Innerlichkeit und ausgesprochener Großherzigkeit ist, erfüllt von wahrer Liebe zu Jesus Christus und seiner Kirche.

Er braucht Rat und Weisung. Die Ereignisse, die ihn bewogen haben, seine leitende Stellung in der Katholischen Aktion aufzugeben, machen es ratsam, ihm liebevoll und klug beizustehen; doch sein gutes und lauteres Herz verdient Zuneigung und Vertrauen.

Mit ehrerbietigem Segenswunsch bin ich Ew. Hochwürdigster Paternität in Christo sehr ergebener G. B. Montini« (FG) 10)

29. November

Brief Monsignore Carrettos an Schwester Dolcidia:

»Liebste Schwester Dolcidia, ich leugne nicht, daß das Problem über mich hereingebrochen ist wie ein Sturm bei heiterem Himmel...

Carlos Entschluß, den er dieser Tage auch mir mitgeteilt hat, hat mich völlig unvorbereitet getroffen. Ich habe ihm noch nicht geantwortet: ich habe vier Tage – seit Eintreffen seiner Nachricht – mit Gebet und Nachdenken verbracht. Zuallererst sage ich Dir, Du hast recht gehandelt, ihm alle Schwierigkeiten vorzuhalten, die dieser Entschluß seinerseits nach sich zieht: ernste und dauernde Opfer aller Art, die hart sind für jemand, der, im guten Sinne des Wortes, immer seinen Willen getan hat. Sodann scheint es mir aber, daß ich mein und Dein Herz beruhigen muß. Ich glaube nicht, daß es sich um eine ›Flucht‹ handelt, ich glaube – versteh' mich recht –, es handelt sich eher um eine rückhaltlosere Suche nach Gott im Nächsten. Also? Und ist er schließlich nicht auch wie ich, wie Du und wie Emerentiana auf der Suche nach dem ›besten Teil‹, wie Jesus sagt? Carlo versichert mir, daß die Eltern und Liletta materiell nicht zu leiden brauchen; und das ist in ihrem Alter herrlich. ›Ich hinterlasse bei Lili, die bereit ist, vorerst die Verantwortung zu übernehmen, völlig geordnete Verhältnisse‹, schreibt er mir, und er tut sicher nichts leichtfertig. Auf den ersten Blick würde ich meinen, sein Leben hätte ganz im Laienapostolat aufgehen müssen, wie er es bisher gehalten hat, und daß dies auch das ihm von Gott anvertraute Arbeitsfeld wäre, dagegen sagt er mir, er habe in diesem neuen Ruf den Willen des Herrn erkannt. Ein paar Monate seines neuen Lebens werden ihn klarer sehen lassen. Angesichts dessen, was er mir schreibt, wage ich gewiß nicht, ihm zu widersprechen, zumal Du, wie Du sagst, schon den Teufelsadvokaten gespielt hast. Andere Gründe kann man nicht anführen, um jemand am Tor zum Ordensleben aufzuhalten, meinst Du nicht auch? Also: mehren wir unser Gottvertrauen und beten wir, daß Carlo wirklich auf der ganzen Linie den Willen Gottes erfüllt.

Leider weiß ich über die Kleinen Brüder P. de Foucaulds absolut nichts. Ich habe eine schwache Vorstellung von seinem Leben als Missionar, aber ich wußte nicht, daß es diese Kongregation gibt, noch weiß ich, ob sie nur aus Laien besteht (wie unseren ›Mitarbeitern‹), oder auch aus Priestern. Carlo verspricht mir nähere Details und Erklärungen. Sicher werde ich ihm in dem Brief, den ich ihm schreibe, Deine Ratschläge einschärfen und ihm sagen, sich den Schritt ganz, ganz gut zu überlegen. Allerdings muß ich, wenn es sich nicht um eine Flucht handelt, d. h. um einen Rückzug, weil er sich nicht mehr für den Herrn schlagen wollte – was mir nicht der Fall zu sein scheint –, schließen, daß auch er den besten Teil erwählt. Also, liebe Dolcidia, mehren wir unser Vertrauen auf die göttliche Vorsehung, beten wir noch inständiger, besonders zur Mutter des guten Rates, und warten wir getrost ab... Überlassen wir es der göttlichen Vorsehung. Carlo liebt den Herrn sehr, also keine Angst. Und Papa und Mama? und Liletta? Das alles verstehe ich sehr gut, und auch sie wird der Herr nicht im Stich lassen. Die Sonne wird nicht aufhören, über den letzten Jahren ihres kostbaren Daseins zu erstrahlen, des bin ich sicher. Mut!« (C 19)

»Vielleicht konnte man in letzter Zeit etwas ahnen. Ich spiele damit auf die großen Schwierigkeiten an, die mit der Leitung der GIAC verbunden waren [das bezeugt auch der bischöfliche Bruder, Anm. d. Hgs.], mit den beängstigenden Zersplitterungen, mit den römischen Problemen, mit der Entwicklung seines Kirchenbegriffes, mit seinen Beziehungen zur Hierarchie. [...]. Ja, auch für mich und unsere Angehörigen war es wie ein Blitzschlag, er hingegen erklärte, ein Politikerleben passe nicht zu ihm, der Gedanke, in einen Orden einzutreten, sei für ihn sehr anziehend. Ich sagte ihm, das würde er nicht schaffen, er könne sich im italienischen Leben nützlich machen... Und er machte mir begreiflich, er hätte niemals Gedda und jenem Drang nach rechts folgen können, und er hätte niemals einem politischen System gedient. Da forderte ich ihn auf, Priester zu werden: dabei schwebte mir ein Priester vor, der auch künftig für die Gesellschaft in Italien gewirkt hätte... Er jedoch entschloß sich, allem und allen Lebewohl zu sagen, um hinzugehen und sich in der Wüste zu vergraben, Diakon zu werden, um unter den Tuareg zu dienen... Das war die Entdeckung einer vertikalen Dimension, auf Du und Du mit dem Transzendenten.«[178]

---

[178] M. Roncalli, »Le loro strade presto si divisero« in *Jesus*, 5 (1990), 83–85.

7. Dezember

Die Freunde treffen sich im Palazzo Salviati auf der via della Lungara in Rom zu einer Abschieds-Eucharistie, gefeiert von Monsignore Giuseppe Monticone[179].

»Der eine oder andere hat angesichts meines Aufbruchs nach Afrika an eine Krise aus Mutlosigkeit oder Resignation gedacht. Nichts unzutreffender als das.

Die Einbindung der Katholischen Aktion in die Politik hat zu meinem Entschluß beigetragen, war aber nicht sein Grund. Ich war so sehr Feuer und Flamme für die Katholische Aktion und diese Arbeit überhaupt, daß ich mich niemals von ihr getrennt hätte.

Und Gott hat in mir die Leere geschaffen. Er hat mir gesagt: Du bist zu nichts mehr nütze.

Ich merkte, daß ich niemand mehr bekehren, daß ich nichts mehr bewirken konnte.

Dem Herrn ist es gelungen, mich herauszuholen, da ich kein Vertrauen mehr zu mir selbst, zur Organisation und zur Bewegung empfand. Ich fühlte mich völlig leer. Ich sagte mir: Hier bin ich tot. Aber da der Glaube in mein Herz Einzug zu halten begann, habe ich begriffen, daß Er wohl die neue Fruchtbarkeit war. Praktisch erfahren hatte ich es nicht, ich hatte mir nur vorgenommen, ›im Glauben zu leben‹. Lebe im Glauben, dann wirst du sehen, daß etwas passiert. Je mehr die Politik uns sagte: Ihr seid mächtig, um so lauter wurde in mir die Stimme Jesu: Ohne mich könnt ihr nichts tun« (CC 13–14).

8. Dezember

Abreise zur Fraternität der Kleinen Brüder Jesu in Marseille[180].

Um 20²⁰ Uhr bin ich von Rom, Stazione Termini, abgereist. Viele liebe Freunde waren gekommen, um mir Lebewohl zu sagen. Das ist meine zugleich schöne und schlimme Vergangenheit. Jetzt kehre ich ihr den Rücken zu und gehe in die Wüste.

---

[179] *Giuseppe Monticone* (1886–1972), Piemontese, Priester (1908); Archivar der Propaganda-Fide-Kongregation (1923–1958).
[180] *Marseille* – Sekretariats-Fraternität, 1950 in der rue Tapis-Vert, dem Rotlichtviertel, gegründet.

Alles muß ich vergessen, hat Liliana geschrieben, und in gewissem Sinne hat sie recht« (EA 17–18).

11. Dezember: auf See zwischen Marseille und Oran [181]

»Da bin ich nun nach der ersten, französischen Etappe auf hoher See unterwegs nach Afrika. Nach einer gut verlaufenen Reise bin ich in Marseille angelangt, in der Gesellschaft von Poldo und Nino, die mich hatten begleiten wollen.

In Marseille angekommen, haben wir unsere Zeit darauf verwandt, die Arbeiterfraternitäten der *petits frères* – Kleinen Brüder – zu besuchen, unter denen ich leben müssen werde. Wir sind sowohl in der Stadt wie auch in noch zwei benachbarten Zentren gewesen (S. Maximin und Berre [182]).

In S. Maximin studieren die Kleinen Brüder. Wir haben etwa vierzig von ihnen vorgefunden, die auf sieben Fraternitäten verteilt sind. Sie leben tatsächlich wie Brüder in echter Armut und sorgen sich um das Gebet. Wirklich beispielhaft.

Abends haben wir in Berre gegessen, wo es eine Arbeiter-Fraternität gibt: eine kleine Familie aus vier Kleinen Brüdern, die sich ihr Brot verdienen und wirklich ein Christenleben führen.

Heute morgen habe ich mich an Bord eines Dampfers von etwa 8 000 t eingeschifft, der *Sidi Bel Abbès* mit Ziel Oran.

Jetzt bin ich unterwegs nach Afrika. Das Meer ist ruhig, und ich glaube, wir werden eine sehr gute Überfahrt haben.

Morgen früh werde ich an der afrikanischen Küste von Bord

---

[181] *Oran (arabisch Onahran)* ist eine Stadt von über einer Million Einwohnern, Universitäts- und Bischofssitz, zweitgrößter Hafen Algeriens. Zu Carlos Zeit hatten sich die Kleinen Brüder mit einer Fraternität im Hafenmilieu angesiedelt.
[182] *Berre (Frankreich)* – René Voillaume schreibt: »Die erste Arbeiterfraternität der Kleinen Brüder Jesu ist 1947 in Aix-en-Provence gegründet, im Jahr darauf aber nach Berre-l'Étang verlegt worden, einer Arbeiterstadt von etwa 12000 Einwohnern am Binnensee von Berre, ungefähr 20 km von Aix entfernt. Viele Arbeiter, vor allem Nordafrikaner, waren in Erdöl-Raffinerien oder anderen chemischen Betrieben beschäftigt und bevölkerten die alten Stadtviertel. In einer der dortigen Bruchbuden hatten die Kleinen Brüder ihre Fraternität errichtet. Damals haben nur wenige Bischöfe in der Kirche die Einführung der Neuheit geduldet, die darin bestand, daß Ordensleute oder Priester um Lohn auf dem Bau oder in nicht-kirchlichen Unternehmen arbeiteten. Charles de Provenchères, Erzbischof von Aix-en-Provence, hatte diese Neuheit im Ordensleben der Fraternität nicht nur gebilligt, sondern auch zuversichtlich aufgegriffen« (EA 19–20).

gehen. *Die Wüste ist es, die mich erwartet.* Die Wüste, wo ich
mich aller Überbauten *entäußern* muß, aller Eitelkeit von früher.

Ich muß ein neues Leben beginnen, ein wirklich neues gemäß
dem Geiste Gottes.

Das wird hart, aber ich rechne sehr mit Gottes Hilfe. Er ist es,
der mich hierhin geführt hat, und infolgedessen brauche ich mich
nicht zu ängstigen. Ich werde alles einsetzen, und Ihr werdet mir
helfen. Vor allem rechne ich mit Papas und Mamas täglichem
Gebet« (C 19).

12. Dezember

»Um 13 [30] Uhr legt die *Bel Abbès* im Hafen von Oran an. Es ist
etwas windig, der Himmel ist bewölkt, aber das hindert nicht,
daß die schöne algerische Stadt auf mich einen sehr guten Eindruck macht. Ich frage mich zur hiesigen Fraternität durch… Ich
löse die Fahrkarte zur Weiterreise und esse in einem kleinen Restaurant mit den hiesigen Kleinen Brüdern zu Abend« (EA 21).

13. Dezember

»Im Morgengrauen Aufbruch ins Landesinnere. Wir durchqueren
mit dem Bus den ganzen algerischen Küstenstreifen, der die
schönsten Gegenden im Mittelmeerraum um nichts zu beneiden
braucht, und erreichen gegen 10 Uhr Saida.

Hier eine Stunde Aufenthalt, umsteigen, und weiter geht's
nach Süden. Je tiefer wir ins Land kommen, um so seltener werden die Weinberge; auch wird es empfindlich kalt. Die Steppen-
landschaft von Géryville [183] taucht auf: es ist das letzte ansehnliche Zentrum, das wir gegen 4 Uhr nachmittags erreichen. Wie
abgesprochen, gehe ich zur Missionsstation der Weißen Väter [184]
und übernachte – bei brennendem Ofen – in einem ärmlichen

---

[183] *Géryville* (arabisch *El Bayadh*), algerische Stadt von etwa 60000 Einwohnern,
1320 m hoch gelegen, 1852 gegründet und berühmt durch seine Teppich-Industrie
und die etwa eine Million zählenden Hammel-, Ziegen-, Kamel- und Rinderher-
den in seiner Umgebung. Es liegt 100 km von El-Abiodh entfernt und war für die
Brüder obligatorische Station auf dem Weg ins Noviziat.

[184] *Weiße Väter*, so heißen die »Afrika-Missionare« (MA), eine 1868 von Charles
Kardinal Lavigerie (1825–1892), Erzbischof von Algier, gegründete Kongregation.
Charles de Foucauld und seine Ordensfamilie sind ihr sehr zu Dank verpflichtet.

Bett der Missionsstation. Das Wetter sieht bedrohlich aus. Ich mache mir Sorgen, wegen Unbefahrbarkeit der Pisten nicht weiterreisen zu können« (ebd. 21–22).

14. Dezember

Carlo kommt nach El-Abiodh-Sidi-Cheikh, einer auf einer Hochebene – 903 m Meereshöhe – gelegenen kleinen Oase im Randgebiet der Sahara, in den Ausläufern der letzten kleinen Kette des Sahara-Atlas, etwa fünfhundert Kilometer südlich von Oran in West-Algerien. Wallfahrtsstätte des Islam, geheiligt durch das Grab eines berühmten Marabuts aus dem zwölften Jahrhundert, Sidi Cheikh, und seiner Söhne. Arme Nomadenbevölkerung. Hier haben sich 1933 die ersten Kleinen Brüder in einem früheren, kleinen, leerstehenden Militärstützpunkt, einem abseits gelegenen »Bordj«, mit festen Bauten rings um einen Innenhof, eingefaßt von einem Säulengang, und einer großen, ganz weißen Kapelle, überragt von Kuppeln im Stil der »Koubbas« von Sidi Cheikh, niedergelassen, um mit einer neuen Form des Ordenslebens in der Nachfolge Charles de Foucaulds zu beginnen.

»Um 3 Uhr taucht in weiter, weiter Ferne der weiße Fleck der Fraternität von El-Abiodh auf. Wir sind da. Die erste Etappe ist geschafft: mir stehen die Tränen in den Augen. Die Begegnung mit dieser Oase des Friedens ist schon bewegend... Ich schaue mich kurz um und gebe mir Rechenschaft über die Situation.

Überall führt Frau Armut das Regiment, und die Schule, nach der sie sich richtet, ist ganz deutlich zu erkennen... Zum ersten Mal sehe ich P. Voillaume – von wahrhaft riesiger Statur dem Geiste und auch, so würde ich sagen, dem Leibe nach – und P. Milad[185], den Novizenmeister.

Die Novizen sind etwa vierzig an der Zahl; alle legen recht deutlich eine große Verachtung für Umgangsformen, Eleganz und Annehmlichkeiten an den Tag. Das ist, wie man bald feststellt, alles ein klein wenig gespielt, aber zweifellos ein konstruktives

---

[185] Onésime Retailleau (1912–1984), Franzose, Kleiner Bruder Jesu, hat bei seiner Ordensprofeß an Weihnachten (1936) den Namen Noel angenommen, Priester (1939). Anfang 1950 hat man auf Drängen seiner Freunde unter den Seßhaften und den Nomaden seinen Namen in *Milad Aissa* arabisiert, was wörtlich »Geburt Jesu« heißt.

Spiel: überall Freude, Arbeit, Schlichtheit, gegenseitige Liebe. Ich bin froh« (EA 23–24).

»Und ich befand mich in der Wüste wie in einem zweiten Abschnitt meines Lebens, um mich meiner Sicherheiten zu begeben und mich der Götzen zu entledigen. Das war das herrlichste Abenteuer meines Lebens, wenn auch das rauheste und schmerzlichste...« (LD 185)

23. Dezember

»Morgen ist Heiliger Abend. Der Novizenmeister hat verkündet, daß ich an Weihnachten eingekleidet werde. Für mich ist das sehr wichtig. Ich muß anfangen. In meiner armen Seele ist noch alles zu tun, und ich muß mich ernstlich engagieren. Ich muß lernen!... wieviel muß ich lernen!.. es aufzuzählen, führt zu nichts. Es ist besser, ich überlasse mich Jesus, meinem göttlichen Erlöser. Er hat mich hierhin geführt: er wird vollenden, was er aus Gnade gegeben hat...« (EA 27)

24. Dezember – Heiliger Abend

»Morgen erhalte ich das Ordensgewand der Kleinen Brüder...« (ebd. 28)

»Am 25. Dezember 1954 hat Bruder Prior in der Kapelle der Fraternität von El-Abiodh im Beisein der Brüder Carlo Carretto das Ordensgewand überreicht« (FG 10)[186].

1955

5. Januar – Vigil von Epiphanie

»Vor achtundzwanzig Tagen bin ich zu Hause abgereist... Ich habe Euch nicht viel zu berichten... Eins sage ich Euch aber schon sofort: ich bin glücklich, erzglücklich, am glücklichsten, überglücklich, mehr als überglücklich. Genügt Euch das? Diesmal habe ich das Brot für meine Zähne gefunden... Die Wüste ist

---

[186] Mit der Überreichung des Ordensgewandes beginnt für Carlo offiziell das Noviziatsjahr. Vgl. C. CARRETTO, *In der Wüste bist du bei mir: Geistliches Tagebuch*, Freiburg i. Br. 1991.

ganz zauberhaft. Wie man hier beten kann! Ich habe die Hände voller Schwielen, aber das Herz birst vor Freude. Mir kommt es vor, als sei ich fünfzehn Jahre alt... Diese Woche habe ich mit der Hacke im Garten gearbeitet. An Weihnachten bin ich Novize geworden, aber darüber unterhalten wir uns noch eingehender. Inzwischen beginne ich, mit der Wüste Kontakt aufzunehmen. Ich habe einen ersten Marsch von etwa dreißig Kilometern unternommen. Zweifellos ist diese Sahara in ihrer Nacktheit, ihrer Armut und ihrem Schweigen eindrucksvoll. Nachrichten kommen nie hierhin. Kein Radio, keine Zeitungen. Ich bin noch auf dem Nachrichtenstand vom 8. Dezember. Aber zum Ausgleich habe ich die Drahtverbindung zur Zentrale im Himmel und bete nach Herzenslust. Ich habe den Eindruck, daß ich im Laufe des Jahres ernstlich beten lernen werde. Hoffentlich« (C 19).

14. Januar – El-Abiodh

»Diesmal bin ich zu Hause bei der Abreise mit so viel Liebeserweisen überhäuft worden, daß ich mich noch nie so nach einem Lebenszeichen von Euch gesehnt habe! Und ich hatte nicht ganz unrecht ...nach sechsunddreißig Tagen habe ich immer noch nichts erhalten! Ich weiß, daß Ihr Euch etwas sorgt wegen meines harten Lebens. Wir wollen nicht übertreiben. Für gewisse Bürgerschultern wie die meinen ist es etwas hart, aber Papa hat sicher schlimmere Tage durchgemacht.

Es geht nur darum, zu lernen, wie man sich als Arbeiter betätigt, und davon geht die Welt nicht unter. Außerdem habe ich immer gern körperlich gearbeitet, und infolgedessen geht es mir zauberhaft. Schließlich kommt es darauf an, daß man *im Herzen glücklich* ist. Und ich bin im Herzen so, so glücklich und spüre, daß ich so hätte vorgehen müssen, wenn ich mich auf dem Weg zur Heiligkeit aufraffen wollte. Übrigens haben wir nur wenige Jahre zu leben, und es ist angebracht, sie für den Himmel zu leben.

Ich werde stark und kräftig und bin noch nie so gesund gewesen. Dieser Ort ist wie geschaffen für Rückenschmerzen – völlig geheilt – ich habe absolut nichts mehr gespürt« (ebd.).

»Nehmen wir den Faden des Afrika-Vortrages wieder auf. Zunächst noch einmal: *ich bin glücklich und zufrieden, glücklich
und zufrieden und komme mir vor, als wäre ich erst fünfzehn...*
Gewiß ist das Leben hier anstrengend wie eine Bergtour, aber was
zählt schon die Anstrengung? Man ist im Gebirge und genießt es,
auch wenn man auf dem Bretterboden schläft und aus dem Blech-
napf ißt. Nicht wahr? Das Leben, das wir hier führen, ist ein wenig à la Saletti – er hätte sicher sein helles Vergnügen daran, auf
der Erde zu sitzen, das Feuer im Ofen anzuzünden und allen die
Augen mit Rauch zu füllen, auf dem Boden zu schlafen, einen
ewig dreckigen Arbeitsanzug zu tragen und sich keine Gedanken
um die Krawatte zu machen –, aber das alles wird mit solcher
Freude und solch offener Unbekümmertheit hingenommen, daß
man *Mitleid mit denen haben muß, die sich vor den Spiegel stellen und um die Farbe ihres Hemdes sorgen.* Kurz, wir lernen hier,
arm zu werden, und Ihr wißt, daß die *Armut anscheinend weh
tut, in Wirklichkeit aber nichtsdestoweniger zu den Seligpreisungen* – selig die Armen – *gehört* und darum Quell großer, ja
größter Freude ist. Darüber hinaus ist sie eine Schule der *Freiheit*
und der *Loslösung.* Das sind alles wunderbare, großartige Dinge.
Das Essen ist sehr gut. Sicher gibt es auch etwas zu lachen. Aus
der Küche kommen die unwahrscheinlichsten Sachen, und die
Menüs könnten nicht seltsamer sein – ich glaube, die Köche, die
reihum einander abwechseln, haben nicht die Ausbildung gehabt,
die ich bei Mama genossen habe, und dann... Stellt Euch einmal
so ein Essen vor: dicke Suppe, Pastasciutta, Datteln; und das hier:
gekochte Kartoffeln, Kartoffelpüree, Feigen. Jetzt soll ich in die
Küche gehen, aber selbst wenn ich mit den Füßen kochte, würde
ich sicher Furore machen. Aber das spielt keine Rolle, und wenn
ich die Pastasciutta zu schmackhaft mache, wird man mich als
Verführer aus der Küche jagen. Ihr seht, man lebt hier, wie richtige Arbeiter leben, denn das müssen wir nach der Weisung Jesu
von Nazaret lernen. Aber ich hätte nicht geglaubt, daß es mich so
froh machen würde, mich von so vielen Eitelkeiten, so viel un-
nützem Zeug, so viel Gaumenlust und so vielen Ansprüchen zu
trennen. Welch ein Gefühl von *Freiheit* schenkt einem doch die
Loslösung von den Dingen. Sich nicht mehr zu sorgen, ob man

häßlich oder schön ist, bärtig oder rasiert. Hier herrscht sogar fast ein Wettstreit, in dem es darum geht, die schäbigsten Kleider anzulegen und jede bürgerliche Versklavung von sich zu weisen – ich rasiere mich einmal in der Woche..., ich, der ich mich früher jeden Morgen rasiert habe! – ... Das alles ist natürlich nicht Selbstzweck, vielmehr *dient es dazu*, jegliche Versklavung zu beseitigen, uns erstarken und das Ertragen von Mühsal, das Arbeiten und das *Einfach-Werden* erlernen zu lassen; *denn das Evangelium ist für die Einfachen*, und man versteht es so besser.

Alle Komplikationen des modernen Lebens, zumal eines Lebens in Reichtum, enthalten viel Gift und – ich sehe das jetzt noch besser – entfremden uns dem Evangelium und *machen traurig*. Genau so ist es, und deshalb bin ich auch so glücklich. Der Herr hat mich – das habe ich gespürt – *gut geführt* und genau an den Ort gebracht, an dem mein Platz war. Hier spüre ich, wie es sich geistlich auszuzahlen beginnt. Schade, daß die Zeit so schnell dahinfliegt und schon mehr als ein Monat vergangen ist. Ich werde Tempo zulegen müssen, da meine Probezeit hier nur auf ein Jahr bemessen ist, dann muß ich die Wüste verlassen und zu den Menschen zurückkehren. Ein Jahr ist so kurz für Rücken, die so unbeugsam sind wie der meine. Ich arbeite im Kohlfeld, im Kartoffelfeld und im Salat. Ich habe Oliven geerntet und bin eben dabei, sie einzumachen – fünf Doppelzentner hat man meiner Fachkenntnis anvertraut. Das ist fast so wie die Küche in den Händen von Köchen, die zuerst die dicke Suppe und dann die Pastasciutta reichen. Das Wetter ist schön, aber sehr windig. Wenn Ihr die Wüste im Wind sähet! Eine einzige Sandwolke – man atmet Sand, man beißt auf Sand und greift in Sand. Aber man gewöhnt sich daran, denn der Sand ist sauber und nicht schmutzig. Vor dem Beten reinigen sich die Araber, wenn sie kein Wasser haben, Gesicht und Hände durch Abreiben mit Sand, der für sie als Wasser gilt. Ganz so weit bin ich noch nicht, aber fast. Neulich hatten wir einen Tag frei. Ich habe ihn genutzt, um 30 Kilometer weit in die Wüste zu marschieren. Ich habe einen kleinen Hügel erstiegen, von dem aus man die Sahara in ihrer ganzen Ausdehnung überblickt. Es war großartig« (ebd.).

»Hier klappt es wirklich gut, und ich bin von Tag zu Tag überzeugter, daß der Herr mich geführt hat« (C 19).

»Als ich in El-Abiodh-Sidi-Cheikh angekommen war, um
mein Noviziat zu machen, sagte mir mein Novizenmeister mit
der vollendeten Ruhe eines Mannes, der zwanzig Jahre in der Wüste gelebt hatte: ›Il faut faire une coupure, Carlo – Jetzt ist eine
Zäsur fällig, Carlo‹.

Ich verstand, was er damit sagen wollte, und beschloß, diesen
Schnitt zu tun, auch wenn er schmerzhaft sein sollte.

In meiner Reisetasche hatte ich noch eine dicke Kladde, in der
die Adressen meiner alten Freunde standen: davon gab es Tausende.

In seiner Güte hat der Herr mich niemals ohne die Freude der
Freundschaft gelassen, und mein Lebensschifflein war auf einem
wahren Strom der Freundesliebe dahingesegelt.

Wenn in mir noch ein geheimer Schmerz zurückgeblieben
war, dann sicher der, daß ich im Augenblick meiner Abreise nach
Afrika nicht mit jedem von ihnen sprechen und ihm erklären
konnte, warum ich sie verließe, nicht sagen konnte, daß ich
einem klaren Ruf Gottes folgte und mit ihnen auf dem Feld des
Apostolats weiterkämpfen würde, wenn auch aus einem anderen
Schützengraben.

Aber der berühmte ›Schnitt‹ war fällig, und ich habe ihn mutig
und mit großem Gottvertrauen getan.

Ich nahm das Adressenverzeichnis, das gleichsam das letzte
Bindeglied zwischen mir und meiner Vergangenheit war, und
ging an einem Einkehrtag hinter eine Düne, um es zu verbrennen.

Ich sehe immer noch vor mir, wie der Sahara-Wind die ver-
kohlten Reste der Kladde davonträgt.

Eine Adresse tilgen heißt aber nicht, eine Freundschaft zerstö-
ren. Das wurde auch nicht von mir verlangt; vielmehr...« (LE 10)

Aber es ging nicht gleich so.

Monsignore Carretto schreibt den Angehörigen wiederholt:

»[...] Ich kann mir einige Briefe Carlos nicht erklären... Wenn es etwas
gibt, worauf ein Novizenmeister besteht, dann ganz gezielt auf der Unterbrechung der Kontakte, zumal der Briefkontakte [...], und in diesem
Punkt ist man immer recht streng.

[...] Carlos Problem: nein, sei nicht so pessimistisch! Ich kann Dir meine Verwunderung darüber nicht verbergen, daß man ihn so bald als Novizen aufgenommen hat: in allen Kongregationen, die ich kenne, läßt man dem Noviziat immer wenigstens sechs Monate Postulantenzeit vorausgehen. So erlebt denn auch er bei bestem guten Willen, die Welt zu verlassen und sein Herz ganz auf Gott auszurichten eine Reaktion: eine Sache ist das Sagen, eine andere das Tun. Sein Novizenmeister muß ein äußerst taktvoller und optimistischer Mensch sein – falls Carlo wirklich schon Novize ist –, wenn er ihm so viele Briefe und sogar einen Telefonanruf, aus reiner Zuneigung, durchgehen läßt. Das bestätigt mir meine Vermutung eines harten Ringens, das in ihm vorgeht beim Abbruch dessen, was er abbrechen will, und beim Vergessen dessen, was er vergessen will..., aber trotzdem möchte ich Optimist bleiben und meinen, daß Carlo nicht wieder in die Welt zurückkehrt: das hat er mir in dem einzigen Brieflein, das er mir bislang geschrieben hat, gesagt, und ich bin sicher, daß er es ehrlich meint.

Ich habe ihn unumwunden gefragt: Ist das, was Du da tust, eine Flucht? Und er hat mir versichert: Nein. Und dann der Gedanke, anschließend nach Italien zu kommen und ein Noviziat zu gründen, ist eine der völlig verrückten Ideen, die ihm gleich aus dem Sinn kommen werden, sobald er im Noviziat ein wenig fortgeschritten ist. Daß ein dynamischer und zielstrebiger Mensch wie er auf diesen Gedanken kommt, mag noch angehen, aber der Traum, er könne ihn als Novize oder auch als Jungprofesse verwirklichen, wäre unverzeihlich: und er ist hell genug, den wahren Stand der Dinge zu erkennen [...]. Gewiß, das Leben, das er sich ausgesucht hat, ist alles andere als leicht: wenn das Ordensleben an sich schon schwierig ist, wie übrigens unser ganzes Leben eine Kette von Schwierigkeiten ist, ein Kriegsdienst, wie Ijob sagt, so ist seines noch viel gesalzener! Auf Grund der totalen Selbstverleugnung, die es verlangt... In meinen Augen ist Carlo wirklich in den Herrn verliebt, trotz des gelegentlichen Schwankens seines armen Herzens, das sich abmüht, alle Bande zu zerreißen, die ihn von Gott fernhalten. [...] Je weiter Carlo im Noviziat vorankommt, um so besser erfaßt er seine Lage. Er schreibt mir:

›Wenn ich an Weihnachten hier weggehe, werde ich durch die ganze Welt ziehen um zu arbeiten, wie die Armen arbeiten, und um meine freie Zeit anbetend vor dem Allerheiligsten in einem Kloster zu verbringen, das so groß ist wie die Hütte eines Armen! Wo? In einem der fünf Erdteile ohne Ausnahme, da man Arme ja in jeden Erdteil einreisen läßt. Möglicherweise auch in Deiner Mission, da unten in der Siedlung im Süden, wohin Du mich einmal gefahren hast. Übrigens spielt das keine Rolle: In jedem Land können wir gut den Herrn lieben und in jedem Volk unsere Liebe zum Nächsten bezeugen‹« (C 19).

25. Februar

»Hier (ist alles) wie gewohnt. Seit sie von meinen Kochkünsten verkostet haben, die Mama mich gelehrt hat, lassen sie mich nicht mehr aus der Küche. Geduld: wir werden Koch spielen. Was das Lehren angeht, habe ich neulich dem Novizenmeister gesagt: Für meine Berufung habe ich bei meiner Mutter mehr gelernt als auf der ganzen Universität« (ebd.).

März

»Meine liebe gute Mutter,
ich muß Dir noch Interessanteres erzählen. Du sollst also wissen, daß man mich, als man hier festgestellt hatte, daß ich mich auf Spaghetti mit Soße verstünde, in die Küche beordert hat. Wie wertvoll ist doch Deine Schule! Ich habe sie alle rundum satt bekommen, und alles hat gut geklappt. Jetzt stehe ich weiter am Herd und arbeite auf dem Feld. Es ist viel zu tun, aber ich habe von Dir gelernt und komme daher gut zurecht. Ich bin froh und zufrieden. Ich bete und singe den ganzen Tag und sage Dir, so glücklich bin ich wenigstens zwanzig Jahre nicht mehr gewesen. Mir kommt es vor, als sei ich wieder jung geworden! Natürlich denke ich immer an Dich und bete sehr viel für Dich. Wie oft mache ich mir Vorwürfe, daß ich Dich früher nicht verstanden habe! Ich bin ein Dickkopf gewesen und muß jetzt all die Taktlosigkeiten Dir gegenüber mit irgendeiner Buße wettmachen.

Du verzeihst mir doch, nicht wahr? Wie oft denke ich an Deinen lieben Segen, den Du mir beim Abschied gegeben hast. Bete, daß der Herr mich heilig macht« (ebd.).

7. März

»Lieber Papa,
heute morgen hat Dein Erstgeborener nach Abschluß seines Universitätsstudiums in Turin, nach Durchlaufen aller Stufen in der Hierarchie der Katholischen Aktion und Tausenden von Vor-

trägen zum ersten Mal etwas Rechtes getan: Ich habe Brot gebakken. Jawohl, mein Vater, ich habe Brot gebacken, Weißbrot, gut aufgegangene, gut geknetete, ausgebackene, ganz nach Deinem Geschmack knusprige Kilolaibe.

Wie Du siehst, ... man kehrt zu den Anfängen zurück, und während ich naßgeschwitzt und zufrieden vor dem Backofen stand, mußte ich an den Backofen in Camerana denken, dort vor dem Haus, wo Du und Deine Mutter wer weiß wie oft Brot gebacken habt.

Liebe Mama, ich hatte Dir meine Abenteuer in der Küche erzählen wollen, aber jetzt ... sind sie Vergangenheit. Man hat mich zum Bäcker befördert. Als Koch hat man mir nach wenigen Tagen ein gutes Zeugnis ausgestellt – Dein Verdienst –, und ich habe einen Spanier eingewiesen, der vor kurzem gekommen ist. Jetzt könnt Ihr, wenn Ihr Brot eßt, an Euren Bäckersohn denken.

Sonst gibt es keine derartigen Nachrichten. Die Freude, eine große Freude, die aus Arbeit und Anbetungsstunden besteht, überflutet meine Seele immer mehr. Schade, daß die Zeit so eilig dahinfliegt und bei mir den Eindruck erweckt, es blieben mir nur noch ganz wenige Monate! Ich überprüfe im Rückblick mein ganzes geistliches Leben, und Ihr begreift, wieviel Rost ich entfernen muß. Der Herr hilft mir auf großartige Weise, und der Eindruck, von dem ich Euch schon bei anderer Gelegenheit berichtet habe, ich sei erst fünfzehn Jahre alt, stimmt, stimmt ganz und gar. Bei Jesus wird man tatsächlich nicht älter! Meine Gesundheit ist erstaunlich und unübertrefflich. Dieses Jahr macht sich dank dem trockenen Wüstenklima auch nicht das geringste Anzeichen von Rückenschmerzen bemerkbar. Das Wetter ist noch winterlich und angenehm, wenn die Sonne tagsüber auch schon hoch am Himmel steht. Die richtige afrikanische Hitze ist noch weit. [...]. Man muß Tag für Tag bereit sein, weil das unser eigentliches Ziel ist. Wie gut verstehe ich jetzt Papas Tugend, der auf dem Markt nie viel ausgeben wollte und immer nach den ärmlichsten Sachen gesucht hat.

So ist er wirklich, daß er als Christ handeln muß, während ich auf dem Holzweg war. Der brave Papa: auch wenn es einem gut geht und man Geld ausgeben kann, muß man wie die Armen leben und Jesus nachfolgen, der arm gelebt hat, obgleich er Gott war.

Macht so weiter in der Armut. Noch besser: gebt den Armen

viel – Papa, Du gehst ja zur Vinzenzkonferenz und gibst viel –, das ist die sicherste Vorbereitung auf den Tod. Auch Du, Lili, suche Dir eine arme Familie und hilf ihr: Du wirst feststellen, wie sehr der Kontakt mit der Armut Dir hilft.

Was habe ich doch alles falsch gemacht!

Und wie möchte ich umkehren, um jene vergangenen Jahre zu verstehen und noch einmal zu leben! [...]. Gott stehe mir in Zukunft bei« (C 19).

16. März

»Liebes Schwesterlein,
die Übersendung dieses Fotos... mit Bart weckt in mir den Drang, einmal ein ernstes Thema aufzugreifen – ein Thema, das in der Vergangenheit *nicht sehr* oft zur Sprache gekommen ist, dafür aber *sehr angelegentlich und sehr warmherzig.* Besonders Deinerseits: das muß man Dir lassen.

Jetzt sind schon drei Monate vergangen, seit ich in Afrika bin, und die Entfernung, das Schweigen und die Zeit haben dazu beigetragen, die Lage zu klären, in die wir nach meinem etwas überstürzten Aufbruch von zu Hause geraten sind.

Wenn ich daran denke, kommt es mir wie ein Traum vor, um so mehr, als ich mir niemals zugetraut hätte, mich von dem Heim zu lösen, das ich ererbt, aufgebaut und vor allem sehr geliebt hatte. Die Ereignisse haben das Gegenteil bewiesen, und jetzt bin ich hier in der Ferne und sitze da mit meiner ganzen Habe bestehend aus einer Kiste, die mir als Stuhl und als Schreibtisch dient, zwei Decken, mit denen ich mich abends zudecke, einem Kerzchen und den zugehörigen Streichhölzern, die ich brauche, wenn ich um fünf Uhr früh die Kommunität wecke, der Packung Heftpflaster, aus der sich viele bedienen, und, in einem leeren Karton versteckt, die alte amerikanische Reisetasche, die ich Dir, sobald es möglich ist, zurückschicken muß samt dem Photoapparat, *den ich Dir schenke.*

Der Herr, den die Gaben seiner Liebe nicht reuen und der Nägel mit Köpfen macht, hat die Vergangenheit nicht nur mit einer Hülle, sondern mit einer Matratze des Vergessens zugedeckt, und in dieser Hinsicht fühle ich mich mehr als beruhigt. Sieh, Liliana, es ist nicht an dem, daß er etwas vergäße, und auch nicht, daß er maßlos Erinnerungen nachhinge und es so aussehen könnte, als wolle er immer noch etwas erfahren. Der Fall liegt anders. Diese Vergangenheit schadet nicht mehr, sie berührt Dich nicht mehr, sie ist ruhig wie eine Geschichte aus fernen Tagen und, vor allem, sie hängt von Deiner Gegenwart ab: und nicht umgekehrt. Doch hier müssen wir uns auf den Begriff *Vergangenheit* einigen, wenn es auch schwer ist, klar zu unterscheiden.

Es handelt sich hier nicht so sehr um die Vergangenheit unserer Gefühle, jene vertraute, schlichte, gute Vergangenheit, die weitergeht, als vielmehr um die andere, die mehr oder weniger unter dem Namen ›Tat‹, ›Persönlichkeit‹, ›Berufung‹ läuft. Du verstehst mich.

Der Herr hat also diese Vergangenheit mit der Matratze zugedeckt – mit der Matratze, die er wahrscheinlich unter meinem Sitzfleisch weggezogen hat, da ich sie jetzt nicht mehr habe – und mir so etwas geschenkt wie das Gefühl eines Neubeginns. Das läßt vermuten, daß man sich nicht zurückwendet und daß die Lage sich um so mehr konsolidiert, je mehr Zeit vergeht. Wir werden also weitermachen. Ja, Lili, ich hoffe, mit Gottes Hilfe weiterzumachen, und hoffe, meinen Schritt zu beschleunigen, um die verlorene Zeit wieder einzuholen. Wenn Du mir dabei hilfst, werde ich Dir tief dankbar sein.

Um die Wahrheit zu sagen, Du bist die einzige gewesen, die mich gleich verstanden hat, und daran habe ich erkannt, daß Du wenig redest, aber viel nachdenkst wie der alte Seebär, unser pensionierter Vater. Es hat viel geistige Beweglichkeit dazu gehört, die Geradlinigkeit meines Kurses zu verfolgen, obwohl ich mich auf seinen Etappen anscheinend im Kreis bewegt habe, und Du bist ganz groß gewesen, und, was das angeht, möchte ich wieder umkehren und Dich noch lieber haben als früher – und das war schon nicht wenig!

Jetzt... kannst Du weitermachen, da ich besser Kurs halten kann, wenn ich enger an Deiner Seite bleibe.

Mit meinem Fortgang schließt sich in unserem Hause ein Kreis, ein etwas stürmischer, aber lebendiger Kreis – zumindest ein lebendiger und spontaner. Bei der Hinterlassenschaft – und Du bist jetzt ihre Verwalterin – handelt es sich in erster Linie um Papa und Mama. Der Gedanke an sie rührt mein Herz zutiefst, vor allem angesichts dessen, was sie hingeben und bewußt hingeben.

Sorge mache ich mir um sie nicht, denn sie sind unmittelbar der Güte Gottes anheimgegeben, der nicht aufhören wird, ihnen zur Seite zu stehen, noch mehr als früher.

Daß er ihnen Dich noch in ihrem Alter geschenkt hat, ist schon ein Zeichen dieser Liebe. Der Rest kommt dann noch, des bin ich sicher, bei Deinem gesunden Menschenverstand und Deiner Fürsorglichkeit. Und nun zu Dir, der Letzten, gewiß nicht an Tugend und Tüchtigkeit, sondern in zeitlicher Reihenfolge. Mein Abgang von der häuslichen Bühne hat Dich sicher *befreit*. Es fällt mir nicht schwer zu glauben, daß ich Dir *ein wenig verdiente Freude* gemacht habe, wie sie das Abgangszeugnis der Schülerin macht, wenn sie die Lehrerin entschwinden sieht, oder der Abgang der Schwiegermutter der Schwiegertochter. Du hast allen Grund dazu und brauchst Dich ihrer nicht zu schämen, denn sie ist doppelt verdient.

Wenn zu Hause eine Ära zu Ende geht, in der ich die Hauptrolle gespielt habe, so beginnt eine neue, deren Last auf Deinen Schultern ruht. Das hat gewiß seine interessanten Seiten, und Du bist alt genug, alle damit verbundenen schwierigen Fragen zu bewältigen. Von mir aus brauche ich Dir keine Ratschläge zu geben: ich sage Dir nur: *ich bin zufrieden*. Du stehst vor einer zugleich einfachen und schwierigen, liebenswerten und schmerzlichen, leichten und mühsamen Situation. Gott wird Dir alle Gnade geben, die Du nun brauchst, um es richtig zu machen..., Du bist ja jetzt Premierminister – siehe unseren letzten Familientag in Valtournanche.

Du erwartest wohl, daß ich Dir etwas *zum Thema Herz* sage, da kommt aber nichts. Ich warte auf ein Wort Deinerseits. An meiner Haltung hat sich seit Cervinia nichts geändert. Euer Lieben sei: Ja, ja – nein, nein; alles andere stammt vom Bösen. Das ist das Schwierigste, aber auch das einzig Wahre, und Du wirst es selbst noch erfahren.

Statt dessen möchte ich Dir ein Andenken als Vermächtnis hinterlassen, es ist kein Rat, den ich Dir erteile: *Glaub› an die Armut*. Das sage ich Dir – andernfalls hätte ich geschwiegen –, weil mir an Deinen Briefen eine große Fruchtbarkeit aufgefallen ist; Du bist richtig in Schwung.

Alles in allem...

Sieh, Liliana, die Falle in die ich geraten bin, ist genau die: ich habe nicht geglaubt, daß Armut Seligkeit ist. Und außer mir hat man noch viele zum Narren gehalten, darunter auch Luigi. Das Spießbürgerleben ist eine so raffinierte Versuchung! Es schlägt Dich nicht plötzlich tot, sondern würgt Dich langsam ab. Jetzt, da ich die ganze Tragweite dessen sehe, was Jesus über die Armut gesagt hat, begreife ich es. Doch warum hat man mir das nicht früher gesagt? Was sind doch die Gottesmänner in Italien für Versager!

Wieviel besser verstehe ich doch jetzt Papas Tugend in diesem Punkt. Die Armut zu lieben, heißt, den Nächsten zu lieben und sich selbst um so geringer zu achten. Ist das Dein Fall? Gib viel. Statt etwas zu horten, gib es weg als Almosen. Es gibt Menschen, die hungern. Deshalb ist ja das Spießbürgerleben sündhaft. Das Geld, das man für nichts und wieder nichts ausgibt, wird der Nächstenliebe entzogen. Das ist vielleicht der gröbste Irrtum der christlichen Heerscharen, die statt dessen auf die Keuschheit fixiert sind und sich in allem anderen irreführen lassen. Das reicht für heute« (C 19).

21. März

»Mein lieber, guter Vater,
diesmal will ich Dir allein einen ganz persönlichen, ganz herzlichen und ganz lieben Brief schreiben. Der Gedanke kam mir am St. Josefstag in einem Augenblick, in dem ich mich dem großen Patriarchen, der bei seiner Sorge um das liebste Jesuskind so viel getan, geliebt, geschwitzt und gelitten hat, besonders eng verbunden gefühlt habe. Vor allem muß ich Dir ein ganz großes Dankeschön sagen. Je weiter ich im Leben komme, um so mehr sehe ich Deine Qualitäten, Deine Tugenden, Deine Berufung. Ich habe Dich immer besonders gern gemocht, und Du weißt es, aber jetzt mag ich Dich noch mehr, und ich gestehe Dir: Du bist derjenige, dessen Abwesenheit mich jetzt am meisten schmerzt. Jetzt läßt mich der Herr die ganze Tragweite Deiner Sendung, Deiner Berufung bei uns erkennen, damals, als wir klein waren, jetzt mit fünfundvierzig Jahren und dann, im reiferen Leben. Du hast Deine Berufung gelebt in Schlichtheit, Demut, Wahrheit, Festigkeit, ohne je zu versagen, und auf dem geraden Weg unter der Hand Gottes, der Dich führte. Du wirst da oben einen hohen Rang er-

halten, das versichere ich Dir, gewiß einen höheren als ich oder Pierino, und ich bin überaus glücklich, Dir das ganz offen sagen zu können, da der Herr es mir dieser Tage begreiflich gemacht hat. Jetzt hast Du noch den letzten Satz vor Dir, den Du tun mußt: Du wirst sehen, er wird weit, unbeschwert und vollendet; Du brauchst Dich nur unbesorgt und in aller Ruhe dem anzuvertrauen, der alles kann. An dieser Stelle würde Dein Sohn Dir sagen: Du wirst es erleben, daß wir noch ein Stück Wegs gemeinsam gehen werden, denn ich habe das Gefühl, daß ich wieder nach Italien komme. Ich werde wiederkommen, um mit größerem Ernst und mehr Verständnis unter den Armen zu wirken als vorher, und Du wirst mir dabei helfen. Man muß begreifen, daß einzig und allein die Nächstenliebe den Sinn des Lebens ausmacht, und auf sie müssen wir uns stürzen, um uns auf den Himmel vorzubereiten, der der Besitz der Liebe ist. Man muß geben, geben, alles geben: wenn man stirbt, darf man nichts mehr besitzen. Man darf nichts für sich auf die hohe Kante legen, man muß dem möglichst viel geben, der ärmer ist als wir, aus Liebe zu ihm, der für uns alles hingegeben hat. Einverstanden?

Jetzt empfehle ich mich Deinem täglichen Gebet, und sagen wir einander: Auf ein baldiges Wiedersehen, damit wir einander in der Liebe zu Gott und zum Nächsten ein Beispiel geben können.

Hier geht alles gut, und die Zeit eilt nur so dahin. Bleib› immer froh und guter Dinge« (ebd.).

12. April – Dienstag in der Karwoche

»Meine Zukunft. Sie ist in Gottes Hand. Ich bin so, so glücklich und kehre nicht in mein früheres Leben zurück, seid unbesorgt. Was meinen Wohnsitz angeht, Papa, so mach Dir keine Gedanken über das, was die Leute vielleicht sagen. Es wird Italien, Afrika oder Amerika sein: der Herr selbst wird durch die Stimme der Oberen den Weg weisen. Es ist jedoch kaum möglich, daß es für den Augenblick Italien sein wird. Aber warum solltest Du Dich übrigens darum sorgen: Du weißt, daß Dein Sohn immer den Beistand des Herrn gehabt hat, und auch diesmal wird es gut gehen« (C 19).

20. April

*Mit Schreiben der päpstlichen Staatssekretarie, Prot.-Nr.
348582, unterzeichnet von Substitut Monsignore Angelo Dell'
Acqua, wurde Carlo mitgeteilt:*

»Seine Heiligkeit kann nicht umhin, jemandem, der mit solcher Geistes-
glut in den großherzigsten Lebensstand eingetreten ist, sein väterliches
Wohlwollen und seine besten Wünsche zum Ausdruck zu bringen.

Der Heilige Vater wünscht Ihnen, daß Sie im mystischen Schweigen
stiller Zurückgezogenheit, des Gebetes und des Opfers die Wege christlicher Vollkommenheit zu Ihrem eigenen Besten wie zu dem der Gesellschaft zurücklegen. Und in diesem Sinne entbietet er Ew. Hochwohlgeboren als Erweis überströmendster Gnade den Apostolischen
Segen« (RO).

24. Juni

»Liebster Papa,
heute abend hat Dein Brief mich beim Nachdenken über das, was
Du schreibst, fast zu Tränen gerührt: ›von Monat zu Monat lastet
Deine Ferne drückender auf mir‹. Armes Väterchen, es tut mir
leid, daß Du meine Ferne schmerzlich empfindest, aber es freut
mich auch, daraus zu ersehen, *wie gern wir uns mögen.* Auch auf
mir lastet die Ferne sehr, zumal in diesen Tagen, in denen ich
Euch alle in Piemont glaube. Erinnerst Du Dich noch des Aloi-
siusfestes im vorigen Jahr? Gerade damals hätten wir uns nicht
gedacht, daß der Herr schon nach so wenigen Monaten diese neue
Trennung von uns verlangen würde! Aber Du sagst ganz recht: Es
geschehe der Wille des Herrn und auch... das Leben ist so kurz!
Die Trennung ist sehr hart und gewiß auch recht verdienstvoll
vor Gott. Ich spüre geradezu, daß er mich hier haben wollte, denn
das Leben hier entspricht meinen Vorstellungen und meiner Berufung. Man kann sogar sagen, die Vergangenheit war eine Vorbereitung und dies ist die Krönung. Das bewegte Leben, das ich geführt habe, war eine Zeit der Erfahrungen und des Reifens. Jetzt
verlangt der Herr von mir, alles im kontemplativen Leben, das
nur aus Liebe, gutem Beispiel und Gebet besteht, zu vertiefen.
Das ist nicht leicht, weißt Du, zumal bei meinem unbeugsamen
Rücken, aber der Herr führt mich an der Hand. Was sodann das
gute Beispiel für alle, die mich beobachten, angeht, glaube ich

durch den Beweis meiner Loslösung einen Beitrag geleistet zu haben. Ich merke, daß die Freunde mit dem Verstreichen der Zeit nicht mehr sagen, ich hätte sie verraten, sondern begreifen, *daß im geistlichen Leben ein Echtheitsbeweis viel mehr zählt* als noch so viele schöne Vorträge, die ich mit Leichtigkeit halten könnte. Also weiter mit Gelassenheit, Ruhe und Zuversicht. Ich hoffe, nach Weihnachten nach Hause zu kommen. Piero habe ich gebeten, anläßlich meiner Ordensprofeß hierhin zu kommen. Das wäre eine schöne Gelegenheit, miteinander nach Italien zu reisen. Wir werden sehen« (C 19).

Herz-Jesu-Fest

Brief an Giuseppe Lazzati.

»[...]. Hier wird wirklich gebetet. Es ist, als hätte man uns nur den einzigen Brunnen gelassen, den es in der Wüste gibt: entweder man trinkt, oder man stirbt, und der Brunnen ist das Gebet. Um diese Ausdrucksweise, die auf Wasser und Brunnen beruht, völlig zu begreifen, muß man einmal einen Wüstenmarsch unternehmen. Dieser Tage haben, zum Beispiel, vier Touristen, die einmal den Schauder der Wüste erleben wollten, sich auf einer Piste in das Wagnis gestürzt. Sie sind noch nicht zurückgekehrt, und es heißt schon, sie seien verdurstet. Abgesehen von diesem schweren Unglück weißt Du, wie zutreffend dieses Geschehen für das Leben der Seele ist. Wie viele verdursten in dieser armen und verrückten Welt, die nicht an die Liebe glauben will! Dabei gibt es doch täglich das überwältigende Zeugnis für den Tod unseres Herrn: Tut das zum Gedächtnis meines Todes, bis ich wiederkomme.

Ich habe also jetzt schon sechs Monate afrikanisches Leben hinter mir. Dir nur zu sagen, ich sei glücklich, ist zu wenig.

Ich war am Ende, nicht mehr in der Lage, Wasser zu finden, verloren in einer Welt, deren Schicksal die geistliche Schwindsucht ist. Nachdem ich hierhin gekommen war, habe ich mich erholt. Und in diesen Augenblicken, in denen wir den Einbruch und die frühlingshafte Wirklichkeit der Gnade mit Händen greifen, *werden selbst die dürren Zweige wieder grün.*

Man muß wirklich sagen, daß ich eine Schule und Menschen vorgefunden habe, die es verstehen ... die Gnade zu hegen und zu

228

pflegen. In ihren Ideen decken sie sich völlig mit den Ideen, für die wir bei uns in Italien eingetreten sind. Der einzige Unterschied besteht darin, daß sie früher begonnen haben und uns um ein paar Etappen voraus sind. Vor allem haben sie schon das Zeitproblem gelöst und sich in den Kampf um das ›Sein‹ gestürzt. Zweifellos haben sie tiefe Fundamente ausgehoben, ohne mit Studium, Gebet und Anstrengungen zu geizen. Sie halten viel von der Arbeit als Erlösung, als beispielgebendes Faktum, als Nachfolge Christi, als Bildnerin der christlichen Persönlichkeit. Außerdem bedienen sie sich ihrer als Peitsche, um den Spießbürgern wie mir den Rücken zu beugen und aus unserem Wesen noch den letzten Saft herauszupressen, der vielleicht noch vorhanden ist. Die stärkste Wirkung, die das bei mir ausgelöst hat – ich habe sehr gern körperlich gearbeitet –, bestand in dem Drang, besser zu beten.

Seltsam ist die Auswirkung, die dazu führt, daß man nach fünf Stunden Plackerei auf dem Feld oder am Backofen zur Anbetung in die Kapelle geht. Die Psalmen kommen einem süß wie Honig über die Lippen. Man spürt förmlich, was der irdische Arbeitstag, das Zelt und der Wüstenzug in die himmlische Heimat sind.

Noch etwas, woraus man hier Nutzen zieht, ist die Wüste. Sie ist ein wenig wie für viele junge Leute das Gebirge. Natürlich sind die Farben hier viel intensiver, denn die Wüste ist die Wüste in ihrer Todeswirklichkeit. Noch nie hatte ich so gut begriffen, was Jesaja mit dem Bild meinte: *wie ein Wurzeltrieb aus trockenem Boden*. Hier sieht man, was trockener Boden und was mit Wurzel gemeint ist. Von Zeit zu Zeit zieht man sich hier in die tiefste Einsamkeit zurück, um dort ein paar Tage zu verbringen. Man sucht sich eine Höhle, und mit einer Decke, ein paar Datteln und etwas Wasser verbringt man ganze Tage in der Anbetung des Herrn.

Auch hier geht es um eine ganz bestimmte Wirkung, und nach einiger Zeit verschwinden aus Deinen Gebeten die Formeln, die Bücher und die Gefühlsergüsse. Deine Ausdrucksweise wird immer nüchterner, ärmer, nackter; *der Glaube* nimmt den Platz all des Plunders von Jahrhunderten ein, der sich in unserer früheren, verbürgerlichten und neapolitanisch-spanischen Erziehung aufgetürmt hatte – ohne die Neapolitaner und die Spanier treffen zu wollen, die nichts dafür können« (ebd.).

»Gestern abend hat die Post mir ein paar Briefe aus Rom gebracht
[...]. Krank, wie sie ist, erreicht die Katholische Aktion nichts
mehr, die Politik wird die letzten Patronen verschießen, und alle
werden im Endeffekt sehr, sehr unzufrieden sein. Es ist zwecklos,
wenn die Liebe fehlt, fehlt Gott; man erreicht nichts und man
bleibt leer. Gott hat es wirklich gut mit mir gemeint, als er mich
mit Gewalt losriß, und ich habe das Gefühl, daß mir, wenn ich
dem Ruf treu bleibe, Friede, Freude und Produktivität über die
Maßen beschieden sein können.

Inzwischen nimmt mein Noviziat mit reicher Gnade des
Herrn seinen Fortgang. Es ist hart, aber ich nehme es wie eine
Matterhornbesteigung. Vom Gipfel aus hoffe ich klarer zu sehen.
Ich staune nur, daß ich so viel Freude in mir trage; und das, ob-
wohl man auf dem Boden schläft und bei fünfzig Grad in der Back-
stube arbeitet. Aber die Freude ist innerlich und beruht auf der
Verbindung mit dem Herrn und der Harmonie mit den äußeren
Dingen. Das Schönste, was ich jeden Tag erlebe, ist die Anbetung.
Sie ist wirklich eine große Entdeckung, denn früher konnte ich
höchstens für ein paar Augenblicke anbeten. Hier ist sie völlige
Hingabe, ein einziger Akt des Glaubens und der Liebe. Die Zerfahrenheit ist dann in weiter, weiter Ferne, und alles sieht viel
ruhiger und friedlicher aus. Die Tage fliegen nur so dahin, so daß
sieben Monate mir wie sieben Wochen vorgekommen sind.

Der Herr weiß, was er tut und wieso er jedem von uns unsere
Berufung gegeben hat... Die wahre Nächstenliebe ist eine so sel-
tene Gabe, daß wir sie wirklich jeden Tag vom Herrn erbitten
müssen. Wie oft habe ich in meiner Zerfahrenheit versagt, vergessen, andere im Stich gelassen. Jetzt, da ich hier etwas gesammelter und aufmerksamer bin, merke ich mehr, denke ich mehr,
schreibe ich mehr und lasse ich meine Freunde weniger im Stich,
aber sicher wage ich noch nicht zu behaupten, ich sei anders als
die Freunde, die nur zu mir kamen, weil ich der Vorsitzende, und
nicht weil ich Carlo war...« (ebd.).

31. Juli – El-Abiodh

»All Ihr Lieben, nämlich Papa, Mama, Lili, Emerentiana und Dolce.

Heute ist Sonntag, der IX. Sonntag nach Pfingsten, und für mich ist es ein freier Tag, d.h., ein Tag, an dem man nicht arbeitet und seine ganze Zeit dem Gebet widmet.

Es ist fast Abend, und ich bin fertig mit der Anbetungsstunde in der stillen arabischen Kirche, in der das Allerheiligste fast ständig ausgesetzt ist.

Ich befinde mich hier oben auf der Terrasse der Fraternität, von der aus man tagsüber eine schöne Aussicht hat – allerdings nur, wenn die Sonne nicht zu stark scheint –, und wohin man nachts schlafen geht, wenn die Stuben sich in Backöfen verwandelt haben. Alles ist Sammlung und Frieden, und der Geist ist wirklich zu lieben Erinnerungen aufgelegt.

Natürlich denke ich an Euch in Moncrivello, in Turin, und wenn ich ein Flugzeug hätte, würde ich einen kleinen Abstecher dorthin machen – man kann in wenigen Stunden da sein –, um Euch wieder einmal in die Arme zu schließen.

Wißt Ihr, was ich Euch sagen würde, kaum daß ich Euch sähe? Ich würde Euch sagen, daß ich froh bin, froh und zufrieden, so froh, wie ich es noch nie gewesen bin, und daß ich es als eine ganz große Gnade ansehe, den Entschluß gefaßt zu haben, hierhin zu den *Kleinen Brüdern* zu kommen. Es war der Herr, der mich gerufen hat, und je mehr die Tage verstreichen, um so mehr komme ich zu dieser Überzeugung. Es ist gewiß keine einfache Berufung, aber sie ist wie geschaffen für einen maßlosen Extremisten wie mich, der danach verlangt, bis zum äußersten zu gehen. Gestern habe ich Armut gepredigt, heute bin ich arm; gestern bin ich für die Arbeiter eingetreten, heute muß ich selbst einer von ihnen sein, gestern habe ich über Gebet gesprochen, heute muß ich beten. Ich versichere Euch, daß ich sozusagen beten gelernt habe, und daß der Herr mir auf diesem Gebiet wahre Tröstungen sendet. Das Gebet ist zur wahren Kraftquelle für den Tag geworden, vor allem die Anbetungsstunde, zu der die Regel uns täglich verpflichtet. Auch das Arbeiten macht mir Freude, und hier gebührt das Verdienst Papa und Mama, die es mich mit ihrem Beispiel gelehrt haben. Ich stoße dabei auf wunderbare Entdeckungen und vor allem auf die Verwirklichung des Beispiels von Nazaret. Gott sei Dank, sind Gesundheit und Kraft meine treuen Begleiter – seit ich in der Bäckerei bin, trage ich ohne weiteres einen Doppelzentner auf der Schulter – und jedesmal, wenn ich die Laibe einschieße, geschieht es im Rhythmus der Freude. Die Arbeit ist eine großartige Schule, sie entgiftet den Geist, macht demütig und einfach, erschwert nichts... In einem Wort, ich bin froh und zufrieden. In etwas mehr als vier Monaten mache ich Profess. Dann komme ich, wie ich hoffe, zu einem längeren Besuch nach Hause.

Ich rechne damit, daß wir dann auch Piero und Lili unter uns haben. Gebe Gott, ich könnte Euch alle hier haben, aber das wage ich nicht einmal zu hoffen. Doch zu Hause werden wir uns für kurze Zeit alle miteinander treffen. Dann gehe ich irgendwohin, um mein Leben als *Kleiner Bruder* zu führen. Hier ist alles möglich – von Amerika bis Asien, von Afrika bis Europa. Die *Kleinen Brüder* sind überall außer in Italien. Ich glaube, vorerst wird man mich weit weg schicken, später dann nach Italien, wo die Oberen die Gründung von Fraternitäten erwägen. Aber das ist nicht so wichtig: alle Länder eignen sich, wenn es darum geht, heilig zu werden und die wenigen Jahre zu verbringen, die wir noch auf Erden zu leben haben. Ist das nicht so?

Mut, man muß den Kopf hoch halten und singen.

Und jetzt wollen wir von der Terrasse hinuntersteigen und zur Vesper in die Kirche gehen. Ich sehe, die Datteln beginnen zu reifen. Es herrscht hier große Hitze, aber eine ganz, ganz trockene und daher bestens erträgliche Hitze, Mama würde sie nicht einmal spüren. Der Sand glüht, und man kann nicht mehr barfuß gehen. Manchmal riechen die Gummisohlen der Sandalen wie angebrannt. Man trinkt Wasser von früh bis spät, Wasser, das in Schläuchen aus Ziegenfell sehr schön kühl gehalten wird« (C 19).

August

Brief an Leopoldo Saletti.

»Mein liebster Poldo,
Du bist zweifellos in einen Briefstreik getreten, und für Typen Deines Schlages muß es dafür einen Grund geben, den ich einfach noch nicht habe finden können.

Ich schreite also zur Tat, um nicht länger in dieser verrückten Lage zu bleiben, die mich dem liebsten meiner Freunde gegenüber zum Stillschweigen zwingt. Ich nehme natürlich an, Du bist in Cervinia – was sich aber ganz und gar meiner Kenntnis entzieht –, und sicher nicht in der römischen Bruthitze. Man hat mir gesagt, Du hättest den Arm gebrochen, und das schon vor geraumer Zeit. Poldo, schade, daß Du Dir statt des Armes kein Bein gebrochen hast. Dann hättest Du in Deiner Unbeweglichkeit Zeit gefunden, mir in dieser langen Pause etwas von Dir zu berichten.

Ich habe noch vier Monate bis zu meiner Profeß, d. h., ich habe schon acht Monate hier im Noviziat hinter mir. Sie sind dahingeflogen, was ich bedaure, da ich noch allzu viel an meiner armen Seele zu tun habe! Zu meinem Profeßtag, Weihnachten, bist Du eingeladen, und ich hoffe, daß Du kommen und den Plan ausführen kannst, der im Mai leider in Rauch aufgegangen ist.

Ich werde also an Weihnachten mit Gottes Gnade *Kleiner Bruder*. Eigentlich habe ich daran seit dem ersten Augenblick nie gezweifelt, und diese Monate haben dazu beigetragen, mich in meinem Entschluß zu bestärken. Das Erreichte, was ich gelernt, und das Leben, das ich geführt habe, übertreffen alle Erwartung. Eins hatte ich gesucht, zehn habe ich gefunden; ich hatte an Apostolatsarbeit in Italien gedacht und habe die ganze Welt entdeckt; ich glaubte, für andere zu arbeiten, und habe für mich gearbeitet; ich hatte mich als Mittelpunkt von etwas empfunden und habe festgestellt, daß ich nichts bin vor dem, der einzig alles ist: Gott. Jetzt beginnt es zu klappen. Viele dichte Schleier sind mir von den Augen gefallen und viele schwere Brocken vom Herzen genommen. Diese stille Einkehr hat mich gelehrt, daß das Böse nicht in den anderen war, sondern in mir selbst, und daß es mit mir aus wäre, wenn ich so weiterlebte wie früher. Und das ganz unabhängig von jeder Formel. Ob Mensch, ob Arbeiter, ob Leiter, ob Oratorianer, ob Kleiner Bruder: es war Carlo, der wieder zu sich selbst finden mußte und in sich selbst zu Gott. Der Demut, Schweigen, Arbeit, Wahrheit und Liebe brauchte. Nicht nur, daß [dieser oder jener] geirrt hätte, Poldo, es war die Schule, es war das Ganze, es war die gängige Mentalität. Voller Hochmut, selbstsicher, stolz, arm an Liebe und mit dem schlimmsten Übel behaftet: daß wir uns für die Retter hielten, für Apostel, für Fachleute, für Gottesträger. Noch mehr: für Menschen, die für Gott arbeiten könnten, fast ohne an Gott zu denken, oder die ihn wenigstens in seiner Repräsentationsstellung ließen wie den Staatspräsidenten irgendeiner Republik.

Ich habe gesehen und noch mehr erlebt, daß es sich anders verhielt, und daß Christus nicht Staatspräsident in unserer demokratischen Republik ist, der allenfalls Paraden abnehmen kann, sondern der König der jüdischen Zeit, der handelt, der entscheidet, der mitreißt. Ich habe praktisch erfahren, daß er für den Dürstenden das – durch nichts zu ersetzende – Wasser ist, die Luft für die Lunge, der Arzt für den Kranken, das Kraftwerk für alle Motoren, die Brust für den Säugling, das Leben.

Jetzt versuche ich, ihn mäuschenstill zu umkreisen, und habe nicht den Mut, Arbeitspläne aufzustellen oder Vorschläge zu machen. Nichts. Wenn Du mich fragtest: Was hast Du vor? was wirst Du tun? wohin wirst Du gehen? was möchtest Du?, würde ich Dir antworten: Ich habe nichts mehr vor, ich habe keine Probleme mehr, das geht mich nichts an. Ich werde tun, was Gott mich tun läßt; ich werde dorthin gehen, wohin er mich in seiner Liebe schon zu schicken beschlossen hat; ich werde vor allem versuchen, mich nach ihm zu richten. Er ist es, der die Probleme löst, der entscheidet, der tut, der erlöst. Schau ihn Dir an am Kreuz und in der Hostie, zu Brei geschlagen und im Schmerz gesalzen. Das ist er, der Erlöser. Er, der kann, er, der vom Vater erhält, was er will. Würdig ist er, der unsere Gewänder in seinem Blut gewaschen hat, die Siegel des Buches zu öffnen; und da hast Du auch den Weg zum Apostolat, zum wahren Apostolat, nicht zu unserem römischen: seine Nachfolge, das Schweigen, das Gebet, das Sich-Verschenken, die Liebe.

Nur das Martyrium kann die Quintessenz eines jeden Welteroberungsplans sein, und das ist es, was ich ganz und gar begriffen habe. Wenn ich daran denke, wie ich in der Jugend der Katholischen Aktion gearbeitet habe, muß ich mich ekeln vor mir selbst, und ich weine vor Schmerz. Ist es denn möglich, daß ich so blind gewesen bin? Mir ging es ums Geld statt um die Eucharistie; ich habe auf Empfehlungen vertraut anstatt zu beten; ich wollte herrschen anstatt zu dienen. Abgesehen von jedem Lebensreglement, jedem System und jedem Entwurf: das habe ich gebraucht, und Gott hat mir die Gnade erwiesen, und ich danke ihm so, so, so sehr.

Drei Mittel sind hier unvergleichlich: harte Arbeit, die Wüste, die Anbetung. Als ich hier ankam, wollte ich diskutieren, Probleme erörtern. Drei Monate später konnte ich nur noch den Mund halten. Wenn Du um 4³⁰ Uhr bei vierzig Grad zu arbeiten beginnst, wird alles einfacher. Es ist wie eine stramme Bergtour. Du wirst einfach, gut und weißt nicht wie. Dann hilft die Wüste Dir, ganz klein zu werden. Du verlierst Dich, spürst, daß es auf Dich nicht ankommt. Doch was das meiste bewirkt, ist die Anbetung. Ich weiß noch, daß ich, als wir bei Dossetti[187] oben auf der Burg von Rossena[188] waren, meine liebe Not hatte, mit ihm still und ohne Buch in der Hand vor dem Allerheiligsten knien zu bleiben. Das war schon ein Zeichen dafür, daß ich außerhalb meiner selbst und nicht bei mir selbst zu Hause war. Als ich hier angekommen war, hat man mich tagelang in eine Höhle – eine kleine Klause im Gebirge – gesteckt, ganz allein mit dem Allerheiligsten.

[187] *Giuseppe Dossetti* (1913), aus der Emilia, Universitätsprofessor, aus dem Widerstand kommend; Abgeordneter in der verfassunggebenden Versammlung und im italienischen Parlament (1945–1951); als Herausgeber (1947–1951) der katholischen Zeitschrift »Cronache Sociali« hat er großen Einfluß auf die Gruppen der katholischen Linken ausgeübt. Priester (1951); Gründer (1955) einer klösterlichen Gemeinschaft, der »Piccola Famiglia dell'Annunziata« mit Niederlassungen in Italien, Jordanien und Israel; Pro-Generalvikar von Bologna (1966–1968).
[188] In der Gemeinde Ciano d'Enza (RE). Don Giuseppe Dossetti entsinnt sich noch lebhaft dieser anscheinend belanglosen Episode, auf die Carlo im vorliegenden Brief anspielt... Nach einer Zeit der Entfremdung infolge Carrettos Kritik an der politischen Einstellung Dossettis, die Carlo als freizügig und zu distanziert von den Richtlinien der Hierarchie beurteilt hatte, wollte der inzwischen nicht mehr dem Zauber der Politik verfallene Carlo die Verbindung zu Dossetti durch das Beziehen einer anderen und glaubwürdigeren Stellung in der Kirche jener Zeit wieder anknüpfen; die Begegnung hat nicht nur die Wiederannäherung der beiden markiert, sondern auch die Geburt einer neuen Freundschaft, die sie einmal, wenn auch auf verschiedenen Wegen, auf eine gemeinsam empfundene Offenheit für den Dienst an der Kirche ausrichten würde, der evangeliengemäßer in Verborgenheit und im Zusammenleben mit den Letzten der Gesellschaft verwirklicht werden sollte. Nach den drei Tagen im Schweigen und in brüderlichen geistlichen Gesprächen im Beisein des vertrauten Poldo Saletti sollte Carlo sich im Kirchlein von Rossena, das dem Apostel und Evangelisten Matthäus geweiht war, für das Ordensleben entscheiden und sich in den langen und unvergeßlichen Anbetungsstunden zu einem Dienst eigener Art durchringen, den er der Kirche in zugleich neuen und überkommenen Formen leisten wollte. Carlo sollte noch viele Jahre hindurch einen herzlichen Briefwechsel mit Dossetti unterhalten.

Es gibt wenig zu tun, entweder lernst Du beten, oder Du läufst weg. Die Anbetung vor dem Allerheiligsten gewöhnt Dich an den nackten Glauben, an das innere Beten und an die Anbetung der Allerheiligsten Dreifaltigkeit. Wenn ich an die Sitzungen der Ju(niores), S(eniores) und A(spirantes) von früher denke, muß ich richtig lachen, wenn nicht gar weinen angesichts der Verantwortung! Und mit solchem Spielzeug hatten wir die Jugend erziehen wollen! Wir Armen, und die armen Jungen!

Begnüge Dich damit, ein armer Arbeiter zu sein und das Ideal von Nazaret zu leben.

Ich will das Evangelium mit dem Heroldsruf meines Lebens verkünden und nicht mehr mit zwecklosen Vorträgen. Ich bin sicher, daß wir bei dem Tausch gut abschneiden, meinst Du nicht auch?

Das reicht jetzt, ich will Dir doch nicht auf die Nerven gehen und hoffe, von Dir zu hören« (C 19).

September

»Mein liebes Mütterchen,

Du hast recht, Dich zu beschweren, daß ich Dir nicht gratuliert habe, aber Du hast nicht recht, Dich bei mir zu beklagen, ich schriebe Dir nicht: mit diesem hier ist dies der dritte Brief, den ich nach Eurer Rückkehr aus Moncrivello nach Rom schreibe. Ich bin froh, daß es Dir wieder gut geht. Es kommt nicht darauf an, ob Du im Sessel sitzen bleiben kannst oder liegen mußt, solange Du guter Dinge bist und stundenlang für Deine Kinder in der Ferne beten und all die schönen Dinge für die Wohnung machen kannst. Worauf es ankommt, ist, den Willen Gottes zu tun. Auch ich versuche, den Willen Gottes zu tun, der mir einen Aufenthaltsort ausgesucht hat, an den ich selbst im Traum nicht gedacht hätte. Es gibt im Leben Dinge, die wir nicht immer begreifen, und dies ist eins davon. Inzwischen fühle ich mich ganz am rechten Platz, und ich habe die unerschütterliche Gewißheit, daß der Herr mich hier haben wollte. Anders könnte ich mir das nicht erklären. Derselbe Friede, den ich vor allem im Gebet erfahre, sagt mir, daß der Herr es war, der mich gerufen hat. Bete Du aber tüchtig für mich. Bald werden wir uns wiedersehen, und wir werden uns mit Pierino wiedersehen, der, wie ich hoffe, den Termin sicher nicht verpaßt. Das wird ein Fest!

Und wie geht es meinem alten Seebären? Diesmal habe ich nichts von seiner Hand erhalten, und das ist schlimm. War er etwa unterwegs in den Antikensammlungen der römischen Museen? Sehr gut. Ich bin froh, daß Emerentiana nach Aosta versetzt worden ist. Es ist ein schönes Zentrum, wo sie viel Gutes tun kann, und wo das Klima gut ist« (ebd.).

10. Oktober

»Jetzt ist der Oktober fast vorbei, und der Advent zeichnet sich schon am Horizont ab. Wie Ihr seht, liege ich mit einem Doppelgedanken im Kampf: einerseits will er, daß ich zu Euch eile, anderseits möchte er diese, von stiller Einkehr und von Gott erfüllten Tage nicht zu schnell verrauchen sehen. Glaubt mir, das ist ein Leid! Wie möchte ich mich für immer in dieser Stille vergraben und den Rest meines Lebens einzig mit Anbetung verbringen! Das kontemplative Leben ist wirklich besser: glaubt es mir! Und ich, ein Mann der Tat, der ich Jahre um Jahre mit fieberhafter Arbeit verbracht habe, fühle mich einzig für die Kontemplation so geeignet, so sehnlich zu ihr hingezogen. Wie leicht habe ich alles andere vergessen! Und vor allem, wie habe ich seine Hohlheit erkannt. Ich übertreibe nicht, wenn ich sage, daß wir Christen – und unter Christen verstehe ich auch Priester und Ordensleute – den größten Fehler begangen haben, als wir das Gebet auf ein Mindestmaß beschränkt und uns mit aller Kraft auf die Aktivitäten und Einrichtungen gestürzt haben. Sie sind unser Fluch und schuld an allem, woran wir individuell oder kollektiv kranken. Daran liegt es auch, daß wir mit eben diesen Aktivitäten und bei all unserem guten Willen so spärliche und so bittere Früchte ernten. Ihr werdet sagen, man bete, und ich kann Euch da auch zum Teil recht geben, aber ... seit ich jetzt begriffen habe, was beten heißt, versichere ich Euch, daß die Schwachstelle unseres Aufmarsches genau hier liegt. Ich gebe Euch ein Beispiel. Versucht, Euch eine Höhle im Gebirge auszudenken – Ihr habt sicher schon die eine oder andere gesehen. Stellt Euch vor, Ihr ginget dorthin, um acht Tage Exerzitien zu machen. Wenn Ihr dort seid, setzt ein Priester in der Höhle das Allerheiligste aus, geht weg und läßt Euch allein, allein ohne Bücher, ohne Rosenkranz, ohne alles. Ihr müßt acht Tage in der unmittelbaren Gegenwart Jesu leben. Keine Schleier, niemand, der vermittelt, keine Formeln, nichts: einzig Jesus, den man sucht und liebt im nackten Glauben. Ich versichere Euch, nach ein paar Tagen lauft Ihr entweder weg, oder Ihr habt gelernt, unvermittelt mit ihm zu sprechen. Das ist es, was beten heißt. Zu oft meinen wir, wir beteten, aber in Wirklichkeit erhebt sich zwischen uns und ihm die Mauer des Althergebrachten, der Formeln, der Bücher, der Gedanken anderer und alles Sonstigen, nur zu einem rückhaltlos offenen und angeregten Gespräch mit ihm, dem Lebendigen, kommt es nicht. Die Wüste hat mich daran gewöhnt, und so gehen wir in die Höhlen einzig mit Jesus im Allerheiligsten [...]. Und so vergehen die Stunden eine nach der anderen in der Fülle dieser Gegenwart, die uns einhüllt und liebt« (ebd.).

»Die ›Khaloua‹, d.h. die Wallfahrt nach Béni Abbès[189], bricht morgen auf ... ohne mich. Ich muß der vielen Arbeiten wegen, zu denen ich eingeteilt bin, hierbleiben und noch mehr, weil der Novizenmeister die nächste ›Khaloua‹ machen wird und mich mitnehmen will. Leider werde ich auch hier wieder zu einer Respektabilität! Zum Glück habe ich eine Entschuldigung, die mich demütigt: eine Spritze, wie man sie gegen Schlangenbiß verabreicht, hat mir das Bein ein wenig anschwellen lassen; und infolgedessen trägt alles, was dazwischengekommen ist, dazu bei, die große 600-km-Bewährungsprobe in der Wüste noch aufzuschieben. Ich wollte Euch gleich schreiben, weil ihr mir sonst... einen Monat lang mit der Ausrede: ›Der Kerl ist ja in der Wüste‹, die Post sperrt. Nein, ich bleibe hier, und Ihr könnt mir ohne Aufschub schreiben. Inzwischen sollt Ihr die gute Nachricht erfahren: Piero wird um den 15. Dezember hier eintreffen. Das ist

---

[189] Béni-Abbès in Algerien, Oase mit Tausenden von Palmen, Obstbäumen und Wasser in Fülle. Hier eröffnet Charles de Foucauld 1901 seine erste Fraternität. Die Klause und die Kapelle, 1935 restauriert, befinden sich in der Obhut der Kleinen Schwestern Jesu.
   In der Oase befindet sich eine Niederlassung der Kleinen Brüder vom Evangelium. Hier in Béni-Abbès sollten sich außerdem im November 1955 die verschiedenen, mit dem Namen Charles de Foucaulds verbundenen Fraternitäten zur *Association Charles de Jésus* (P. de Foucauld) zusammenschließen, um in der Vielfalt ihrer verschiedenen Ausprägungen untereinander eine feste Einheit zu verwirklichen.
   Vgl. D. u. R. Barrat, *Charles de Foucauld e la Fraternità*, Mailand 1991.

schön für alle, aber besonders für Mama, die darüber glücklich sein wird. Ich gestehe Euch, daß ich mir auf Grund gewisser Pläne, die nur die Vorsehung machen kann, seines Kommens sicher war. Also rüsten wir uns darauf, einander vollzählig in ungetrübter und größter Freude wiederzusehen (Lili, mach den Photoapparat klar!). Piero bleibt hier, um mit mir bis Weihnachten Exerzitien zu machen. Weihnachten wird er ein Pontifikalamt halten und meine Gelübde als *Kleiner Bruder* entgegennehmen.

Sonst gibt es nichts zu berichten, es sei denn, daß die Datteln reif sind. Mir sind aber Radieschen lieber, wenn sie auch nicht so schön aussehen. Die Wüste ist um diese Zeit ganz herrlich, und die Nächte sind zauberhaft. Ich habe gelernt, die Sterne zu erkennen, und benenne sie mit ihren Vornamen – einen Zunamen haben sie nicht. Doch während man zu ihnen aufschaut, hört man in der Ferne den Schakal, der sich ein Lämmchen zum Nachtmahl sucht. Gott segne Euch!« (C 19)

In Wirklichkeit konnte Carlo diese weite und traditionelle Wallfahrt durch die Wüste nicht mitmachen,

wie P. René Voillaume schreibt, »wegen der Lähmung eines Beines. Schuld an diesem Gebrechen war das Versehen eines Krankenbruders, der zur Behandlung einer Grippe eine intramuskuläre Injektion mit Ampullen gemacht hat, die zum Einnehmen, nicht aber für Injektionen bestimmt waren. Außerdem ist die Injektion schlecht gemacht worden und hat den Nerv des Beines getroffen. Hin und wieder spielt Carlo auf dieses, oft schmerzhafte Gebrechen an, aber immer diskret und ohne je den Grund seines Leidens anzugeben oder den Bruder zu beschuldigen, auf dessen Fehler diese Prüfung, die ihn sein Leben lang gezeichnet hat, zurückging. Diese Lähmung war für Carlo eine echte und rätselhafte Heimsuchung durch Gott. Er ist wie Jakob nach einer Nacht des Ringens mit Gott (Gen 32,25 f) an der Hüfte berührt worden. Zu Beginn seines Noviziates hatte Carlo den Wunsch vorgetragen, sein Ordensleben als Kleiner Bruder Gott zu weihen durch den Einsatz als Bergführer im Hochgebirge, um Bergsteigern in Not Hilfe leisten zu können. Solche Pläne mußte er ein für allemal aufgeben: die Vorsehung hatte andere Absichten mit ihm« (EA 138–139).

»Ich sollte auf der sogenannten ›Khaloua‹ 600 km zu Fuß durch die Wüste ziehen. Da ich in nicht allzu guter Form war, sagte mir ein Krankenpfleger, der sich immer liebevoll um mich kümmerte, angelegentlich: Ich gebe Dir eine Spritze, Du wirst sehen, sie kommt Dir bei dem Unternehmen zustatten.

Ja, mach's nur, sagte ich ihm. Da spritzte er mir bei aller Liebe, die er mir entgegenbrachte, ein Gift in den Oberschenkel, das zur Sklerose führte und in knapp vierundzwanzig Stunden mein Bein lähmte.

Er hatte sich vertan. Er hatte sich in der Ampulle vergriffen.

Dummerweise und sozusagen ohne etwas dafür zu können, es sei denn, man wolle ihm seinen Übereifer und seine Unachtsamkeit zum Vorwurf machen, hatte er mir ein Bein gelähmt. Ich habe damals keine Träne vergossen und versucht, gute Miene zum bösen Spiel zu machen, schon damit der Krankenpfleger, der die Schuld trug und den es im Gewissen und in seinen Gefühlen schwerer traf als mich, nicht vor Kummer außer sich geriet. Ich schleppte jetzt ständig ein Bein nach« (PE 11).

15. November

»In einem Monat trifft Piero hier ein, um mit mir Exerzitien zu machen und in der Weihnachtsmesse, einem feierlichen Pontifikalamt, meine Profeß und die Gelübde entgegenzunehmen, die mich zunächst einmal für drei Jahre an die Fraternität der Kleinen Brüder binden.

Von Weihnachten an werde ich also nicht mehr ›Professore‹ Carretto sein, sondern der Kleine Bruder Carlo von Jesus. Gut so? Mir scheint, ja; denn so werde ich für den Rest meines Lebens nicht mehr über die Armut predigen, sondern die Armut leben können, nicht mehr über den Gehorsam reden, sondern gehorchen können, und derlei mehr.

Ich bin so froh, daß Piero hier bei mir sein soll, da mir die Stunde für unsere Familie wichtig zu sein scheint, besonders im Hinblick auf das anschließende Treffen aller in einer Schlange aufgereihten Carrettos[190].

Später... wird sich dann der eine oder andere, falls er zum Ausruhen in die Remise rollen und sich schließlich auf dem weichen Stroh des Himmels ausstrecken müßte, ohne daß jemand sich noch Gedanken darum machte, das Wägelchen zu ziehen, freuen,

[190] Zu deutsch: Karren.

sich von allen Angehörigen der ›Karren‹-Familie gebührend verabschiedet zu haben. (Hier ist es völlig unangebracht, mit ›das bin ich‹, ›das bin ich‹, Voraussagen zu machen, denn Gottes Pläne sind nicht die unseren, und wir verrechnen uns ohnehin« (C 19).

1. Dezember

»Liebster Papa,
ich habe Deinen Brief mit den Sorgen um meine Gesundheit und den lieben Ratschlägen zu meiner Profeß erhalten. Für beides danke ich Dir. Was meine Gesundheit angeht, nur keine Sorge, mir geht es wunderbar, und es fehlt mir nichts. Außerdem werdet Ihr mich noch vor Ende des Monats in Rom sehen und Euch *durch Augenschein* überzeugen können. Du beklagst Dich über die Verspätung, mit der ich Dir geschrieben habe. Das gilt für meinen letzten Brief, der mit Verspätung bei Euch angekommen sein muß. Jetzt aber müßte alles wieder normal sein...

Vielen Dank für das, was Du mir zu meiner Profeß sagst. Ich rechne sehr mit Deinem und mit Mamas Gebet. Was mich angeht, so werde ich mein Bestes tun. Ich habe die Gewißheit, daß der Herr es ist, der mich berufen hat, habe hier gefunden, was ich suchte, bin froh und zufrieden und spüre, daß ich mein Leben lang diesen Weg weitergehen werde.

Mündlich werde ich Dir noch etliches sagen, was Dich immer mehr von der Richtigkeit des eingeschlagenen Weges überzeugen wird.

Hier gibt es nichts Neues. Du kennst ja jetzt unser Leben, und zur Zeit läuft alles wie geschmiert. Die Tage fliegen dahin, und ich verbringe meine Zeit bald mit Gebet, bald mit Arbeit. Alle sind mir wohlgesinnt, besonders die Oberen, und ich fühle mich richtig glücklich.

Ich warte noch auf Pieros letzten Brief, um aus ihm die Zeit seiner Ankunft in Algier zu entnehmen. Der Erzbischof[191] von Algier erwartet ihn und wird ihn am Flughafen abholen. Dann kommt er hierhin – ich denke, etwa am 15. Dezember. Zur Vorbereitung auf Weihnachten werden wir miteinander Exerzitien ma-

---

[191] Léon-Étienne Duval (1903), Franzose, Priester (1926); Bischof in Constantine, Algerien, (1946); in Algier (1954), zum Kardinal erhoben (1965); emeritierter Bischof von Algier (1988).

chen. Am Stephanstag Abreise nach Italien, ob über Algier-Rom (Flugzeug) oder Oran-Marseille (Schiff), weiß ich noch nicht. Es hängt auch davon ab, ob Lili und die Freunde kommen oder nicht, worüber ich bis auf den heutigen Tag noch nichts weiß.

In Erwartung der Post, die morgen abend kommt, lasse ich hier noch einige Zeilen frei...

Sonst habe ich nichts zu berichten, es sei denn, ich sollte schon mit meinen Weihnachtsgrüßen und -segenswünschen beginnen.

Es wird für alle ein Weihnachtsfest sein, auf das wir gespannt sind. Für mich ein Weihnachten der Weihe an Gott und der Hoffnung. Betet ganz inständig für mich« (ebd.).

20. Dezember

»Piero ist völlig durchfroren hier angekommen. Morgen beginnt er mit mir die Einkehrtage« (EA 157).

25. Dezember

Fratel Carlo von Jesus legt im Beisein seines bischöflichen Bruders seine erste, zeitliche, Ordensprofeß ab.

»Ich bin Kleiner Bruder. Den alten ›Professore‹ habe ich in den Höhlen der Paßhöhe von Géryville [192] begraben. Jetzt beginnt ein neues Leben« (ebd.).

1956

Januar

Carlo ist in Rom; unter anderem verbringt er stationär zwei Wochen in einer Klinik zur Untersuchung seines in der Wüste verletzten Beines.

---

[192] *Paßhöhe von Géryville:* Mit Paßhöhe oder Paß sind die natürlichen Höhlen zwischen Géryville und El-Abiodh gemeint, die den Kleinen Brüdern als Klausen für mehr oder weniger lange Aufenthalte zum Gebet oder zu stiller Einkehr dienten.

21. April

Er trifft in der Arbeiter-Fraternität von Berre l'Étang ein.

22. April

»Das war mein erster Tag in der Arbeiter-Fraternität. Das Leben in Nazaret ist ein tiefes Geheimnis, das sich der menschlichen Logik entzieht. Ich kann mich gut in das Nichts und in die völlige Verborgenheit fallen lassen, wenn der Sohn Gottes, er, ohne den alles tot und sinnlos ist, sich dreißig Jahre lang in einer armseligen Arbeiterbehausung hat verbergen wollen! Jetzt bin ich hier, mit ihm allein in einer feindseligen Umgebung, in der niemand mich kennt und man mir auf meinen Einkaufsgängen mitleidig nachschaut, weil ich hinke und wie ein Bettler gekleidet bin. Spürst Du nicht, Dolcidia, wie schön das alles ist? Kein Triumph kommt diesem Triumph gleich, da er Nachfolge Jesu und Mariä in höchster Vollendung ist« (C 19).

»Das letzte Tagebuch reicht bis in die Vorgeschichte zurück. Als letztem Neuankömmling ist es mir unmöglich, bei einer schon so fernen Vergangenheit anzuknüpfen. Beginnen wir mit der Feststellung, daß die Topographie von Berre unverändert geblieben ist: der See befindet sich noch an derselben Stelle; seine Schönheiten sind noch vorhanden, seine provenzalische Sonne, die Einmündung in seinen üppigen Weingärten, seine archäologischen Funde – die Georg zum Träumen brachten! –, sein großartiger Kirchturm, dessen Glocken nur für ganz wenige Christen läuten!

Ebenso behält das Städtchen seine Gestalt: ein paar Häuser mehr rings um die ›Shell‹-Raffinerie, und unsere arabischen Freunde infolge der traurigen Ereignisse in Algerien immer dichter in der Altstadt zusammengedrängt; viele von den Nordafrikanern aufgekaufte Häuser sind zu Kneipen umgebaut worden, wo sie ihr heimatliches Leben im Spiegelbild verkleinert wiederfinden. Auch die Fraternität hat sich nicht verändert; sie befindet sich immer noch in dem alten, baufälligen, aber inzwischen gesicherten Haus mit der kleinen, vor allem dank der Fertigkeiten der alten Brüder praktisch eingerichteten Küche, seinem Schlafsaal, der fast eine Kabine der Kleinen Brüder auf See kopiert, seiner schlichten Kapelle, die durchlässig ist für die ständige Wiederholung der schwermütigen und monotonen arabischen Weisen, die unserem Beten eine ganz besondere Note verleihen und uns einladen, für diese ganze Leidenswelt dazusein. Und neben unseren arabischen Freunden gibt es natürlich auch noch all die armen Familien, die seit Jahren zutiefst mit uns verbunden sind.

Zum Inventar... gehört hier Hubert[193], der immer mit Vergnügen das Vorrecht des Stamm-Bruders wahrnimmt. Er ist ein Pol der Ruhe im streng geregelten Leben der Fraternität.

Wenn die Topographie von Berre sich nicht verändert hat, so gibt es doch etwas ganz Neues. Die politischen Ereignisse und die Unruhen – sowohl in Algerien wie in Suez – haben eine Atmosphäre recht merklichen geistigen wie auch physischen Unbehagens geschaffen. Man spürt sie deutlich im Verhalten der Algerier, die Reaktion des militanten Nationalismus, die sich bei jeder Gelegenheit in Kälte und Aufsässigkeit bekundet, oft sogar schon bei den geringsten Kleinigkeiten. Hubert, der ihnen immer hilfreich zur Seite steht, sei es bei der Arbeit, sei es bei gelegentlichen Kontakten, empfindet die ganze Schwierigkeit einer Freundschaft, einer uneingeschränkten und trotz allem universalen Freundschaft. Sie bewahren uns, so scheint es, ihre alte Anhänglichkeit, aber mit einer gewissen Zurückhaltung aus Furcht, sie könnten von ihren Landsleuten, die noch nie diese direkten und harmlosen Beziehungen zu uns unterhalten haben, falsch eingeschätzt werden. Man spürt, daß sie überempfindlich sind. Wir glauben allerdings, behaupten zu dürfen, daß die frühere Freundschaft noch ungetrübt vorhanden ist.

Und es gibt auch sonst noch Neuigkeiten: die erste, die uns noch näher geht, ist Georgs Abschied. Georg gehörte zu den Alten im Haus. Er hat tatsächlich sechs Jahre in Berre verbracht, und das will etwas heißen. Viele Freunde bitten uns immer wieder um seine Adresse.

Noch ein Abschied, der uns ebenfalls nahegegangen ist, war der von Huberts Bruder Hugo, der sich schon auf dem Weg nach Kolumbien befindet. Seit einem Jahrzehnt hatte er unmittelbar neben der Fraternität gewohnt, so daß sein Abschied dem eines Kleinen Bruders glich. Das harte Leben, das ihn dort unten erwartet, und die vielen Schwierigkeiten, besonders die des Anfangs,

---

[193] Hubert de Chalup (1922), Franzose, Kleiner Bruder Jesu, 1950 zum Priester geweiht.

werden ihn nicht unterkriegen: er hat oft Gelegenheit gehabt, seinen Mut und auch seinen Glauben zu beweisen; wir müssen für ihn beten.

Hat es Abschiede gegeben, so haben auch die Zugänge nicht gefehlt: Émile, junger belgischer Postulant aus Brüssel, der Jugend und Frische in die Fraternität gebracht hat. Er hat Arbeit gefunden bei unserem Vater Silvy, der weltberühmt ist und den die Brüder, die vorübergehend in Berre gewesen sind, sehr gut kennen. Er hat sich dann mit Luigi zusammengetan, und so entwickeln sich die beiden mit der Axt in der Hand zu tüchtigen Holzfällern (Roden von Ölbäumen).

Luigi sehen wir nach drei Monaten, die er in ländlicher Einsamkeit der weiteren Umgebung verbracht hat, ganz fröhlich. Er ist nach Berre gekommen, um sich eine vorschriftsmäßige Aufenthaltserlaubnis für Frankreich zu besorgen... So hat er denn wieder zur Axt gegriffen und unter Mitwirkung Émiles wie auch Daniels – eines Freundes der Fraternität, eines jener ›harten‹ Typen, die sich glücklich schätzen, in einer brüderlichen und freizügigen Umgebung zu arbeiten – ein kleines Unternehmen zum Fällen von Ölbäumen gegründet; Stückarbeit.

Um diesen kurzen Bericht aus Berre zum Abschluß zu bringen: war El-Abiodh eine Sandwüste, so ist hier eine Menschenwüste – eine Wüste aus Menschen. Dort mußte man angesichts des Sandes verschwinden, um vor Gott ganz klein dazustehen, hier muß man angesichts der Menschen verschwinden, um sich vor Gott zutiefst als ›nichts‹ zu erfahren. Was bleibt, ist die Freude, nicht allein und auf dem gemeinsamen Weg ein Herz und eine Seele zu sein mit den Brüdern der Fraternität und mit allen, die kommen und gehen oder schreiben.

Das Leben von Nazaret, das den innersten Kern der geistlichen Botschaft der Fraternität ausmacht, finden wir hier gut in die Praxis übersetzt, und mir fallen immer wieder Bruder Charles' Worte ein, wie wir sie in der letzten Auflage von *Come loro*[194] lesen: Jesus hat Dich für immer in das Leben von Nazaret eingefügt usw.« (FG).

---

[194] Gemeint ist die von Vanna Casara besorgte italienische Übersetzung des Buches *Au cœur des masses* von René Voillaume, die von 1953 bis 1987 italienisch in elf Auflagen erschienen ist; deutsch: *Mitten in der Welt*, Freiburg 1957.

24. April

Umzug der Familie Carretto in Rom von der via delle Grazie 3 in die via Aurelia 239.

24. Mai

Brief an Mutter Angela Vespa[195], Generaloberin der Maria-Hilf-Schwestern.

»Hochwürdigste und liebe Mutter, heute, am Fest Mariä, Hilfe der Christen, habe ich Ihr kostbares Geschenk, den Rosenkranz, erhalten. Es hätte kein besseres Datum geben können, um solch ein Geschenk in der Erinnerung mit Ihnen und Ihrer großen Familie zu verbinden. Dankeschön, Mutter! Jetzt muß Maria mich mit Hilfe dieser kleinen ›Liebesperlen‹ lehren, ganz, ganz klein zu werden und mein Leben in einen Akt sich verschenkender und immer für meine Brüder verfügbarer Liebe zu verwandeln. Sicher wird auch immer die eine oder andere ›Perle‹ Ihnen gelten, die Sie für mich in doppelter Weise *Mutter Angela* sind« (C 19).

13. Juni – Berre

»Liebe Mama, mein Leben in Berre verläuft weiter wie gewohnt: Arbeit, Gebet, Schweigen. Das hat ein Plappermaul wie Dein Sohn gebraucht, und ich spüre, wie gut es mir tut! Am Freitag wird P. Prior, der Autor des berühmten Buches *Come loro*, mich hier besuchen kommen. Ich nehme an, daß ich mit ihm einen schönen Tag verbringen werde. Mit dem Bein klappt es ganz gut. Nachmittags habe ich Zeit, eine lange Radtour in die Umgebung von Berre zu machen, das Turnen und die Meeresluft tun mir wirklich gut« (ebd.).

19. Juni – Berre

»Lieber Papa, das ist das zweite Jahr, daß ich den Aloisius-Tag fern von der Familie verbringe, und ich versichere Dir, daß mir

---

[195] *Angela Vespa* (1887–1969), Piemontesin, hat bei den Maria-Hilf-Schwestern leitende Ämter auf allen Ebenen ausgeübt und war Generaloberin (1958–1969). Carlo hat Mutter Angela immer sehr geschätzt und ihr auch persönlich großes Vertrauen entgegengebracht.

das recht schmerzlich ist. Du weißt, wie sehr ich mich Dir verbunden fühle, und einzig der Wille Gottes, der mich woanders haben wollte, hat die Trennung bewirken können. Aber der Tag wird kommen, und er rückt näher, daß keine Macht, keine Widrigkeit mehr uns hindern wird, nicht nur die Namenstage, sondern unser ganzes Leben miteinander zu verbringen, ohne uns wieder Lebewohl zu sagen: und dieser Tag ist der Tag schlechthin, der Tag ohne Abenddunkel, ohne Tränen, ohne Kummer. Ich habe eingewilligt, hierhin zu kommen und das harte Leben der Kleinen Brüder zu führen, weil es mir sicher bei der Vorbereitung auf jenen Tag hilft, und das ist das Wichtigste. Alles andere interessiert mich nicht mehr, da ich seine ganze Nichtigkeit sehe. Verlaß Dich darauf, daß ich am Aloisius-Tag im Familienkreis mit meinem ganzen Herzen an Deiner Seite bin« (ebd.).

16. Juli

Carlo wird von P. Voillaume zu einer Redaktionsarbeit an syrischen liturgischen Texten vorübergehend in die Fraternität von Saint-Rémy berufen.

Saint-Rémy bei Montbard in der Cote d'Or war eine, heute geschlossene, Anbetungs- und Ausbildungs-Fraternität in einem Arbeiter- und Bauernmilieu.

August-September

Carlo ist für ein paar Wochen stiller Einkehr auf Saint-Gildas. Saint-Gildas ist eine kleine Insel in der Bretagne, die der dort beigesetzte berühmte Arzt Alexis Carrel (1873–1944) erworben hatte. Eine unwirtliche Stätte, die man zu Carlos Zeiten mit einem kleinen Segelboot erreichen konnte.. Die heute geschlossene Fraternität war Sitz eines Postulats und Noviziats, aber vor allem Einsiedelei.

22. Oktober – Berre

Die beiden folgenden Briefe Carlos sind an seine Schwester Liliana gerichtet.

»Ich schließe mich Deiner Freude über das gewachsene innige Einvernehmen zwischen Papa und Mama an. Wir haben von der

Vorsehung die große Gnade zweier außergewöhnlicher Menschen empfangen. Papa und Mama sind ganz gediegene Charaktere, wirklich eine Gabe Gottes. Wenn es hier und da auch einmal... gefunkt hat, so hatte das nur äußerliche Gründe. Im Herzen lieben sie einander sehr, denn sie haben gemeinsam viel Leid getragen, gebetet und die Freuden des Lebens genossen, und das ist der Mörtel, der wirklich Zusammenhalt verleiht.

Wenn ich es noch einmal zu tun hätte, würde ich mein Verhalten Mama gegenüber völlig ändern. Sie hat so oft recht gehabt. Man mußte sie nur verstehen, und ich hatte nicht die Zeit, ... sie zu verstehen.

Ich war so oft im Unrecht und merke das praktisch erst jetzt. Aber... machen wir weiter« (C 19).

2. November – Berre

»Erstens und vor allem: Ruhe und Zuversicht. Es ist von hohem Wert, daß man sich im Leben hier und da einmal in Schwierigkeiten befindet. So wird das Vaterunser aktuell, und man begreift es. ›Unser tägliches Brot gib uns heute‹. Wie soll man diese Bitte begreiflich machen, wenn das Brot schon durch ein Bankkonto garantiert wird? Sodann zweitens: Es liegt kein ernster Grund vor. Unsere Lage ist noch gut, und es fehlt uns nichts. Doch vor allem: Ruhe und Zuversicht« (ebd.).

12. November – Berre

»Liebste Emerentiana,
ich habe, was postalisches Schweigen angeht, Dir gegenüber ein sehr schlechtes Gewissen, wenn ich auch versucht habe, das Problem mit einem gelegentlichen Rundbrief zu lösen. Ist es nicht so? Vergib mir also, und denk nicht, das alles lasse sich auf erkaltende Zuneigung oder Vergeßlichkeit zurückführen. Im Gegenteil! Ich, der ich als letzter die Familie verlassen habe, empfinde die Härte der Trennung vielleicht mehr als alle anderen, und ich versichere Dir, daß die Liebe zu Euch allen um so gigantischere Ausmaße annimmt.

Da ich, zweitens, angesichts der kontemplativen Natur meiner Berufung auf keinem Arbeitsgebiet eingesetzt bin – Schule, Oratorium, Vereinsapostolat, Nothilfe –, bin ich durch das Gebet gezwungen, meine Neigungen zu läutern und aus der Erinnerung und aus der Gegenwart im Geist zu leben. Versteh mich also. Dieses Blatt wirst Du in einem Augenblick des politischen Kampfes um Dein Aosta erhalten, und darum sende ich Dir meine besten Wünsche.

Nach den Ereignissen in Ungarn wird es sehr interessant sein, zu sehen, wie sich die Arbeiter im Aostatal bei den Wahlen verhalten. Ganz Europa ist gespannt auf dieses Wahlergebnis. Das wird sich zeigen.

Aus meinem Leben habe ich Dir wenig Neues zu berichten. Ich vertrete noch dieselben Positionen wie in den beiden Rundbriefen. Suche nach dem Frieden und der Freude, die in den Seligpreisungen ihren Ursprung haben – besonders in der Armut –, und inständige Bitte an den Herrn, mich in dem Wunsch zu bestärken, zu sterben, um zu ihm zu gehen. Meine Arbeit in der Fraternität ist immer gleich: wie in Nazaret.

Wenn ich kann, betätige ich mich auch etwas im Freien bei den Anglern am See. Wie gut ist doch eine niedrige und mißliebige Arbeit wie die der Armen für das geistliche Leben! Sie ist eine Klinge, die tief in unseren Stolz und den verbürgerlichten Lebensgeist einschneidet, der sich, ob man will oder nicht, auch bei den Ordensleuten eingeschlichen hat« (ebd.).

1. Dezember

»Lieber Papa, liebste Mama,
jetzt sind es noch genau zwei Monate, bis ich in Rom eintreffe zu den rauschenden Festen zu Ehren der wohlverdienten fünfzigsten Wiederkehr Eures großartigen und vielgepriesenen Hochzeitstages!! Man sieht förmlich, daß der Herr die Prophezeiung berücksichtigt, die Papa vor Jahresfrist gemacht hat, und sich anschickt, uns noch einmal die Freude eines festlichen und äußerst herzlichen Familientreffens zu machen.

Ich bin dafür sehr dankbar, vor allem, weil es mich drängt, Euch wiederzusehen und in die Arme zu schließen, um Euch allerlei Neuigkeiten zu berichten. Wie kann man mit sechsundvierzig Jahren Papa und Mama noch Neuigkeiten berichten? Doch es ist so, und ich versichere Euch, daß ich Euch in diesem einen Jahr, das ich fern von Euch verbracht habe, besser kennengelernt habe als je zuvor. Es ist das einfache und arbeitsreiche Leben des Kleinen Bruders, das mich gelehrt hat, Euch zu verstehen. Das unruhige Leben in der Katholischen Aktion war dazu nicht angetan, und ich bin in vielerlei Hinsicht auf Distanz geblieben, zumal von Mama. Ich habe nicht geglaubt, weil ich nur blind dahergeredet habe. Das harte und ehrliche Leben, das ich jetzt führe, hat mir die Augen geöffnet. Jetzt glaube und verstehe ich Dinge, die ich früher noch nie verstanden hatte. Im einzelnen werde ich Euch das noch mündlich erklären, aber das möchte ich Euch jetzt schon sagen: Ihr seid alle beide sehr lieb, richtige Gnadengeschenke, die der Herr unserer Familie gemacht hat. Wenn ich noch einmal leben müßte, so versichere ich Euch, daß ich mich in meinem Verhältnis zu Euch völlig ändern und Euch nicht mehr viel Kummer machen würde. Aber das wird dort oben sein! Im neuen Leben, das schon in nächster Nähe ist und so schön und großartig sein wird, werden wir das tun, was uns hier unten so schlecht gelungen ist: einander lieben.

Einander sehr, sehr lieben, einander restlos verstehen und dann einander noch mehr lieben. Das wird sehr schön: ganz sicher.

Mein Leben verläuft weiter wie gewohnt: Arbeit, Friede, Gebet. Mündlich werde ich Euch viel erzählen. Zum Beispiel werde ich Euch erzählen, daß ich bei meinem Fortgang kein Gespür hatte für das ganze Ausmaß Eures Kummers angesichts der neuen Prüfung, die ich über Euch gebracht habe. Jetzt verstehe ich das und bitte Euch um Verzeihung. Ich verstehe, daß Ihr es für den Herrn getan habt, und das ist sehr schön. Auch ich habe es für den Herrn getan, und es hat mich viel gekostet..., doch jetzt kostet es mich noch viel mehr.

Das ist gut so, und es läutert« (ebd.).

»Dieses Jahr war mein Weihnachten armselig, und so habe ich auch Gelegenheit gehabt, die Armut Jesu ein wenig gründlicher kennenzulernen.

So etwas tut gut und bringt einen um so mehr dazu, die Menschenliebe eines Gottes zu begreifen, der Kind und dazu noch armes Kind geworden ist.

Wie müßten wir lernen, uns unseres Lebens zu freuen..., wenn wir ein wenig in Not sind! Wir wären zufriedener – auch wenn uns etwas fehlte –, da wir dem Vorbild des armen und leidenden Christus näher kämen« (C 19).

1957

Epiphanie – Berre

»[…] Welch schlimme Krankheit ist es doch, nur an sich zu denken und an das, was man leistet! [Das bezieht sich auf einen Freund, der ihm Unterlagen zugesandt hatte, in denen von einigen seiner Erfolge die Rede war. Anm. d. Hgs.] So habe ich gedacht. Doch im gleichen Augenblick habe ich auch gespürt, daß dies die Epiphaniebotschaft sein sollte, das Geschenk[196], das die Gottesmutter mir machen wollte!

Und Du? Bist Du etwa anders? Jetzt wirst Du versucht sein, Feder und Papier zu nehmen, ihm zu antworten und ihm von Dir, Deinen Opfern, Deinem verborgenen Leben, der Schönheit Deiner Versenkung usw. zu erzählen. Du befindest Dich in genau derselben Lage! Stolz, Stolz, Stolz! Von sich zu erzählen, die eigene Leistung zu feiern, den eigenen Mief zu riechen.

Auf diese Einleitung hin kam es mir vor, als sagte mir die Gottesmutter: sei demütig, vergiß Dich, sprich zu Gott, denk an ihn.

So habe ich das ganze Ausmaß der entsetzlichen Krankheit meiner Seele erkannt, die nicht schöner ist als die anderen. Kehr› um, Carlo, bekehre Dich. Lerne die Lektion des Schweigens von Betlehem und Nazaret.

Erkenne an den anderen Deine eigenen Fehler und mach› es besser. Es gibt nichts, was Deine Brüder geleistet haben und nicht gleich Deinen Unmut erregt, weil Du es nicht schon längst hättest leisten können oder dazu nicht in der Lage wärest. Siehst Du, wonach sie gieren? Und Du? Siehst Du, wie leidenschaftlich und wild sie ihre eigenen Ideen verteidigen? Und Du? Siehst Du die Schamlosigkeit? Und Du? Sieh zu, Carlo. Lerne wenigstens, gerecht und klug zu sein, habe wenigstens ein bißchen Scham. Demut ist auch Wahrheit.

So war das ein Morgen, an dem Gottes Licht versucht hat, die Finsternis meiner armen Seele zu durchdringen.

Ich habe zu versprechen versucht:

1. In den anderen mich selbst zu sehen und zu vergeben, ›wie auch wir vergeben…‹

---

[196] In Italien ist Epiphanie der weihnachtliche Beschertag (Anm. d. Übs.).

2. Jeden Abend, um mich an das eigene Versagen zu erinnern und von Maria die Demut zu erbitten, den Rosenkranz zu beten.

3. Dem Evangelium treuer zu gehorchen und jeden Morgen wenigstens zwanzig Minuten auf die Meditation zu verwenden« (D 4).

Februar – Rom

Kurzer Romaufenthalt Carlos zur Untersuchung des verletzten Beines und zur Feier der Goldenen Hochzeit seiner Eltern.

»Das Röntgenbild hat... ein Stück Nadel im Nerv gezeigt. Das ist sehr wichtig und erklärt, warum die Genesung sich so lange hinzieht.

Ich glaube, daß ich mich einem kleinen Eingriff unterziehen muß« (LD 76).

13. März – Marseille

»Ich habe Berre sehr traurig, aber auch sehr froh darüber verlassen, das Wüstenleben wieder aufnehmen zu können, das ich als große Gnade für meine Seele ansehe« (ebd. 78).

19. März – Algier

»Da bin ich denn wieder in Afrika. Es war ein etwas eiliger Aufbruch, mit dem ich nicht gerechnet hatte. Die Arbeit, für die man mich braucht, hat gedrängt, und so mußte ich, kaum in Marseille angekommen, wieder packen.

Ich habe auf einem französischen Frachter als einziger Passagier unter einundzwanzig Mann Besatzung freie Überfahrt gehabt, aber bei dem Seegang und dieser Nußschale von einem Schiff *habe ich* wohl mit allem *bar bezahlt*, was ich im Magen hatte, dem das wilde Auf und Ab gar nicht bekommen ist.

In Algier bin ich Gast der kleinen Fraternität, die Piero vor fünfzehn Monaten besucht hat. Eine amerikanische *Wellblechhütte* in Hussen-Dey dient ihr als Unterkunft. Die Gemeinschaft besteht aus vier Brüdern, einer großartiger als der andere, und reich an dem einzigen Gut, das zählt: der Nächstenliebe.

Ich habe mich an der Universität Algier mit meiner Aufgabe vertraut gemacht. Ich soll in einer breiten Wüstenzone rings um

Tamanrasset [197] hydrologische und meteorologische Daten sammeln. Für die Fahrten auf den endlosen Wüstenpisten hat man mir einen schweren Militärjeep zugeteilt. So soll ich mir, wie die Regel will, mein Brot verdienen. Neben dieser Tätigkeit ist auch noch Missionsarbeit zu leisten; daher hat mir P. Prior eine lange Liste von Dörfern, Tuareg-Oasen, gegeben, die ich zusammen mit noch einem Bruder besuchen muß, um im Geist der Regel der Liebe und der Freundschaft, nach der wir leben, missionarische Kontakte anzuknüpfen« (ebd. 77–79).

31. März – Algier

»Der Jeep ist startklar samt Zelt und Proviant. Morgen früh fahre ich los in Richtung Sahara und durchquere sie in vierzehn Tagen. Ich bin glücklich« (ebd. 82).

1. April – Sahara

»Mein siebenundvierzigstes ›Stiftungsfest‹ habe ich unter den Palmen und im Sand der Sahara begangen. Heute abend hatte ich 630 Kilometer hinter mir« (ebd.).

21. April – Ostern – Tamanrasset

»Ihr Lieben alle,
der Weihnachtsstern des Jahres 1954 hatte mich zum ersten Mal in die Wüste geführt, und ich war nicht von ihr enttäuscht; das Oster-Halleluja des Jahres 1957 sieht mich heute wieder auf den Pisten derselben wüsten Einöde und grüßt mich wieder mit der ganzen Macht der Hoffnung.

[197] *Tamanrasset* (Algerien). (Carlo nennt es oft kurz Tam.) Alte und bedeutende Ortschaft in der Süd-Sahara, dient als »Scharnier«, das mit Schwarz-Afrika verbindet, voller Einwanderer aus Mali und Niger, mit etwa 30000 Einwohnern.
    Es ist von den Bergen des Hoggar umkränzt. Hier hat Charles de Foucauld sich (1905) niedergelassen, um die Tuareg-Stämme kennenzulernen und zu betreuen, und hier sollte er auch seinen Tod finden.
    In Tamanrasset sind mit Fraternitäten vertreten: die Kleinen Brüder Jesu, die Kleinen Schwestern Jesu und die Kleinen Schwestern vom Heiligsten Herzen, eine Kongregation päpstlichen Rechts, die 1933 von Alida Capart-Maicor (1885–1961), mit Ordensnamen Schwester Marie-Charles, einer Belgierin, gegründet worden ist. Die 50 Schwestern aus 8 Ländern leben in 22 Fraternitäten, die sich auf 10 Länder verteilen.

Euch zu sagen, ich habe die Sahara mit Freuden wiedergesehen, ist zu wenig: ich hatte den Herrn um die Rückkehr nach hier unten gebeten, doch nicht gehofft, daß diese Gnade so schnell einträfe.

Wer den Schauer dieses so beredten Schweigens, dieses so vollkommenen Kredos auch nur ein einziges Mal gespürt hat, kann nicht umhin, sich nach ihm zu sehnen, und ich habe mich nach ihm gesehnt.

Und da bin ich denn wieder durch die Güte des Herrn.

Ich habe es aufgeschoben, Euch zu schreiben, da ich nicht in der rechten Verfassung war, mich derlei Tätigkeit zu widmen, und außerdem hätte ich während der Durchquerung keinen Brief an Euch aufgeben können. Die Wüste ist wie das Meer: man muß warten, bis man im Hafen ist, und diesmal war Tamanrasset der Hafen, den ich nach vierzehn Tagen erreicht habe.

Von der ersten Wegstrecke bis Gardaja erzähle ich Euch nichts – sie führt durch den Küstenstreifen (500 km), fast wie auf dem Weg nach El-Abiodh.

Das Interessante beginnt jenseits der eigentlichen Sahara, die man in einem einzigen Rutsch von 1600 km durchqueren muß. An seinem Ende liegt Tamanrasset, und zwar auf der Wasserscheide zwischen Sahara und Äquatorialafrika.

Von Gardaja am Steuer eines Jeep aufgebrochen, den ich nach Tam bringen mußte, bin ich mit noch zwei Wagen einer wissenschaftlichen Kommission im Geleit gefahren. Wir haben El Golea (300 km) erreicht, wo sich das Grab Charles de Foucaulds und die letzte Missionsstation befinden. Dann wird es strapaziös. Unpassierbare Pisten, eine Hitze zum Ersticken, kein Wasser und absolut kein Lebenszeichen mehr.

So etwas hatte ich noch nie gesehen; die feierlich-schreckliche Majestät des Todes, ein ständiger Kampf mit den Elementen: die wahre Wüste. Da konnte man wirklich sagen: Wer hier anhält, ist verloren. Hinter In Salah sind uns auf einer Hochfläche die ersten Gazellen begegnet. Wir sind ihnen mit dem Jeep nachgesetzt, und beim abendlichen Mahl waren sie uns recht willkommen, denn mit Proviant waren wir wirklich nicht sehr gesegnet.

In Arak (1800 km von der Küste entfernt) war die Hitze auf der ganzen Reise am beachtlichsten und hatten wir auf der Piste die größten Schwierigkeiten: die Fahrzeuge versanken, die Hitze überhitzte die Motoren und es gab kein Wasser.

Ich hätte nie geglaubt, daß die Sahara eine so ernste und furchtbare Angelegenheit wäre. Zum Glück zog mein Jeep wie der Teufel und hat alle Hindernisse überwunden.

Hinter Arak beginnt die Piste zu den Hochebenen des Hoggar anzusteigen, dessen Hauptstadt Tamanrasset ist. Nicht mehr so heiß, mehr Wasser, mehr Pflanzenwuchs – wir sind dem Sandmeer entronnen.

Der Hoggar, jetzt mein Arbeitsfeld, ist ein gewaltiges Massiv, das die Sahara vom Sudan trennt und sehr unseren Gebirgen ähnelt. Steine lösen den Sand ab, aber die Einsamkeit ist die gleiche. Im Hoggar-Massiv angelangt, hat die wissenschaftliche Kommission, die mich begleitet hatte, es vorgezogen, ihre Arbeit abzuschließen statt noch nach Tam weiterzufahren. Es ging darum, das ganze Massiv zu durchstreifen, um die geeignetsten Punkte zum Aufstellen wissenschaftlicher Geräte ausfindig zu machen, die, wie ich Euch schon berichtet habe, die Arbeit ausmachen, mit der ich mir hier unten mein Brot verdiene und die ich alle vierzehn Tage kontrollieren muß.

Diese Fahrt hat uns noch einmal acht Tage gekostet, so daß wir erst an der Ostervigil in Tam eingetroffen sind. Sie war jedoch auf der ganzen Reise das Schönste, insofern als ich beim Ansteuern aller Tuareg-Lager und der Dörfer der Neger – ehemaliger Sklaven der Tuareg... - die Ernte sehen konnte, die auf mich wartet. Die Szene hättet Ihr sehen müssen, die sich bei unserer Ankunft in den Dörfern abspielte! Zuerst liefen uns alle Buben – nackt – entgegen, dann kamen die Honoratioren. Die Frauen lauschten und lugten hinter den Strohhütten hervor. Das Kreuz, das ich am Hemd trug, kannten sie. Sie nannten mich lachend und hüpfend *Marabut*, was Padre – Missionar – Ordensmann bedeutet.

Die *Kleinen Brüder* kannten sie schon von ihren Zügen nach Tamanrasset und waren froh, uns zu sehen.

So wimmelnde Nudistenkolonien hatte ich gewiß noch nie gesehen! Welche Armut! Ihr könnt Euch nicht vorstellen, wie beängstigend der Anblick dieser armen Menschen ist: ohne Christus und ohne Brot!

Wie verlangt man doch danach, auf der Stelle zu sterben, um sein ganzes Leben, sich selbst ganz hinzugeben und so etwas tun zu können! Und wie spürt man im gleichen Augenblick, daß man nichts kann, ganz und gar nichts. Nur lieben und leiden. Die Festungsmauer des Islam ist mit menschlichen Mitteln uneinnehmbar. Einzig Gott kann. Unserseits: lieben und leiden. Übrigens glaube ich, das stellt eine große Lektion dar, die Gott unserem Menschenstolz erteilen will, und eine große Lehre, damit wir wieder merken, was der reine Glaube und die reine Liebe vermögen. Unter solchen Verhältnissen arbeitet man nur kraft des Glaubens; der Erfolg ruht versiegelt im Geheimnis Gottes und der Kirche.

Jetzt mache ich Schluß« (C 19).

25. Mai – Hiratok

»Mein liebster Monsignore Piero,
diesmal hat die große Wüste zu einem großen… Silentium beigetragen. Tatsächlich habe ich Dir bis auf die Rundbriefe nichts geschrieben, und darum bitte ich Dich um Verzeihung.

In Wirklichkeit habe ich ein Leben aufgenommen, wie Du es in den Höhlen von Géryville geführt hast, und das Schreiben verträgt sich nicht so ganz mit der Natur der Dinge, von denen man umgeben ist.

Zum Beispiel – schreibe ich Dir jetzt – von einem Sturm genötigt, der die Piste an mehreren Stellen zerstört hat und mich seit zwei Tagen im Zelt festhält: ich befinde mich 150 km von Tamanrasset, meinem Stützpunkt, entfernt.

Seit acht Tagen bin ich unterwegs und weiß nicht, wann ich wieder nach Hause komme. Gestern habe ich, um etwas zu essen zu bekommen, auf die Jagd gehen und mir mein Brot unter Holzkohlenglut backen müssen, wie die einheimische Bevölkerung es macht. Wenn ich morgen keine Gazelle erwische, muß ich fasten wie auch ein Bruder und zwei Eingeborene, die uns im Jeep begleiten, um uns bei den Arbeiten zu helfen, die wir erledigen. Das ist ein hartes, aber unendlich schönes Leben.

Es herrscht tiefes Schweigen und große Stille. Das Nichts, von dem man rings umgeben ist, erleichtert einem den Weg zu Gott.

Hier wohnt Gott in Deinem Zelt und ist ganz leicht zugänglich.

Wieviel man hier betet! Ich würde sagen, alles ist hier Gebet.

Man entfernt sich vom Lagerplatz, setzt sich mit gekreuzten

Beinen in den Sand, schließt die Augen und verbringt die Stunden in einem unermeßlich tiefen Schweigen der Liebe.

Das ist meine große Freude, und ich habe keine Worte, dem Herrn zu danken, der mich hierhin geführt hat.

Ich spüre immer mehr, wie in mir der Ruf zum kontemplativen Gebet, zum Schweigen, zur Zurückgezogenheit, zum Ersterben jeglicher Phantasie und jeder Bewegung immer deutlicher wird.

Was für eine Arbeit man tut, spielt kaum eine Rolle, oder sie spielt höchstens eine Rolle insofern sie drückt und dem Broterwerb dient. Das Herz ist frei wie ein Vogel, und die Seele ergeht sich dort in Gottes Welten, wo alles unvergänglich und ewig ist.

Wie ich Dir schon in einem Rundbrief mitgeteilt habe, ist dies meine Arbeit: Ich bin mit einem Monatslohn von dreißigtausend Lire von einer afrikanischen Gesellschaft angestellt, deren Gründungszweck es ist, ausfindig zu machen, wie man in der Wüste zu größeren Niederschlagsmengen kommen kann.

Man untersucht den Zug der Wolkenbänke, den man rechtzeitig meldet. Ist der Augenblick gekommen, so beschießt man entweder vom Flugzeug aus oder mit Raketen die Wolken mit Silberchlorid, einem Stoff, der die Feuchtigkeit kondensieren läßt, die dann als Niederschlag auf die Erde fällt.

Meine Arbeit besteht darin, die atmosphärischen Verhältnisse aufzuzeichnen. Mit einem Jeep bin ich auf der Piste im Hoggar – etwa 1500 km – unterwegs und kontrolliere die kleinen Wetterstationen, die ich selbst mit drei Arbeitern an strategischen Punkten eingerichtet habe. Das ist ein Hundeleben, denn es ist das Leben auf der Piste: Zelt, Hitze, Sand und dergleichen.

Gott Dank, hat es auch einen nicht alltäglichen missionarischen Aspekt. Auf der Runde komme ich in viele Dörfchen der ehemaligen Sklaven, die jetzt auf kleinen Kornfeldern, im Dattelbau oder in den Lagern der Tuareg beschäftigt sind – der großen Wüstenreisenden, deren Karawanen Algerien mit dem Sudan verbinden.

Wenn man also hier eintrifft, laufen alle einem entgegen. Es sind einfache und gute Leutchen, und es gibt viele, viele Möglichkeiten, apostolisch zu wirken – ganz anders als in Thailand. Hier sind sie nackt und elend – der richtige, klassische Missionar der Werbepostkarten.

Jede Fahrt wird kurz in Tamanrasset, der Hauptstadt, unterbrochen.

Wir haben dort eine schöne Fraternität mit noch vier Brüdern, zwei davon sind Priester. Außerdem haben wir im Gebirge – auf 3000 m Höhe – eine Einsiedelei – Assekrem[198] –, die ursprüngliche Einsiedelei Charles de Foucaulds. Sie ist großartig. Verglichen mit ihr sind die Höhlen von Géryville, die Du kennst, nichts.

Dort hoffe ich, sobald ich kann, meine Einkehrzeiten zu verbringen. In Deinem Brief erwähnst Du eine gewisse Sorge wegen der... Gefahren hierzulande.

Nein, ganz und gar. Hier im Hoggar ist alles ruhig. Politische und militärische Bewegungen sind den Stämmen hier fern wie nur etwas. Das algerische Phänomen betrifft die Städte und die Küste.

Die Stämme im Inneren sind ruhig wie eh und je. Du kannst also beruhigt sein. Die einzigen Gefahren, die mir hier drohen, sind die Bereifung des Jeep und sein Steckenbleiben im Dünensand. Aber Gott Dank bin ich ein Fahrer von hohen Graden, und der Wagen ist zuverlässig wie ein kräftiges Kamel. Ich führe immer einen Reservekanister Wasser und ein Säckchen Mehl mit. Alles andere ist nicht so wichtig.

Meine Haut ist schwarz verbrannt wie noch nie, die Sonne ist unerbittlich, aber... wenn der Abend kommt, beruhigt sich die Wüste. Auch der Wind und der Sand. Alles ist Friede, die Luft kühlt sich ab. Dann schlägt man die Zeltplane zurück und betet, betet, betet.

Das gibt es nur einmal, und man spürt Gott ganz nahe. Nicht umsonst beten die Araber noch. Die beiden Arbeiter in meiner Begleitung – ein Tuareg und ein Schwarzer – beten mit einer Andacht, die rührend ist, und sie sind mir wirklich ein Vorbild.

Jetzt reicht es, mein großer Bruder. Danke mit einer heiligen Messe dem Herrn, der mich wieder nach Afrika gebracht hat.

Segne mich und werde ein heiliger Bischof« (C 19).

---

[198] *Assekrem* (Algerien), ist ein Hochplateau (2728 m) im Hoggar-Massiv. Charles de Foucauld hat hier 1910 in der Absicht, die durchziehenden Tuareg zu betreuen, eine Einsiedelei erbaut. Die Kleinen Brüder Jesu widmen sich hier oben seit 1958 wieder ihrem ursprünglichen Leben in Gebet, Arbeit und Gastfreundschaft.

»Wir nutzen ein paar Tage auf dem Assekrem, um allen Brüdern in der Ferne von den Fraternitäten im Hoggar zu berichten.
Vor allem möchte ich Euch sagen, wie ich mich freue, Afrika
wiedergefunden zu haben und es an den Stätten wiedergefunden
zu haben, die uns allen so teuer sind. Großen Eindruck hat auf
mich Tamanrasset gemacht und noch größeren der Assekrem,
eine bezaubernde Stätte sowohl aus menschlicher Sicht als auch
unter dem Aspekt unserer Berufung.

Die Brüder in Tam haben uns sehr herzlich aufgenommen;
Louis[199] und Guy[200] haben uns kleine Zellen mit ein paar zusätz-
lichen Schlafgelegenheiten gebaut, die es uns gestatten, noch
sechs bis sieben Brüder zu beherbergen.

Jean-Marie[201] hat uns auf dem Assekrem empfangen, der für
ihn die Verwirklichung seines Ideals darstellt, und er hat uns begreiflich gemacht, daß P. Prior diese Stätte den ›Sinai der Fraternität‹ nennen konnte. Wir werden noch darauf zurückkommen
können, aber mir war es wichtig, zunächst mit Euch den freudig
bewegten Eindruck zu teilen, den ich bei meiner Anwesenheit an
dieser, für uns von der Vorsehung Gottes so hoch ausgezeichne-
ten Stätte gewann. Ihr ist es sicher bestimmt, nicht nur für die
Fraternität eine besondere Rolle zu spielen, sondern auch für alle,
die sie wie einen Quell des Lebens aufsuchen werden.

Ein paar Worte zu unserer Arbeit.

Ihr wißt ja, daß P. Prior einen Vertrag mit einer Gesellschaft
geschlossen hat, deren Auftrag es ist, die Möglichkeit zu prüfen,
im Hoggar Regenfälle auszulösen. Unsere Arbeit ist einfach: ein
Netz von Wetterstationen zu errichten und zu betreiben, das eine
bessere Kenntnis des Klimas dieser Gegend ermöglicht. Dieses
Netz erstreckt sich über mehr als 500 km, und die Hitze und der
schlechte Zustand der Pisten machen die Fahrten recht mühselig.
Dieses häufige Umherziehen auf den Pisten in der Wüste macht

---

[199] *Louis Pilato* (1923), Franzose, Kleiner Bruder Jesu, Priester (1956), hat viele
Jahre im Hoggar gelebt.
[200] *Guy Norel* (1929), Franzose, Kleiner Bruder Jesu, Priester (1965), lebt seit 1963
in einer Fraternität in Brasilien.
[201] *Jean-Marie Cortade* (1909) Franzose, ehemaliger Marineoffizier, verheiratet,
nach dem Tod seiner Frau bei den Kleinen Brüdern eingetreten. Priester (1946), hat
vierzig Jahre lang die Einsiedelei auf dem Assekrem im Hoggar betreut. Lebt heute
in einer Fraternität in Südfrankreich.

uns zu einer Wander-Fraternität. Unser Gebetsleben profitiert vom tiefen Schweigen der Sahara, und in den Ortschaften, die wir anfahren, fehlt es uns nicht an Kontakten mit der Bevölkerung. Wir machen dabei die Erfahrung, daß uns durch diese Arbeit die Möglichkeit gegeben wird, die Präsenz der Fraternität von Tamanrasset auszuweiten. Wir kommen an viele Stätten, die für den Hoggar von großer kultureller Bedeutung sind, und werden, da Besucher dort selten sind, natürlich überall mit großer Herzlichkeit empfangen.

Zusammengefaßt:

In *Tamanrasset* ist die Rolle der Fraternität sehr komplex, weil der Ort auch oft europäische Pilger anzieht, von denen wir Notiz nehmen und die wir beherbergen müssen, wobei aber unsere ganze Aufmerksamkeit und Verfügbarkeit für die arabische Welt bestehen bleibt. Jean-Marie kümmert sich vornehmlich um die Europäer; Louis betreut die Schichten der Araber und der Tuareg; Guy ist für die Gäste zuständig, und wenn er zum Studium nach Toulouse geht, wünscht er sich als Ersatz einen Bruder, der Arabischkenntnisse besitzt, z. B. Ildefons... Die Fraternität von Tamanrasset mag alles in allem nicht einfach sein, bleibt aber unentbehrlich.

Assekrem – Das Ideal einer Anbetungs-Fraternität, ein Ideal, das übrigens schon verwirklicht ist. Wenn diese Stätte von der Vorsehung, wie ich glaube, als besondere Stätte des Gebetes ausersehen worden ist, müssen alle Fraternitäten darin ihre gemeinsame Verantwortung sehen. Der Gedanke ist erlaubt, daß künftig immer mehr Pilger kommen, und es wird gut sein, daß sie kein verschlossenes Museum vorfinden, sondern ein wahres Haus des Gebetes. Das erfordert von den Brüdern, die dauernd dort sind, Verfügbarkeit für die Besucher und zugleich die Fähigkeit, die Brüder abzuschirmen, die stille Einkehr halten. Nie darf es an Zuwendung für die Tuareg fehlen, die oft auf den Assekrem kommen: das ist ein Erbe, das Bruder Charles uns hinterlassen hat. Der Assekrem steht in enger Verbindung mit der Nomaden-Fraternität der Kleinen Schwestern von Jesus, die zu ihren Exerzitien hierhin kommen und oft auf den Priester unter den Brüdern angewiesen sind.

Die *Wander-Fraternität* ist das Bindeglied zwischen Tamanrasset und dem Assekrem und bietet die Möglichkeit einer Annäherung an die verschiedenen kulturellen Zentren der hiesigen Bevölkerung. Sehr gern beschließe ich diese Aufzeichnungen mit der Erwähnung unseres lieben Bruders Maurice[202], dessen Name so eng mit den Straßen zur ersten Fraternität in El-Abiodh verbunden ist. Möge er vom Himmel her auch über diese Fraternität auf den Straßen des Hoggar wachen und sie als eine Fortsetzung seiner eigenen Fraternität ansehen« (FG 10).

21. Juni – Aloisiustag – Assekrem

»Liebster Papa,
ich befinde mich heute 120 km von Tamanrasset entfernt mitten in der Wüste. Vor zehn Tagen bin ich aufgebrochen, und es ist mir nicht gelungen, eine menschliche Siedlung zu erreichen, um Dir, wie ich es vorgehabt hatte, ein Glückwunschtelegramm zu schicken. Du wirst vielleicht gedacht haben: ›Carlo hat mich dieses Jahr vergessen‹. Mein armes, gutes Väterchen!... Wie gern wäre ich bei Dir! Du weißt, wie sehr ich Dich mein Leben lang gemocht habe, und heute ist es für mich die schwerste Prüfung, fern von Dir zu weilen. Ich möchte bei Dir sein und Dir alle Sorgen nehmen, und statt dessen spüre ich, daß ich Dir welche gemacht habe.

Aus einem Brief von Dolcidia tönt mir entgegen, was Du augenblicklich durchmachst, und ich verstehe Dich. Eins möchte ich Dir aber sagen: Gott gibt, Gott nimmt – der Herr sei gepriesen. Im Grunde braucht Ihr nichts zu entbehren, und wie Gott Euch in der Vergangenheit beigestanden hat, so wird es auch in Zukunft sein. Ihr müßtet Euch eher über das schöne Gnadengeschenk freuen, das der Herr Euch mit Lilis Verlobung mit einem so guten und klugen jungen Mann gemacht hat. Alles andere findet sich noch, nur keine Sorge. Der Herr will uns auf den Himmel vorbereiten, und infolgedessen versetzt er uns hier und da einen Stoß, aber das ist für uns der Augenblick, unseren Glauben und unsere Gelassenheit zu beweisen [...]« (C 19).

---

[202] *Maurice Tourvielle de Labrouhe* (1931–1956), Franzose, Kleiner Bruder Jesu, von algerischen Freischärlern in der Sahara umgebracht. Mit noch einem Kleinen Bruder hat er eine Fraternität gebildet und mit ihm als Lastwagenfahrer der Versorgung des Noviziats in El-Abiodh gedient.

5. Juli – Assekrem

»Die Einsiedelei auf dem Assekrem stammt noch von Charles de Foucauld persönlich. Sie ist ein kleiner Bau aus Stein und Lehm und liegt 2700 m hoch auf einem Hochplateau. Es ist, so kann man sagen, das Hochplateau, das das ganze Hoggar-Massiv beherrscht, und Charles de Foucauld hatte es teils wegen seiner herben und wilden Schönheit ausgesucht, die sich wie keine andere zum Gebet anbietet, teils um die Tuareg betreuen zu können, die im Sommer mit ihren Kamelen und Ziegen auf der Suche nach etwas Gras hierhin kommen« (LD 82 f).

15. Dezember

»Liebste Lili,
gestern abend habe ich Deinen lieben Brief und Marios[203] ganz, ganz liebe Zeilen erhalten . Der Herr weiß, wie es mich zu Euch drängt, um Euch zu sagen, mit welch tiefer Freude ich sehe, daß Ihr einander liebt und daß der große und frohe Tag naht, an dem im strahlenden Licht der göttlichen Liebe als etwas völlig Neues und ganz Großes eine Familie entstehen wird.

Ich bin auch froh darüber..., daß Euch ein paar Sorgen, Widrigkeiten und Wehwehchen plagen. Wenn das nicht so wäre, müßte man sich sorgen, daß Eure Liebe sich nicht richtig und ohne starke Wurzeln entwickelt.

Gewiß ist für die Menschheit nichts nützlicher als Geduld in Widrigkeiten, vor allem in den entscheidenden Augenblicken des Lebens. So will es das Gesetz angesichts der Lage nach dem Sündenfall.

Außerdem ist das der Prüfstein für den Glauben, die Erprobung der Widerstandskraft, das einzig richtige Klima, in dem das Gespür für die göttliche Vorsehung gedeiht. Was könntet Ihr Euch zugute halten, wenn alles bequem wäre? Welchen Wert hat es, das Vaterunser zu beten, wenn der Brotkasten voll ist? Deshalb kann ja nur jemand, der arm ist vor Gott, den Wert des Gebetes fassen.

Mut, Lili, Mut Mario, nichts soll Euch ins Bockshorn jagen.

---

[203] *Mario Turchi* (1925–1990), aus der Romagna, Anwalt, ehemaliger Leiter der GIAC in Grosseto.

Stellt Gott auf die Probe, dann werdet Ihr sehen, ob seine Hand an Reichweite verloren hat und seine Allmacht geschrumpft ist! Als richtiger Vater hat er uns ja sicher nicht zuviel Brotbelag versprochen – schon deshalb nicht, weil er weiß, wie leicht wir uns den Magen verderben –, aber das Brot, d.h. das, was wir brauchen, das wird uns nie fehlen. Seid unbesorgt und zweifelt auch nicht einen Augenblick. Für mich ist das der wahre Erweis unserer Frömmigkeit, der Beweis für die Echtheit unseres Glaubens.

So etwas bedrückt mich nicht: bedrückter wäre ich, wenn ich wüßte, Ihr liebtet einander nicht, Ihr besäßet kein Urteilsvermögen oder Ihr betetet nicht. Aber die Finanzfrage allein ist so wichtig nicht, das versichere ich Euch.

Gott gibt, Gott nimmt: Er weiß. Für uns kommt es darauf an, uns seinem besseren Wissen anzuvertrauen... ohne zu zittern, und dann zu glauben, zu glauben, froh und unerschütterlich zu glauben ohne zu zweifeln.

Gott ist der Gott des Unmöglichen, darauf könnt Ihr Euch verlassen.

Weiter also dem großen Tag entgegen in Frieden, Gelassenheit und Fröhlichkeit. Genießt diesen so schönen Abschnitt Eures Lebens in aller Ruhe. So merken die anderen, daß Ihr die Situation im Griff habt und mit ›Hoffnung‹ in die Zukunft blickt. Das ist es: die Hoffnung, sie ist die Tugend der Verlobten und der Neuvermählten. Ich glaube an den Film *Due soldi di speranza*[204], den ich in gutem Andenken habe. [...].

Über alles und bei allem Geduld und Mut. Unser Herz darf nicht beben, denn wir haben Gott, der Vater und allmächtig ist, auf unserer Seite [...]. Gott segne Euch besonders in dieser Weihnachtszeit 1957, die eine ganz besondere Weihnachtszeit sein muß.

Ich möchte, daß Papa und Mama sich über finanzielle Dinge keine Sorgen machten. Etwas Polenta werden wir doch immer noch haben, und dann kommt unsere Familie der Armut Krippe in Betlehem näher.

Alles andere erledigt sich von selbst und ist nicht so wichtig.

[204] Etwa: *Schon zwei Groschen lassen hoffen*. Regie: Renato Castellani; Produktion: Universalcine-Enic; Italien 1951.

Frohe Weihnacht, an alle. Daß ich nicht bei Euch sein kann, ist mein Weihnachtsopfer, und Ihr wißt doch, wie gern ich an Weihnachten immer bei Euch allen zu Hause war« (C 19).

1958

15. Januar – Assekrem

»Liebste Liliana,
ich weiß nichts von der Familie, von Dir, von Piero und von der Hochzeit. Möglicherweise seid Ihr, wenn dieser Brief Euch erreicht, schon auf Eurer Hochzeitsreise und Piero ist schon unterwegs in den Orient.

Geduld! Das alles gehört zu dem Programm, das mir bei dieser so schönen Gelegenheit auferlegt ist. Ich hoffe, die Luftpost bringt mir nächsten Sonntag, wenn ich von hier – wo ich mich zu ein paar Einkehrtagen aufhalte – hinunterkomme, gute Nachrichten. Das hoffe ich sehr.

Und jetzt kommen wir zu Dir, liebe, süße, kleine Schwester, die Du dabei bist, ... in eine neue Welt aufzubrechen, und für die ein neuer Lebensabschnitt beginnt. Was soll ich Dir sagen? Was soll Dein Taufpate Dir sagen? Dein Bruder, der sicher den größeren Teil Deiner Kinder- und Jugendzeit miterlebt hat?

Vor allem sage ich Dir, daß ich froh und glücklich bin, tief glücklich. Diese Ehe ist im Gebet zustandegekommen und im rechten Augenblick, sei es für Dich, sei es für mich, sei es für alle. Ich habe nie daran gezweifelt, daß der Herr in dem Augenblick und unter den Bedingungen eingreifen würde, die ihm längst bekannt waren. Das war vielleicht der Lohn dafür, daß Du, Du ganz allein, großherzig meine neue und so wahre Berufung akzeptiert hast.

Vielleicht ist es das Gebet in El-Abiodh gewesen. Wie dem auch sei, es war eine schöne und gute Sache, und wir sind hier, um unser Magnifikat zu singen als Dank an den Herrn, der seine Kinder nicht verläßt. Und nun, liebe Lili, geh mit starkem und großem Herzen Deiner Bestimmung entgegen. Gott wird Dich nie im Stich lassen, des kannst Du gewiß sein. Es werden nicht immer Freudenstunden sein. Es kommen auch harte Zeiten, wie sie

264

für unsere Eltern gekommen sind, aber wenn Du sie gläubig durchstehst, werden sie Dich nicht umwerfen, sondern Dir sogar die Kraft geben, auch Mario eine Stütze zu sein, wie es in der Natur der Ehe liegt.

Ich weiß nicht, wann ich Dich wiedersehe. Wie dem auch sei, denk Dir immer, ich sei zu Hause anwesend – in unserem Heim. Denk Dir, ich sei auf unserem lieben Bild von der ›Wägelchen-Madonna‹ in dem kleinen Spielzeug dargestellt, das Jesus in der Hand hält. Ich wache von hier aus, alle Tage, alle Nächte... « (C 19)

16. Januar – Assekrem

»Liebes Schwesterlein, Schwester Emerentiana,
meine Schulden bei Dir wachsen mit dem Lauf der Zeit an, und Du mußt sie mir bei Deiner Liebe zu Deinem Afrikanerbruder erlassen. Ich versichere Dir, daß ich Dich nicht vergesse, und daß Du täglich in meinen Gebeten bist.

In diesen Tagen hätte ich zu Lilis Hochzeit in Rom sein sollen, aber... mir ist der Gedanke gekommen, es sei besser, das Opfer meines Fernbleibens zu bringen, und habe infolgedessen meine Reisekosten an Lili überwiesen, die das Geld für die Hochzeitsreise brauchen können wird. Was meinst Du? Von der Familie habe ich seit einiger Zeit nichts gehört und weiß nichts Näheres. Pieros letzter Brief war von Chicago datiert und hat keine genauen Angaben darüber enthalten, wann er nach Turin und nach Rom kommt. Ich nehme an, es wird in diesen Tagen sein, und Du hast ihn vielleicht schon in die Arme geschlossen. Ich habe ihn eingeladen, zu stiller Einkehr hierhin zu kommen, aber ich bin sicher, daß er nicht kommt bei all seiner Arbeit und seiner Sorge, bald zu den Seinen dort unten zurückzukehren. Geduld! So wird mein Opfer perfekt, und ich jammere nicht darüber. Ich bringe es für Lili und Mario, auf daß es ihnen gelingen möge, eine Familie aufzubauen, wie Mama und Papa sie aufgebaut haben. Was meinst Du?

Mein Leben in Afrika entwickelt sich weiter positiv und ich bin immer glücklicher. Ich hatte die richtige Nase, Schwester, mich vom römischen Babel abzusetzen, wo man Kräfte auf den Bau einer Zivilisation verschwendet, die vom Christentum nur noch den Namen trägt.

Siehst Du, Emerentiana, es ist, als ob eine Ordensschwester tausend und abertausend Dinge täte, aber nicht mehr betete. Was nutzt es, Schulen zu bauen, Oratorien, Kinos, Theater und Rundfunksender einzurichten, wenn man nachher nicht mehr das Bedürfnis verspürt, auch nur eine Stunde Jesus zu Füßen zu sitzen?

Ist das kein Verrat am Christenleben? Gott braucht unsere Einrichtungen nicht, er will unser Herz! Es ist allzu einfach, ihm unser Haus anzubieten, um ihn bei guter Stimmung zu halten und uns vorzugaukeln, wir gehörten ihm; schwieriger ist es, ihm in einem Akt vollkommener und absoluter Anbetung unser ganzes Sein anzubieten [...]. Gott segne und schütze Dich allezeit« (C 19).

26. Januar – Tamanrasset

Carlos Brief an seine Schwester Liliana und seinen Schwager Mario anläßlich ihrer Hochzeit.

»Ihr Lieben, Lili und Mario,
der Herr weiß, wie gern ich in diesen Tagen in Rom wäre. Ich glaube, das, was ich jetzt tue, stellt das größte Opfer dar, das ich in meinem Leben je aus freien Stücken gebracht habe. Aber ich spüre, daß ich es tun mußte, und Ihr versteht mich sicher. Ich tue es übrigens für Euch, einzig für Euch, die ich so sehr liebe und für die ich täglich, stündlich bete. Außerdem hat die Vorsehung es ja so gefügt, daß Piero kommt, der bei Euch nicht nur die beiden Brüder gut vertritt, sondern bei Eurer Trauung auch noch Gottes Vertreter ist.

Zu sagen, ich freute mich über Euren Bund, wäre wenig: ich bin glücklich, erzglücklich. Ich sehe ihn als ein liebes Geschenk Gottes an. Daher sage ich Euch auch noch: fürchtet Euch nicht, führt ein rechtschaffenes Leben und seid standhaft. Nichts wird Euch fehlen, und Eure mutige Tat wird belohnt werden.

Die Schwierigkeiten? Ich war noch nie so überzeugt wie heute, daß sie in Gottes Plan enthalten sind zu Eurem und zu Eurer Kinder Besten. Ein bequemes Leben taugt nicht für große Lieben: glaubt mir. Aber ich brauche das ja nicht zu unterstreichen, da Ihr nicht nur davon überzeugt seid, sondern mir mit gutem Beispiel vorangeht.

Liebt einander, liebt einander sehr. Schafft eine vollendete Einheit untereinander, helft einander gegenseitig ohne Einschränkung bis zum letzten in Geduld, Zartgefühl und Verständnis. Gott hat diese Ehe gewollt: freut Euch ihrer unbeirrt trotz der Prüfungen, die natürlich nicht ausbleiben werden. Schreibt mir hier und da und berichtet mir vor allem, wie es weitergegangen ist. Das interessiert mich sehr. Ich umarme Euch« (ebd.).

1. Februar

In Rom heiratet seine Schwester Liliana den Rechtsanwalt Mario Turchi.

18. Februar – Assekrem

»Es war mein Wunsch gewesen, in der Stille dieser Stätte hier die Fastenzeit 1958 zu beginnen, und die Vorsehung hat ihn erfüllt. Vor ein paar Tagen bin ich hier heraufgekommen, wo ich etwa zehn Tage bleiben will. Ich bin allein, ganz allein, 80 km von Tam entfernt und auf 3000 m Höhe, in dieser kleinen Einsiedelei, und das nur, um Tag und Nacht bei Jesus zu verweilen, der in diesem Einsiedlerleben mein einziger Gefährte ist« (LD 91 f).

7. Mai – Tamanrasset

»Liebste Mama und liebster Papa,
ich muß Euch noch für Euren lieben, langen Brief danken. Er ist mir ein großer Trost gewesen. Ihr fragt, ob ich zu den Wahlen komme: nein. Es ist unmöglich. Die Kosten sind zu gesalzen, und die Entfernung ist zu weit. Geduld! Ich werde beten, daß der Herr Italien in diesem besonderen Augenblick beisteht. Zur Zeit habe ich viel Arbeit, aber Gott sei Dank ist meine Gesundheit hervorragend und die Freude meines Herzens vollkommen. Ihr – Du, Papa, und Du, Mama – bekommt eine Überweisung von 25 000 Lire. Ich habe sie – selbstverständlich nur mit Erlaubnis meiner Oberen – von einer Pilgerin aufgeben lassen, die es hierhin verschlagen hat. Ich weiß, daß Mama immer Almosen gibt, und möchte, daß sie immer etwas Geld zur Verfügung hat. Du, Papa, könntest Dir so etwas Nützliches leisten, zum Beispiel eine Saugflasche. Was wollt Ihr: das Leben geht weiter, und Saugflaschen kann man gut brauchen, wenn man ins Greisenalter kommt« (C 19).

Pfingsten – Assekrem

»Ich befinde mich noch in der Einsiedelei, um ein paar Tage einzig zu beten. [...]. Wir sind hier zur Zeit durch die politischen Ereignisse ein wenig abgeschnitten. Die Unruhen in Algier und vor allem die Befürchtung, nicht mehr nach Algerien zurückkehren zu können, halten mich davon ab, die Reise nach Italien zu unternehmen, um Mama wiederzusehen und meiner Wahlpflicht zu genügen. Mein Platz ist jetzt hier, und ich darf ihn nicht verlassen« (LD 95).

8. Oktober – Assekrem

»Ich bin für zwei Tage auf dem Assekrem, nachdem ich auf der Piste eine Panne hatte, die mich vier Tage festgehalten hat. Vier Tage mußte ich auf Ersatz für das defekte Auto-Teil warten« (LD 101).

21. November -Tamanrasset

»Jetzt ist die asiatische Grippe auch hier angekommen, aber Gott sei Dank hat sie mich nicht erwischt. Wenn die Mikroben zubeißen, stirbt man nicht an dem Gift. Bei mir braucht es da Spritzen wie in El-Abiodh.

Meine Arbeit geht weiter, und ich bin glücklich und zufrieden. Ich habe keine Schwierigkeiten. Das Bein bessert sich langsam weiter und behindert mich überhaupt nicht, weder bei der Arbeit noch im klösterlichen Leben« (C 19).

1959

19. Februar – Assekrem

»Der Glaube ist Glaube, wenn er angefochten wird, und ihm ganz treu zu bleiben, wenn ringsum der Böse in den Menschen und den Ereignissen sein Gebrüll erhebt, das ist es, was der Herr von uns als Zeugnis für ihn verlangt. Hierin besteht die echte Heiligkeit« (C 19).

16. Mai – Tamanrasset

»Meine Arbeit geht gut voran, und jetzt hat P. Prior mir einen Bruder als Gehilfen geschickt. Ich denke, wenn alles klappt, werde ich noch vor dem Winter eine Reise nach Italien machen und dann hierhin zurückkehren können, wo ich mich wirklich wohl fühle und nach Herzenslust beten kann. Wenn Du kannst, halte mich auf dem laufenden über die Lage der Katholischen Aktion. Ich möchte durch inständiges Beten meinen Beitrag leisten, da ich mich ihr auf Grund meiner Vergangenheit verbunden fühle. Stimmt es, daß im Juni die Ernennungen geschehen? Wie sehr möchte ich doch, daß die Führungskräfte allesamt Menschen wären, die dem Geiste Gottes entsprechen« (ebd.).

18. August – Tamanrasset

»Wenn alles klappt und das Flugzeug hier zwischenlandet, werde ich nach Algier und dann nach Marseille starten. Ich weiß noch nicht, wann ich nach Rom kommen kann, glaube aber, daß es nicht später als am 1. November sein wird« (LD 110).

28. August – Assekrem

»Liebste Mama,
in der Erwartung, Dich wieder in die Arme schließen zu können, gratuliere ich Dir schon jetzt von dieser Stätte des Friedens aus zu Deinem so nahen Namenstag. Möchte ich doch, daß die Gottesmutter, mit der Du den Namen Maria gemeinsam hast, Dir dieses Jahr zum Fest ganz viele geistliche Gaben mitbringt – die richtigen – bedeutende Gaben, die gut sind für das Herz und für den Willen. Vor allem Frieden und geistliche Freude in Fülle.

Wenn Du einmal zurückblickst, kannst Du zufrieden sein. Du hattest im Leben schwere Schlachten zu bestehen, aber Du hast etliche davon gewonnen. Sie sind der Beweis für Gottes Segen. Für die Zukunft braucht man diese Siege nur noch durch inständigeres Gebet und vertrauensvollere Hingabe zu sichern. Das sind die Jahre, in denen die göttliche Sonne uns auch dann süß und schmackhaft werden läßt, wenn wir dazu bestimmt sind, von der göttlichen Gerechtigkeit verspeist zu werden. Es sind die Jahre unserer eigentlichen Vorbereitung, damit wir als reife Frucht – denk nur an die Äpfel – in die himmlische Speisekammer fallen.

Weißt Du noch, wie die Äpfel geduftet haben, die in Moncalieri unter dem Bett standen, oder die Kastanien, als Du Kastanien verkaufen gingst, um das knappe Familienbudget flott zu machen? Ciao! Mama, viel Glück zum Namenstag von Deinem Afrikanersohn« (C 19).

Nach einem Aufenthalt in Italien und in Frankreich kommt Carlo wieder nach Algerien.

9. November – Assekrem

»Italien braucht jetzt Männer des Glaubens, besonders in diesem Augenblick, und darum bete ich. Ich bin doch eigens hierhin in die Wüste gekommen, um zu beten, und das erfüllt mich immer mehr. Es ist die Güte des Herrn, die mir diese Berufung geschenkt hat, und ich danke ihm Tag und Nacht. Wenn ich in mein vergangenes Leben zurückkehrte, würde ich der Jugend sagen: Ihr müßt mehr beten! In unserem Programm würde ich den Akzent auf das Opfer setzen, weniger auf die Aktion, denn ich bin überzeugt, daß die Aktion, zumal für die Jugend, Gefahren in sich birgt.

Wenn ich an mein Leben in Rom denke... Was habe ich mir da alles vorzuwerfen! Seit ich hier oben bin, auf dem Berg Gottes, sehe ich die Dinge, die ich hätte tun müssen und nicht getan habe, mit klarerem Blick. Etwas guter Wille war ja vorhanden, aber wie wenig Liebe, wieviel Egoismus und wieviel Stolz.

Das begreife ich jetzt, und ich möchte es allen sagen: weniger Diskussionen über das Gute, aber mehr Gutes; weniger Diskussionen über das Gebet, aber mehr Gebet; weniger Ideen, aber mehr Heiligkeit, mehr Demut und vor allem mehr Liebe.

Wie viele junge Menschen leiden, weil sie keine Liebe finden, weil sie einsam sind. Man muß die jungen Menschen lieben in ihrer menschlich-göttlichen Wirklichkeit, in ihrem Leid, man muß ihnen vor allem anderen Hoffnung bringen.«

16. November – Tamanrasset

»Meine Ankunft in Tam war ausgezeichnet durch einen Berg von Sorgen und Arbeit, der sich durch meine lange Abwesenheit angehäuft hatte« (LD 112).

Weihnachten

»Mein Leben in Afrika macht weitere Fortschritte. Ich befinde mich gerade in einer Periode wohltuender Ruhe und nutze diese letzte Zeit in Afrika zur Vertiefung meines Gebetsgeistes und meiner Vereinigung mit Gott. Der Herr ist so gut!« (C 19)

1960

10. Februar

»Hier ist alles ruhig. Laß Dich von den Unruhen in Algier nicht beeindrucken. In der Wüste herrscht unumschränkt der Friede. Es sieht im Augenblick danach aus, als wollten die Franzosen hier die Atombombe zünden, aber wir sind weit genug vom Schuß, um dadurch beunruhigt zu werden. Übrigens wird es eher ein Propaganda-Bömbchen sein als sonst etwas. Sie haben das Bedürfnis, sich noch für groß zu halten. Menschliche Schwäche!« (LD 119)

»An dem Tag, an dem ich Gott als Dreifaltigkeit erlebt habe, habe ich mich vor Freude im Sand gewälzt und laut gerufen: auch ich liebe dich!« (PO 24)

»Was mich betrifft, geht alles so weiter, wie es Euch geläufig ist: Friede und Freude, wenn auch Tränen nicht fehlen, aber das hängt damit zusammen, daß wir irdische Menschen sind.

Was immer Papa sagen mag, wenn er mich auf dem Bildschirm sieht... und ich verstehe ihn, so glaube ich doch, daß ich den richtigen Weg gewählt habe. Die heillose Verwirrung, in die der italienische Katholizismus geraten ist, beweist das. Mir macht er den Eindruck einer Welt, in der alle reden und niemand zuhört, in der alle schwätzen und niemand betet. Davor wird mir bange.

Hier leidet man wenigstens und schweigt angesichts des dunklen Rätsels des Islam, dessen Lösung man eher in Gott als in den Menschen sucht.

[...] Tut Gutes, vergebt, liebt, helft einander, freut Euch, und der Geber alles Guten wird sich Euer erinnern im Augenblick der Not« (C 20).

Ostern

»Das Geburtstagsgeschenk zu meinem Fünfzigsten hat mir die Schmerzhafte Mutter gebracht [...]. Mit fünfzig Jahren ist das geistliche Leben rauh« (LD 120f).

Carlo kommt aus Algerien zurück und unterbricht seine Reise für ein paar Wochen zu Exerzitien in Nizza, bevor er zu einem Heimaturlaub nach Rom fährt.

Nizza – Fronleichnam

»Mir kam es so vor, als hätte ich meine Berufung wiederentdeckt: das Gebet. Alles regelt sich mit dem Gebet, nichts ohne es.

Mir kam es so vor, als legte ich für einen Augenblick mein Herz auf das Jesu am Kreuz. In dieser Vereinigung habe ich die Allmacht des Gebetes zum Vater gespürt. Es ist zwecklos, woanders Hilfe zu suchen. Die Position der mit Jesus gekreuzigten Seele kann alles. Da liegt der Wert des kontemplativen Lebens, da liegt meine wahre Berufung« (D 7).

19. Juni

»Pater, omnia tibi possibilia sunt.
Jesu, omnia tibi possibilia sunt.
Sancte Spiritus, omnia tibi possibilia sunt.
Maria!, omnia tibi possibilia sunt[205].

Diese letzten Jahre meines Lebens will ich im Licht des Gebetes verbringen, gekreuzigt mit Jesus, dem Gekreuzigten.

Das Kreuz, die Eucharistie, das Allerheiligste Herz: drei Aspekte einer einzigen Wirklichkeit, eines einzigen Geheimnisses, des Geheimnisses Jesu, der aus Liebe zu uns stirbt und der uns auffordert, aus Liebe zu ihm und zu den Menschen zu sterben.

Das Gebet wird wahr, wenn es mit Schmerzen verbunden ist nach dem Beispiel des Gebetes Jesu. Deshalb sind auch Fasten, Gebet und Buße die beste Begleitung der Worte, die den Mund verlassen, wenn man betet« (ebd.).

---

[205] Dir ist alles möglich.

23. Juni

»Der Opferseelenkomplex ist eine schwere geistliche Krankheit, und sie gedeiht bei absoluter Blindheit des Patienten. Heute morgen habe ich wieder eine schönes Beispiel erlebt. Ich glaube, hier bietet der Herr mir erneut eine Gelegenheit, von meinem Opferseelenkomplex zu genesen. Gottes Zeiten werden nicht von uns bestimmt. ›Euch steht es nicht zu, Zeiten und Fristen zu erfahren.‹ Unzählige Male habe ich schon Zeit damit verloren, Gnaden und Programme von Bedingungen abhängig zu machen, die ich festgesetzt hatte. Nie und nochmals nie ist etwas zu einem Zeitpunkt geschehen, den ich bestimmt hatte.

Immer ist es überraschend gekommen. Wer hätte gedacht, daß ausgerechnet die unmöglichste Situation in der heidnischsten Stadt mir zu Gnaden hätte verhelfen können, die weder der Assekrem noch die Wüste mir zu verschaffen in der Lage gewesen waren? Und doch ist es so: Nizza. Erlöse uns von dem Bösen« (ebd.).

27. Juni

»Man kann der größte Eiferer von allen und gleichzeitig der unsympathischste sein. Oftmals ist der Eifer nichts anderes als raffiniert getarnter Stolz und Besitzgier.

Da bin ich wieder, Carlo, um Dir in den Ohren zu liegen: laß Dich nicht vom Opferseelenkomplex erwischen, reiß› ihn aus mit der Wurzel; er ist der Geist, der sich mit dem Geist des Kreuzes am wenigsten verträgt.

Laß Dich im Fraternitätsleben – Du kennst ja Deinen Fehler – nicht einfangen von allzu nachdrücklichem Beharren auf Ordnung, Arbeit und Sauberkeit.

Einer der verzweifeltsten und massivsten Angriffe des Stolzes: die eigenen Ideen.

Tun! Leiden! Schweigen!« (ebd.)

17. Juli

»Heiliger Geist, sei mir gnädig. Heiliger Geist, vergib!
Sei mir gnädig ob meiner Sünden gegen die Wahrheit.
Sei mir gnädig ob meiner Verstöße gegen die Liebe.

Sei mir gnädig ob meiner zahllosen Treulosigkeiten.

Heiliger Geist, der du die Liebe bist, der du der Funke bist, der aufflammt, wenn die Liebe, die aus dem *Herzen* Jesu kommt, auf die Liebe trifft, die sich aus dem *Herzen des Vaters* ergießt, sei mir gnädig.

Ich will deine Liebe, Heiliger Geist, nicht mehr verraten. Ich will in deinem Licht unter deinem Blick leben. Hilf mir, daß ich nicht mehr falle. *Entreiße mich meinen Ideen*, dem Stolz meiner untauglichen Ideen, halte mich zurück von der Suche *nach mir selbst* fern von dir, entreiße mich meiner Habgier, die fern von deiner Vorsehung nutzloses Kapital anhäuft« (D 7).

September – Oktober

Carlo hält sich in Rom auf und beteiligt sich, u. a., an der Gründung der italienischen Ausgabe der Vierteljahresschrift für Spiritualität »Jesus Caritas«.

28. November

Carlo ist in der Fraternität von Meryem Ana, Ephesus, in der Türkei, einer kleinen Fraternität bei der Kapelle, die unter dem Namen »Haus der Mutter Maria« bekannt ist. Auf Grund von Gesichten der deutschen Mystikerin Katharina Emmerich hat man nachgegraben, und 1891 haben die Lazaristen aus Smyrna das vermeintliche Haus Mariä gefunden, das die Seherin geschaut und beschrieben hatte. Als heilige Stätte sowohl für Christen wie auch für Moslems, ist sie noch heute ein Gebets- und Wallfahrtsort. Die Kleinen Brüder Jesu waren von 1959 bis 1979 dort.

6. November

»Ich möchte diese Zeit in Meryem Ana unter das Motto der *Läuterung* stellen.

Und vor allem unter das der *geistigen Läuterung* bei der Wahrheitssuche, beim Bleiben in der Wahrheit.

Und was sodann die Ideen betrifft, glaube ich verstanden zu haben: man darf ihnen nicht zu sehr zu trauen, zumal den eigenen nicht. Gottes Wahrheit übersteigt unseren Horizont, sie ist reiner und befindet sich im Dunkel.

Wenn ich sodann auf mein Herz schauen muß, um welche Läuterung muß ich mich da bemühen? Um die Läuterung vom Egoismus, indem ich meine Brüder in ihrer Wirklichkeit und ihrem Wert gelten lasse.

Was meine Leiblichkeit angeht, muß ich diese Läuterung mit einem ganz präzisen Ausdruck belegen: *Buße*.

Bringe ich das fertig? Sicher nicht. Die einzige Hoffnung auf Erfolg besteht in der Gnade, in der Kraft, die Gott gibt, und sie kann ich nur durch Gebet und Demut erlangen.

Maria möge mir mit ihrer Fürsprache helfen!« (D 7)

30. November – Meryem Ana

»Hier habe ich nun meine neue Fraternität bezogen. Sie liegt 100 m von dem Wallfahrtskirchlein der Gottesmutter von Ephesus entfernt, das man für die Stätte hält, an der die Gottesmutter gestorben und in den Himmel aufgenommen worden ist. Es ist hier sehr schön und winterlich ruhig, da keine Pilger kommen. Zum Gefährten habe ich einen Bruder, Francesco, der Priester ist, was mir die tägliche Messe und Anbetung garantiert. Die Fraternität ist ein winziges Häuschen, aber bequem..., leider muß ich kochen und so meiner Tradition treu bleiben. Ich habe den Eindruck, daß ich drei Monate im Gebet verbringen werde, da ich nicht viel zu tun habe und der Ort einsam liegt.

Meine Reise war hervorragend. Rom-Athen über den Wolken in einer großen Düsenmaschine und von Athen nach Smyrna in einem kleinen türkischen Flugzeug. Wir wohnen 80 km von Smyrna entfernt – und von hier aus sieht man in 6 km Entfernung das Meer – auf einer kleinen Anhöhe in einem Wald, in dem man Wildschweine weiden sieht. Die Gegend ist eine Einöde. Mir fehlt nichts; ich habe schon die wollene Unterwäsche und den ärmellosen Pullover angezogen, denn hier geht ein frischer Wind. Hier hat die Gottesmutter ihren Flug in den Himmel angetreten.

Das war die erste Flugreise der Geschichte. Früher oder später sind wir auch an der Reihe und wir hoffen..., daß wir nicht zu schwer sind. Jedenfalls wird die Buße unser Gewicht reduzieren« (C 20).

6. Dezember – Meryem Ana

»So tun, als ob...

Die Seele, die Christus sucht, muß die Hauptstraße einschlagen, um den Berg der Liebe zu ersteigen.

An der Strecke stehen Hinweisschilder mit einem einzigen kleinen Wort: Nichts!

Das ist die Übersetzung eines Gebotes des Herrn... sich selbst verleugnen« (D 7).

8. Dezember – Meryem Ana

»Mein Stern, der ein Wanderstern ist, hat mich auch am heutigen Fest der ohne Erbsünde empfangenen Gottesmutter geführt, mag ich mich auch in dem Haus befinden, das die Jungfrau in ihren letzten Lebensjahren beherbergt hat, als sie dem heiligen Johannes in sein Bistum Ephesus gefolgt war.

Unsere Fraternität liegt tatsächlich nur 100 m von der Gnadenstätte entfernt, die die Aufnahme der Gottesmutter in den Himmel gesehen hat. Hier werde ich zur Vorbereitung auf meine ewigen Gelübde drei Monate bleiben, und ich bin glücklich, daß ich mich in dieser Zeit einzig dem Gebet widmen darf.

Ohne solche Zeiten wird unser Leben als Kleine Brüder schal und stumpft ab« (C 20).

20. Dezember

In Rom stirbt Mutter Maria.

31. Dezember

»Gaben, die Meryem Ana 1960 gebracht hat.

In der Wahrheit leben – Kampf gegen die Neigungen – Den eignen Ideen mißtrauen – Nicht Gerechtigkeit will ich, sondern Barmherzigkeit – Dem heiligen Johannes vom Kreuz nachfolgen – Durch Vorbild gewinnen und nicht durch...

Täglich etwas Yoga – Mamas Tod = Mater mea, Domina mea« (D 7).

1961

10. Januar – Meryem Ana

»Einen Schmerz, wie ich ihn bei Mamas Tod empfunden habe, konnte ich mir nicht vorstellen. Der Tod der Mutter ist – wie ich glaube – für den Menschen auf Erden immer ein einzigartiges Geschehen und erschüttert ihn zutiefst [...]« (LD 122 f).

26. Januar – Fest des heiligen Polykarp – Smyrna

»Heute morgen habe ich mit einem neuen Licht die Wahrheit von der Gegenwart Gottes in mir zur Kenntnis genommen. ›Wir sind Gottes Wohnung‹. Die Dreifaltigkeit hat eine Stätte in unserer Seele: wir sind Haus Gottes. Zelt des Höchsten. Unter dem Schleier des Glaubens, im göttlichen Dunkel hat die Dreifaltigkeit ihre Wohnstatt. Mitten darin steht ein Altar, und auf den Altar wird durch die heilige Kommunion täglich das Lamm ohne Makel gelegt.

Carlo, da hast Du also von nun an Deine wahre Kirche, in der Du immer, wenn Du willst, stille Einkehr halten kannst.

27. Januar – Meryem Ana

»Eine kalte, häßliche Kirche zu betreten in einer regnerischen Jahreszeit, in einem unwirtlichen Klima, in einem Land, in dem der Glaube erlischt, wo alles alt, wo kein Stilempfinden mehr vorhanden ist, wo nichtssagender Stuck triumphiert, wo es niemand mehr gibt, der betet – nicht einmal Priester –, das ist sicher nicht ermutigend.

Und doch erlebt sich die Seele gerade hier, wenn man sich zur totalen Entäußerung gezwungen, die Augen vor allen Hilfen der Natur und der Kunst geschlossen und jede Suche nach Schönem und Bequemem aufgegeben hat, ganz in das wahre Gebet versenkt.

Das wahre Gebet kann nur Gebet unter Schmerzen sein. Sobald wir auf seine Tröstungen verzichtet haben, kommt plötzlich der Gott des Trostes zu uns. Und alles wird hell, warm und lebt auf. O! Gewiß ist das nicht leicht!

Aber anscheinend findet der Herr Gefallen daran, uns in die

Leere und die anfängliche Kälte zu versenken, anscheinend verlangt er von uns die Mühe, das Eis der ersten Umarmung mit dem Gebet dorthin zu durchstoßen, wo er sich schon längst befindet mit der ganzen Fülle seiner Gnade und der ganzen Glut seiner Liebe« (ebd.).

2. Februar – Meryem Ana

»Von heute an mußt Du Dich bemühen, in Jesu Erlösungswerk einzutreten. ›Ich bin nicht gekommen, um die Welt zu richten, sondern um sie zu retten‹.

Das ist es, was er Dir sagt. Also laß es auch Deine Sorge nicht mehr sein, zu richten, sondern zu retten. Und um zu retten, ist das Erste, daß Du flehst, weinst und unablässig für Dich und für alle betest.

Dann wirst Du auch nach Jesu Gutdünken ein wenig leiden lernen, aber es steht nicht bei Dir, darüber zu befinden, denn Du bist viel zu klein und würdest bei der ersten Prüfung zusammenbrechen. Überlaß ihm das, empfiehl Dich ihm. Und an erster Stelle empfiehl Dich Maria, der Miterlöserin und *Mater dolorosa*« (ebd.).

»Die Seele kann absolut nichts sagen, denn es gibt kein Wort, mit dem sie es sagen oder ausdrücken könnte. Es gibt sogar weder einen Gedanken noch eine Erkenntnis, die sich darauf erstrecken könnte, so sehr übertrifft es alles, wie man Gott nicht erklären kann, womit auch immer (Angela von Foligno)«[206] (ebd.)

»Als ich wieder zu mir kam, habe ich ganz deutlich erkannt, daß diejenigen, *die Gott mehr erfahren, weniger darüber reden können*. Gerade weil sie etwas von jenem unendlichen und unsäglichen Gut erfahren, können sie um so weniger darüber reden. Möge es dem Himmel gefallen, daß Du dies verstehst, wenn Du

---

[206] *Angela von Foligno* (etwa 1248–1309), Umbrerin, setzt sich nach ihrer Bekehrung (etwa 1285), dem Tod ihrer Mutter, ihres Mannes und ihrer Kinder im franziskanischen Drittorden ein durch ein Leben strenger Buße und radikaler Befolgung des Evangeliums. Ihre mystischen Erlebnisse, die sie einem Franziskaner aus ihrer Verwandtschaft diktiert hatte, bilden das *Memorial*, das uns mit weiteren *Dokumenten* die Möglichkeit bietet, diese Selige und große Mystikerin und Meisterin des geistlichen Lebens kennenzulernen.

Vgl. S. ANDREOLI (Hsg.), *Il Libro della beata Angela da Foligno*, Mailand 1990.

Dich zu predigen anschickst. Denn dann könntest Du absolut nichts über Gott aussagen. Und dann würde auch jeder andere Mensch schweigen. Und ich möchte dann zu Dir kommen und sagen: Bruder, erzähl mir etwas von Gott. Und Du könntest über Gott weder etwas sagen noch denken, so sehr überträfe Dich seine unendliche Güte.

Und doch verliert die Seele das Bewußtsein nicht, auch der Leib verliert es in dem einen oder anderen seiner Sinne nicht. Das Bewußtsein ist in uns sogar völlig vorhanden. Doch Du würdest dem Volk energisch sagen: *Geht mit Gottes Segen, denn ich kann Euch nichts sagen.* Und ich begreife, daß alles, was über die Heilige Schrift, und das von allen Menschen von Anbeginn der Welt bis heute, gesagt worden ist, anscheinend sozusagen nichts vom Wesentlichen ausdrücken kann, nicht einmal das, was ein Staubkörnchen gemessen am Weltall wäre (Angela von Foligno)« (ebd.).

Aschermittwoch

»Sonnenfinsternis – Beichte.
  Laß Dich formen« (ebd.).

»*Über den Rosenkranz.*

Im Auto mit einem Bruder:
– ich konnte nicht mehr bei den Schlaglöchern und dem Scheinwerferlicht;
– ich wollte über die Geheimnisse meditieren;
– wie meditieren und serienweise das Ave-Maria sprechen.
– Da muß ein Irrtum vorliegen.

Vorausgesetzt ist die zarte Diskretion, mit der man angesichts des äußerst persönlichen Charakters dieses Gebetes darüber reden muß.

Es gibt ein Beten mit Worten.
Es gibt ein betrachtendes Beten.
Gespräch mit Gott.
An Gott oder an seine Geheimnisse denken.

Und es gibt ein *litaneiartiges* Beten, das für diese Gebetsform wesentlich ist; dieses Beten zu beherrschen, ist ein Gipfel und kein Anfang. Es ist die höchste menschliche Stufe und gehört in-

folgedessen schon dahin, wo die Grenzen des Menschlichen ver-
schwimmen.

Universalität des litaneiartigen Betens
christlicher Rosenkranz
moslemischer Rosenkranz
buddhistischer Rosenkranz
Der offene Zugang zum mystischen Gebet,
ist es die Vorstufe zur Kontemplation.
Bernadette: Ich hatte nichts mehr als meinen Rosenkranz«
(ebd.).

12. Juni

»Als ich in El-Abiodh meine Gelübde abgelegt habe, habe ich
mich dem Vater überlassen und habe ihm meine Angelegenheiten überlassen.

Heute – am 12. Juni 1961 – überlasse ich hier in Marseille Maria mein geistliches Leben. Von nun an werde ich sie einsetzen:
Maria, Gebieterin meines Glaubens« (D 7).

August – September

*Carlo verbringt den Monat zur Vorbereitung auf seine ewigen
Gelübde in den Fraternitäten von Saint-Gildas (Frankreich) und
Farlete (Spanien).*

5. August – Einkehrtage in St.-Gildas

»*Erwägung:* Ich habe heute abend über die Abwegigkeit unserer
Bitten nachgedacht und darüber, daß leider gerade sie den Stoff
unseres Gebetes bilden. Auch darin liegt Stolz: im Bitten um
Gnaden, die wir dafür halten.

Es ist zwecklos, daß eine Termite darum bittet, Biene zu werden, wenn ihr aufgetragen ist, ein Stück Holz zu zernagen. Mit
sich geschehen lassen – wenig Worte machen – tun, was sich als
notwendig erweist.

Es gibt auch im Bereich der Gnade ein Evolutionsgesetz, und
man muß es beachten, das Einfachste ist sogar, man akzeptiert es
aus Liebe und in dem Glauben, daß der, der in unserem Leben
alles fügt, Liebe ist!

[…] Wie arm ist man doch ohne den Glauben!

Unser Stolz ist so groß, daß die einzige Speise, mit der er seinen Hunger stillen kann, das Elend ist, sei es aus Stolz beim Sünder, der sich mit seinen Sünden ins Elend stürzt, sei es beim Heiligen, der aus Liebe elend sein will.

Das wahre und wirksamste Gebet ist das der Stille.

Wir sind so dumm und unfähig, daß schon, wenn wir den Mund auftun, die Gefahr besteht, wir könnten eine Mordseselei, etwas Falsches oder Unangebrachtes äußern. Nur wenn man unter dem Einfluß des Geistes steht und plötzlich sieht, wird das Gebet wahr. Aber dann ist es mit Tränen und dem Gefühl unserer ganzen Erbärmlichkeit verbunden.

Der Abgrund unseres Egoismus ist der, der dem tiefen Abgrund des Stolzes am nächsten kommt. In dieser tiefen Blindheit und Finsternis ist alles infiziert. Halten wir uns das Beispiel der Termiten oder der Bienen vor Augen und ihre Handlungsweise der Gesamtheit gegenüber und vergleichen wir sie mit der unseren, die doch von einem ausdrücklichen Gebot Gottes erleuchtet worden ist: ›Du sollst deinen Nächsten lieben wie dich selbst‹.

Welch abgrundtiefer Unterschied!

Wir finden zwei Lösungen: den Kommunismus und den Kapitalismus, und beide sind falsch, weil sie der Gerechtigkeit gegenüber versagen.

Der Kommunismus versagt der Gerechtigkeit gegenüber, weil er die Menschenrechte leugnet, die im Wort Freiheit enthalten sind, der Kapitalismus versagt der Gerechtigkeit gegenüber, weil er im Privategoismus das Gemeinwohl leugnet. Um Brot zu beschaffen, unterdrückt der Kommunismus die Menschen durch Zwangsarbeit und Inhaftierung, der Kapitalismus bedient sich keiner Druckmittel, aber er läßt Dich Hungers sterben.

Beim Kommunismus hat man den Eindruck einer gleichgeschalteten Stadt, in der, auch wenn alle sich satt gegessen haben, kein Hauch des Geistes mehr weht; beim Kapitalismus hat man den Eindruck einer Stadt, in der nur diejenigen zufrieden leben, die es zu etwas gebracht haben, während die anderen beim Bemühen um Brot und Sicherheit von den ersteren abhängig sind. Mit all unserer Weisheit haben wir eine Stadt geschaffen, die unendlich chaotischer ist als ein Termitenbau, dessen Vorbild sie nicht erreicht.

Carlo, wie sieht Deine Lösung aus? Ich würde sagen, Du hast Dich weder für eine rechte noch für eine linke Lösung des Problems entschieden. In den Augen der anderen bist Du links mit Deiner Achtung vor dem Menschen, mit Deiner Pharisäerhaftigkeit und Deinem Schweigen bist Du rechts, weil Du Deine Interessen mit der ganzen Kraft Deines Egoismus verteidigst« (D 7).

10. August

»Seit acht Tagen bin ich in Exerzitien, die ohne Unterbrechung bis zum 3. September dauern und – dann mit Vorträgen – am 7. in Farlete in Spanien fortgesetzt werden, um am 15. mit der Ablegung der ewigen Gelübde zu Ende zu gehen.

Der Ort eignet sich für Exerzitien wie kein anderer: wirklich eine Wüstenei, ganz nach unserer Tradition. Auf einem von den Stürmen des Atlantik gepeitschten Felsen in der Normandie befinden sich ein paar kleine Klausen: jede Klause besteht aus einer winzigen Zelle mit einem angebauten Kapellchen, in dem Jesus zugegen ist. Wir leben also zu zweit: Er und dieser arme Teufel nebenan, der sich zwingen muß, zu wachen und zu beten, was gar nicht so leicht fällt, wenn man träge und eigensinnig ist.

[...] Vor einer halben Stunde habe ich bei der eucharistischen Anbetung zu Jesus gesagt: Du siehst ja Mama; sag ihr, sie soll mir helfen; sag ihr, daß ich für sie bete, aber auch, daß sie für mich beten und mich kräftig ziehen soll. Ich hatte den Eindruck, Jesus hat gern gehört, daß ich mit ihm über Mama gesprochen habe. Auch er hat seine Mutter liebgehabt« (LD 124–126).

»Der Gehorsam ist der letzte, der höchste Grad der Liebe und ihr vollendetster: man hört auf, sich zu wehren, man löscht sich aus, man stirbt wie Christus am Kreuz und ist eine Gabe für den Vielgeliebten, Leib und Seele ohne Leben, ohne Willen, ohne eigene Bewegungen, woraus er wie aus einem Kadaver machen kann, was er will...

Das ist sicher der höchste Grad der Liebe, der alle anderen einschließt und sie allesamt übertrifft.

Erbringen auch wir diesen Liebesbeweis: schenken wir uns unserem Herrn nicht lebend, denn er hat sich uns im Tode geschenkt. Schenken wir uns ihm gestorben durch den vollendeten, uneingeschränkten Gehorsam; die Vollendung der Liebe ist die Vollendung des Gehorsams.

Bedenken wir, wie die Engel gehorchen, und folgen wir ihrem Beispiel mit den Worten: Dein Wille geschehe wie im Himmel so auf Erden (Charles de Foucauld)« (D 7).

18. August

»Heute abend sind mir bei der Anbetung in bezug auf meine Berufung einige Dinge klar geworden. Ich will versuchen, sie niederzuschreiben.

Deine Berufung ist Nazaret. Auf einem langen Weg – die Spuren Deiner Schritte kannst Du mit dem Blick sehr weit zurück verfolgen – hat Gottes Güte Dich hierhin geführt. Bisher hast Du diese Berufung ein wenig rhetorisch gelebt, aber jetzt mußt Du beginnen, Dich von ihr ganz durchdringen zu lassen.

Sehen wir uns einige Punkte an:

Vor allem kommst Du in eine richtige Familie, in der Gott Dein Vater, Jesus Dein Bruder und Maria Deine Mutter ist. Das heißt etwas für Deine Spiritualität! Da tut sich eine völlig neue Perspektive auf. Du mußt Dich als zu dieser Familie gehörig empfinden und ehrlich und aufrichtig ihren Geist, ihren Lebensstil und ihren Lebensentwurf in die Tat umsetzen..

Also Schluß damit, Dir Deine eigenen Entwürfe zu machen. Du bist Sohn und nicht Vater. Von nun an wird der Vater für Dich die Vorhaben planen.

Deine Aufgabe ist es, ›mit Dir geschehen zu lassen‹, ›zu gehorchen‹ und ›zuzuhören‹.

Du weißt nur zu gut, was Du allein tun kannst; das hast Du tausendmal erlebt.

›Mit Dir geschehen lassen‹. Gott allein weiß, sieht und kann, wenn es um geistliche Dinge geht, und – so würde ich sagen – auch um materielle. Was willst Du von den Geheimnissen des Gebetes verstehen! Welche Pfade willst Du einschlagen? Er ist es, der es weiß – laß Dich führen.

Und noch ein Gedanke kommt von Deinem älteren Bruder Jesus. Was bedeutet es, ihm zu helfen? Nazaret bedeutet, den Lebensentwurf Jesu zu übernehmen, seine Erlöseraufgabe, sein Liebeswerk unter den Menschen, sein geheimnisvolles und verborgenes Leben mit ihm zu teilen. Also ans Werk mit Gelassenheit und Zuversicht.

Von nun an wirst Du Dich nicht mehr auf ein geknicktes Rohr, nämlich Deinen Kopf, stützen, sondern auf den Felsen des Willens und der Allmacht Gottes« (D 6).

»Das Geheimnis von Nazaret.

Nazaret ist der Status, den Jesus in seiner souveränen Freiheit erwählt hat. Das ist ein einmaliger Fall: der Sohn Gottes hat sich seine Familie ausgesucht, seine Rasse und seinen Geburtsort. Das bedeutet Vorliebe seinerseits und Lehre für uns. Seine Absicht ist klar: verschwinden. Er verhält sich genau so wie seine Verwandtschaft und wie seine Nachbarn. *So zieht er sich ins Dunkel zurück,* nicht durch Distanzierung, sondern im Gegenteil durch Aufgehen im Leben, das alle führen.

Und Jesus hat es verstanden, sein Geheimnis so gut zu wahren, daß keiner der Bewohner des Fleckens, kein einziger aus seiner Verwandtschaft außer Josef und Maria, jemals auf den Gedanken gekommen wäre, *er könne tatsächlich anders als die anderen sein.* Das war der äußere Aspekt des Lebens von Nazaret, zu dem auch noch ein unsichtbarer Bereich gehörte, der völlig in den Tiefen des Bewußtseins Christi lag.

Dieses innerliche Leben entsprang vor allem aus der Gesamtheit der Beziehungen Jesu zum Vater, aus seinem Beten, aus seiner Kontemplation, daraus, daß er sich seiner Erlösersendung, seiner unermeßlichen und unendlichen Liebe zu seinen Brüdern, kurz, seines Lebens als Gottes Sohn und Heiland bewußt war samt der ganzen Heilsbedeutung, die diese Geisteshaltung auch der geringsten seiner menschlichen Taten verlieh.

Das Herz Jesu ist der eigentliche Ort, an dem sich unsichtbar das den Menschen geltende Heilsgeschehen vollzogen hat. Im Herzen Jesu befindet sich die Stätte, an der sich während seines ganzen Lebens der schmerzliche Akt der Unterwerfung seines menschlichen Willens unter den des Vaters zugetragen hat, im harten Licht der ständigen Schau des ganzen gegenwärtigen und zukünftigen menschlichen Elends und zugleich auch der Schmähungen und Qualen, die er zur Erlösung seiner Brüder erdulden sollte.

In seinem Herzen ist die Stätte, an der der endgültige Akt des

Gehorsams und der vorbehaltlosen Auslieferung an den Willen des Vaters vollzogen worden ist« (ebd.).

»Nacht und Morgen sehr wichtig. Vorausgegangen war der schmerzliche Überdruß an allem, besonders an der Meditation; doch die Anbetung stand für mich im Licht der Begebenheit aus dem Evangelium [207]. Daran ist nicht zu rütteln, wir sind aussätzig, und tatsächlich kann nichts und niemand uns heilen außer ihm.

Und zur Genesung genügt es, daß wir unsere Wunden so, wie sie sind, in dem Glauben, daß er ist, in der Hoffnung, daß er kann, und in der Liebe, die er will, vorweisen. Es ist seltsam, daß die Kontemplation fast die Beichte überflüssig macht. Man braucht nichts.

Daß man geht, wird auch bleiben, aber in Wirklichkeit hat Jesus alles überwunden: *er ist es, der heilt*. Wir sind nicht im Vaterhaus geblieben, weil wir gesündigt haben und durch die Sünde Sklaven geworden sind. Jesus ist jedoch dageblieben und kann uns befreien, und er befreit uns, wenn wir es nur wollen. Und er macht uns zu Freien unabhängig vom Gesetz unter den Vorzeichen der Kindschaft« (D 6).

»Laß also mit Dir geschehen.

Das Programm dieser Einkehrtage entwickelt sich logisch und bleibt die Kurzformel für meine ganze Zukunft« (ebd.)

22. August – Fest des Unbefleckten Herzens Mariä

»Auch heute abend ein besonderer, klarer und wichtiger Hinweis. Was sind in Deinem Leben die häufigsten Fehler? Es ist seltsam, aber es ist so: *die Verstöße gegen die Wahrheit*. Das ist ein ganzer Komplex für sich, eine Methode, eine Atmosphäre, eine Leichtfertigkeit, eine Oberflächlichkeit...!

Und meistens sind es vielleicht sogar solche in guter Absicht, zur Durchführung apostolischer Aufgaben, zur Beeinflussung des Publikums, ...um es zu Gottes Gesetz zurückzurufen!

Was für eine Tragödie ist doch mein armes Gewissen hier! O! wann werde ich endlich von dieser Krankheit erlöst sein? Wann

---

[207] Der 13. Sonntag nach Pfingsten mit der Evangelienperikope von der Aussätzigenheilung (Lk 17,11–19) fiel 1961 auf den 20. August. Das ermöglicht die Datierung dieser Tagebuchnotiz; vgl. die Datierungen der vorausgehenden und der folgenden Notiz (Anm. d. Übs.).

werde ich grundehrlich? Das Problem ist nämlich nicht, daß man ›lügt‹, sondern daß man nicht abgeneigt ist, zu lügen, daß man sich in die Lage dazu bringt. Und Jesu Wort erklingt mir im Ohr: Es ist die Wahrheit, die euch frei machen wird. Es ist sogar der Mangel an Freiheit, der zu einer Atmosphäre der Unaufrichtigkeit führt: es ist das Bemühen um eine Ausflucht vor dem Gesetz – um welches es sich auch immer handeln mag –, das uns in die Lage bringt, ›Lüge zu sein‹, noch bevor man lügt. Aufrichtig sein, einfach, kristallklar, ohne Schleier vor Gott und den Menschen: das ist der einzige Weg, der letztlich in die wahre Freiheit führt, die denn auch Gottes eigene Wahrheit ist.

Maria, auf dich vertraue ich, hilf mir, frei und damit auch wahr zu werden« (D 6).

31. August

»*Und alles hängt von einem Ja ab.*

Nach der Krise von gestern abend, wo ich in einem einzigen Augenblick gesehen habe, daß die Sünde die Macht besitzt, den ganzen Plan Gottes zunichte zu machen und Dich wie einen Außenstehenden von der Schönheit und Harmonie der Schöpfung auszuschließen, hat mir heute morgen beim Angelus die Gottesmutter Maria einen Wink zur Wiederherstellung des Seelenfriedens gegeben. Und alles hängt von einem Ja ab.

Ecce ancilla Domini ist das erste entschiedene Ja nach dem Ungehorsam der Menschheit. Ein Ja, gesprochen in völligem Einklang mit jenem anderen des Wortes: Brand- und Sündopfer hast du nicht gewollt, darum habe ich gesagt: *Ja, ich komme.* Deinen Willen trage ich tief im Herzen.

Ohne dieses Ja kommt die Liebe nicht zur Ruhe. Leise im Munde des Geschöpfes, mächtig im Munde Christi, ist es die unerläßliche Bedingung für den Eintritt in die Harmonie der Schöpfung und in das Reich des Vaters.

Geheiligt werde dein Name – Dein Reich komme – Dein Wille geschehe.

Und aus diesem Grund hängt das ganze Vorhaben Gottes von dieser gewaltigen Voraussetzung ab: ›von unserem armen Ja‹. O Herr, hilf mir, immer mein Ja zu sprechen.

Damit ich zu Deinem Wirken in mir immer ja sage, Dein Dunkel mit lautem Schrei bejahe, Deinem Werben um Liebe sofort mit ›Hier bin ich‹ antworte.

Gib mir diese Gnade, mein Herr und Gott. Wie gern würde ich auf meine Fähigkeit, mit Ja zu antworten, verzichten und Dir meinen ganzen Willen hingeben, aber das willst Du nicht. Auf diese Weise willst Du Dein Geschöpf nicht. Du hättest uns ohne diese Fähigkeit, Dir mit Ja zu antworten, dem unwiderstehlichen Instinkt überlassen können, doch das hast Du nicht gewollt.

Du hast uns ja eigens als Menschen erschaffen, damit wir mit ›Ja‹ antworten könnten.

Wie lieb muß Dir doch dieses kleine Wort sein. Es muß die schönste Antwort auf alles sein, was Du von uns erwartest. Es ist etwas Lebendiges!

Es ist die Liebe!

Horch, mein Geliebter klopft.

Mach auf, meine Schwester und Freundin, meine Taube, du Makellose,

mein Kopf ist voll Tau, aus meinen Locken tropft die Nacht.

Ich habe mein Kleid schon abgelegt – wie soll ich es wieder anziehen?

Die Füße habe ich gewaschen – soll ich sie wieder beschmutzen?

O Trägheit, Trägheit der Seele, wann wirst Du aus meinem Herzen genommen, wann wirst Du aus meinem Geist entfernt?

Wann wirst Du dem Kommen Gottes kein Hindernis mehr entgegenstellen?

Das ist die entsetzliche Möglichkeit, die wir haben: nein zu sagen, dem, der kommt, ein Hindernis entgegenzustellen. Und deshalb ist meine Trägheit ja so schwerwiegend, wo sie sich auswirken will, wo sie im Spiel ist.

Johannes, der das besser begriffen hatte als die anderen, betont mit besonderem Nachdruck den Willen, der mit Ja antwortet.

›Allen, die ihn aufnahmen, gab er Macht, Kinder Gottes zu werden‹.

›Wer mein Wort hört und dem glaubt, der mich gesandt hat, hat das ewige Leben‹.

›Wenn jemand mich liebt, wird er an meinem Wort festhalten; mein Vater wird ihn lieben, und wir werden zu ihm kommen und bei ihm wohnen‹.

›Wenn ihr meine Gebote haltet, werdet ihr in meiner Liebe bleiben‹.

Und wiederum sagt die angefochtene Seele: ›Aber Herr, warum gibst Du mir nicht die Kraft, immer ja zu antworten, warum machst Du mich nicht gleich so, wie Du mich willst? Dann werde ich auf Deinen Ruf antworten, wie Du es willst‹.

Und Jesus antwortet: ›Wie gern würde ich Dir diese Kraft und noch mehr geben! Aber dann? Wohin kämest Du im Ruhmesglanz dieser Kraft? Nein, ich will, daß Du mir in Deiner Schwäche dienst, will, daß Du auch weiter diejenige bleibst, die Du bist, dann wird es Dir leicht fallen, Dich zu erinnern und in der Demut zu verharren, die mir fast so teuer ist wie die Liebe, denn sie ist die natürliche Umgebung, in der unsere Liebe gedeiht.

Bitte mich Minute um Minute um meine Gnade, ich werde sie Dir geben; lebe in Deiner Schwäche, ich werde Dir beistehen. Jetzt gibt es keinen anderen Weg, schlage ihn ein‹.

Der Wert der Schwäche.

›Kommt alle zu mir, die ihr euch plagt und schwere Lasten zu tragen habt‹. Das ist die Einladung an die Schwachen. Für die Wohlsituierten und die Starken gibt es keine Einladung.

Wie es auch keine Einladung für die Großen, sondern nur für die Kleinen gibt. ›Laßt die Kinder zu mir kommen‹. Man könnte sagen, Gott braucht die Macht nicht, sondern die Kleinheit.

Tatsächlich ist sie das Einzige, was er nicht besitzt. Wenn Gott etwas fehlt, dann ist es genau das, und es scheint, daß er es, da er es nicht besitzen kann, sucht und sich seiner freut, wo es ist: in uns. Wir ziehen also im Grunde seinen Blick eher mit unserem Nichts als mit unserem *Sein* an, eher mit unserer Armseligkeit als mit unserer Macht.

Sollte das wirklich unser größter Reichtum sein? Und wenn er es wäre? Warum sagt der heilige Paulus: ›Ich will mit meiner Schwachheit prahlen‹?

Muß man damit eigentlich prahlen? Und doch ist es so. Aber nun ist alles in Ordnung: wir brauchen uns nur damit abzufinden, unsere Maßstäbe zur Bewertung der Dinge zu ändern. Achten, was klein ist, achten, was schwach ist, achten, was krank ist. Aber warum?

Weil Gott groß ist und unserer Größe nicht bedarf, weil Gott allmächtig ist und nichts seine Allmacht so sehr in Erscheinung und in Aktion treten läßt wie die Armut und die Schwäche, weil nichts seine Barmherzigkeit so sehr in Aktion treten läßt wie der Anblick unserer unendlichen Armseligkeit.

Daraus sollte der heilige Paulus folgern: gerade in der Schwachheit erweist ja die Gnade ihre Kraft.

Außerdem besitzen wir einen Beweis, einen grandiosen noch dazu. Als Gott bei der Erlösung tätig werden wollte, hat er das Kleine gesucht: Betlehem, und die Schwachheit: das Kreuz. Er hat die Welt nicht mit seiner Macht gerettet, sondern mit seiner Schwachheit. Und faßt das Allerheiligste nicht dieses ganze Vorgehen kurz zusammen?

Zu nichts werden, nichts sein. Hier stehen wir sogar vor dem Lebensprinzip dessen, was das Geheimnis des Christentums ausmacht, befinden wir uns im Kern des eigentlichen Problems. Diesmal wird die Lektion gelernt, bin ich endlich auf dem rechten Weg. Ich werde nicht mehr jammern. Ich werde Bankier der Armut, Magnat der Schwäche und Nabob der Armseligkeit. Mit einem Wort, ich werde reich am wahren Reichtum: an Armut. Und genau so muß es sein.

Warum fällt es dem menschlichen Stolz so schwer, Kleinheit zu ertragen, Kleinheit zu sein? Nichts ist für den Stolz vernichtender als diese Sicht der Dinge, nichts ist wahrheitsgemäßer als dieser Sachverhalt, nichts ist ein größerer Ansporn für die Liebe als diese Armut. O Herr, hilf mir, das zu begreifen; laß mich begreifen, und es genügt mir. Denn von nun an bin ich reich.

Siehe die Seligpreisungen.

Liebe, und tu, was Du willst.

Denn wer liebt, hat das Gesetz erfüllt. Du darfst keine andere Sorge haben. Du bist nicht für andere verantwortlich, Du darfst nicht urteilen, Du darfst nicht befehlen. Also liebe. Laß Dir in schwierigen menschlichen Verhältnissen den Kopf nicht mit gefährlichen Gedanken füllen, die Dich früher oder später in den *Opferseelenkomplex* geraten lassen.

Schalte ab, betrachte die Dinge von ihrer guten Seite, wehre dem Urteil.

Vor allem aber erweitere Deinen Blickwinkel für den Ozean, der Gott ist. Wer sind wir, armselige Muscheln, die an einem Felsen kleben! Was wissen wir? Was sehen wir? Warum urteilen wollen? Liebe Deinen Bruder um seiner guten Seite willen, um des Positiven willen, das er Dir zu bedenken gibt: sieh ihn unter diesem Aspekt.

Nicht recht behalten, nicht auf Deinem Urteil bestehen wollen. Du bist klein, Du weißt nichts, Du bist der Letzte. Und außerdem brauchst Du nur an Deine Vergangenheit zu denken, um mehr als genug Gründe zu haben, den Mund zu halten. Welche Sünden hast Du nicht begangen oder konntest Du nicht begehen? Und so reicht es.

Sei das Kind aus dem Evangelium, laß Dich auf der Woge Gottes tragen, die so gewaltig, so großmütig und so optimistisch ist. Schau nur auf den Optimismus Jesu den Seinen gegenüber: ›Sie haben jetzt erkannt, daß alles, was du mir gegeben hast, von dir ist. Denn die Worte, die du mir gegeben hast, gab ich ihnen, und sie haben sie angenommen. Sie haben wirklich erkannt, daß ich von dir ausgegangen bin, und sie sind zu dem Glauben gekommen, daß du mich gesandt hast‹.

Um das zu behaupten, brauchte man schon Optimismus, und doch macht Jesus von ihm Gebrauch. [...] Es wird schon noch kommen. Worauf es ankommt, ist lieben.

Von nun an.

Du beendest jetzt Deinen Wüstenmonat auf St. Gildas, einen Monat, der schon wieder ein Geschenk der unendlichen Liebe Gottes gewesen ist. Siehst Du, Carlo, wohin der gleichgültige Akt, ein Buch über Termiten in die Hand zu nehmen, Dich führen sollte? Auch die Termiten haben auf den Wegen der Liebe Gottes ihre Aufgabe.

Dein Horizont hat sich geweitet, reicht heute bis zur ganzen Schöpfung und erfaßt nun alles unter dem Aspekt der Heilsgeschichte Gottes, der die Liebe ist, der Heilsgeschichte, die, was uns angeht, ihren Ursprung in der Liebe hat und am Ende der Zeiten in der Liebe ihr Ziel erreicht.

Also, Carlo, tritt ins Glied, an Deinen bescheidenen Platz, nimm ihn zur Kenntnis und marschiere unbeirrt und – so würde ich sagen – freudig weiter.

Jetzt wirst Du endgültig in die Familie Gottes aufgenommen. Das spürst Du. Was bei Deiner einfachen Profeß ein erster Hinweis war: ›Ich vertraue mich ihm an‹, ist nun zu einer tieferen Erkenntnis geworden. Endlich gibst Du Deine Egozentrik auf und kommst in eine Familie, die Gott zum Vater hat, in der Du Jesus zum Bruder, die Jungfrau Maria zur Mutter und alle Geschöpfe zu Geschwistern hast. *Von nun an bist Du wie ein Kind auf Gott angewiesen.* Er wird Dir den Weg zeigen, wird Dir befehlen, wird Dein Trost, Dein Alles sein. Er gibt Dir Jesus als älteren Bruder, als Vorbild, als Stütze. Und Du, mach Dich auf den Weg. Faß keinen Gedanken mehr, es sei denn in ihm, tu nichts, ohne Dich mit ihm zu beraten, hab keine andere Sorge als ihn, keine anderen Beziehungen als ihn. Darüber hinaus wird er Deine Erinnerung sein, insofern Du Deine eigene verlierst. Übrigens brauchst Du sie nicht mehr, und jetzt muß die Hoffnung sie ersetzen.

Jetzt analysiere Deine Wünsche, Carlo, werfen wir einen Blick auf Deine Aspirationen. Dies ist der rechte Augenblick, sie dem Notizbuch Gottes anzuvertrauen. Das sind sie, o Herr: Es ist mein Wunsch, das Leben von Nazaret zu führen. Du hast es mir als Berufung gegeben, jetzt ist es mein. Es muß in mir Wirklichkeit werden.

Ich will mit Jesus, der die Seele des Lebens von Nazaret ist, vereint leben, ununterbrochen beten, die Allerseligste Jungfrau, den heiligen Josef und... meine Nächsten lieben. Ich will verborgen, einfach, geradlinig und kindlich leben.

Ich wünsche mir ein mühsames, treu ergebenes, nur von Glaube, Hoffnung und Liebe erleuchtetes Leben. Ich will meine Nächsten lieben, wie Jesus sie geliebt hat, mit denselben Vorstellungen, mit denselben Aussichten und in derselben Konkretheit, deren Bedeutung ich nur zum Teil kenne, die ich aber besser kennenlernen werde, sowie Jesus sie mir zeigt.

Und in diesem Licht sehe ich das Kreuz, den Akt der vollkommenen Liebe, auf den ich mich vorbereiten muß. Ich wünsche mir – wenigstens ein paar Tage vor meinem Tod – die Gnade dieses Aktes, um ganz bewußt mit Jesus das Kreuz zu ersteigen und in seiner Liebe und der Liebe aller Menschen zu sterben.

Amen« (D 6).

5. September – Bordeaux – Irun – Saragossa

Begegnung mit Maurice Claude[208], dem clochard des Herrn. Er hat mir dieses Gedicht überreicht.

Was macht's, wenn am Ende meines Tagemarsches
kein gastlich' Dach auftaucht?
Zeigt sich doch über meinem Schlaf
schützend dein Angesicht,
umstrahlend mich mit Kraft und Liebe.
Was, wenn ich keinen Balsam habe
für meine wanderwunden Füße?
Dich im Schatten anzutreffen, ist mein Balsam.
Was, wenn kein Wasser meinen Durst gestillt?
Deine ewig junge Gnade
vermag mehr als ein unverhoffter Quell.
Um mich direkt an dich zu wenden,
bin startbereit ich aufgebrochen.
Den tristen Ekel habe ich gemieden.
Die Sünde, die uns altern läßt, bin ich geflohen.
Im Aufblitzen englischer Schönheit
– in der Sonne, dem Wasser, dem Baum und dem Wind –
werde ich dann dein Antlitz schauen können.
Mit Händen und Füßen bin ich geklettert wie aus dunklem Kerker,
meine armseligen Wünsche sind umhergeirrt,
doch der lange Weg hat mein Herz enthüllt,
und ich bin vor dem Nichts zurückgeschreckt.
Du bist es, der meine Wünsche weckt.
Meine Augen haben deine Gegenwart gekostet.
Könnten sie sich auf ewig in ihr verlieren.[209]

7. – 15. September – Farlete[210]

»Exerzitien zur Vorbereitung auf die ewige Profeß« (D 6).

---

[208] Einer der vielen Armen des Herrn, die in den Fraternitäten Gastfreundschaft finden. Ihr häufiges Kommen und Gehen führt fast regelmäßig dazu, daß immer ein Bett, ein Bad und ein Platz bei Tisch für sie da ist.

[209] Nach der italienischen Fassung des französischen Originals.

[210] *Farlete* (Spanien), 40 km von Saragossa entfernt; bäuerliche Bevölkerung. Die Fraternität ist 1956 als Noviziatshaus gegründet worden, da man El-Abiodh wegen des algerischen Unabhängigkeitskrieges aufgeben mußte; sie ist auch heute noch Einsiedelei, da sich im Schutz des nahen Gebirges viele Höhlen befinden.

12. September – Vesper des Mariä-Namen-Festes

»Heute ist während der Anbetungsstunde zwischen 5 und 6 Uhr die Gnade eingetroffen, auf die ich schon seit vielen, vielen Jahren gewartet hatte. Ich bin frei. Noch nie habe ich mich so frei gefühlt und so an Jesus hingegeben: Leib, Seele, Herz und Geist. Ganz und gar.

Kein Winkelchen ist ihm verschlossen, ich gehöre ihm. Keine Kette hält mich mehr. Ich fühle mich wie ein Kind und frei. Ich empfinde nicht mehr das Bedürfnis, mich zu wehren, etwas zu verbergen, mich zu tarnen oder eine Maske aufzusetzen.

Es beginnt, ich spüre es, eine neue Zeit, eine völlig neue Zeit.

In mir erklingt das Wort der Schrift: ›Ich werde dich in die Wüste hinausführen und traue dich mir an auf ewig‹.

Und die Wüste ist die von Farlete. Die Gnade ist eingetroffen, und meine Seele singt vor Freude. Dank Dir, Maria, Dank Dir, Mama, der ich sicher diese Gnadengabe verdanke, ein Geschenk, das Eures morgigen Namenstages würdig ist« (ebd.).

15. September

»Im Namen des Vaters und des Sohnes und des Heiligen Geistes!

Am heutigen Tag, dem 15. September 1961, dem Fest der Sieben Schmerzen Mariä, gelobe ich, der Kleine Bruder CARLO von JE-SUS, Gott um Jesu und des Evangeliums willen aus Liebe zu Gott und meinen verlassensten Brüdern bis zum Tod Armut, Keuschheit und Gehorsam auf ewig in Ihre Hände, Vater, nach den Konstitutionen der Kleinen Brüder Jesu und im Geist der Ergebenheit an Kirche und Papst. Gleichzeitig lege ich für immer mein Leben in die Hände des aus Liebe gekreuzigten Heilands und opfere es auf für die Kirche und das Heil der Menschen, besonders für Italien und für alle, mit denen und für die ich gearbeitet habe – die Kinder – die Freunde und die Menschen, die in der Kirche Verantwortung tragen. Amen.

O Heiliger Vater, nimm zur Ehre deines Namens dieses Opfer meiner selbst, vereint mit dem Opfer deines Sohnes Jesus, gnädig an durch die Hände der Jungfrau Maria, unserer Mutter, auf daß unter den Menschen über die Trennung der Klassen, Rassen und Völkerschaften hinaus die Einheit in deiner Liebe herrsche. Amen« (D 6).

Oktober

Carlo ist in der Bauernfraternität von St. Julien bei Marseille: auf einem kleinen Gehöft, auf dem die Brüder im Stall und auf den Feldern beschäftigt waren.

»Père Voillaume hatte mich beauftragt, in Marseille eine Fraternität zu gründen, die sich der aus den Missionsländern zurückkehrenden Brüder annehmen sollte, denen ein ruhiger Aufenthalt auf dem Lande not tat.

Viel Auswahl hatte ich nicht, aber ich hatte das Glück, ein kleines Gehöft am Stadtrand zu finden, wo die kranken oder gesunden Brüder sich damit abgeben konnten, den Etat der Fraternität mit elf Kühen, sieben Taubenpaaren und rund hundert Hühnern in Ordnung zu bringen.

Wir verkauften Milch, Käse und Eier an die Nachbarn in unserem Viertel« (HH 108).

»Nein, meine Liebe: bei der Arbeit mit Kühen und Mist umzugehen, führt nicht zum Verlust, sondern zum Gewinn unser selbst. Unsere Welt hier ist freundlich und in Frieden, voller Ruhe, denn sie ist in die Natur eingebettet, und was in der Natur bleibt, ist in Gott. Ich bin wirklich sehr glücklich und zufrieden und bitte Dich, mir zu glauben...« (LD 128)

22. November – Marseille – St. Julien

»Vorigen Sonntag, den 19. November, ist während des Anbetungsmorgens in meiner Seele etwas Neues entstanden. Aus diesem Grund empfinde ich das Bedürfnis, wieder zu meinem Heft zu greifen und die Ereignisse zu notieren, wie ich es seit meiner Rückkehr aus Tam getan habe. Ich habe keine Bedenken, das zu tun, denn mir scheint, ich bin beim Schreiben der Wahrhaftigkeit fähig geworden, was für mich nicht einfach war.

Es ist also etwas Neues entstanden. Ich hielt gerade eine Betrachtung über den Glauben, und zwar über die Stelle *quidquid orantes petitis, credite, quia accipietis, et fiet vobis*[211], als meine Aufmerksamkeit auf meine Seele fiel. Es kam mir vor, sie sei in

---

[211] Alles, worum ihr betet und bittet – glaubt nur, daß ihr es erhaltet, dann wird es euch zuteil.

mir zum Behältnis Gottes geworden. In meinem Herzen fühlte ich das Herz Jesu und in ihm das Einwohnen Gottes. Seitdem hat mich diese spürbare Wahrnehmung nicht mehr verlassen, und ich spüre schon drei Tage die Gegenwart Gottes in mir. Ich gebe zu, sie ist so innig, daß ich mich fürchte, sie zu verlieren. Der Herr weiß, was ich gäbe, um sie zu behalten! Aber es ist gewiß, daß ich mich, mag ich auch noch so glücklich sein, nur blind dem Willen Gottes überlassen kann. Die außergewöhnlichen Dinge kann man nur demütig entgegennehmen, ohne sonst noch etwas zu tun. Wir können sie nicht einmal erbitten.

Ich weiß schon, wie ›empfindlich‹ der Heilige Geist ist, der eifersüchtig über seine Handlungsfreiheit wacht. *Fiat voluntas tua sicut in coelo et in corde meo. Semper* [211].

Hier will ich nur anmerken, wie providentiell der Erwerb der Fraternität war, mit dem P. Prior mich betraut hatte [...].

Heute, am 22. November [im Originalmanuskript steht fälschlich März, Anm. d. Hsg.], dem Fest der heiligen Cäcilia, schließt man den Kaufvertrag.

In der Liebe ist jedes Wort eine Grenze – nur das Schweigen hat keine Grenze.

Die drei Hauptgründe, die das allgemeine Interesse für die Kontemplation erklären:

1. Die Grundlage des mystischen Lebens ist dieselbe wie die des normalen geistlichen Lebens.

2. Bei der Entfaltung des geistlichen Lebens kann die Seele sich *nur* dann ganz läutern, wenn das *durch passive Läuterung* geschieht, die dem mystischen Bereich angehört.

3. Das mystische Leben ist das normale Vorspiel zur beseligenden Schau Gottes, dem Ziel des Gnadenlebens.

Kontemplation.

Auf dem Höhepunkt des Gebetes neigt das Erkenntnisvermögen des Glaubens und der Liebe, der Hoffnung und der göttlichen Tugend der Liebe – unter göttlicher Einwirkung – dazu, in einem *Blick übernatürlicher Liebe* aufzugehen. Dieser Blick ist der Anfang der Kontemplation.

---

[211] Dein Wille geschehe wie im Himmel so in meinem Herzen. Immer.

Diese liebende Kontemplation setzt die Inspiration durch den Heiligen Geist voraus; seine Gaben, vor allem die der Weisheit, machen uns besonders gelehrig. So beantwortet der Heilige Geist das Gebet, zu dem er selbst den Anstoß gegeben hat; von Zeit zu Zeit macht er sich als die Seele unserer Seele, als das Leben unseres Lebens bemerkbar – durch unseren Mund bringt er das Seufzen zum Ausdruck, das man nicht in Worte fassen kann. Er ist es, der uns unserem Vater im Himmel ›Vater‹ zurufen und uns die Schönheit und den Reichtum der Heilsgeheimnisse verkosten läßt. Dadurch schenkt er uns eine *sozusagen praktische Erfahrung seiner Fülle* und führt uns zu dem Quell lebendigen Wassers, der er selbst ist, dem Quell, an dem man unmittelbar das Licht des Lebens trinkt, wenn es auch immer im Dunkel des Glaubens geschieht. *Gustate et videte quoniam suavis est Dominus*«[213] (D 5).

»Mäßige Dein allzu lebhaftes Verlangen nach Wissen, denn das Wissen führt nur zu schlimmem Müßiggang und tiefer Enttäuschung. Und wisse, daß vollendete Selbsterkenntnis und Selbstverachtung die höchste und nützlichste Wissenschaft sind. Willst Du etwas lernen, das Dir wirklich von Nutzen sein kann? [...] ›Lebe gern unerkannt und unbeachtet‹ (aus der Nachfolge Christi)« (ebd.).

1962

31. Januar

»Ich mache mir wieder Notizen. Ich bin in St. Julien. Hier gebe ich eine Seite wieder, die ich am Sonntag entdeckt habe. Sie stammt von Bernhard Welte und beschreibt das innerste Wesen des Menschen. Noch nie habe ich das Thema Sünde so erschöpfend zusammengefaßt gefunden.

›In der Tiefe haust entscheidendere und umfassendere, wenngleich verborgenere Schuld, vielleicht kaum oder nie in einzelnen konkreten Werken sichtbar an die Oberfläche des sittlichen Geschehens dringend, aber

---

[213] Kostet und seht, wie gütig der Herr ist.

von der Tiefe, von den inneren Schichten unseres Wesens her ganz weite Strecken unseres Lebens mit giftigem Safte durchtränkend und versehrend; Schuld, die mehr in allgemeinen Haltungen als in einzelnen Taten besteht, die aber meist viel mehr als die Taten die eigentliche sittliche Qualität des Menschenherzens bestimmen; Schuld, die verborgen, ja getarnt genug ist, daß wir sie kaum und oft erst nach langer Zeit in den Blick bekommen können, aber doch auch lebendig genug im Bewußtsein, daß sie uns gar sehr zu beflecken und zu belasten vermag, viel mehr als jene Dinge, die wir gewöhnlich im Sakrament der Buße bekennen. Ich meine Haltungen, die das Ganze unseres Lebens wie mit einer Atmosphäre umgeben und sozusagen allgegenwärtig sind in allem unserem Tun und Lassen, selbst dem besten und frömmsten, Sünden, deren wir uns auch gar nicht einfach wie auf Kommando entledigen können, wiewohl sie sehr unter unsere Verantwortung fallen, verborgene und allgemeine Dinge, Trägheit und Feigheit, Falschheit und Eitelkeit, von denen selbst unser Gebet nie ganz frei zu sein pflegt und von denen unser ganzes Dasein tief belastet und versehrt ist…

Wir spüren es jetzt so deutlich, daß wir alle miteinander in ein großes allgemeines Schicksal hineingezogen sind, das, alle einzelnen Schicksale umfassend, doch hoch über dem Einzelnen hinwegschreitet. Spüren wir es auch, daß wir in eine ebenso allgemeine und umfassende Schuld mit verstrickt sind, in der unser ganzes Geschlecht vor Gott steht, auch die Gemeinde unserer heiligen Kirche in ihrem menschlichen Bestand?‹[214]

›Wir machen uns über die wahren Beweggründe unseres Handelns etwas vor. Wir verschleiern uns und den andern die egoistischen Beweggründe, die uns zu unseren Taten veranlassen. So kann Rücksichtslosigkeit sich als Eifer für das Gute maskieren, Ehrgeiz als Sorge um das Heil der Seelen, Habgier als Sparsamkeit, Verschwendung als Freigebigkeit, Feigheit als Klugheit und Tollkühnheit als Mut.‹

›Die Gefahr sitzt aber noch viel tiefer. Gerade da, wo der Mensch bestrebt ist, eine Tugend zu verwirklichen, droht die Versuchung, sie durch Übertreibung zu verletzen. Wenn jemand, z.B., gerecht sein möchte, wird er von der Gefahr bedrängt, die Liebe zu verletzen und damit auch die wahre Gerechtigkeit. Wenn er entschlossen ist – um dieser Versuchung zu entgehen –, an der Liebe festzuhalten, läuft er Gefahr, gegen die Gerechtigkeit zu verstoßen und damit auch gegen die wahre Liebe.‹

›Während der ganzen Zeit unserer Erdenpilgerschaft bleibt es unsere mühevolle und nie völlig erfüllbare Aufgabe, den schmalen Grat zu finden und entlangzuwandern, auf dem Hingabe und Selbstbewahrung ein-

---

[214] B. WELTE (1906–1983), *Vom Geist der Buße und vom Trost der Buße*, Ansprache, Freiburg 1945, 7 f u. 9.

ander die Hand reichen, so daß die Hingabe nicht zur Selbstaufgabe und die Selbsterhaltung nicht zu einem Rückzug in uns selbst wird. Ohne ein besonderes Eingreifen Gottes, dessen Möglichkeit wir in unserem Erdenleben nicht einkalkulieren können, ist das so wenig durchführbar, daß die Fehler und Schwächen oftmals geradezu der Rahmen sind, von dem sich die Tugenden abheben.‹

›Ganz allgemein ist beim Menschen das Böse oft die Voraussetzung für das Gute. So kann Rücksichtslosigkeit der fruchtbare Boden sein, auf dem die Kraft des vom Glauben erleuchteten Willens gedeiht. So kann Ehrgeiz der Nährboden für ein von Liebe bestimmtes Verantwortungsgefühl sein.‹

›Einige Übel kann man also nicht jäten, ohne auch die mit ihnen gewachsenen Tugenden zu jäten. Das Gleichnis vom Unkraut im Weizen kann man auch auf die Koexistenz von Gut und Böse in jedem einzelnen Menschen anwenden. Das eine und das andere sind miteinander verwoben in der Tiefe des menschlichen Ich gewachsen. Wer das eine ausreißt, läuft Gefahr, auch das andere auszureißen.‹

›Erst wenn die Erntestunde schlägt, wird Gott mit der allmächtigen Hand seiner Liebe in das gemeinsame Geflecht greifen und die Fäden trennen.‹

Die Kleine heilige Theresia hat gesagt: ›Heute abend werde ich mit leeren Händen vor Dir erscheinen, weil ich Dich, o Herr, nicht bitte, meine Werke zu zählen. *Alles, was wir an Rechtem tun, ist in Deinen Augen schmutzig.* Darum will ich mich in Deine Gerechtigkeit kleiden und von Deiner Liebe den ewigen *Besitz Deiner selbst* empfangen. Ich will keinen anderen Thron, keine andere Krone, Du mein Geliebter‹« (D 5).

6. Februar

»Der angesehene und vielbeachtete ›Professor‹ Carretto existiert hier nicht, dafür gibt es den alten und hinkenden Kleinen Bruder Carlo, den auch der letzte Neuankömmling zurechtweisen darf, und der sein Leben in Verborgenheit führen muß wie Jesus in Nazaret« (LD 128 f).

Aschermittwoch

»*Omnia tibi possibilia sunt*[215], lautet das Gebet, mit dem diese Fastenzeit 1962 beginnt.

Das klingt unwahrscheinlich und ist doch so: ich habe mein ganzes Leben gebraucht, um mich praktisch und radikal vom *Sine me nihil potestis facere*[216] zu überzeugen. Wir können nichts, absolut nichts. Nichts in der Schöpfung, da das Geschöpf das Sein vom Schöpfer empfängt, nichts im geistlichen Leben, nichts im Gebet, nichts in der Apostolatsarbeit, nichts, nichts, nichts.

Und Jesus hatte uns das deutlich gesagt! Allerdings hatte er auch gesagt: *Omnia tibi possibilia sunt* und an einer anderen Stelle: ›Was für Menschen unmöglich ist, ist für Gott möglich‹, denn für Gott ist alles möglich.

Die Demut, die Wahrheit ist, besteht darin, daß wir uns die Überzeugung von diesem Sachverhalt zu eigen machen und unser ganzes Programm an dieser einfachen und radikalen Behauptung ausrichten: Nichts – Alles« (D 5).

21. April – Karsamstag

»Dieses Osterfest '62 ist für mich reich gesegnet. Gott gewährt mir ganz besonderen und starken Trost« (LD 129).

Ostern – Marseille

»Ich habe gehört, was Ihr in der letzten Zeit ausgestanden habt. Ich würde sagen, Ihr habt neue Bereiche des Schmerzes und der Bedrängnis kennengelernt. Ich habe versucht und versuche, Euch mit meinem Gebet aus der Ferne zu helfen. Sonst kann man nichts tun. Niemand weiß und ist fähig, einem Menschen in seinem Schmerz zu helfen. Einzig Jesus kann das mit seinen übernatürlichen Kräften, er tut es sogar, denn das ist seine Sendung. Letztlich ist das ein großes Geheimnis, und als Geheimnis ist es unbegreiflich und hat nicht seinesgleichen. Das Warum des menschlichen Schmerzes in seiner ganzen Ausdehnung gehört zu diesem Geheimnis. Für den, der leidet, gibt es kein Wort und keine einsichtigen Argumente. Da braucht man Glauben, und der

---

[215] Dir ist alles möglich.
[216] Ohne mich könnt ihr nichts tun.

Glaube ist das Fenster zum Geheimnis hin, jedoch ein Fenster, das sich auf den Winternebel öffnet. Wenn man im Winter das Fenster öffnet und draußen Nebel herrscht, weiß man, daß die Bäume, die Häuser und die Menschen da sind, aber man sieht sie nicht. Man glaubt, daß sie da sind, entweder weil wir sie gesehen haben, oder weil man uns gesagt hat, daß sie da sind. Jesus ist vom Himmel gekommen und hat gesehen, hat uns gesagt, was es jenseits des Nebels gibt, und das Wesen des Glaubens ist dieses Vertrauen, das wir auf Jesus setzen.

Ich möchte Euch also an diesem Osterfest ›62 Jesus vorstellen. Er ist der größte und verläßlichste Freund, den ich habe, ich möchte, daß er auch Euer wahrer Freund wird. Er kann alles, weiß alles und sieht alles.

Sucht ihn jeden Tag im Evangelium, öffnet ihm rückhaltlos Euer Herz und, vor allem, vertraut ihm. Ihr werdet sehen, daß er Euch nicht enttäuscht. Mein Leben geht weiter und dank ihm in tiefstem Frieden. Seit ich auf alles verzichtet habe, habe ich alles. Ich bin rundum glücklich und zufrieden. Ich möchte nur lernen, mich zu opfern – was das Ziel unseres Lebens ist – aber auch das ist hier unmöglich.

Wiederum muß er es sein, der uns die Gelegenheit gibt zu lernen, aus Liebe zu leiden. Und um lernen zu können, müssen wir ganz, ganz klein sein und ein kindliches Gemüt haben, was nicht leicht ist« (C 20).

»Zu wissen und zu glauben, daß wir nicht allein sind, daß es *Jemand* gibt, der uns liebt, uns nachgeht, uns hilft, wie ein Vater seinem Kind hilft; der uns den erlösenden und heilsamen Schmerz nicht erspart, aber alles auf ein ganz klares Ziel hin fügt, nämlich zu unserem Besten: das heißt fromm sein« (ebd.).

November

Carlo stößt zur Fraternität von Saint-Laurent de Neste (Frankreich), einem kleinen Dorf zwischen Toulouse und Lourdes mit ländlicher Bevölkerung.

»Jetzt sind wir schon fast einen Monat in St. Laurent und wundern uns selbst, wie alles in dieser Eile fertig geworden ist. Die Sonne, die liebliche Pyrenäenlandschaft, die Kirche und das Flüß-

chen Neste, der Pfarrer, der Bürgermeister, ...alle haben auf uns
gewartet. Unser Häuschen hat etwas Orientalisches an sich; wir
befinden uns unter Spaniern, Iranern und Indern. Die Atmosphäre einer internationalen Familie, wo jeder sich fast wie zu
Hause fühlt. Die Fraternität liegt mitten im Ort, ganz hinten in
einem Innenhof. Ein Gemeinschaftsraum im Erdgeschoß, drei
Zimmerchen auf dem ersten Stock. Die Kapelle ist provisorisch
und befindet sich im schönsten Zimmer, das einen neuen Anstrich erhalten hat und in das bunte Licht eines Glasfensters ge-
taucht ist. Die Ordensschwestern der Nachbarschaft und einige
gute Seelen haben uns geholfen, Bettroste aus Drahtgeflecht,
Schränke, alte Tische usw. zu finden. Ein großes Vergnügen, in
den Scheunen hier zu stöbern! Der Herr Dechant hat uns mit fünf
Angehörigen der Pfarrei am 12 November, genau zehn Tage nach
unserer Ankunft (!), besucht, um bei uns die Liturgie zu feiern.
Wir haben schon etwas Arbeit gefunden: einer geht als Hilfsarbeiter, ein anderer hilft im psychiatrischen Krankenhaus, 7 km von
der Fraternität entfernt.

Die Pfarrei hat ein Blättchen, dem wir einen Besuch gemacht
und einen Artikel über uns und unser Leben als Nachvollzug des
Lebens Jesu in Nazaret überreicht haben. Man betrachtet uns natürlich mit großer Neugier... Wir werden sehen. Inzwischen beten und bitten wir Tag für Tag – wie es im Meßformular dieser
Tage hieß – um Beharrlichkeit und die Bereitschaft, unsere Laster
mit Stumpf und Stiel auszurotten« (FG).

2. November – St. Laurent de Neste

»Das Gemeinschafsleben ist schwierig, schwieriger als das Leben, das man für sich allein führt, aber es besitzt größeren Wert,
und man kommt darin rüstiger voran.

In den Schwierigkeiten des Umgangs mit den Brüdern lernt
man sich besser kennen und demütiger zu werden« (D 5).

5. November

»Die Errichtung der neuen Fraternität ist abgeschlossen. Auch
diesmal ist es der Herr, der das Steuer geführt hat, und es ist zauberhaft. Das Dorf St. Laurent liegt in einem weiten Tal, durch das
ein Gebirgsbach, ›La Neste‹, fließt. Es erinnert ganz an Lourdes

mit seinen Bergen und seinem Frieden. Das Leben ist hier noch ziemlich wie in alten Zeiten mit Schafherden und ärmlichen Häusern. Das ist das Milieu – wenn vielleicht auch etwas verändert –, in dem Bernadette gelebt hat, also schön und nochmals schön.

Die Pyrenäen sind arm, ärmer als die Alpen, sie haben aber eine Schlichtheit und einen Frieden ganz eigener Art bewahrt. Ich glaube, daß ich hier eine sehr gute Zeit im Gebet verbringen werde. Und die brauche ich« (LD 134 f).

Weihnachten

»[...] In dem Maß, in dem das Leben vergeht und die Jahre uns ihre Last an Schmerz und Freude bringen, müssen wir danach streben, unsere Beziehungen zu dem Einzigen, der zählt, zu vertiefen: zu Gott. Das ist das Letzte, das an unserem armen Horizont bleibt. Alle anderen Bindungen werden verschwinden, werden schwächer werden, auch die stärksten und liebsten; in unserer Einsamkeit bleibt uns Gott, Gott allein.

So ist es, und schon der Prophet hatte gerufen: Wißt ihr nicht, daß euer Gott ein eifernder Gott ist? Das besagt, daß Gottes Liebe in der Ewigkeit alle anderen Lieben zusammenfaßt, und daß wir diese Liebe niemals hinter Liebesbeziehungen hätten zurückstellen dürfen, die ihn schmerzen konnten, weil in ihnen letztlich Treulosigkeit lag.

Niemals Gott verraten, besonders dann nicht, wenn wir allein übrigbleiben und die anderen uns verraten haben.

Diese unbedingte, tiefe und echte Treue Gott gegenüber macht unser ganzes geistliches Leben auf Erden aus.

Weihnachten werde ich hier in den Pyrenäen verbringen, bei der Gottesmutter von Lourdes, und dieses Jahr in der großen Freude über das Konzil, das dabei ist, eine neue Seite in der Kirchengeschichte aufzuschlagen.

Wie groß ist doch unser Johannes XXIII.![217] Er ist wirklich ein Riese und hat es verstanden, in seiner Demut und Bescheiden-

[217] *Angelo Giuseppe Roncalli* (1881–1963), Lombarde, Priester (1904), Theologieprofessor, Sekretär des Bischofs von Bergamo, Monsignore Radini Tedeschi, Militärseelsorger, nach Rom berufen (1920) in die Opere Pontificie Missionarie (päpstliches Missionswerk); Titularbischof von Aereopolis und Apostolischer Visitator

heit Dinge fertigzubringen, die nicht einmal die größten Optimisten zu hoffen gewagt hätten« (C 20).

»Als ich nach meinem langen Aufenthalt in der Wüste Sahara die Freude hatte, Papst Johannes wiederzusehen, fragte er mich, und dabei schaute er mich mit seinen lebhaften Äuglein durchdringend an: ›Sag, hast Du früher an so etwas gedacht, bevor Du nach Afrika gingst? War das schon geplant? Hast Du bei Deiner Tätigkeit hier in Rom in der Katholischen Aktion nicht dann und wann ins Auge gefaßt, Du könntest Kleiner Bruder werden? Hast Du Dir nie vorgestellt, es könnte einen Umschwung in Deinem Leben geben, Du würdest vielleicht in einen Orden eintreten...?‹

Nein, gab ich zur Antwort, wirklich nicht. Es kam für mich ganz überraschend, daß Gott mich rief, und in wenigen Tagen war mein Entschluß gefaßt, ja zu sagen zu dem, was ich für seinen Willen hielt, als ich nach Afrika aufbrach... Vorher ist mir eine solche Wendung nie in den Sinn gekommen.

Darauf der Papst lächelnd: ›So kommt es oft. Auf einmal gerät man in etwas hinein, woran man nie gedacht hätte... Auch mir ist es so gegangen... nie hatte ich an so etwas gedacht.‹ Er schaute durchs Fenster, das auf den See von Castel Gandolfo ging, und immer noch lächelnd verlor sich sein Blick in der Ferne« (DN 9 f).

27. Dezember – Lourdes – geistliche Übungen

»Im Mittelalter führte der Weg, den die Menschen zurücklegten, von der Kontemplation zur Aktion; heute scheint es umgekehrt zu sein: von der Aktion zur Kontemplation. Im Orden des heiligen Dominikus hieß es: ›Nur die Aktion gilt als christlich, die aus der Fülle der Kontemplation hervorgeht‹. Für die Söhne des heiligen Dominikus ›muß die Kontemplation die Aktion mehr oder weniger genauso prägen, wie es von der Seele heißt, sie sei die Form des Leibes‹.

Für mich hat der Herr die entgegengesetzte Richtung eingeschlagen. Mit der Arbeit vertraut, hat er nach und nach mein Denken erleuchtet. (Christophoruslegende)« (D 5)

in Bulgarien (1925); Apostolischer Delegat in der Türkei und in Griechenland (1935). Apostolischer Nuntius in Frankreich (1944); zum Kardinal und Patriarchen von Venedig erhoben (1953), Papst unter dem Namen Johannes XXIII. (1958). Sein Seligsprechungsprozeß ist eingeleitet (1965).

»Anbetungsstunde.

Ich weiß wirklich nicht, ob der Gedanke, den ich heute hatte, etwas wert ist; aber ich will ihn notieren. Mir schien es, daß der zur Zeit von der Kongregation eingeschlagene Weg – Anwerbung von Jugendlichen für das kontemplative Leben – sich im Endeffekt als unfruchtbar erweisen würde, und daß – wenn die gestern notierte Voraussetzung stimmt – der Tag käme, an dem man unter denen werben würde, die mehrere Jahre in der Apostolatsarbeit gestanden haben.

Das geistliche Niveau der Kleinen Brüder ist ein Niveau höchster Reife und kein Niveau der Jugend, des Lebensziels und nicht des Lebensanfangs.

Wir werden sehen, ob diese Gedanken meine eigenen sind oder die Gottes. Sind sie meine eigenen, so ist es ihnen beschieden, daß sich nichts daraus ergibt, sind sie die Gottes, daß sie sicher verwirklicht werden. Für mich: *Fiat mihi secundum Verbum tuum*«[218] (ebd.).

31. Dezember – Lourdes

»Lieber Pater (Prior), ich mache meine Jahresexerzitien hier in Lourdes und beende froh und dankbar das Jahr 1962, das für mich ein so gnadenreiches Jahr gewesen ist. Daß zwei Brüder aus Toulouse, die mit dem Bau der Kapelle beschäftigt sind, in St. Laurent weilen, hat es mir ermöglicht, hierhin nach Lourdes zu kommen.

Ich wollte weitermachen, habe es aber vorgezogen, darauf zu verzichten, um nichts vorwegzunehmen, was noch nicht reif ist ...« (ebd.).

»Das wäre die Zusammenfassung der Exerzitien in Lourdes.

Seid untereinander so gesinnt, wie es dem Leben in Christus Jesus entspricht. (Demut ist die Gesinnung, die uns zur Erniedrigung drängt. *Euer Reden* sei ja, ja, nein, nein. Alles andere stammt vom Bösen. Ubi Caritas ibi Deus[219], das ist unmißverständlich.) Das Liebeswerk, das ich mir vorgenommen habe, ist Jesus, der vorübergeht.

---

[218] Mir geschehe nach deinem Wort.
[219] Wo die Liebe ist, da ist Gott.

Omnia tibi possibilia sunt.
Was für Menschen unmöglich ist, ist möglich für Gott.
Ihr könnt nichts.
Wie ein kleines Kind auf dem Schoß seiner Mutter, wie ein kleines Kind, ist meine Seele still in mir« (D 5).

1963

Januar

»Ich will das Jahr 1963 so leben, als wäre es das letzte meines Lebens. Und es ist nicht ausgeschlossen, daß es das sein könnte. Ich habe mein Leben Gott als Tausch angeboten für das Leben Johannes' XXIII. (wenigstens bis zum Ende des Konzils)[220]. Außerdem habe ich oft diesen Eindruck. Gefühl? Wirklichkeit? Das weiß nur Gott, und er kennt meine geheimen Gedanken. Wie oft habe ich übrigens Gott im Gebet die Bitte vorgetragen, er möge mir mit seiner allmächtigen Gnade noch vor meinem Tod einen Akt der vollkommenen Liebe gelingen lassen. Wenn das es wäre, und wenn Gott, *der alles kann*, in seiner Barmherzigkeit entschieden hätte, mir diese Kraft zu geben!

Omnia tibi possibilia sunt. Wie schön wäre das. Und wenn ich außerdem noch an meine Exerzitien zur Vorbereitung auf die ewige Profeß denke: für wen habe ich den Rest meines Lebens angeboten? Für das, was mir mehr als alles andere am Herzen lag und das letztlich den Stoff meines Lebens ausgemacht hatte: für die Männer der Kirche, für die Spitzen der Kirche. Mir scheint, hier trifft unabhängig von mir alles zusammen und... in dem Sinn, in dem es gemeint war. Aber wie soll ich mich vorbereiten? Das scheint mir wirklich unmöglich zu sein. Diese Aufgabe überlasse ich Gott, der *alles* ist, und der – *so möchte ich* – in mir noch *mehr alles* sein sollte« (D 5).

---

[220] »Carlo ist einer der Wenigen, die ›den von Gott gesandten Menschen, dessen Name Johannes war‹, den Papst der Bescheidenheit und der Kühnheit, ganz begriffen haben« (Loris F. Capovilla, »Uomo dell'amicizia, della conversione, dell'immolazione« in *Famiglia Carlo de Foucauld*, 32 [1988], 28).

Welch große Innigkeit heute morgen bei der Messe! Auf wiederholtes Bitten um etwas mehr Gottesliebe... zeigt mein Thermometer ein paar Grad mehr an. Und so ist es: ohne gläubiges Vertrauen beten wir nicht, und auf dieser Haltung beruht das Schweigen des Himmels.

Aber wenn wir mit gläubiger Zuversicht beten, lassen die Ergebnisse nicht auf sich warten.

Einheit ist das unverwechselbare Zeichen für die Gegenwart Gottes.

Ubi unitas ibi Deus [221] können wir anwenden auf die Einheit zwischen der Seele und Gott – zwischen unserem Willen und seiner Einheit in uns – auf die Einheit mit der göttlichen Person.

Ubi Jesus ibi Pater. Ubi Pater, Jesus. Ubi Pater et Filius ibi Spiritus Sanctus [222]. Wie allumfassend ist doch diese Einheit und wie wahr und wie innig und wie stark!

Es gibt einen Punkt, ob in mir oder außerhalb meiner selbst weiß ich nicht, es gibt einen Punkt, an dem sich meine Seele sammelt. An diesem Punkt werden die Fähigkeiten still, schläft die Phantasie ein. Nur der Wille ist wach, aber unbeweglich.

Angesichts dieses Punktes – oder an diesem Punkt, ich weiß es nicht – ist das Beten völlig verstummt und hat die Seele wie mit Binden umwickelt. Allerhöchstens kommt, je nachdem man es gewohnt ist, aus der Seele immer wieder ein einziges Wort wie eine Welle, die auf den Strand trifft, aber dem Meer nichts von seinem tiefen Frieden nimmt. ›Jesus, ich liebe dich‹ ist wie das Plätschern der Welle, die den Sand hinaufrollt. Das ›Erbarme dich meiner‹ ist die Rückkehr der Welle ins Meer.

Das ist wie das *semper orare* [223], es ist das zur Festigkeit und zur Fortdauer gewordene Gebet. Sonst braucht man nichts. Alles andere ist zweitrangig und Begrenzung, Wandel und... Krise unterworfen« (ebd.).

---

[221] Wo Einheit herrscht, dort ist Gott.
[222] Wo Jesus ist, ist auch der Vater. Wo der Vater ist, ist auch Jesus. Wo der Vater und der Sohn sind, ist auch der Heilige Geist.
[223] Beten ohne Unterlaß.

2. April

»Vor 53 Jahren habe ich das Licht dieser Welt erblickt. Mein dankbares Gedenken gilt Gott und dann unserer lieben Mama, die mir doch heute sicher etwas schenken will und für mich betet. Sie wird für mich wenigstens einen Rosenkranz beten, oder? Das vergißt sie, wie sie ist, doch ganz sicher nicht!« (LD 141)

25. Juli – Lourdes

»Wie viele Gnaden, o Herr!
Seit meinen letzten Exerzitien habe ich in St. Laurent eine Zeit wahren Friedens erlebt. Und in diesem Frieden die gesegnete Arbeit an *Wo der Dornbusch brennt*, die außergewöhnliche Stunde der Kirche, herbeigeführt vom Leben und Sterben des großen Johannes XXIII, und... etwas mehr Liebe zum Vater, zu Jesus und zum Geist. Mein Gott, hilf mir auch weiterhin. Laß mich der Gesinnung, dem Leben und dem Tod Jesu gleichförmig sein. Gib mir vor allem Demut und Liebe. Demut, um die Liebe anzunehmen, und Liebe, um die Demut zu begreifen. Die Liebe des Vaters ist Fruchtbarkeit, die Liebe des Sohnes ist Einverständnis und die Liebe des Heiligen Geistes ist Einheit.

Der erste hat als Sinnbild die stillende Mutter, der zweite das Lamm, das auf den Hirten schaut, und der dritte die gurrende Taube« (D 5).

»Mein Leben in St. Laurent nimmt weiter einen guten Verlauf, ich befinde mich in stiller Zurückgezogenheit fast wie in Tamanrasset. Es ist so schön, beten, beten, beten zu können.

Ich spüre den großen Johannes XXIII ganz nahe bei mir. Er ist wirklich ein Heiliger! Und man wird ihn nicht so schnell vergessen. So etwas hat man hier in Frankreich noch nie gesehen. Jetzt muß man für den lieben Paul VI beten, damit er die Kirche ebenso geistgeladen weiterführt« (C 20).

29. August

»Ich bin beim Kofferpacken und rechne damit, gegen Ende September in Rom einzutreffen. Während der zweiten Sitzungsperiode des Konzils werde ich bei meinem Oberen sein« (ebd.).

»Mein liebster Piero,
ich habe Dein Kärtchen und... die Nummern des *Osservatore*
[Romano] erhalten: vielen Dank. Ich habe gedacht, Du seiest gestern in Casale bei unserem so lieben Agrisani gewesen. Statt dessen sehe ich Dich jetzt in Rom zwischen Konzil und Familie pen-
deln. Ich muß Dir etwas sehr Schönes erzählen: die Zeit, die ich
mit Dir verbracht habe, hat die tiefe Liebe, die mich mit Dir verbindet, wieder sehr gefestigt. Es war eine so tiefe Herzlichkeit, in
der wir den Oktober verbracht haben, eine Herzlichkeit, die ihren
Ursprung vor vierzig Jahren hatte – als wir noch Buben waren –,
die sich aber auf menschlicher und geistlicher Ebene zugleich vertieft hat. Jetzt bin ich gierig auf mehr und bitte den Herrn, er möge
mir noch solch einen Monat schenken.

Diesmal aber habe ich gespürt, daß Du auf der Höhe des Lebens
stehst, reich an neuen und außergewöhnlichen Erfahrungen, und
all das verbunden mit der Geradheit des Herzens, die Du immer
besessen hast und die Dich bei allen beliebt macht.

Helfen wir einander, lieber Bruder, rüstig der Vereinigung mit
Gott entgegenzuschreiten und die Jahre, die uns hier unten noch
verbleiben, damit zu verbringen, Gutes zu tun. Ich habe mein stil-
les und verborgenes Leben in St. Laurent wieder aufgenommen.
Alles habe ich im Frieden und der innigen Freude des Herrn angetroffen. Ich bete weiter für das Konzil. Schade, daß ich bei Deiner
Abreise nicht am Flughafen sein kann. Das ist ein Opfer, in das
ich mich fügen muß« (C 20).

1964

4. Januar – Montant

Brief an Leopoldo Saletti.

»Mein liebster Poldo,
Nino habe ich vor den Exerzitien geschrieben, Dir schreibe ich
am Ende, sei es, um Dein Gebet zu erbitten, sei es, um meine
Position zu bestimmen. Und tue ich das nicht mit Euch, mit wem

soll ich es dann tun? Wie immer, bringen die Exerzitien der Seele eine neue Botschaft, ein zuvor noch nicht gehörtes Wort, eine tiefere Sicht der gott-menschlichen Wechselbeziehungen unseres Erdenlebens. Und so ist es für mich auch dieses Jahr gewesen. Ich bin hierhin nach Montant gekommen, ein Exerzitienhaus in den Pyrenäen, aufgezogen von einem der vielen Säkularinstitute, die in den letzten Jahrzehnten aufgeblüht sind. Es ist ein einfaches, ärmliches Bauernhaus, in dem die brüderliche Gastfreundschaft aber alle Technik und allen Luxus dieser Welt ersetzt. Was soll ich Dir sagen, lieber Poldo? Daß ich glücklich bin, und daß Gott gut ist, unendlich gut! Wie hat er es nur fertiggebracht, mich aus dem unfruchtbaren und eitlen Garten meiner Vergangenheit auszureißen und hinter der großen und hohen Mauer seiner Innigkeit wieder einzupflanzen? Das ist das Wunder seiner Macht, angesichts derer man wirklich begreifen lernt, worin wir uns von Gott unterscheiden: wir sind die, die nicht können, er ist der, der kann, der alles kann. Hierin besteht der ganze Unterschied zwischen dem Geschöpf und dem Schöpfer. Ich habe für Dein Jahr 1964 gebetet und den Herrn gebeten, es möge Dir etwas wirklich Neues und Schönes bringen. Ich wüßte nicht was, aber er hat Phantasie und Möglichkeiten und wird es nicht an dem fehlen lassen, was im Gebet vereinbart wurde. Für mich habe ich um die völlige Verwirklichung seines göttlichen Planes in mir gebetet: um die Liebe. Sie brauche ich so sehr, damit ich nicht vor sein Gericht hintrete und den bitteren Tadel aus der Offenbarung höre: ›Du bist weder kalt noch warm‹. Nein, das möchte ich wirklich nicht.

Ansonsten empfehle ich Dir, mein Buch *Wo der Dornbusch brennt* zu lesen. Es erscheint in diesen Tagen. Nimm einmal an, ich hätte es für Dich geschrieben. Übrigens wer hat sich in diesen langen Jahren mehr in meinem Herzen befunden als Du? Wer hat für mich das Ideal besser dargestellt als Du? Die Zähigkeit, es über das rein Äußerliche hinaus zu erreichen? Selbst die Erbitterung, die man spürte, wenn das Ideal – das nicht vorhanden war – verletzt oder beschmutzt wurde?

Ja, trotz allem neigt sich unser Abenteuer dem Ende zu, wie sich die Vergangenheit der Kirche dem Ende zu neigt, und seltsamerweise begegnen sich beide.

Hast Du daran nicht gedacht? Als ich dieser Tage über das

nachdachte, was Paul VI jetzt tut, klang mir wieder der Tadel in den Ohren, den Tardini – der Monsignore natürlich – mir erteilt hat, als in der Domus Pacis ein harmloses Treffen der Europa-Jugend stattfand:

›Aber, Professore, da waren ja auch Protestanten! – Passen Sie doch auf, was Sie tun‹. Armer Tardini! Er hat die Morgendämmerung der neuen Welt nicht gesehen, und die alte Welt ist mit ihm gestorben wie mit Pius XII. Gott hat es ihm nicht vergönnt, die neue zu sehen. Johannes XXIII ist es gewesen, vielleicht wegen seiner Bescheidenheit und Güte, der uns die wahre Zukunft erschlossen hat, angesichts derer die Kirche sich erstaunlicherweise im Laufschritt bewegt. Ich würde mich nicht wundern, noch vor meinem Tod die Vereinigung der römischen Kirche mit der Ostkirche zu sehen!

Alles ist möglich in dieser Atmosphäre des Heiligen Geistes. Und dafür haben wir so gelitten, Poldo: unsere Krise war auch die Krise der Kirche, eine Krise, die zu Ende geht und sich auf eine Weise löst, die weder ich noch Du noch sonst jemand im geringsten vorausgesehen hätte.

Unser beider einziges Verdienst besteht darin, daß wir guten Glaubens geblieben sind und die Augen bewahrt haben, um zu sehen, und das Herz, um beizupflichten. Andere sind dazu nicht mehr in der Lage und sehen nichts… Danken wir Gott, lieber Poldo, und bringen wir ihm nochmals unser Leben als Brandopfer dar. Diesmal wird's besser gehen!« (C 20)

12. Juni

Er schreibt seinem Freund Leonello Radi[224], *er nehme die Einladung zu einem Vortrag in Foligno an: »um so mehr, als ich bald nach Italien versetzt werde« (CR).*

---

[224] *eonollo Radi* (1930), Umbrer, hat auf Diözesanebene verschiedene Aufgaben in der GIAC von Foligno wahrgenommen; zur Zeit ist er Generaldirektor der Sparkasse von Foligno.

Kleiner Bruder vom Evangelium

1964–1988

1964

15. Juni

Carlo beginnt seinen Übertritt zu den Kleinen Brüdern vom Evangelium zu erwägen.

Juli

Er wird nach Sardinien entsandt in die Fraternität von Bindua-Iglesias (Bergarbeiter-Siedlung – Blei und Zink – der Società Pertusola in Genua, einer Tochter der französischen Gesellschaft Penaroia). Sie ist die erste Fraternität der Kleinen Brüder vom Evangelium in Italien; 1957 gegründet, ist sie 1973 geschlossen worden.

2. Juli – Mariä Heimsuchung

»Ich reise mit Paul[225] nach Bindua. Das ist mein neuer Auftrag und mein neues Leben. Nach zehn Lebensjahren im Ausland, nach zehn Lebensjahren als Kleiner Bruder komme ich wieder nach Italien.

Es beginnt für mich ein neuer Lebensabschnitt als Kleiner Bruder vom Evangelium. Wird das vielleicht die volle Entfaltung in der Liebe bringen, nach der ich mich so sehne, wird das vielleicht die Berufung zum Priestertum bringen? Jedenfalls ist es ein neuer Abschnitt, und ich möchte, daß ihm meinerseits eine größere Verfügbarkeit für eine noch vollkommenere Hingabe an die Hand Gottes entspricht. Ich will ›das mit mir geschehen lassen‹« (D 5).

6. Juli

»Die liebe Insel hat mich also wieder. Diesmal bin ich etwas südlich von Bono. Die Gegend ist sehr heiß, fast afrikanisch; die Armut ist groß. Die Fraternität befindet sich in einem gottverlassenen Tal, dessen Trostlosigkeit, Staub und Wunden von drei

---

[225] *Paul Cheval* (1918), Franzose, Priester (1962); einer der ersten Kleinen Brüder vom Evangelium und Prior dieser Kongregation (1961–1967). Er hat verschiedenen Fraternitäten in Italien, Frankreich und Belgien angehört. Jetzt lebt er in Nordfrankreich.

Bergwerken herrühren, die die Bevölkerung mit Abraum, Lärm und Trübsal überschütten.

Wir sind hier ganz am richtigen Ort wie in Afrika und dürfen die Geduld und den Mut nicht verlieren. Die Leute lieben uns über die Maßen und schätzen uns; denn ohne die Fraternität fühlen sie sich verlassen« (LD 153).

19. Juli

»Ich habe mich in meiner neuen Fraternität sozusagen eingelebt. Bindua ist eine kleine Bergarbeitersiedlung in einem Tal bei Iglesias. Mir kommt es vor, als sei ich wieder nach Afrika geplumpst, so heiß ist es hier und so staubig durch die Bergwerke. Es ist wirklich eine armselige Gegend! Nicht zur Sommerfrische geschaffen.

Die Leute sind gut, einfach und führen ein primitives Leben. Die Fraternität ist ihr einziger Halt, und sie mögen uns sehr. Aber hier heißt es arbeiten, trösten, aufrichten: das ist unser Platz. Ich werde auch etwas zu tun versuchen, aber vor allem werde ich zu beten versuchen« (C 20).

24. Juli

Man beginnt, über die Gründung einer Fraternität in Umbrien zu sprechen. Carlo schreibt seinem Freund Leonello Radi in Foligno:

»Der Gedanke, ein Franziskanerkloster zu finden und es in eine Arbeits-Fraternität umzuwandeln, begeistert mich, dazu noch besonders in Deiner umbrischen Heimat« (CR).

12. September – Mariä Namen – Foligno

»Im Kapuzinerkloster von Foligno beginne ich meine Jahresexerzitien 1964. Ich fühle mich leer, ohne Programm und in Trockenheit. Kann es sein, daß Gott sich ausgerechnet dieser Armseligkeit meinerseits bedient, um sich mir noch mehr zu schenken?

Jesus, ich liebe dich – erbarme dich meiner!

Vorsatz: In der Wahrheit zu leben versuchen. Dieses Bemühen wird Dir Stoff für die Demut liefern, in der Du Dich üben mußt.

314

Doch erhebe Deinen Blick immer zu ihm, der als einziger ist, der allein der Heilige ist, der allein der Herr ist.

Das soll die Freude sein, die Dein Herz erfüllt: Dich betrachtend in ihn zu versenken« (D 5).

18. September

»Da gehen meine Exerzitien schon zu Ende.

Nach einem Tag völligen Dunkels, der Leere und äußerster Trockenheit hat Jesus sich heute morgen wieder gemeldet, um mir ein Gefühl von Licht, Fülle und Freude zu geben. War das ein berauschendes Ereignis! Und als ob die Leere und der Schmerz von gestern es würdig vorbereitet hätten!

Mir scheint, man kann die Situation so zusammenfassen:

1. Die Seele bewahrt sich vor dem Pantheismus durch das Transzendenzgefühl, das die unmittelbare Offenbarung des göttlichen Wesens dem Menschen verleiht. So wird Teilhard de Chardin richtig eingeordnet.

Nie kann die Schöpfung die Seele zufriedenstellen, selbst dann nicht, wenn diese Schöpfung ein schöner Garten ist, in dem eine linde Brise geht und alles zum Platznehmen einlädt. Einzig Gott, in sich selbst, in seiner göttlichen Transzendenz gesehen, kann den Hunger der Seele stillen.

2. Die Kleinheit des Menschen ist dazu da, daß er sich nie stolz erheben kann. Sie ist eine Unvollkommenheit, die ihm ständig anhaftet, auch wenn wir es mit einem Vollkommenen zu tun haben. Er ist im Grunde ein Halunke, selbst dann, wenn er nicht einmal mehr eine läßliche Sünde begeht. Ein treffenderes Bild ist das eines Kindes von ein paar Jahren angesichts der Vollkommenheit seines Vaters. Jedes Wort, das es spricht, ist eine Torheit, fast alles, was es tut, wirkt komisch: in jedem Fall ist es unfähig, etwas zu leisten, und ohne seinen Vater kann es nicht einmal existieren.

3. Doch dieses ohnmächtige, unfähige, unvollkommene Kind ist der Sohn, und somit Gegenstand der Liebe, einer großen Liebe, und es kann unter dem Blick der Liebe ganz sorglos bleiben.

Er ist es doch, der ihm den Weg zeigen wird, der es zur Reife führen wird.

4. Doch dieses Kind muß mehr auf die Liebe des Vaters ver-

trauen als auf die eigene Kraft. Hierin besteht seine Hoffnung und seine Sicherheit.

5. Worüber sich der Vater freut, ist nicht, daß der Sohn etwas kann, was immer oder fast immer lächerlich ist, sondern daß er ein Kind ist, daß er klein ist, daß er in allem auf Hilfe angewiesen ist, kurz, daß er sein Sohn ist. Wenn dann dieser Vater von ihm einen lieben Blick, ein Ausstrecken der Ärmchen, ein Zeichen von Zutraulichkeit erhalten kann, ist das zauberhaft, ist es die innigste Wonne.

6. Vom Kind seinerseits ist es klug, sich nicht zu sehr um seine Kleinheit und seine Unfähigkeit zu sorgen, sondern den Blick aufmerksam auf die Größe und die Heiligkeit des Vaters gerichtet zu halten. Das ist wahre Anbetung, sich eher an der Heiligkeit Gottes zu sättigen als sich in das menschliche Elend zu flüchten.

7. Wenn es mit der Weckerfrage[226] geklappt hat, warum kann ich sie nicht ausweiten? Warum soll ich mich um andere Punkte sorgen? Muß ich meine Aufmerksamkeit »dem Wecker Gottes über mir« schenken? Oder

a) dem diesjährigen Leistungsvermögen der Fraternitäten (Brüder, die vielleicht kommen möchten; Unterbringung von Armen usw.);

b) einem geistlichen Begleiter für meine arme Seele?

Und was sonst noch. Ich möchte die Willensanstrengung in einen einzigen Vorsatz zusammenfassen: ›Die Wahrheit suchen und sie in Demut verwirklichen‹, aber... wozu?

Allzu oft sind die Vorsätze toter Buchstabe geblieben, und Gott hat mir begreiflich gemacht, daß im Alleingang nichts zu machen ist.

Ich werde also auch diesmal derselbe bleiben, bis auf einen Punkt: ich bin demütig genug geworden, zu begreifen, daß der Sieg der Gnade zu verdanken ist und nicht dem Unterzeichneten.

Ist das möglich, ohne noch stolzer zu werden?« (D 5)

---

[226] Carlo hatte den Schutzengel damit beauftragt, ihn zu wecken.

1965

4. Januar

Dr. Leonello Radi beantragt mit einem offiziellen Schreiben an den Bürgermeister von Spello, Ermanno Petrucci[227], die Anmietung des Klosters San Girolamo zwecks Gründung einer Fraternität der Kleinen Brüder vom Evangelium.

»[...] Die Kleinen Brüder Jesu sind Ordensleute (in Zivil), für die die Handarbeit ein wesentliches Element ihres Lebens ist. Infolgedessen findet ihre Tätigkeit einen erschöpfenden Ausdruck in den bescheidensten Verrichtungen, die von bäuerlicher Lohnarbeit bis zu jeder beliebigen Hilfsarbeit auf Baustellen aller Art oder in Fabriken reichen. Die Gründung in Spello möchte mehr noch als eine ›Fraternität‹ – so heißen die Klöster, in denen die Kleinen Brüder leben – ein internationales Zentrum sein, das Kleine Brüder aus allen Teilen der Welt – aus Asien, Afrika, Australien, Europa und Amerika – aufnähme, die für eine mehr oder weniger lange Zeit in der Fraternität zu Gast sein würden.

Ich möchte Ihnen auch noch zu Ihrer näheren Information mitteilen, daß die ›Kleinen Brüder‹ eine Kongregation sind, die, vor gar nicht vielen Jahren (1933) in der Wüste Sahara gegründet, seit einiger Zeit auch hierzulande lebhaftes Interesse erweckt, weshalb die Fraternität von Spello voraussichtlich auch in allen Teilen Italiens eine ganz ungeheure Anziehungskraft ausüben wird. [...]« (CR).

24. Januar

Die Verhandlungen zwischen der Diözese Foligno und der Kongregation der Kleinen Brüder vom Evangelium über die Gründung einer Fraternität in Spello werden fortgesetzt. Dabei vermittelt immer Carlos Freund Leonello Radi, dem er schreibt:

»Ich habe einen lieben Brief von Deinem – wir wollen hoffen: unserem – Bischof[228] erhalten, der mich sehr getröstet hat. Se. Exzellenz ist wirklich ein redlicher Mensch! Ich glaube, das alles

---

[227] *Ermanno Petrucci* (1925), Umbrer, dreimal über die Liste des PCI, der kommunistischen Partei Italiens, zum Bürgermeister von Spello (1961–1975) gewählt.
[228] *Siro Silvestri* (1913), Ligurer, Rektor des Seminars von La Spezia, Priester (1937); Bischof von Foligno (1955–1975); apostolischer Administrator von Assisi (1966–1974); von Nocera Umbra und Gualdo Tadino (1973–1974) und emeritierter Bischof von La Spezia-Sarzana-Brugnato (1975–1989).

ist Teil eines Planes der Vorsehung. Die selige Angela – Spello – Radi – Monsignore usw. Überlassen wir es also mit festem Vertrauen dieser *Liebe,* die uns in ihrem Feuer *schmiedet,* die uns *verwirklicht,* die uns *erschafft* und die uns Tag für Tag *heiligt.* Es ist so schön – selbst im Dunkel des Glaubens – sich von diesem Meer der Liebe wiegen zu lassen« (CR).

1. Februar – Punta Mezzodì [229] – Bindua

»Ich habe noch einmal in das Heft geschaut« (D 5).

2. April – Bindua

»*55 Jahre!* Das ist schon eine ganze Menge, und ich fühle mich lebensmüde! Ich glaube nicht, daß ich ihnen noch viele weitere hinzufügen möchte. Jedenfalls nehme ich demütig hin, was Gott will. Ich möchte diesen letzten Lebensabschnitt einzig darauf verwenden, ihn zu lieben, sehr, sehr zu lieben, aber ich komme mir so egoistisch, verschlossen, unfähig und leer vor« (LD 154 f).

29. Juni

Fr. Paul Cheval, der Obere der Kleinen Brüder vom Evangelium, bestätigt dem Bürgermeister von Spello die Annahme des Klosters S. Girolamo und versichert ihm, »daß die Diözese Foligno die Mittel für die Restaurierungsarbeiten bereitstellen und die Stadt Spello von Kosten gleich welcher Art entlasten wird« (CR).

4. Juli

Brief P. René Voillaumes, des Generalpriors der Kleinen Brüder Jesu P. de Foucaulds.

»Lieber Carlo,
ich hätte schon vor langer Zeit auf Deinen schönen Brief antworten müssen, in dem Du mich ganz offen um die Erlaubnis zum Übertritt zu den Kleinen Brüdern vom Evangelium gebeten hast. Ich hatte die Ratsversammlung abgewartet, der der Antrag unterbreitet werden mußte, dann bin ich von einer Reise nach Portugal und den Exerzitien, die ich soeben den portugiesischen Bischöfen gegeben habe, abgehalten worden.

[229] Alter Wachturm auf einem Felsvorsprung am Meer, den die Kleinen Brüder als Klause benutzt haben.

Ich brauche Dir nicht zu sagen, wie mich Dein Brief zugleich bewegt und erfreut hat. Er hat mich bewegt, weil ich weiß, wie tief ernst Du es mit Deiner Berufung und mit dem nimmst, was den eigentlichen Geist der Fraternität ausmacht. Er hat mich erfreut, weil ich schon lange überzeugt war, daß Deine wahre Erfüllung dort läge, wo Du Dich jetzt befindest, bei den Kleinen Brüdern vom Evangelium. Daher kannst Du ganz unbedenklich dort bleiben, wie wir auch unserseits ganz damit einverstanden sind, daß Du von nun an zu den Kleinen Brüdern vom Evangelium gehörst. Alle, die Kleinen Brüder vom Evangelium und die Kleinen Brüder Jesu, bilden ja eine einzige Familie, und was das angeht, darfst Du weder Bedauern noch Traurigkeit empfinden. Lebe in der Freude, in dieser Zeit und in der Aufgabe, die er Dir anvertraut hat, dem Herrn zu gehören. Ganz so, lieber Carlo. Bis bald, im September; ich werde vom 14. oder 15. an in Rom sein. In der Zwischenzeit muß ich noch nach Rußland reisen und dann, wie alljährlich, zu den Exerzitien für die Ewigen Professen nach Farlete.

Bete für mich, ich brauche es. Ich umarme Dich ganz herzlich wie auch die Brüder, die bei Dir sind. Dein Kleiner Bruder René« (FG).

August-September

Carlo verbringt etwa einen Monat in Spello, um sich eingehend mit der Gründung der Gebets- und Gäste-Fraternität im ehemaligen Franziskanerkloster S. Girolamo zu befassen.

2. Oktober

Er nimmt am 3. Eucharistischen Kongreß der Stadt Spello teil und spricht am »Tag für die Werktätigen« in der Mausoleums-Kirche.

3. Oktober – Mitte November

Carlo ist mit P. Voillaume zur Kontaktaufnahme mit den Vätern der letzten Sitzungsperiode des Zweiten Vatikanischen Konzils in der römischen Fraternität. Er kehrt in die Fraternität von Bindua zurück.

»Ja, ich habe allerhand gesehen! Ich habe den Wandel gesehen! Die Veränderungen des Althergebrachten! Die neuen Zeiten! Aber ich habe auch das Konzil gesehen!

Für mich war diese riesige Versammlung von Bischöfen um Papst Johannes und Papst Paul der überwältigende Beweis für die Anwesenheit des Heiligen Geistes in der katholischen Kirche von heute. Keine andere Kirche war ihrerseits zu so etwas fähig!

Es war wie eine Rückkehr ins Jerusalem des ersten Konzils mit Johannes, Jakobus, Petrus und Andreas.

Es war der Eckstein, auf den sich das Morgen bauen läßt, der Meilenstein, von dem aus man wieder aufbricht in die Welt von heute« (HH 16).

30. November – Bindua

»Mein liebster Piero, da sind wir nun am Ende Deines historischen Romaufenthaltes, der mit einer noch geschichtsträchtigeren Stunde der Kirche zusammenhängt: dem Konzil. Gott sei gepriesen jetzt und allezeit! können wir abschließend sagen. Ich spüre zum ersten Mal, wie in mir jede Polemik gegen die Kirche *verlischt* und kann ohne weiteres das *Nunc dimittis* sprechen. Aber wenn Gott mir noch ein paar Jahre auf Erden lassen will, werde ich sie samt und sonders – das versichere ich Dir – mit Gebet ausfüllen, damit die Entscheidungen und Ergebnisse zu denen ein so großes Ereignis geführt hat, bis an die äußersten Grenzen der ganzen Welt gelangen. Jetzt habe ich keinen Wunsch mehr. [...]. Es tut mir leid, daß ich nicht auf einen Sprung kommen kann, um Dich zum Abschied zu umarmen. Eigentlich – um *ganz ehrlich zu sein* – hätte ich es gekonnt, aber ich möchte auf dieses herrliche Vergnügen im Geist der Armut verzichten.

Auf ein noch froheres Wiedersehen beim nächsten Mal, wenn Du – und das hoffe ich sehr – als Mitglied der Bischofssynode kommst.

Alles ist möglich, und man darf es doch wünschen und hoffen.

Ich bleibe bis zum Frühjahr hier in Bindua. Dann werde ich wohl zum Noviziat nach Spello versetzt. Darüber bin ich aus vielen Gründen froh, nicht zuletzt, weil ich in engerem Kontakt mit Papa sein kann.

Grüß› mir all unsere gemeinsamen Freunde in Rom, die Du ja bei der Schlußveranstaltung für die Bischöfe am 8. Dezember triffst.

Wie bewegend muß dieser endlich erreichte »Abschied« sein! Ich spüre seine ganze Schönheit nach der gewaltigen Leistung des Konzils. Das habt Ihr alle großartig gemacht! Die Kirche kann mit ihren Bischöfen zufrieden sein, wenn auch der eine oder andere gern auf dem Schlachtroß mit eingelegter Lanze zu den andauern-

den Schattenkreuzzügen aufgebrochen wäre. Armer Monsignore
[…]. Und dabei ist er doch so intelligent!

Zu schließen ohne eine Verurteilung, ohne Anatheme…, wie
schade für jemand, der sich als Richter über die Jahrhunderte
fühlt!

Ein kräftiges Bravo auch für Paul VI, der doch endlich aufatmen
muß nach all dem Hin und Her.

Lassen wir hier den Vorhang fallen! […].

Gott stehe Dir bei und segne Dich. Du gehst nicht nur als Bischof der 45000 Christen Deines Bistums auf die Reise, sondern
auch aller thailändischen Buddhisten. Ihnen könnte man so manches sagen auch abgesehen von komplizierten theologischen For-
mulierungen. Oder nicht? Das Evangelium ist eine Atombombe,
deren Knall sich bei allen Gehör verschaffen kann« (C 20).

1966

1. Februar

Carlo schreibt seinem Freund Radi:

»Ich habe schon die Mitteilung meiner Versetzung nach Spello
erhalten, und das erfüllt mich, wie Du weißt, mit großer Freude.
Ich bin wirklich glücklich, Umbrer zu werden und außerdem…
in Deine Nähe zu kommen« (CR).

»Spello ist mir wie ein Geschenk Gottes erschienen mit seinem rosa Bruchsteinmauerwerk vom Monte Subasio des heiligen
Franziskus und seinen gefälligen und mittelalterlichen Bauten;
auch Rom hat am Fuß des Hügels seine Spuren hinterlassen: das
antike Theater, das Tor und die von den Türmen des Properz be-
herrschten Mauern« (FV).

Juni

*Carlo ist in Spello, um mit dem Umbau der neuen Fraternität zu
beginnen, die für Tausende von Menschen, Erwachsene, Gläu-
bige oder Ungläubige, Christen oder Anhänger anderer Religionen, alle irgendwie auf der Suche nach dem Absoluten, Stätte der
Begegnung und des Gebetes werden soll.*

»Der Bischof von Foligno hat uns gerufen. Er wußte, daß es hier ein armseliges Kloster gab und hat uns gesagt: ›Vielleicht eignet es sich für Eure Zwecke‹. Wir haben diese Tätigkeit aufgenommen in der Absicht, etwas für unsere Brüder zu tun. Dieses ›Etwas‹ ist in unseren Händen explodiert. Wir hatten mit zehn jungen Leuten gerechnet, und es kamen hundert, wir hatten mit hundert gerechnet, da kamen tausend.

Spello ist eine Stätte des Gebetes. Wer zu uns kommt, hat vier Stunden Arbeit am Morgen und vier Stunden Gebet am Nachmittag. Wir gestatten nicht einmal das Studium, das können sie woanders erledigen. Arbeit und Gebet. Wir haben das liturgische Gebet sehr gefördert, wofür die Jugend sehr empfänglich ist. Doch gewöhnen wir sie besonders an das Schweigen und daran, über das Lippengebet hinauszugehen. Das ist eine Vorbereitung auf das kontemplative Beten. Alle empfinden heute Trockenheit, denn sie geben dem Gebet nicht genug Raum. Wir müssen diesen Raum finden, sonst werden wir bei all unseren Bemühungen zu Sklaven und nicht zu Kindern Gottes« (CC 24).

10. – 17. Juli

In der neuen Fraternität von Spello hält P. René Voillaume den Kleinen Brüdern eine Exerzitienwoche.

»Der Herr hat mich hierhin nach Spello geführt. Wieder eine neue Etappe meines geistlichen Lebens, und ich bin sicher, daß sie mir wie die anderen Etappen auch neue Gaben der göttlichen Barmherzigkeit für meine arme Seele bringen wird.

Eine davon, die ich hier erwähnen möchte, ist mir gleich aufgefallen.

Wie nach St. Julien, und genauer gesagt, während der Zweijahresetappe, die ich in Bindua verbracht habe, die Gnade als besonderes Kennzeichen ›den Wecker‹ gehabt hat, so habe ich bei meiner Ankunft hier gespürt, daß eine neue Gnadengabe mit dem Kennwort ›beginnen wir bei ihm‹ unterwegs war. Ich habe den Eindruck, daß ihr weitere folgen werden, so daß es mir zur Gewohnheit werden wird, mich immer gleich an ihn zu wenden, der meinen Tageslauf und meinen Einsatz bei den anderen regelt« (D 5).

»In Erwartung Paul Collets[230] möchte ich nicht zögern, Euch etwas über Spello, unsere jüngste Fraternität, zu berichten.

Die Fraternität von Spello hat ihr Leben im Juli mit Pater Voillaumes Exerzitienkurs begonnen, der für alle so lichtvoll und wohltuend war. Für die Fraternität war er von ganz besonderer Bedeutung, und für mein Empfinden ist er so etwas wie die Taufe der Fraternität von Spello gewesen.

Spello liegt, wie Ihr wißt, in der Nähe von Assisi an den Hängen des Monte Subasio, aber auf der Südseite. Sie besitzt die ganze Anmut der umbrischen Gegend, die wohlbekannt und beliebt ist. Die Fraternität befindet sich in einem ehemaligen Frankziskanerkloster, etwa 500 m vom Städtchen Spello entfernt, das seine Schlichtheit und sein schönes mittelalterliches Gepräge völlig bewahrt.

Das Klösterchen, das die Fraternität beherbergt, hat zunächst die Ankunft Gérard Gavels[231] gesehen, der mit den Arbeiten begonnen hat. Man brauchte schon einigen Mut, um solch ein Unternehmen anzugehen: die Räume bewohnbar zu machen. Zum Glück hatte er Henri Chasseriau[232], Gian Carlo[233] und Orlando[234]

---

[230] *Paul Collet* (1920), Franzose, Priester (1943); reist, noch ganz jung, nach China, wo ihn die Revolution Mao Tse-tungs überrascht; verbringt ein Jahr in kommunistischen Gefängnissen und wird nach einem Prozeß, der einen vergeblichen Versuch von Gehirnwäsche beendet, ausgewiesen. Von China wechselt er nach Japan und ist einige Jahre danach im Noviziat von El-Abiodh; als Kleiner Bruder vom Evangelium gehört er verschiedenen Fraternitäten an: in Algerien, Frankreich, Sri Lanka, Kamerun und Italien. Jetzt lebt er in Südfrankreich.
[231] *Gérard Gavel* (1936), Franzose, Priester (1969); Kleiner Bruder vom Evangelium, zur Zeit in Frankreich.
[232] *Henri Chasseriau* (1942), Franzose, Priester (1980); lebt als Kleiner Bruder in Algerien in der Fraternität von Béni-Abbès.
[233] *Gian Carlo Sibilia*, 1934 in Libyen geboren, kommt durch Ausbildung und Berufstätigkeit aus dem Unternehmertum. War in Rom Leiter der GIAC, ist Priester (1970) der Kirche von Foligno, in der er eine Reihe von Aufgaben wahrnimmt. Gründer und Prior der Kleinen Brüder und der Kleinen Schwestern der »Kommunität Jesus Caritas«, die heute mit einigen Fraternitäten in den Diözesen Foligno und Sant'Angelo dei Lombardi (AV) vertreten ist. Über fünfundzwanzig Jahre war er eng befreundet mit C. Carretto, der ihm die Sichtung seiner Schriften anvertraut hat.
[234] *Orlando Tisato* (1926), Veneter, bekannter Maler, hat jetzt sein Atelier und seinen Wohnsitz in Spello.

– Postulanten – mitgebracht, die ihm sehr geholfen haben. Orlando hat seine Malerbegabung spielen lassen und die Kapelle mit einem Kruzifix und einer Madonna geziert.

Das Gröbste ist jetzt geschafft. Die Fraternität kann ihre Tätigkeit aufnehmen. Sie ist als Basis für Klausen gedacht, die am Hang des Monte Subasio für die Brüder eingerichtet werden sollen, die hier ihren Wüstenmonat verbringen wollen. Bis jetzt sind zwei Klausen geschaffen worden, und es ist leicht abzusehen, wie viele man noch für die Zwecke der Fraternität benötigen wird.

Die Fraternität hier in Spello ist auch als Vor-Postulatshaus für Italien gedacht. Viele junge Leute bitten, man möge sie auf ihre Berufung hin prüfen, und so brauchte man einen Ort für einen ersten Kontakt mit der Fraternität. In diesem Sommer 1966 waren schon etwa fünfzehn hier.

Schließlich sollte dies auch ein Ort stiller Einkehr für alle sein, die das geistliche Klima der Fraternität kennenlernen und mit uns beten wollen. Da das Haus über zwanzig Betten verfügt, ist abzusehen, daß man eine gewisse Anzahl von Gästen aufnimmt. Zur Zeit haben etwa dreißig hier in Spello Station gemacht.

Zu ihrer Entwicklung und zur Wahrnehmung ihrer Aufgaben sind Paul Collet und ich der hiesigen, etwas ungewöhnlichen Fraternität zugeteilt worden, beide ›als Gast‹...

Wir versuchen, dieser Fraternität den strengen Charakter einer Anbetungs-Fraternität zu geben, und wir meinen, das ist wirklich vonnöten, um die Botschaft Frère Charles› in unsere italienische Heimat zu bringen, die sich nach ihr sehnt.

Die Nähe der Stätten, an denen der heilige Franziskus gelebt hat, wird sicher dazu beitragen, uns in die Situation der Armut und des Gebetes zu versetzen, die die natürliche Atmosphäre dieser Stätten bildet. Ich hoffe, daß ich Euch später noch mehr über die hiesige Fraternität berichten kann, die Euch zu Diensten steht und Euch erwartet« (FV).

324

1967

März

»Und so hause ich denn... hier auf den Hügeln von Spello, die wir die ›Hügel der Hoffnung‹ nennen. Und das nicht von ungefähr.

Die Hügel der Hoffnung sind wirklich eine sehr anmutige Hügellandschaft, die sich vom Monte Subasio stufenweise zur Chiona hin absenkt, einem Gießbach, der fast immer trocken ist. Der Berg des heiligen Franziskus ist nämlich arm an Wasser, doch auch wieder nicht so arm, daß er herrlichen Olivenhainen und anderen Kulturen das Leben verwehren würde, die eigens angelegt worden sind, um praktisch zu demonstrieren, mit welcher Mühsal und welcher Arbeit ein Leben verbunden war, wie Jesus es in Nazaret geführt haben konnte.

Verstreut in diesen Olivenhainen sind nach Gottes unvorhersehbarem Plan etwa zwanzig Gebetsklausen entstanden, umgebaut aus Gehöften, die von den Bauern verlassen worden waren. Diese sind weggezogen und wohnen jetzt im nahen Spello, das ursprünglich sogar römische Kolonie gewesen ist und das die Patina der Jahrhunderte in ein Gewand von unvergleichlich harmonischer Schönheit zu kleiden verstanden hat« (SF 13 f).

17. April

»Gestern war Monsignore Pellegrino[235], der Erzbischof von Turin, hier, um mich zu besuchen. Da siehst Du, wie freundlich er ist! Vielen Dank für die Glückwünsche zu meinen 57 Jahren. Wir sind also in der Schlußrunde! Gott möge mir als unverdiente Gnade ein wenig Liebe zur Verfügung stellen, damit ich den Ein-

---

[235] *Michele Pellegrino* (1903–1986), Piemontese, Priester (1925); Generalvikar (1933) der Diözese Fossano (CN); erster Ordinarius auf dem Lehrstuhl für altchristliche Literatur der Universität von Turin (1948). Erzbischof von Turin (1965); zum Kardinal erhoben (1967). Durch Leben und Lehren wirklich ein Vater seiner Kirche, gibt er aus Gesundheitsgründen die Leitung der Erzdiözese Turin auf (1977) und zieht sich als Subsidiar in eine kleine Pfarrei der Diözese zurück. Nach einem Gehirnschlag lebt er noch bis 1986 im »Kleinen Haus der göttlichen Vorsehung« des heiligen Giuseppe Benedetto Cottolengo in Turin.

gang zur Liebe, die er ist, passieren kann. Das ist nicht leicht. Wenn man doch nur zu schreiben brauchte: *Was allein zählt, ist lieben!*« (C 20)

Juni

Carlo beginnt die italienischen Bistümer zu bereisen, um auf Einladung von Bischöfen oder von Vereinen bei verschiedenen Gelegenheiten in das Gedankengut Pater de Foucaulds einzuführen. Er sollte darauf alljährlich einige längere Zeiten und viele Wochenenden verwenden.

6. – 28. Juli

In Spello, Kapitel der Kleinen Brüder vom Evangelium; Carlo wird in den Kongregationsrat gewählt.

4. – 9. August

Er ist in Taizé zu einem der ersten internationalen Treffen des Verbandes Frère Charles de Jésus (P. de Foucauld).

1968

31. März

In der Fraternität von S. Girolamo hält P. René Voillaume den Profeßbrüdern die Exerzitien.

November

»Die Herbstsonne läßt auf dem Subasio das rötlich verfärbte Laub der Bäume aufleuchten. Überall in der Runde herrschen tiefe Stille und der sehnliche Wunsch, noch die letzten warmen Tage zu genießen, bevor die Herbstnebel sich über die Ebene senken, die sich rings um Spello erstreckt.

Ich habe heute mit der alten Gärtnerchaise die Klausen abgeklappert, um alles in Ordnung zu bringen und die Türen abzuschließen. Wir stehen am Ende unserer Sommertätigkeit, und auch die Klausen ruhen davon aus.

Ich schreibe dieses Tagebuch in der Klause ›S. Francesco‹, der höchstgelegenen, von der aus man alle Klausen sehen kann, die die kleine ›Thebais‹ der Anbetungsfraternität von Spello bilden. Sieben Klausen..., das scheint viel zu sein und ist doch nicht zuviel im Hinblick auf das Leben der Fraternität von Spello, die Bedürfnisse des Noviziats und die Anfragen unserer Freunde. Man kann sagen, daß sie ununterbrochen ›im Dienst‹ sind, von Ostern bis zum Herbst. Aber ich möchte Euch von jeder einzelnen Klause etwas erzählen.

Wie gesagt, ist ›S. Francesco‹ die höchstgelegene – und die jüngste. Sie hat zum ersten Mal ihren Zweck erfüllt anläßlich des Wüstenmonats von Francis Hulsen[236]. Francis hatte um eine abgeschiedene Klause hoch oben auf dem Berg gebeten, in der auch noch etwas zu tun wäre. Wir haben seinen Wunsch erfüllt und ihm einen alten Stall an einem einsamen Hang gegeben, der schon etwas hergerichtet worden war. Als er nach seinen vierzig Tagen wieder hinunterstieg, hatte er die Räumlichkeiten völlig umgestaltet und vor allem eine Kapelle eingerichtet, die vielleicht die schönste aller Klausenkapellen ist. Die Klause ›S. Francesco‹ ist sicher für längere Aufenthalte am besten geeignet und steht den Brüdern zur Verfügung, die ihren Wüstenmonat halten.

Wenn man von hier aus in Richtung Spello schaut, trifft der Blick auf eine Lichtung, in deren Mitte sich eine kleine Bodenstufe befindet. Das ist ›Sant'Elia‹, die Klause, die Paul Cheval, Gérard Fabert[237] und andere bis hin zu Marine-Minister Giovanni Spagnolli[238], einem Freund der Fraternität, beherbergt hat. Sie liegt am Hang des Subasio und war ebenfalls früher ein alter, verlassener Stall. Als Paul dort seine Exerzitien gehalten hat, war sie noch nicht eingerichtet, und es war schwer, sich vor Kälte und Wind zu schützen. Jetzt ist alles in Ordnung... Tür, Fenster,

---

[236] *Francis Hulsen* (1936), Belgier, Priester (1970); Prior der Kongregation der Kleinen Brüder vom Evangelium (1979–1985). Lebt jetzt in einer Fraternität in Bolivien.

[237] *Gérard Fabert* (1933), Franzose, Priester (1966); Kleiner Bruder vom Evangelium, jetzt in Brasilien.

[238] *Giovanni Spagnolli* (1907–1984), Veneter, Universitätsprofessor und Mitglied etlicher Verwaltungsgremien einschließlich des Verwaltungsrates der katholischen Universität S. Cuore in Mailand. Mehrmals in den Senat gewählt, hat er eine Reihe von Regierungsämtern bekleidet und war (1963 und 1968) Minister für die Handelsmarine und (1966) Minister für Post und Fernmeldewesen.

Öfchen für die kalten Tage; sogar eine Kapelle ist von Ermete[239] und Rudi[240] eingerichtet worden.

Ganz in der Nähe, etwa vierhundert Meter entfernt und als Gegenstück zu ›Sant'Elia‹, befindet sich ›Sant'Eliseo‹, ein Haus, das als Olivenspeicher gedient hat. Es liegt mitten in einem Olivenhain, der es vor dem Wind vom Subasio abschirmt. Es ist eine bequeme Klause, in der man Familien oder Respektspersonen unterbringen kann…, so schicken wir denn auch Domkapitulare und Prälaten dorthin, die es einmal mit den Freuden des Einsiedlerlebens versuchen wollen…! Gegenüber und etwas tiefer liegt die Klause ›P. de Foucauld‹, die vor allem von den Novizen von Spello aufgesucht wird. Sie hat den Vorteil, daß sie mitten in den Weinbergen liegt: dort gibt es Trauben, Feigen und Pfirsiche in Hülle und Fülle. Gérard Fabert hat hier seinen Wüstenmonat verbracht.

Oberhalb des Noviziats befindet sich, zur Chiona hin gelegen, die Klause ›S. Teresa‹: sie ist ein ausgedehnteres Gebäude mit einem herrlichen Blick auf Foligno. Pierre Queinnec[241] benutzt es zu Fraternitätsexerzitien während des Noviziats; man kann nämlich mit Vierergruppen dorthin gehen.

Die sechste Klause, ›S. Giovanni‹, ist so etwas wie ein Sonderfall. Sie ist als Einkehrstätte für Jungverheiratete gedacht und findet großen Zuspruch. Dieses Jahr ist ein Paar gekommen, das sich in einer Krise befand und sich scheiden lassen wollte. Als es das Haus wieder verließ, herrschte Friede. Eine ehrliche Überprüfung ihres Lebens und die Atmosphäre des Gebetes hatte allen beiden die Augen für das gegenseitige Fehlverhalten geöffnet.

Die letzte Klause ist die ›Unserer Lieben Frau von der Vorsehung‹, 7 km von Spello entfernt, an der Straße, die von Collepino nach S. Giovanni führt. Das ist die Klause für ›Gruppen‹ – anscheinend ein Widerspruch, und doch ist es so –, die Antwort auf

---

[239] *Ermete (Hermes) Scattoloni* (1911), Umbrer, Priester (1935), ist nach vielen Jahren in der Seelsorge des Bistums Nocera Umbra-Gualdo Tadino (PG) bei den Kleinen Brüdern vom Evangelium eingetreten (1968). Lebt jetzt in der Fraternität von Béni-Abbès.

[240] *Rudi Schönbächler* war in Spello Novize (1967–1968) und hat dann die Fraternität wieder verlassen.

[241] Pierre Queinnec (1925), Franzose, Priester (1966); Novizenmeister in Spello (1967–1974); jetzt in Kanada.

ein großes Problem. Ich erläutere: Trotz der angestrebten Stille hat die Fraternität von Spello Besucher in großer Zahl, junge Leute, Priester, die gern ein paar Einkehrtage bei uns verbringen würden. Die Fruchtbarkeit der Botschaft Frère Charles' de Jésus hat uns mitten ins Getümmel geworfen, das Wiedererwachen der Spiritualität in den höheren Schichten Italiens führt zu einem erheblichen Zustrom von Menschen, die Stille, Gebet und ein Leben nach dem Evangelium suchen. Wenn ich Euch gesagt habe, daß im vergangenen Jahr dreitausend Exerzitanten hier waren, habe ich Euch nur einen Teil dessen genannt, was die Fraternität bewältigen muß, um ihre Aufgabe zu erfüllen. Deshalb haben wir diese ›Gruppenklause‹ einrichten müssen. Während in Spello nur Einzelpersonen Aufnahme finden, werden in der Klause ›Unserer Lieben Frau von der Vorsehung‹ geschlossene Gruppen aufgenommen, die mit dem Wunsch kommen, ein Leben in Arbeit und Gebet mitzuvollziehen. Wie in der Fraternität von Spello ist hier der Tag zweigeteilt: morgens nach den Laudes und der Betrachtung über das Evangelium Arbeit, nachmittags Anbetung vor dem Allerheiligsten; der Tag schließt mit der Messe gegen 6 Uhr abends. Der ganze Tag ist getragen vom Geist tiefer Liebe.

Ich habe Euch etwas von den Klausen in Spello erzählen wollen, damit Ihr dann und wann auch einmal im Gebet an sie denkt. Bittet den Herrn, daß alle, die in diese Klausen oder nach Spello kommen, dort Frieden finden, den wahren, tiefen Frieden, den die Gottverbundenheit und das beharrliche Gebet uns schenken.

Bittet, daß diejenigen, die sich hier in der Stille des Monte Subasio aufhalten, in die sich auch der heilige Franz von Assisi zurückgezogen hat, in die Ebene zurückkehren, von dem Wunsch erfüllt, den Armen die Frohbotschaft zu verkünden und auf den Straßen der Welt ein kontemplatives Leben zu führen.

Indem ich diese Zeilen an Euch alle richte, kann ich Euch versichern, daß die Fraternität von Spello sich immer freuen wird, Euch in ihre umbrischen Klausen aufzunehmen und mit aller Kraft diejenigen zu unterstützen, die an die Botschaft Frère Charles' de Jésus glauben und sie im Leben verwirklichen – eine Botschaft, die zutiefst stille Zurückgezogenheit und lange Stunden beharrlichen Gebetes bedeutet« (FV).

Ein anderer Kleiner Bruder erweitert Carlos Schreiben um folgenden Nachtrag:

»Carlo wird Anfang November mit einer italienischen Gruppe eine Wallfahrt nach Tamanrasset unternehmen. Die Rückreise wird er in Béni-Abbès unterbrechen, wo er bis März bleiben wird. Das Leben in Spello ist strapaziös, und Carlo braucht diese Pause und die Ruhe von Béni-Abbès, bevor er sich einem neuen Arbeitsjahr stellt. Wie die Tage in Spello verlaufen, wo Carlo sich mit so vielen Problemen abgeben muß, mit denen Priester oder Laien kommen, deren Aufenthalt er plant, um ihn vor allem zu einer Begegnung mit Gott zu machen, kann man sich leicht vorstellen. Orlando geht jeden Morgen zur Arbeit... und hilft Carlo den Rest des Tages. Während Carlos Abwesenheit wird Tullio[242] die ›Cité des Brosses‹ verlassen und mit Orlando Fraternitätsdienst tun« (ebd.).

Carlo verläßt Spello, um noch ein paar Monate in der Wüste von Béni-Abbès zu verbringen. Auf der Hinreise begleitet er die erste, von der Zeitschrift »Jesus Caritas« organisierte, italienische Wallfahrt »auf den Spuren Charles de Foucaulds« nach Tamanrasset und El-Golea.

1969

6. Januar – Epiphanie – Béni-Abbès

»Ich möchte Dir und allen Brüdern meine tiefe Freude mitteilen. Im vertrauten Kreis der Einsiedelei von Béni-Abbès bin ich durch die Hände des Bischofs der Sahara, Monsignore Raimbaud[243], zum Diakon geweiht worden. Das war ein großartiger Tag, wie ich ihn mir besser nicht hätte erhoffen können. Mit Alain[244], der mit mir zum Diakon geweiht worden ist, glücklich wie noch nie, umgeben vom Besten, das wir uns hätten wünschen können: dem Ort, den Brüdern, den Kleinen Schwestern, drei Kleinen Brüdern Jesu,

---

[242] *Tullio Boninsegna* (1939), Veneter, Priester (1964); Kleiner Bruder vom Evangelium bei den Zigeunern in Italien, in Frankreich und in Kamerun, wo er lebt.
[243] *Jean-Marie Raimbaud* (1924–1989), Franzose, Ordenspriester (Weißer Vater, 1964), Bischof von Laghouat in der algerischen Sahara.
[244] *Alain Gaschard* (1933), Franzose, Kleiner Bruder vom Evangelium, lebt jetzt in Frankreich.

unter ihnen der ›alte‹ Jean-Marie, eigens gekommen, und schließlich noch der kleinen hiesigen Christengemeinde. Ich bin glücklich. So habe ich das Ziel meines Lebens mit einem krönenden Abschluß erreicht. Seit meiner Bekehrung habe ich mich als Diakon der Kirche gefühlt.

Das war immer mein Ziel: das Evangelium zu verkünden und der Kirche in den Armen zu dienen. Jetzt reise ich mit Mut und dem verstärkten Beistand des Heiligen Geistes wieder zurück. Ich komme mir vor wie verjüngt und fühle mich allen Brüdern näher« (FV).

Rundbrief Carlos an seine Freunde.

»Seit heute bin ich Diakon, vom Bischof der Sahara im Namen der Weltkirche regelrecht geweiht. Eigentlich habe ich mich seit meiner Bekehrung im Alter von achtzehn Jahren als Diakon gefühlt. Seit ich begriffen habe, wer Jesus war und was die von ihm gestiftete Kirche war, habe ich gespürt, daß das meine Berufung war. Ich habe mich nie als Priester gefühlt und nie eingewilligt, mich zum Priester weihen zu lassen. Ich habe gespürt, daß ich Diakon sein müßte *als einer, der seinen Brüdern dient, indem er ihnen das Brot des Wortes und das Brot der Eucharistie bringt.* Jetzt ist mein Wunsch in Erfüllung gegangen. Eigentlich muß ich sagen, daß ich sie schon ›angeknabbert‹ hatte: Ich habe ja schon als Diakon gewirkt. Was Worte angeht, so habe ich so manche gesprochen, und was die Eucharistie angeht, hatte ich schon seit einiger Zeit die Freude, mit gütiger Erlaubnis Pauls VI. Jesus in die Klausen von Spello zu tragen.

Jetzt kann ich sowohl das eine wie auch das andere offiziell bringen und dazu noch mit neuer Kraft und mit neuer Herzensgüte, die sicher aus der Weihegnade stammen.

Euch zu sagen, daß ich glücklich bin, ist wenig! Ich habe in diesen Tagen, die ich in der Abgeschiedenheit der Wüste von Béni-Abbès verbracht habe, in der Vereinigung mit Gott und im Gedenken an Euch alle, liebe Brüder, ganz neue Wonnen verspürt.

Wie lieb ist doch der Herr, und wie läßt er alles einmünden in die Einheit seiner Liebe!

Beim Überdenken meiner Vergangenheit und der Abschnitte meines Lebens habe ich Gottes Absicht mit einem jeden von uns noch deutlicher erkannt. Schließt Euch mir an in der Danksagung

331

und in der Haltung, mit mir ganz für ihn und seine wahrhaft unermeßliche und unüberwindliche Liebe da zu sein.

Und jetzt mache ich Euch ein Geständnis. Ich habe mich bereit
gefunden, mich den ständigen Diakonen anzuschließen, weil
diese neue Institution des Konzils den Verheirateten offen steht.
Wir haben als aktive Christen immer davon geträumt, daß man
den Verheirateten einmal eine große Betätigungsmöglichkeit in
der Kirche Jesu einräumte.

Mir scheint, jetzt ist die Stunde da, und ich sehe schon Hunderte und Aberhunderte überzeugter Christen Diakon werden.

Verzeiht mir, Brüder, wenn ich mich zu Eurer Benachrichti-
gung eines Rundbriefes bedient habe. Das hat seinen Grund darin,
daß ich Euch aus der Sahara schreibe, und wenn man in der Sandwüste lebt, versucht man, seine Korrespondenz auf ein Mindestmaß einzuschränken, um Zeit zu haben, den Blick auf die Sterne
und auf das von der Hostie verhüllte Antlitz Jesu zu richten«
(C 20).

»Ich glaube, diese Einrichtung des Diakonats wird einen der
Hauptwege zur Erneuerung der christlichen Gemeinde darstel-
len. Ich würde mir wünschen, daß verheiratete Laien zu Diako-
nen geweiht würden, die von ihrer Hände Arbeit lebten und kein
Gehalt oder Vergütungen forderten, sondern umsonst und aus
Liebe zu Christus der Gemeinde dienten, die sie berufen hat.«[245]

19. Januar – Béni-Abbès

»Der Ort ist wunderschön, und die Ruhe ist total.

Ich habe die richtige Ader für mein Buch gefunden und arbeite
auf Hochtouren [...]. Ich bin froh, daß ich gekommen bin, und
hoffe wiederzukommen. Die Wüste ist tatsächlich meine Her-
zensheimat. Ich habe viel Post erhalten, versuche aber gemäß
einer alten, sicher nicht lobenswerten Gewohnheit, nicht zu antworten... Man tut, was man kann« (C 20).

April – Oktober

*Carlo ist aus der Sahara zurück und öffnet die Fraternität in
Spello wieder für Gäste.*

[245] C. Carretto, »Bene i diaconi meglio se sposati« in *Rocca*, 23 (1970) 17 – 19.

4. – 15. Oktober

Auf Carlos Wunsch und auf Bitten Monsignore Siro Silvestris, des Bischofs von Foligno, zieht die kleine »Kommunität Jesus Caritas«[246] von Casalecchio di Reno (BO) in die Pfarrei von Santa Croce in Limiti di Spello um. Paul Collet, ein Kleiner Bruder vom Evangelium, begleitet etwa ein Jahr lang die Entwicklung der Gemeinschaft und die Ausbildung der ersten beiden Brüder.

»Ich weiß, daß Ihr etwas Bedenken habt, Casalecchio zu verlassen, aber nur keine Angst, und versucht nicht mit Gewalt, alles zu verstehen. Es wird sich schon klären! [...]. Sie hat nichts verstanden und im Glauben gelebt. Gerade deshalb ist Maria uns lieb und nahe. Also bleiben wir so miteinander verbunden, wobei sie, die wir so lieben, immer mitten unter uns ist. Ihr wißt doch, daß ich die Kommunität Jesus Caritas als meine eigene ansehe. Nur Mut!« (C 20)

29. Oktober

Vater Luigi wird 90 Jahre alt.
  Carlo reist wieder in die Wüste, um dort die Wintermonate zu verbringen.

10. Dezember – Béni-Abbès

»Ich schreibe Euch im Zelt, wo ich mich seit acht Tagen aufhalte und durch Exerzitien auf das Weihnachtsfest vorbereite. Das Leben ist primitiv, aber mir geht es gut. Es kommt mir vor, als sei ich in die Zeit von Tamanrasset zurückgekehrt. Ich möchte einen Schritt in der Gottsuche vorankommen, und das Milieu eignet sich dazu. Doch meine Seele ist trocken, und ich spüre, daß einzig Gott Licht, Kraft und Leben ist. Wir sind nichts! Gedenken wir einander im Gebet und in Liebe. Lebt in Frieden und in der Erwartung des göttlichen Geschehens. Das sind die einzigen interessanten und unverfänglichen Neuigkeiten: was sonst noch war, ist nicht so wichtig und vergeht« (C 20).

---

[246] Ein weiterer Zweig der geistlichen Familie Charles de Foucaulds im Dienst der Ortskirche durch Gemeinschaftsleben, Lob- und Bittgebet und Verfügbarkeit ohne spezielle Eigenaufgaben.

333

1970

März

Carlo kommt aus der Sahara zurück um sich wieder in der Fraternität von Spello zu betätigen.

In diesem Jahr äußert er sich mehrmals zur Frage der Priester- und Diakonatsausbildung und entfacht weitgespannte Diskussionen.

»Die Seminarien sind heute das Ende, nicht der Anfang der Priesterausbildung. Am Anfang muß die Gemeinde stehen. Die Gemeinde muß man nämlich heutzutage als den Ort, das Milieu und die Bewährungsprobe der Ausbildung ansehen und als das Sieb, das sie passieren muß. In der Gemeinde müssen ja die unterschiedlichen Charismen zutage treten, da Gott sie doch zu ihrer Auferbauung verleiht [...]. Bleibt noch die Berufung, aber sie hängt nicht vom Kandidaten, nicht von uns und nicht vom Bischof ab. Sie hängt von Gott ab, von Gott allein.

Von dem Gott, der nicht zulassen kann, daß ›sein‹ Volk ohne ›Eucharistie‹ bleibt, und der allein befugt ist, das persönliche Ganzopfer zum Dienst an der Gemeinde zu fordern. Wenn also jemand, der Lebenserfahrung und Gefühlsreife besitzt und mit klarem Blick bei sich das Charisma des ehelosen Lebens erkennt, das die Kirche verlangt, zum Bischof geht und ihn bittet, Priester werden zu dürfen, schwinden alle Befürchtungen dahin und man kann sogar an der Jugend der Kirche seine Freude haben.

In diesen Jahren meiner Exerzitientätigkeit in Spello hatte ich Gelegenheit, viele Kleriker, besonders Theologiestudenten der letzten Semester, kennenzulernen. Fast alle waren sie zu jung und unerfahren, den harten Glaubenskampf zu bestehen, der sie erwartete. Vor allem habe ich bei ihnen nicht in aller Deutlichkeit gesehen, daß sie das Charisma des Zölibats als totale Weihe an Gott bejahten. Das ist meines Erachtens schwerwiegend. Es liegt etwas Krankes, Müdes, Infantiles und Oberflächliches in der Luft, das ich nicht definieren kann. Kein Tag vergeht, an dem die Kirche nicht einen oder mehrere Namen aus dem Verzeichnis ihrer Priester – Diözesan- oder Ordenspriester – streicht. Ich sehe bekannte, liebe Gesichter an mir vorüberziehen, spüre in den vertraulichen Gesprächen so viel Leid und so viel Not! Hätte man vielleicht die eine oder andere schmerzliche Situation vermeiden können? Hätte man vielleicht im Laufe der Ausbildung, die Einfühlung und Sorgfalt verlangt, ein System finden können, das deutlichere Rückschlüsse erlaubt? Ich glaube, ja. Und hier ist es, wo meines Erachtens die Gemeinde ins Spiel kommt [...]. Nicht alle haben immer das Glück, daß ihre Berufung im unerläßlichen und dauernden Kontakt mit einer lebendigen, betenden und aktiven Gemeinde herangereift ist. Die Mehrzahl der heutigen Priesteramtskandidaten kommt aus einem künstlichen Milieu – Schule inbegriffen –, und jahrelang in solch einem Milieu zu leben, erleichtert gewiß nicht die Befreiung von Komplexen und den klaren und ausgewogenen Blick für die ›Welt‹, wie sie ist.

Und da sind sie auf einmal im vierten theologischen Jahr oder stehen, falls es sich um Ordensleute handelt, in einem Noviziatshaus vor ihrer Profeß. Was tun? Wäre jetzt nicht etwa der Augenblick, die Taktik zu ändern? Die allzu einfache Theoretisierung der Berufung dem Test durch die Wirklichkeit auszusetzen? Warum tut man das, was man früher nicht getan hat, jetzt nicht?

Die Bischöfe mögen mir meine Einmischung verzeihen..., daß ich ihnen Ratschläge erteile, und man möge in mir nur ein Kind sehen, das leidet, weil seine Mutter, die Kirche, leidet. Aber wenn ich an der Stelle des Bischofs stünde, würde ich dem Kandidaten, der da kommt, folgendes sagen: ›Du hast die theologischen Studien abgeschlossen, die Dich geistig zum Priestertum befähigen. Jetzt geh als einfacher Laie nach Hause und bemühe Dich praktisch, existentiell und vom Leben her um die Eignung zum Priester‹. [...].

Von einem Priester, dem ich all das vorgetragen habe, bekam ich diese Antwort zu hören: ›Aber dann laufen sie alle weg, finden leicht ein hübsches Mädchen und heiraten!‹ Was beweist, daß man Angst hat, die Menschen zu erproben, bevor man sie in den Käfig setzt!

Ein anderer hat mir gesagt: ›Dann bleiben wir ohne Priester!‹, was besagt: ich glaube nicht an Gott, ich glaube eher an die Kirche als an die Allmacht Christi.

Ein dritter – diesmal ein Ordensmann: ›Ich werde weiter um Buben werben, der eine oder andere bleibt immer‹, was besagt: ich habe keine Angst davor, Menschen heranzuziehen, die sich einmal fehl am Platz fühlen könnten.

Aber wann befreien wir uns endlich von der Vorstellung, daß die Kirche in unserer Hand sei? Aber wann kommen wir zu der Überzeugung, daß Gott der Gott des Unmöglichen und daß nur er in der Lage ist, das Wunder der Berufung zu wirken? Einen Lebemann in einen Heiligen, einen Flatterhaften in einen Kontemplativen zu verwandeln?

Und wenn wir einmal vom Glaubensproblem absehen und in diesen Meinungsäußerungen nach einer anderen Wurzel suchen, finden wir nur eine einzige: die Sorge um die Zahl. ›Wir werden nur zu wenigen übrigbleiben… wir werden keine Priester mehr haben… wir werden unser Kloster schließen!‹ […]«[247]

1971

März

Der Bischof von Foligno, Monsignore Siro Silvestri, besucht, begleitet von Fratel Pietro[248] aus der Kommunität Jesus Caritas, die Fraternität von Béni-Abbès, wo er von Carlo freudig empfangen wird, der ihn ein paar Wochen Zeltexerzitien beginnen läßt.

»[…] Monsignore Siro sagte mir eines Tages: Ich komme nach Béni-Abbès. Ich möchte in der Wüste Exerzitien machen. Bald darauf waren wir unten in den Dünen der Sahara. Wir hatten uns Ouarorout ausgesucht, wo es still und ein Brunnen mit reichlich Wasser in der Nähe ist.

Da befand sich eine kleine Höhle, die als Kapelle diente, und bei ihr haben wir als Zelle für den Bischof ein Zelt aufgeschlagen und noch ein Zelt für Fratel Pietro, der sein Begleiter war.

Ich bin meiner Arbeit wegen in der Oase Béni-Abbès geblieben.

Das Wetter war schön, und es war ausgemacht, zehn Tage wirklich eingezogen in dem überwältigenden Rahmen der Sahara auszuhalten, der für das Gebet und die Bemühung um die Umkehr des Herzens wie geschaffen ist.

---

[247] C. CARRETTO, a. a. O., 17–19.
[248] *Pietro Saffirio* (1946), Piemontese, Priester (1972), ist einer der Kleinen Brüder, der bei der Gründung der Kommunität Jesus Caritas in Foligno mitmacht.

Aber als die Exerzitien zur Hälfte vorüber waren, kam die Überraschung: es brach ein Sandsturm aus, der in der Wüste schrecklich ist.

Die Zeltleinen mußten verstärkt werden, und man war gezwungen, tagelang zu leben, ohne Feuer zum Kochen machen zu können. Das Leben wurde mühsam, so mühsam wie das Leben in der wirklichen Wüste ist.

Monsignore Siro ließ sich nicht im geringsten aus der Ruhe bringen und lebte von Brot, Gebet und Sand, von reichlich Sand.

Am dritten Tag des tobenden Sturmes habe ich mir in Béni-Abbès Sorge gemacht, ob die Zelte ihm gewachsen wären und mein Bischof keinen Schaden nähme.

Ich bin mit dem Auto losgefahren und zum Zeltplatz in Ouarorout durchgekommen.

Es kam einem vor wie das Ende der Welt.

Ich habe Monsignore Siro in der Höhle angetroffen, in eine Decke gehüllt und einen Turban auf dem Kopf. Er war ein richtiger Araber.

Ich sagte zu ihm: Wir fahren; es ist zu mühsam, hier zu bleiben.

Er hat mir geantwortet: Nein, ich mache meine Exerzitien zu Ende.

Aber... dazu braucht es Mut – sagte ich ihm [...]« (CR).

April

Carlo kommt über Tunis – Neapel aus der Sahara zurück.

5. Mai

»Heute habe ich in Santa Maria delle Budrie ein kleines Herz aus Pappe gesehen, klein, von Clelia[249] entworfen, aus einem Stück Pappe hergestellt und innen mit Drahtstiften versehen.

---

[249] *Clelia Barbieri* (1847–1870), Bauernmädchen aus der Emilia, das in S. Maria delle Budrie in S. Giovanni Persiceto (BO) eine Gründung gemacht hat, die sich in der Folge zu der Kongregation der Kleinsten Schwestern der Schmerzensmutter entwickeln sollte. 1989 von Johannes Paul II heiliggesprochen; Carlo hat immer eine besondere Vorliebe empfunden für dieses »Mädchen aus den Budrie«, wie er sie gern nannte.

Es war ein kleines Bußwerkzeug, das sie auf ihrem Herzen trug. Die Stifte drangen ihr ins Fleisch und erinnerten sie an den geistlichen Kampf und daran, daß ihr Leib nur so etwas wie ein Geschenk an den Geist, ein Geschenk an Gott sein konnte. Selbst wenn sie sich für die Ehe entschieden hätte, so wußte sie, daß ihr Leib der göttlichen Liebe hingegeben worden wäre, nicht der Prostitution; für die Liebe da, nicht für den Ehebruch.

Die unabhängige Haltung, die dieses Mädchen mir mit dem kleinen Leidenswerkzeug zeigt, besagt für mich, daß auch ich meinen Weg auf den Korridoren meines Klosters, die die Straßen der Stadt sind, mit derselben Glaubensüberzeugung gehen muß: mit der Gewißheit des Evangeliums.

Die Glaubensüberzeugung, die Christus mir gegeben hat« (SV).

In Spello wächst im Sommer der Zustrom der Vielen, die sich am einfachen Leben und am Beten der Kleinen Brüder vom Evangelium beteiligen möchten. Carlo ist, wenn er alljährlich aus der Wüste zurückkehrt, immer bereit, allen Gehör und gastliche Aufnahme zu schenken. Spello wird immer mehr zum Treffpunkt für Menschen allen Alters und aller Stände.

1972

19. September

In Rom stirbt Vater Luigi.

Oktober

Carlo reist wieder in die Sahara mit Zwischenaufenthalten in Spanien und in Marokko. Dies wird sein letzter Winteraufenthalt in Béni-Abbès.

4. Dezember

Brief an seinen Freund Leonello Radi.

»Ich schreibe im Zelt, wo ich die vier Adventswochen verbringen will. Es ist kalt, es geht ein böser Wind, ich esse Sand, aber ich bin rundum glücklich.

Die Ruhe und die Möglichkeit, den Herrn anzubeten, sind ein unbezahlbarer Luxus! Ich denke täglich an Dich während der langen Gebetsstunden, die für mich in dieser Jahreszeit eine Freude und eine Mühsal sind. Aus Italien höre ich nicht viel, aber ich hoffe das Beste. Ich bete für den guten Andreotti[250] und habe für den lieben Segni [Antonio, Anm. d. Hrsg.] gebetet, der mich mein Leben lang erbaut hat.

Ich fühle mich Bischof Siro, unserem lieben, lieben Vater, sehr verbunden, und wenn Du ihn triffst, sag ihm, ich hätte mein Zelt genau da, wo er vor zwei Jahren jenen bösen Wind erlebt hat. Übrigens kannst Du ihm sagen, er habe sich nicht geändert und bliese heute wie verrückt. Ich begleite ihn, wenn ihn etwas drückt, als kleiner und armer Diakon im Gebet.

Hier herrscht große Armut. Das Nomadentum, früher das Leben der Wüste, schwindet mehr und mehr, und die Menschen werden seßhaft. Aber... wie sieht das aus! Es ist, wie Luciano[251] es von der in die Städte abgewanderten Landbevölkerung geschrieben hat. So traurig! Das Zelt verlassen, ein Haus bauen, Arbeit suchen. Eine Tragödie. Man sieht nachts rings um die Dörfer so viele fröstelnde Kinder. Sie haben kein Zelt mehr und noch kein Haus. Sie haben keine Kamele mehr und noch keine Arbeit. Wir geben ihnen alles, was wir haben, aber das ist nur ein Wassertropfen in einem ganzen Eimer« (CR).

15. Dezember – Béni-Abbès

»[...] Ich schreibe im Zelt. Mein Aufenthaltsort, an dem ich die vier Adventswochen verbringen will, ist sehr wüstenhaft. Vier Wochen sind eine lange Exerzitienzeit, die nach all der Arbeit in Spello für mich ein wahres Geschenk des Himmels gewesen ist.

[250] *Giulio Andreotti* (1919) aus Latium, Jurist, Journalist, Politiker aus den Reihen der FUCI, deren Landesvorsitzender er war (1942–1946). Gründungsmitglied der christdemokratischen Partei, gehört er der verfassunggebenden Versammlung an (1946); mehrmals Unterstaatssekretär und Minister in verschiedenen Ministerien; siebenmal Ministerpräsident; Senator auf Lebenszeit (1991), und somit einer der bekanntesten Politiker Italiens. Außerdem Autor ganz bedeutender literarischer Werke.

[251] *Luciano Radi* (1922), Umbrer, Universitätsprofessor, Schriftsteller, seit 1958 Abgeordneter der christdemokratischen Partei, hat wichtige Regierungsämter bekleidet.

Es ist windig, kalt, man beißt auf Sand, aber das Herz fließt über vor Glück!

Wie groß ist doch der Herr! Zudem ist hier das *Sichtbare* so durchsichtig, daß es den Eindruck erweckt, man berühre jeden Augenblick das *Unsichtbare*. Ich habe eine Höhle als Kapelle und ein Zelt als Zelle. Ich versuche zu beten und nicht zu arbeiten. Nichtsdestoweniger schreibe ich, weil ich mich ja dem Lebendigen Wort verschreiben will.

Ich denke beim Beten nach und denke an alle Gnadengeschenke, die der Herr uns im Leben gemacht hat. Es waren viele, und das vor allem auf Grund der Gnade des Glaubens, die er uns geschenkt hat. Aber wir sind erst am Anfang. Ich bin überzeugt, daß das Beste erst noch kommt, und daß das Morgen besser ist als das Heute, der Tod besser ist als das Leben, die Auferstehung besser ist als der Tod. Ja, das meiste kommt erst noch. Bleiben wir der Hoffnung treu. Ich werde bis Ende April hier bleiben. Die Karwoche werde ich, so Gott will, in Spello verbringen. Wir wollen einander zugetan sein und in gegenseitigem Verstehen helfen« (C 21).

1973

April

Carlo kehrt nach Spello zurück.

19. Juli – 29. August

Er nimmt in Castelnaudary bei Toulouse, Frankreich, am Kapitel der Kleinen Brüder vom Evangelium teil.

November

Carlo verbringt den Winter krankheitshalber bei seinen Verwandten in Rom.

»Bei Hosea heißt es im elften Gesang: Ich bin der Heilige in deiner Mitte, Israel, und ich werde angesichts des Bösen brüllen wie ein Löwe. Deine Söhne werden herbeieilen wie Tauben und zu ihrem Nest zurückkehren wie Lämmer.

Für Hosea ist Gott selbst der Heilige, der einzig wirklich Heilige, sogar der Quell der Heiligkeit: Jahwe.

Und Jahwe, der Gott mit uns, ist der Gott, der Israel sucht, den Menschen, den er zu eigen haben will, der mit ihm einen Vertrag, einen ewigen Bund, schließt, der ihn heilig wissen will, wie er selbst heilig ist.

In der Fülle der Zeiten hat der Heilige Fleisch angenommen und unter uns gewohnt: das war Jesus.

Jesus, der Heilige Gottes, der Einzige, der Abglanz des Vaters, das Ebenbild des unsichtbaren Gottes, die fleischgewordene Heiligkeit, die leibhaftige Vollkommenheit in Menschengewand.

In der Zeit nach Jesus ist Heiligkeit ein Spiegelbild Jesu, Nachahmung Jesu, sogar Leben aus dem Geiste Jesu.

Anders geht es einfach nicht.

Der heilige Paulus ist ein Nachahmer Jesu. Der heilige Stephanus ist ein Blutzeuge Christi. Der heilige Benedikt ist ein Jünger Christi. Der heilige Franziskus ist ein Abbild Christi: alle Heiligen sind leuchtende Spiegelbilder Christi.

Und jedes Zeitalter hat seine Spiegelbilder, seine Nachahmer, seine Jünger, seine Blutzeugen, seine Abbilder, seine Heiligen.

Und sie sind unzählig und überall. Eingesenkt in den Teig der Welt, lassen sie ihn aufgehen, in ihrem Dunkel lebend, erhellen sie es, durch ihre Berührung machen sie die Speise der Welt schmackhaft. Heilig ist ein Mensch, der beten kann, heilig ist ein Mensch, der die Arbeit zu seiner Erlösung tut, heilig ist ein Mensch, der so liebt, wie Christus geliebt hat.

Es ist ein schwerer Irrtum, die Heiligkeit auf wenige Auserwählte zu beschränken, die man nach ihrem Tod auf die Altäre erheben kann. Die Heiligkeit ist viel verbreiteter als man annimmt. Sie ist die eigentliche Fruchtbarkeit Gottes in der Welt und ist unbegrenzt, sie ist ja das, was Gott bei den Menschen bewirkt, und reicht bis in die feinsten Verästelungen und bis an die Grenzen der Erde.

Charles de Foucauld ist einer von uns, der es verstanden hat, Christus in unserer Zeit zu leben und ganz genau seinen Spuren zu folgen.

Ein vornehmer französischer Vicomte, ist er nicht dem Stolz seiner Kaste gefolgt, sondern hat Jesus, den Arbeiter von Nazaret, nachahmen wollen und ist aus Liebe Arbeiter geworden.

Kavallerieoffizier, Lebemann und sinnlich veranlagt, hat er die dürre und unwirtliche Wüste zur Kampfbahn für seine Sittenstrenge und zur Schule für seinen Heroismus gemacht.

Vermögend und den Annehmlichkeiten des Lebens ergeben, hat er hat er auf sein Vermögen verzichtet, um es den Armen zu geben, und hat wie ein Armer unter den armen Stämmen der Saoura und des Hoggar gelebt.

In Sicherheit und von französischen Soldaten gut beschützt, hat er die Unsicherheit eines so verlassenen und gefährlichen Dorfes wie Tamanrasset vorgezogen und sich widerstandslos aus Liebe zu den Brüdern ermorden lassen.

Charles de Foucauld, der sich ›Frère Charles de Jésus‹ nennen ließ, hatte nur einen Lebensentwurf, der aber klar und präzis war: ganz genau Jesus nachzufolgen. Und wenn Jesus Betlehem erwählt hatte, erwählte auch er Betlehem; und wenn Jesus Nazaret und die Handarbeit als Ausdruck der Verborgenheit und der Armut geliebt hatte, machte er aus seiner Behausung ein Modell-Nazaret; und wenn Jesus nach Jerusalem gedrängt hatte, um dort zu sterben, begriff er, wohin er gehen mußte, um aus Liebe zu sterben.

Hierin ist die ganze Heiligkeit dieses Heiligen begründet, in der Nachahmung des Heiligen schlechthin, Jesus.

Aber wenn wir sagen müßten, warum er ein Heiliger unserer Zeit und infolgedessen in der Lage ist, uns zu inspirieren, würden wir so sagen: Unsere Zeit ist eine Zeit, in der Sittenlosigkeit, Reichtum und das angenehme Leben den Menschen und sogar den Christen zu ruinieren drohen. Frère Charles de Jésus sagt uns: Willst Du Dich aus der Abhängigkeit von den Sinnen befreien, willst Du unbeschwert einen Lebenswandel im Geiste führen? Dann sieh das Leben als eine Wüste an, die Du durchqueren mußt, nimm Deine Pilgertasche und zieh aus in das Land der Verheißung, das ja das Land Jesu ist, und Du wirst erleben, wie herrlich die Freiheit erstrahlt.

Unsere Zeit ist eine Zeit, in der jeder im Glauben angefochten ist; eine Zeit der Gottlosigkeit, der Trockenheit, der Lebensangst.

Père de Foucauld sagt uns: der Weg, den man gehen muß, ist der Weg der Kontemplation. Bemühe Dich um die Kontemplation, und Du wirst auch alles andere finden. Vor allem wirst Du Deine innere Selbständigkeit und wahre Sicherheit finden: die der Absolutheit Gottes.

Unsere Zeit ist eine Zeit der Knechtschaft: Knechtschaft der Systeme, Knechtschaft des Reichtums und Knechtschaft des Konsums.

Père de Foucauld sagt uns: sei arm, und Du wirst den Frieden kennenlernen. Sei arm, und die Armut macht Dich weltweit zum Bruder aller Armen der Erde. Und gerade wenn Du aus Liebe zu den verlassensten Armen gehst, wirst Du Deinen Durst nach der Nachfolge Christi stillen.

Wenn ich an einer Wandtafel skizzenhaft umreißen müßte, was dieser Heilige von heute uns Menschen von heute sagt, würde ich das so machen: Ich würde die Konturen einiger Dünen am Horizont als Symbol für die Wüste des Lebens zeichnen. In eine Ecke würde ich eine kleine Einsiedelei zeichnen, den Ort meines Betens und des Raumes, den der Mensch zum Leben braucht, und etwas weiter entfernt, aber gut sichtbar, ein Dorf, eine Oase, wo die Menschen wohnen und wohin ich gehen muß, um meine Brüder zu suchen, besonders die ärmsten unter ihnen, um ihnen die Botschaft des Lebens, die frohe Kunde des Evangeliums zu bringen: Bruder, Gott ist mit uns, Gott hat mitten unter uns sein Zelt aufgeschlagen. Gott rettet uns« (SV).

1974

März

Fratel Carlo kehrt nach Spello zurück. Es ergeht an ihn die Einladung, zur Vorbereitung der Fastenzeit über RAI-TV wöchentliche Fernsehansprachen zu halten.

»Und da ist Fratel Carlo. Er trägt einen billigen, hellgrauen Zivilanzug, ein gestreiftes Hemd und einen dicken Pulli und schaut Dir direkt in die Augen, aber gewiß nicht mit prüfendem Blick, sondern um Dir auf seine Art zu sagen: ›Ich bin bei Dir, auf mich kannst Du Dich verlassen‹« (»Le sue lettere nello zaino degli hippies«[252] in *Radiocorriere-TV* 9 [1974], 16−17).

---

[252] »Seine Briefe haben die Hippies im Rucksack.«

7. Mai

Carlo meldet sich in der Turiner Tageszeitung La Stampa *mit einem als Gebet gefaßten Artikel gegen die Abschaffung des Ehescheidungsgesetzes zu Wort. Darauf folgte eine geharnischte Replik des* L'Osservatore Romano, *während andere Organe der katholischen Presse fast ausfällig wurden. Carlo erhielt Tausende empörter oder schmerzerfüllter Briefe, aber auch ebenso viele Bekundungen von Verständnis, großer Zuversicht und Hoffnung.*

Juni

»[...] Und eben hier liegt jetzt das eigentliche Problem des Referendums über die Ehescheidung: steht die Unauflöslichkeit der Ehe auf dem Spiel oder die Achtung vor Menschen, die unseren Glauben nicht besitzen? Ich habe da in meinem Gewissen keine Zweifel. Keiner von uns Christen kann die ureigensten Worte Jesu in Frage stellen: ›Der Mensch soll nicht trennen, was Gott verbunden hat‹, aber diese Worte lassen sich nicht in Verbindung mit einem bürgerlichen Gesetz auf Menschen anwenden, die nicht an die Auferstehung Christi glauben und einer laizistischen Gesellschaft angehören. Ich weiß sehr wohl, daß die Unauflöslichkeit der Ehe die Vollendung der Ehe und das aufrichtigste Angebot ist, das Christen den Nicht-Christen machen, aber kann ich sie mit einem Gesetz jemand auferlegen, der — weit mehr als unsere Väter — ›hartnäckig‹ ist? Diese Frage mußte das Gewissen beantworten, einige haben mit Ja, andere haben mit Nein geantwortet. Ich glaube, beide Parteien sind in der Kirche und hatten das Recht, sich zu äußern« (LD 187 f).

»Ich weiß, daß ich Euch Ärgernis gegeben habe, und deshalb war es ja angebracht, Euch zu schreiben, um Euch, die ich liebe, meine Haltung zu erklären.

Mein Gott! Wie schrecklich ist der Gedanke, jemand wehzutun, den man liebt! Wie qualvoll waren diese Tage! Der Gedanke, Tausenden von Brüdern und Schwestern, mit denen ich im Gottesdienst gebetet und das Brot des Lebens gebrochen hatte, Anlaß zur Zwietracht geworden zu sein, war für mich ein unerträglicher Schmerz« (LD 186).

4. November – Spello

»Meine Lieben, vielen Dank für Euer Schreiben. Man spürt bei Euch allen ein wenig, daß die Sorge um das, was anläßlich des Referendums passiert ist, noch nachwirkt: das ist verständlich. Ich möchte Euch in dieser Angelegenheit auf dem laufenden halten: es war selbstverständlich, daß jemand sich auf meine Stellungnahme hin beunruhigt zeigen würde. Die Religiosenkongregation hat meinem Oberen, P. Voillaume, geschrieben, um eine Bestrafung für meinen ›Ungehorsam‹ zu fordern. Mein Oberer hat der Kongregation geantwortet, er sei absolut nicht gewillt, in meinem Fall Disziplinarmaßnahmen zu ergreifen [...].

Natürlich hat die Sache in Italien so etwas wie eine Wunde hinterlassen, ich würde sagen, die italienischen Kirchen sind sich nicht ganz einig, sie spüren, wie schmerzlich es ist, bei ein und derselben Gelegenheit zweierlei Stellung bezogen zu haben [...].

Es war ein schmerzlicher, aber, so würde ich sagen, notwendiger Kampf, denn die Kirche muß einen Schritt voran tun, vor allem mit Rücksicht auf die Laien: die Laien sind keine Kinder mehr, die man gängeln muß, wie es im Mittelalter üblich war, sondern sie haben zur Kenntnis genommen, daß sie Kirche sind, und auch auf sie übt der Heilige Geist seinen Einfluß aus wie auf alle anderen, die dem Reich Gottes angehören.

Ich bin ganz ruhig, lebe in völliger Gelassenheit, und könnte Euch sogar sagen, daß der Herr mich zur Zeit sichtlich erkennen läßt, wie er im Gebet auf meine Seele einwirkt.

Wie Ihr wißt, verreise ich dieses Jahr nicht: mein Oberer hat nämlich auch darauf bestanden, daß ich in Spello bliebe, damit man aus meiner Abreise nicht den Schluß zöge, ich sei bestraft worden, was mein Oberer absolut vermeiden will.

Vielen Dank an Pierino für die Nachrichten aus seiner Mission. Ich sehe, daß er schon an die Zukunft denkt, und das ist gut. Du bist in Thailand ein treuer Diener des Gottesreiches gewesen, und ich bin sicher, daß der Herr Dich jetzt auf Deinem letzten Lebensabschnitt führen wird. Wenn Du zu mir kommen willst, ich werde immer eine Klause für Dich haben, und es wäre gar nicht so schlecht, wenn wir die letzten Jahre unseres Erdenlebens miteinander verbrächten.

Dir, Dolcidia, die Du mehr durchgemacht hast, gilt mein ganz besonders herzlicher Gruß. Es tut mir leid, daß ich bei meinem Besuch in Turin nicht begriffen habe, daß Du mich gern allein gesprochen hättest. Verzeih mir, beim nächsten Mal passiert das nicht mehr! Du hast recht, und ich gestehe Dir, daß auch ich eigentlich mit einem gewissen Ungenügen abgereist bin, weil ich Deine Wärme nicht gespürt hatte.

Was Dich angeht, Emerentiana, bleibt die Einladung zu einem Besuch bei Dir ja immer offen. Sobald ich nach Piemont komme, werde ich nicht versäumen, diese Bruderpflicht zu erfüllen und mehr noch eine Neugier zu stillen, die bei mir sehr stark ist: zu sehen, wo Du jetzt wohnst [...].

Zum guten Schluß möchte ich meinem lieben Piero einen Rat geben: lade Dir nicht den Bau des Seminars auf, und mag es noch so klein sein. Ich glaube, es ist unnötig. Mehr und mehr nähern wir uns einer Zeit, in der alle, die Seminarien erbaut haben, es insofern bereuen, als sie leer bleiben. Wenn echte Berufungen vorliegen, genügen auch Hütten. Man braucht sich keine Hypotheken aufzuladen und vor allem keine Sorgen. Verzeih, wenn ich Dir das sage, aber ich bin davon überzeugt. Wenn Du sähest, wie viele Seminarien hier in Italien leer stehen!

Aber das ist nicht nur so, weil Gott sie uns leer läßt, sondern – und des bin ich sicher – weil er etwas anderes beabsichtigt. Und auf diese Absicht müssen wir achten« (C 21).

1975

Carlo zieht aus der Fraternität von S. Girolamo aus, wohin er fast jeden Abend zur Eucharistiefeier und zu den Gesprächen mit den Gästen geht, und zieht in die Klause ›Jakob‹ im Tälchen der Chiona.

»Wenn wir uns in der Klause ›Jakob‹, in der Fratel Carlo seine letzten Jahre verbracht hat, bei Tisch zu einem schlichten Mahl einfanden, nachdem wir in der Kapelle miteinander gebetet hatten, lief es immer darauf hinaus, daß wir von Jesus sprachen und in der tiefen Abendstille, der Glut unserer Freundschaft und dem Frieden über dem Alltag schwebten. So fand jede Wunde ihren Balsam, und jede Angst wurde gestillt im großen Meere Gottes. Wer wird die hochgemute Schlichtheit und die einträchtige und brüderliche Atmosphäre vergessen können, in der wir uns bei aller Verschiedenheit unserer Herkunft um den großen Küchentisch versammelten?

So erinnere ich mich seiner bei unserer letzten Begegnung – ich saß neben ihm, der jeden Neuankömmling freudig begrüßte – ausgezehrt von der Sahara, mit seinen munteren Augen, seinem Pilgerstab und seinem warmen und herzlichen Ton. Er war auf die Zukunft ausgerichtet, mit scharfem Blick und einem unbändigen Liebeswillen, der ihn die Kontinente und seine Erde, bald nach oben und bald nach unten, durcheilen ließ, um den Menschen die Frohbotschaft des Evangeliums zu bringen, den unaufhörlichen Gesang seines in Gott und die Kirche verliebten Herzens. Ja, das will ich aus Liebe zur Wahrheit sagen. Wenn Fratel Carlo in gewissen schwierigen und ausweglosen Situationen kritisch war, so war das nur der Aufschrei einer leidgeprüften Erfahrung und einer starken und treuen Liebe zur Kirche. Die Liebe eines Menschen, der in der Familie bleibt, sie nie verläßt und den Mut besitzt – er ist ja Sohn des Hauses –, zu reden, ohne still klein beizugeben. Erst die Zukunft wird uns sagen, wie weit sein prophetischer Geist der Zeit vorausgeeilt ist, und wie sehr sein ›Mitgehen‹ mit den Menschen für uns, das Volk Gottes, eine Schule wahrer Liebe gewesen ist.«[253]

»Keinen Ort habe ich mehr geliebt als Spello, und kein Ort war für mich leidvoller als Spello. Dieses alte, liebliche und zugleich trutzige Städtchen, schön oder häßlich, je nachdem, wie man es betrachtet oder besingen hört:
›Spello paese dello sconforto
o tira vento o suona a morto‹[254],
oder aber:
›Spello...
quanto sei bello!‹[255]
Ich bin für die Schönheit von Spello, und die Totenglocken stören mich auch schon deshalb nicht, weil ich mich daran gewöhnt habe, mit den Spellanern zu leben, die in die Zuständigkeit des

---

[253] L. Minocchi, »Uno spirito critico carico d'amore« in *Toscanaoggi* 39 (1988), 13.
[254] »Spello, ein trostloser Ort, entweder geht der Wind, oder die Totenglocke läutet.«
[255] »Spello, wie schön bist du!«

lieben Giovanni Pergolesi[256] geraten sind, der einer der tüchtig-
sten Männer ist, die ich je gekannt und dem ich versprochen habe
– soweit es an mir liegt –, mich ihm bei meinem Tod zur Verfügung zu stellen, da ich wirklich in Spello beerdigt werden
möchte« (SV).

3. April – Gründonnerstag

*Im Dom von Foligno ergreift Carlo während der von Bischof Siro
Silvestri und dem Presbyterium der Diözese konzelebrierten
Chrisam-Messe beim Bußakt das Wort.*

»[…] Wenn wir uns sodann hier als Kirche versammeln, so erhält das
dieses Jahr ein ganz besonderes Gewicht durch den feierlichen Aufruf
unseres Papstes Paul, ein Heiliges Jahr der Aussöhnung und des Friedens
untereinander und mit allen Gliedern der Menschheitsfamilie zu begehen.

Wir spüren die Verantwortung, sowohl der Aufforderung Jesu wie
auch der seines Stellvertreters auf Erden, des Papstes, zu entsprechen.

Wir wollen nicht, daß diese Stunde verstreicht, ohne daß wir uns bis
ins letzte den verpflichtenden Erfordernissen der Liebe beugen, die uns in
Christus Jesus eins werden lassen will.

Schluß also mit der Mißgunst, der Zwietracht und den Verurteilun-
gen, und rüsten wir uns zu einer Umarmung, die wirklich ein Zeichen
der vollkommenen Einheit unter uns ist, die wir bereit sind, sogar die
Einheit mit dem Leib und dem Blut des Herrn im Glauben zu besiegeln.

Aber damit das geschehen kann, müssen wir in Wahrheit unsere Sünden bekennen, die Beweggründe der Zwietracht bei uns beseitigen und
uns wieder als Glieder derselben und einzigen Kirche empfinden, die Jesus gegründet hat und die heute hier im Dom von Foligno zugegen und
unsere Ortskirche ist.

Ich wollte heute mitten unter Euch, liebe Brüder, das Wort ergreifen,
weil ich das Bedürfnis habe, Euch zuerst um Verzeihung zu bitten. Die
Ereignisse dieses Jahres waren nicht geringfügig und haben unser Gewissen in eine schlimme Verwirrung gestürzt, die leider für unsere Zeit bezeichnend ist, eine Zeit des schnellen Wandels, in dem die Wirklichkeit
Kirche immer mehr von der bürgerlichen Wirklichkeit abrückt, in der
wir leben müssen.

---

[256] *Giovanni Pergolesi* (1929), Umbrer, Friedhofswärter von Spello. Er, seine Frau
Assuntina Marconi und seine Kinder Giuliano und Catia waren die ersten Nachbarn und treuen Freunde der Fraternität von S. Girolamo.

So viele Probleme treffen uns oft unvorbereitet, was immer deutlicher beweist, daß man in unserer pluralistisch gewordenen Gesellschaft das kirchliche Gesetz nicht immer mit dem bürgerlichen Gesetz eines Landes in Übereinstimmung bringen kann.

Diese Unterschiede waren uns ungewohnt, und manchmal laufen wir Gefahr, große Verwirrung anzurichten, die für viele ein Ärgernis ist und in noch mehr Punkten die Einheit unter uns verletzt, auch weil wir nicht immer hinreichend aufgeklärt sind.

Für dieses Ärgernis bitte ich um Verzeihung, auch wenn mein Gewissen mir sagt, daß ich vor Gott und vor Euch behaupten kann, daß ich Jesu Wort nie in Frage gestellt habe.

Es war die Achtung vor Menschen, die unseren Glauben nicht teilen und sich auf Anschauungen berufen, die sich von den unseren unterscheiden, die mich zu einer ausgesprochenen Toleranz bewegt hat und bewegt.

Schließlich ist da noch die Disziplinarfrage, die tangiert worden ist, wodurch die Einheit unter uns gelitten hat.

Ich glaube, wir müssen aus dem Geiste Jesu, der an diesem Gründonnerstag in unserer Mitte ist, die Kraft schöpfen, in der Einheit ein Gut zu sehen, dem man vieles opfern muß, damit es ganz und gar unter uns lebendig bleibt, die wir für uns den Ehrentitel beanspruchen, zum Gefolge Jesu zu gehören.

Was mich angeht, bitte ich vor allem den Bischof um Verzeihung, auch weil ich weiß, daß ich ihm weh getan habe.

Und ich bitte Euch, all Ihr Priester unseres Bistums, um Verzeihung, die Ihr mit dem Bischof in Hirtensorge und Einmütigkeit verbunden seid.

Ich möchte die völlige Einheit mit Euch, um dem Willen des göttlichen Meisters zu entsprechen, den ich liebe und dem ich dienen will.

Ich möchte die völlige Einheit mit Euch, um dem Geist dieses Heiligen Jahres zu entsprechen, das Paul VI. gewollt hat.

Ich möchte die völlige Einheit mit Euch, um meinen Weg neu zu beginnen auf der Grundlage des allerechtesten Einvernehmens, des gegenseitigen Verständnisses und einer effektiveren Liebe.«[257]

---

[257] G. C. Sibilia, »Riconciliazione nella Chiesa« in der *Gazzetta di Foligno*, 14 (1975), 1.

1976

»Zur Winterzeit, wenn die Gruppen, die sich während des Sommers hier gedrängt haben, wieder in ihren Städten und ihren Gemeinschaften sind, bleibt Spello offen. Wir sind dann nicht sehr zahlreich, und die Fraternität nimmt anheimelndere und häuslichere Züge an.

Draußen ist Eis und Schnee und das Haus wird erwärmt vom ständig brennenden Kaminfeuer des brüderlichen Lebens, der Gastlichkeit und des Ideals von Nazaret. In Spello sind zur Herbst- und Winterzeit die Hoffnungslosesten. Sie kommen an ohne Arbeit, haben keine Familie und tragen schwer an ihrem Schicksal. Ganz allmählich sieht man, wie sie aus ihrer trostlosen Isolierung, dem grauen und dunklen Tunnel der Kontaktunfähigkeit, hervorkommen. Sie meistern nicht gleich ihre Probleme, aber sie finden die Liebe und das Verständnis, die sie ermutigen, sich mit dem Leben zu versöhnen. Das sind überraschende Veränderungen, viele kleine und große Wunder, die die Liebe täglich auf diesen Hügeln fertigbringt.

Im Winter gibt es auch noch eine ›Anwesenheit‹ anderer Art. Das sind die Priester oder Ordensleute oder Missionare oder jungen Menschen, die sich vor einer Berufsentscheidung oder mit ihrem Leben in einer Kursänderung befinden. Sie kommen mit der Bitte, hier eine ›Sabbat-Zeit‹ verbringen zu dürfen, sei es in der Fraternität oder auch allein in einer Klause, wo sie beten und auf Gott hören. Viele von ihnen bleiben sechs Monate, ein Jahr oder auch zwei und bilden mit uns ›Brüdern‹ eine kleine Empfangsmannschaft für den kommenden Sommer« (FV).

1977

Carlo reist nach China und Japan.

»Hongkong kam mir vor wie die wahre Stadt von morgen, vor Anker gegangen im Uferlosen, mit Straßen, die unwahrscheinlich übersät waren von Götzentempeln wie Korinth und Athen zur Zeit des heiligen Paulus. Die Tempel heißen: Bank of America – The Hong Kong Shanghai Banking Corporation – Bank of China – The Chartered Bank – Bank of Tokyo – Banque Nationale de Paris – Dresdner Bank – The Chase Manhattan Bank – The Hang Seng Bank – Bank of Bangkok – Amsterdam Bank usw.

Nur schade, daß diese Tempel alle die gleiche Fassade haben und daß die Phantasie im Götzenkult von heute keinen größeren Spielraum hat« (DN 11).

1978

März – April

Carlo verweilt vierzig Tage zu Exerzitien in Béni-Abbès.

2. April – Béni-Abbès

»Ich kann nicht dafür, daß ich heute achtundsechzig Jahre alt werde. Ich bin froh und glücklich, dem Herrn hier in dieser Wüste danksagen zu können, die in meinem geistlichen Leben eine so große Rolle gespielt hat und die ich, wie ich glaube, zum letzten Mal sehe. Ich habe vierzig Tage Exerzitien gemacht, die sehr schön gewesen sind« (LD 197).

4. November

Familientreffen der Geschwister Carretto in Spello.

November – Dezember

Der Bischof von Foligno, Monsignore Giovanni Benedetti[258]*, besucht wie sein Vorgänger, begleitet von Fratel Leonardo*[259] *aus der Kommunität Jesus Caritas, die Fraternität von Béni-Abbès und bleibt dort für einige Exerzitienwochen.*

1979

September – Spello

Carlo reist nach Deutschland und in die Schweiz.

»Ich denke an die großen Städte, in denen ich im Lauf meines Lebens gewesen bin, ... und an die zahllosen Ortschaften und Dörfchen, wohin ich mich um des Evangeliums willen begeben habe.

Ich kann sagen, daß mich nie touristische Interessen zu meinen Reisen bewogen haben, nur immer die Sorge um das Apostolat und das Geheimnis der Kirche.

In jeder Stadt habe ich mit den Glaubensbrüdern gebetet, mit denen, die wie ich das Evangelium in der Nachfolge Christi zu leben versuchen« (DN 121).

1980

Die Fraternität in Spello bleibt für eine »Sabbat-Zeit« geschlossen.

Juni – September

Carlo zieht sich zu den Franziskanern in den Sacro Speco bei Narni (TR) zurück und arbeitet an einem Buch über den heili-

---

[258] *Giovanni Benedetti* (1917), Umbrer, Priester (1940); geistlicher Beirat der Katholischen Aktion des Bistums Foligno (1952–1970); Theologieprofessor; Rektor des Seminars von Foligno (1957–1959); Publizist; Titularbischof von Limata und Weihbischof von Perugia (1974); Bischof von Foligno (1976).

[259] Leonardo Antonio De Mola (1954), Apulier, Priester (1978), ist einer der ersten Kleinen Brüder, die bei der Gründung der Kommunität Jesus Caritas in Foligno mitwirken.

gen Franz von Assisi aus Anlaß der Achthundertjahrfeier seiner Geburt.

»Noch vor unserem Brudermahl ist Fratel Carlo Carretto bei uns eingetroffen, der über zwei Monate im Speco bleibt. Er ist der Einladung gefolgt, angesichts der Achthundertjahrfeier der Geburt des Seraphischen Vaters ein Buch über den heiligen Franziskus zu schreiben, und hat sich, um gesammelter arbeiten zu können, die stille und fromme Abgeschiedenheit dieser Stätte ausgesucht. Die Einladung, über unseren Heiligen zu schreiben, ist von P. Caroli[260] gekommen, der dem Ausschuß zur Vorbereitung der Jahrhundertfeier angehört« (aus der Chronik des Sacro Speco bei Narni).

Vom 30. Juni bis zum 5. September kann die Chronik des Sacro Speco nicht umhin, den Zustrom einer größeren Anzahl von Besuchern festzustellen, veranlaßt durch Carlos Anwesenheit, der sich für kurze Meditationen, Ansprachen und Gebetsstunden zur Verfügung stellt.

»Auch ich beende mein Sabbatjahr. Ich habe mich in einem franziskanischen Winkel verborgen. Es handelt sich um eine kleine Klause in den Bergen von Narni, eine Klause, die schon den heiligen Franziskus und den heiligen Bernardin von Siena beherbergt hat.

Ich habe fast drei Monate in der Stille zugebracht. Als Arbeit habe ich versucht, ein Büchlein über die Botschaft des heiligen Franziskus zu schreiben, um das die Franziskaner mich aus Anlaß der Achthundertjahrfeier ihres Gründers gebeten hatten. Ich bin glücklich! Jetzt muß ich wieder nach Spello zurückkehren, und ich versichere Euch, ich habe Angst vor der erdrückenden Arbeit. Spello wird immer mehr zum Zufluchtsort für Jugendliche, die in einer Krise stecken, für Rauschgiftsüchtige, für Typen, die suchen, was sie verloren haben: die wahren Werte des Lebens.

Wir müßten zu mehreren sein, statt dessen bin ich aber allein, denn Giuseppe[261] ist ständig unterwegs zu noch anderen Armen in den Großstädten.

---

[260] *Ernesto Caroli* (1917), Toskaner, Franziskanerpater (OFM), Sekretär der europäischen Franziskanerbewegung und Gründer des Antonianums in Bologna.
[261] *Giuseppe Florio* (1942), Piemontese, Priester (1975), Bibeltheologe.

Man kann wirklich sagen, daß es in Spello nicht an Arbeit und nicht an Leid fehlt! Wir sind tatsächlich ›im Herzen der Massen‹[262], ›mitten in der Welt‹. Betet für uns Brüder, damit wir treu durchhalten. Ich bin bei Euch... ›ganz und gar‹. Carlo« (FV).

Oktober – Dezember

Carlo verbringt den Winter bei seinen Verwandten in Rom, wo er an einem Buch über die Muttergottes arbeitet.

1981

Spello

»Hütet Euch vor der Versuchung des Reichtums. Sie ist viel gefährlicher als Christen gemeinhin annehmen. Der Reichtum ist ein Gift, das Zeit braucht, fast unmerklich wirkt und die Seele genau dann lähmt, wenn sie heranreift. Wie das Unkraut, das im guten Weizen gewachsen ist, ihn genau dann erstickt, wenn sich die Ähren bilden... Man trifft den Glauben viel leichter in Afrika oder Sizilien an als in Paris, Stockholm oder Berlin.

Und was soll man sagen, wenn wir an einem nebelverhangenen Herbstmorgen aus den aufsteigenden Schwaden über dem Bach – der einmal so klares Wasser hatte, daß die Kinder mit hellem Vergnügen darin herumplantschten, während wir jetzt sehen, was aus ihm geworden ist – ein verseuchtes und mit Schaum verschmutztes Rinnsal sickern sehen, in das man einen ganzen Berg von Müll gekippt hat? Was sagen, wenn wir eine Nacht auf einem Bahnhof inmitten fremdländischer Einwanderer verbringen, für die er die einzige Zufluchtsstätte geworden ist? Was sagen, wenn wir ein paar Stunden in einem Krankenhaus zubringen, in das man die Drogenopfer zusammenholt? Jede Freude wird zerstört, jede Ruhe ist dahin, und wir werden reizbar und böse. Aus dieser Situation, glaubt mir nur, kann keine Gesetzesänderung und keine Vervollkommnung der zuständigen Stellen uns befreien. Wenn Ihr das Ziel Eures Ringens um soziale Gerechtigkeit erreicht habt, werdet Ihr, ganz wie früher, die Allmächti-

---

[262] »Au Cœur des Masses«, Buchtitel. Deutsch ist dieses Buch von René Voillaume erschienen unter dem Titel »Mitten in der Welt«.

gen, die Reichen und die Ausbeuter wiederfinden und neue Arme vor Euch haben. Die Herzen sind es, die man ändern muß. Euer aller Herz. Und das – ich kann es einfach nicht oft genug wiederholen – geht nur im Schweigen und im Gebet« (PO).

1982

Januar – Februar

Carlo reist nach Australien und Tasmanien.

»Durchs Fenster sah ich das Heer von Wolkenkratzern, in denen gerade die Lichter angingen: es war Abend geworden in Hongkong.

Ich erinnerte mich daran, wie ich dieses Aufleuchten der Wolkenkratzer zum erstenmal in New York erlebt hatte. Erleuchtete Wolkenkratzer sehen aus wie Diamanten.

Wie ist es möglich, daß die häßlichsten Dinge so lebendig und schön werden, wenn das Licht sich über sie ergießt?

Nein, es gibt nichts absolut Negatives. Auch die Großstadt, dieser Korruptionspfuhl und Asphaltdschungel, kann ihr Licht und ihre ›Transparenz‹ haben.

Es brauchte Hongkong, um mir zu sagen, daß selbst die Großstadt die Fähigkeit besitzt, Wüste zu sein, und daß auch die Wolkenkratzer aufleuchten können wie Diamanten.

Man brauchte sie nur in das Dunkel des Glaubens zu hüllen, und schon erschienen ihre Lichter wie Sterne in der Nacht« (DN 17; 19).

August – September

Carlo zieht sich einige Zeit zu inständigerem Gebet, zur Erholung und zur Vorbereitung einer neuen Veröffentlichung zu den Dominikanern nach Taggia (IM) zurück.

»Wenn ich vorhabe, ein Buch zu schreiben, suche ich mir, wie immer, einen Ort der Ruhe und des Friedens, an dem ich still beten und arbeiten kann. Ich habe in Taggia am Ligurischen Meer ein altes Dominikanerkloster gefunden, ein herrliches Haus, riesengroß mit Platz für Hunderte von Ordensleuten, die heute nicht mehr vorhanden sind. Die noch Vorhandenen, eine lebendige und umsichtige Gruppe, haben das Verdienst, es nicht aufzulösen, sondern mit Leben zu erfüllen. Die ganze Küste profitiert davon. Es ist eine ständige Folge von Gebetskursen, Gruppenveranstaltungen, Exerzitien... Ganz wunderbar!

Waren früher einmal fünzig Dominikaner dort im Kloster, so sind es heute Hunderte von ›Dominikanern‹ anderer Art und in Zivil, die aber zu Hause ebenso das Geheimnis Christi leben und das Wirkungspotential des alten Klosters, das wieder jugendfrisch und lebendig geworden ist wie früher, ausweiten und steigern« (HH).

»Carlo ist [so schreibt P. Marco Boerzio, o.p., Anm. d. Hsg.] über fünzig Tage, den ganzen August und den halben September 1982, unser liebster Gast gewesen. Er hat uns wirklich sehr erbaut: er kam zu unserem Chorgebet und ging mit uns zu Tisch und hat so eine Atmosphäre echter Brüderlichkeit und froher Herzlichkeit geschaffen. Zur Meditation verweilte er gern lange in unserem Kreuzgang oder im Kapitelsaal vor dem Allerheiligsten«.

4. Oktober

Der Bischof von Foligno, Giovanni Benedetti, errichtet kanonisch die Kongregation der Kleinen Brüder und der Kleinen Schwestern der Kommunität Jesus Caritas »ad experimentum«.

»Ich kann nicht einschlafen, wenn ich mich heute abend nicht noch einen Augenblick mit Euch unterhalte. Diese Zeilen wollen noch einmal zeigen, wie sehr mir die Kommunität am Herzen liegt. Ihr wißt, wie ich alles, was in diesen Jahren geschehen ist – angefangen in Casalecchio über Limiti und jetzt in Foligno und Sassovivo –, ersehnt habe. Wir haben miteinander gelitten, Ihr habt viel gelitten, ein gutes Zeichen... Jetzt müssen wir weitermachen! Euer alter Carlo betet nicht nur, sondern steht auch, wie immer, der Kommunität ganz zur Verfügung« [C 22].

1983

25. April

Carlo reist nach Deutschland.

»Welch eine Freude, im Kölner Dom, der voller Jugend war, zu sprechen! Das war ein großartiges Erlebnis!« (CR)

September

Carlo hat verschiedentlich über die Frage der Priesterweihe für verheiratete Männer gesprochen und geschrieben (HH 129–140) und natürlich, wie es ihm immer passierte, heftige Reaktionen ausgelöst. Sogar die Glaubenskongregation hat in der Person ihres Präfekten, Joseph Kardinal Ratzinger, dem Bischof von Foligno, Monsignore Giovanni Benedetti, geschrieben, man möge Carlo zur Ordnung rufen und auffordern, einschlägige Literatur zu diesem Thema zu lesen. Carlo hat über seinen Bischof geantwortet (LD 215 f).

»Ich bin sicher, daß nicht mehr viele Jahre vergehen werden, bis man beginnt, Verheiratete zu Priestern zu weihen. Das würde ich als unvermeidlich bezeichnen, auch um der Kirche so etwas wie einen Komplex zu nehmen, der vorhanden ist, dem zufolge einzig diejenigen, die nicht verheiratet sind, ein Recht auf das Priestertum haben. Das Priestertum ist ein Dienst, den auch Verheiratete leisten können, die vom Glauben und von der Hoffnung auf das Ewige Leben erfüllt sind. Nicht berührt werden davon jedoch die Ordensgelübde, die etwas anderes sind, das uns unmittelbar betrifft und woran wir festhalten müssen, denn gerade die Ordensleute bezeugen das Unsichtbare, und das Zeugnis für die unsichtbare Welt, das sie der Welt mit ihrem Leben geben, darf in der Kirche nie fehlen« (C 21).

2. Dezember

»Liebste Dolcidia,
es tut mir leid, daß ich Dir in Sachen verheiratete Priester wieder wehgetan habe. Ich habe nur gesagt, was einige afrikanische Bischöfe auf der Synode im Oktober festgestellt haben. *Möchtest Du lieber, wo es keine Priester mehr gibt, auf den Empfang der*

Eucharistie verzichten, oder bist Du damit einverstanden, daß die Kirche Verheiratete weiht? Aus Papas Hand hätte ich mit Freuden die Kommunion empfangen. Merkst Du nicht, daß Du Dich in Hirngespinste verrennst!!! War der heilige Petrus etwa nicht verheiratet? Ich sehe ein, daß ein eheloser Priester den Vorrang verdient, und *habe mich doch auch selbst für die Ehelosigkeit entschieden,* aber einen Familienvater die Eucharistie feiern zu sehen, wäre für mich kein Ärgernis« (LD 191).

Er schreibt unter dem Titel »Wie schwer ist es, zu vergeben« einen offenen Brief an die Bischöfe der Synode und gibt sich darin gewissermaßen als Stimme all der Priester, die ihren Beruf aufgegeben haben.

»Wie ist es möglich, so viele Priester, die sich zu Unrecht als ›spretati‹[263] bezeichnen, einem bohrenden Schmerz zu überlassen, ohne Wege zu versuchen, die eine echte und großherzige Wiedereingliederung in die Gemeinde bewirken könnten?... Ihr Väter, öffnet Christus und seiner Barmherzigkeit die Tore! Schenkt nicht nur denen Gehör, die für Sittenstrenge kämpfen; hört noch mehr auf die Tränen und die Not der Sünder. Lest nicht nur im so komplizierten kirchlichen Gesetzbuch. Lest auch im Evangelium, und vielleicht könnte es geschehen, daß Ihr dort, wenn Ihr es rein zufällig aufschlagt, da es keinen Zufall gibt, geschrieben fändet: Barmherzigkeit, etwa, will ich, nicht Opfer, oder noch besser: ich bin gekommen, die Sünder zu suchen und nicht die Gerechten« (*Adista,* 2767–68–69 [1983] 4–5).

1984

April

Carlo reist nach Österreich.

---

[263] Wörtlich: »Entpriesterte«.

Oktober

Carlo zieht sich in das Haus der Schwestern vom heiligen Giuseppe Cottolengo neben der »Comunità Incontro« in Amelia (TR) zurück, um an einem neuen Buch über das Geheimnis des Leidens zu arbeiten und den ganzen Umfang des Rauschgiftproblems bei den erfahrenen Therapeuten der »Comunità Incontro« praktisch kennenzulernen.

»Carlo [so bezeugen Schwester Vittoria Vico und Schwester Eugenia Laconi, Anm. d. Hsg.] war den ganzen Oktober 1984 bei uns, um das Buch ›Warum, Herr?‹ zu schreiben. Während seines Aufenthaltes bei uns hat er uns dauernd ein Beispiel für sein Eins-Sein mit seinem Herrn gegeben, den er zu seiner Rechten sah und an den er sich in kindlicher Einfalt mittels des Kruzifixes seines Rosenkranzes wandte. Er war immer freundlich und sehr nachsichtig mit der Krankenschwester, die ihm seine Injektionen machte und über seine Diät gewacht hat. Großherzig, taktvoll, diskret. Er hat uns viele Konferenzen über die Bibel gehalten, die er immer in Griffweite hatte; er hat unsre Zweifel zerstreut und mit seiner Weisheit und Gottverbundenheit alle Probleme gelöst. Abends nach Tisch hat sich unsere Gemeinschaft versammelt, und er hat zu uns sehr gut über Gott und seine Barmherzigkeit, über den Tod und den Himmel gesprochen. Für uns war Carlo Carretto ein Prophet und ein Heiliger.«

8. Dezember

Carlo nimmt mit seinem Bruder, Bischof Pietro, an der Sechzigjahrfeier der Gründung des Salesianer-Oratoriums der Crocetta in Turin teil.

1986

4. Januar

In Turin stirbt seine Schwester Dolcidia.
Am 8. Dezember 1982 hat Schwester Dolcidia ihren Leidensweg begonnen, der langsam in das Haus des Vaters führen sollte. Mit Tagen voller Hoffnung wechselten andere, an denen sich deutlich die Verschlechterung ihres Zustandes bemerkbar machte. Mit dem ihr eigenen zähen Willen hat sie es sogar oft

fertiggebracht, sich zur Eucharistiefeier in die Basilika Maria-Hilfe-der-Christen zu begeben. Mit dem Fortschreiten ihrer Krankheit konnte sie allerdings ihr Zimmer nicht mehr verlassen, was für sie bedrückend und manchmal beängstigend war. Am 24. Oktober 1985 war ihr bischöflicher Bruder auf der Durchreise in Turin. Er hat an ihrem Krankenbett an drei aufeinanderfolgenden Tagen morgens die heilige Messe gefeiert. Am Tag seiner Abreise hat er sie noch einmal besucht und mit ihr gemeinsam den Rosenkranz gebetet. Der Maria-Hilf-Segen, der diesen Tag beschloß, war zugleich ihr geschwisterlicher Abschied auf Erden.

Im Dezember hatte sie noch einmal Gelegenheit, ihre Schwester Liliana und ihren Schwager Mario wiederzusehen, die eigens von Rom gekommen waren. Wenn ihr das Sprechen auch schwerfiel, hat sie doch ihre ganze Freude über den Besuch gezeigt.

Ein paar Tage danach äußerte sie den Wunsch: ›Ich muß mich noch mit Carlo treffen, und dann kann und… will ich gehen‹.

Fratel Carlo traf genau am 4. Januar 1986, ihrem Sterbetag, ein, und jeder hat darin einen ganz besonderen Erweis der Vatergüte Gottes gesehen. Auch ihre leibliche Schwester, Schwester Emerentiana, war gekommen.

Sie berichtet: ›Carlo und Dolcidia hatten sich immer für die gleichen Ideale erwärmt, ihr ganzes Sehnen ging dahin, den Herrn zu lieben. Im Krankenzimmer versammelten sich einige Schwestern; er sprach über geistliche Dinge. Gegen 17 Uhr sagte Carlo zu Schwester Dolcidia: Du sehnst Dich doch so nach dem Himmel. Jesus hat aramäisch gebetet, das war seine Muttersprache, die Sprache des Volkes. Wir wollen die Worte ‹Maran atha – Komm, Herr Jesus› als Stoßgebet wiederholen und an den Rosenkranzperlen abzählen!‹

März – April

Carlo zieht sich in das Franziskanerkloster von der Allerheiligsten Dreifaltigkeit in Baronissi (SA) zurück, um an einem neuen Buch zu arbeiten.

»Fratel Carlo Carretto von den Kleinen Brüdern Charles de Foucaulds kommt in unsere Fraternität… Er hat sich einen Monat und länger bei uns aufgehalten, um sich zu erholen und ein Buch, *Empfangen und unvergänglich*, zu schreiben« (Aus der Klosterchronik von Baronissi).

Mai

Er meldet sich im Verlauf des VI. Kongresses der Azione Cattolica Italiana über die Nachrichtenagentur ANSA mit einem »Brief an Petrus« zu Wort, der bei einem Teil des Episkopats nicht wenige Unmutsbekundungen und heftige öffentliche Reaktionen hervorruft.

»An meiner Schrift kann man den Ton bemängeln. Das stimmt… Ich hoffe, daß der Herr mir noch vor meinem Tod hilft, nicht so heftig zu sein. Ich habe so viele Jahre auf dem Buckel, die ich in der Katholischen Aktion gekämpft habe, und… das noch unter Pius XII …« (LD 216).

»Die Katholische Aktion hat mich aus dem kleinen und engen Familienkreis hinausgeführt, mir dazu verholfen, die Kirche zu verstehen, die tiefen Spannungen zu erleben, die es in ihr gibt, und das göttliche ›Wir‹ der christlichen Gemeinde zu entdecken. Der Katholischen Aktion verdanke ich viel, und mit ihr verbinden mich nur liebe Erinnerungen. Wenn Fehlgriffe vorgekommen sind, und sie sind vorgekommen, so lag das an dem Ungestüm, mit dem wir unsere Ideale ausleben wollten, und an unserer mangelhaften Vorbereitung« (SF).

»Man tritt in Beziehung zu Gott, wenn man als Glied in die Kirche eintritt. Diejenigen, die es auf anderem Weg erreichen, sind selten; es ist schwierig. Wir dürsten nach der Kirche!… Man tritt in Beziehung zu Gott in der Kirche. Wir können beides nicht voneinander trennen« (SV).

»Ein Mann der Hoffnung, die seinem Gottvertrauen immer neue Nahrung gab, aber auch seinem Vertrauen auf jeden Menschen, in dem er, wenn auch verborgen, Gottes Gegenwart am Werk sah. Daran liegt es denn auch, daß seine Stellungnahmen, wenn man sie vordergründig auslegte, für Menschen, die nicht genügend bedachten, daß da ein Mystiker sprach, ein Mensch, der ›hinter den Dingen‹ die Spuren Gottes suchte, ›sensationell‹ wirken konnten. Auf jemand, für dessen Vorstellungen Fratel Carlo ein seiner selbst zu sicherer Mensch war, konnte das unaufhörliche Eingeständnis seiner Grenzen, Kompromisse und Sünden Eindruck machen. Er sah sie sicher auch in seiner Umgebung, und er bemerkte sie auch in seiner Kirche, die er aus der Tiefe seines Herzens geliebt hat. Und manchmal hat er sich denen gegenüber ungeduldig gezeigt, die ihm nicht schnell genug oder in die, wie er meinte, falsche Richtung marschierten. Der dauernde Streß war für ihn eine Qual. Oft und oft hat der den Vorsatz gefaßt, keine Eile zu haben und geduldig zu sein. Wenn man mit ihm nachsichtig sein muß, dann, weil er viel geliebt hat.«[264]

»Im Rahmen der konziliären Erneuerung und der Spritualität der Fraternität bezieht Fratel Carlo in seinen Büchern unbequeme Positionen, die man in jeder Hinsicht mit denen der Jahre 1974 und 1986 vergleichen kann, wenn sie auch nicht so aufsehenerregend sind. In beiden Fällen liegen sie auf der Linie der religiösen Entscheidung, die er mit seinem Buch von 1949[265] getroffen hat und die für seinen Bruch (1952) maßgebend war. [...] Fratel Carlo meldet sich zu diesen kritischen Punkten auf die ihm eigene Weise zu Wort, d. h. im Gehorsam höheren Werten gegenüber. Und er meldet sich im eigenen Namen zu Wort, ohne vorzugeben, er spräche im Namen anderer. Er war ein furchtloser Mensch und hat die Kosten dafür selbst bestritten. Er hat schmerzliche Prügel bezogen, aber es war nie seine Sorge, sich durch die Frage nach Unrecht oder Recht darüber klar zu werden. [...] Er hat die Prügel bezogen und sie als Winke des Geistes gedeutet, bereit, einen anderen Weg einzuschlagen, wenn der eine ihm versperrt wurde. So hat er sich immer wieder auf den Weg gemacht zum einzigen Ziel, das ihm am Herzen lag: die Heimkehr in das Vaterhaus [...].«[266]

Juli – August

»Um diese Zeit beginnt Carlo über merkliche Ermüdbarkeit zu klagen, von der er nicht gern spricht und die er als nicht so wichtig und mit den üblichen Hinweisen auf sein Alter und das müde Eselchen herunterspielt. Es besteht um diese Zeit eine gewisse Scheu, über das Symptom zu klagen, es liegt ein seinen ärztlichen Freunden kaum bekannter Bericht vor, zu dessen Beurteilung nähere Anhaltspunkte fehlen« (MM).

---

[264] G. Benedetti, »Ricercatore e testimone dell'Assoluto« in *Famiglia Carlo de Foucauld*, 32 (1988), 15–18.
[265] »Famiglia piccola Chiesa«.
[266] P. Tardini, »La tenerezza...«, a.a.O. 594.

26. November – 22. Dezember

Erste stationäre Behandlung im Krankenhaus der Barmherzigen Brüder (»Fatebenefratelli«) auf der Tiberinsel und Aufenthalt im Hause seiner Angehörigen Carretto / Turchi.

»Im ›Fatebenefratelli‹ befindet sich Carlo zum ersten Mal in einer Lage, in die er sich offenbar fügen muß. Das Ungemach der Bettlägerigkeit gleicht er aus durch Plaudereien mit seinen Besuchern, die zahlreich sind, alte Freunde, bekannte Persönlichkeiten, Patienten und Ordensleute, mit denen er auch betet.

Es treibt ihn fast um. Auch als Bettpatient ›verausgabt‹ er sich weiter und bleibt in der Vorhand, aber sein Allgemeinbefinden ist nicht gut. Man hat den Eindruck, daß die Ärzte bei diesem ersten Krankenhausaufenthalt das Problem nicht so recht erkennen, weder vom Blutbild noch von den inneren Organen her.

Als Weihnachten heranrückt, vereinbart man mit den Ärzten eine Entlassung des Patienten. Sein Befinden und das rauhe Winterklima lassen eine Rückkehr nach Spello nicht ratsam erscheinen. So wird er bei seiner Schwester Liliana und seinem Schwager Mario in Rom zu Gast sein.

Das ist dann eine, wenn auch kurze, Zeit wieder im trauten Familienkreis« (MM).

1987

11. Januar – 14. Februar

Erneut Einweisung ins »Fatebenefratelli«; nach ein paar Tagen Pause bei seinen Angehörigen beginnt eine ganze Reihe von Krankenhausaufenthalten. Ostern verbringt er immer noch in Rom bei seinen Angehörigen.

»Carlo beginnt den Ernst seiner Krankheit zu begreifen, glaubt aber fest, daß sie chronisch ist, und versucht, im Rahmen seiner physischen Kräfte sein Klosterleben, wie gewohnt, bei Begegnungen, Gebet und am Schreibtisch zu führen« (MM).

In einem Interview, das er auf seinem Krankenlager im »Fatebenefratelli« gegeben hat, bekundet Carlo den Glauben und den Mut eines Menschen, der der Kirche und der Menschheit die Treue hält.

»Wie anfechtbar bist du doch, Kirche, und doch liebe ich dich so! Wie hast du mir weh getan, und doch wieviel verdanke ich dir!

Ich möchte dich in Trümmern sehen, und doch brauche ich dich hier und jetzt.

Du hast mir soviel Anstoß gegeben, und doch hast du mich begreifen lassen, was Heiligkeit ist!

Ich habe auf der Welt nichts Rückschrittlicheres, nichts Prekäreres und nichts Falscheres gesehen und bin mit nichts Reinerem, Großherzigerem und Schönerem in Berührung gekommen.

Wie oft habe ich Lust gehabt, dir die Tür meiner Seele ins Gesicht zuzuschlagen, und wie oft habe ich gebetet, in deiner bergenden Umarmung sterben zu dürfen.

Nein, ich kann mich nicht deiner entledigen, denn ich bin du, wenn ich auch nicht völlig du bin.

Und dann, wohin sollte ich gehen? Mir eine andere bauen?

Aber ich werde sie nur wieder mit denselben Mängeln errichten können, denn es sind die Mängel, die ich in mir trage. Und wenn ich sie baue, wird es meine Kirche sein, aber nicht mehr Christi Kirche.

Ich bin alt genug, zu wissen, daß ich nicht besser bin als die anderen.

Neulich hat ein Freund in einer Zuschrift an eine Zeitung erklärt: ›Ich trete aus der Kirche aus, denn bei ihrem Kompromiß mit den Reichen ist sie nicht mehr glaubwürdig‹.

Er tut mir leid! Entweder ist er sentimental und unerfahren, dann entschuldige ich ihn; oder er ist stolz und glaubt besser zu sein als die anderen.

Niemand von uns ist glaubwürdig, solange er auf dieser Erde ist.

Der heilige Franziskus hat aus Leibeskräften geschrien: ›Du meinst, ich sei heilig, und weißt nicht, daß ich mit einer Dirne Kinder haben kann, wenn Christus mich nicht stützt‹.

Glaubwürdigkeit ist nicht Menschenart, sie besitzt nur Gott, nur Christus.

Menschenart ist Schwäche und allenfalls der gute Wille, mit Hilfe der Gnade, die aus den unsichtbaren Adern der sichtbaren Kirche sprudelt, Gutes zu tun.

War die Kirche von gestern etwa besser als die von heute? War die Kirche von Jerusalem etwa glaubwürdiger als die von Rom? [...] Als ich noch jung war, habe ich nicht begriffen, warum Jesus Petrus trotz seiner Verleugnung als Ranghöchsten, als seinen Nachfolger, als ersten Papst haben wollte. Jetzt wundere ich mich nicht mehr und verstehe immer besser, daß die Gründung der Kirche auf dem Grab eines Verräters, eines Menschen, der vor dem Geschwätz einer Magd in Furcht gerät, eine ständige Mahnung ist, die jeden von uns in Demut und im Bewußtsein seiner eigenen Gebrechlichkeit halten soll.

Nein, ich trete nicht aus dieser Kirche aus, die auf einen so schwachen Fels gegründet ist, denn ich würde dann wieder eine auf einen noch schwächeren Felsen gründen, der ich selbst bin [...]. Aber außerdem ist da noch etwas, das vielleicht noch schöner ist. Der Heilige Geist, der die Liebe ist, kann uns als heilig, makellos und schön ansehen, auch wenn wir im Gewand von Halunken und Ehebrechern erscheinen.

Wenn Gottes Vergebung uns berührt, läßt sie den Zöllner Zachäus zu einer lichten und die Sünderin Magdalena zu einer makellosen Gestalt werden.

Es ist, als hätte das Böse nicht bis in die metaphysische Tiefe des Menschen dringen können. Es ist, als hätte die Liebe verhindert, daß man die der Liebe entfremdete Seele verfaulen ließ.

›Ich habe deine Sünden hinter meinen Rücken geworfen‹ sagt Gott zu einem jeden von uns und fährt dann fort: ›Mit ewiger Liebe habe ich dich geliebt, darum habe ich dir so lange meine Güte bewahrt. Ich baue dich wieder auf, du sollst neu gebaut werden, Jungfrau Israel‹ (Jer 31,3 f).

Da, er redet uns sogar als ›Jungfrau‹ an, auch wenn wir schon wieder aus der Hurerei des Leibes, des Geistes und des Herzens kommen.

Darin ist Gott wirklich Gott, d.h. der einzige, der alles ›neu‹ machen kann.

Darum fällt für mich nicht ins Gewicht, daß er einen neuen Himmel und eine neue Erde macht, viel nötiger ist es, daß er unsere Herzen ›neu‹ macht.

Das ist Christi Werk. Das ist das göttliche Milieu in der Kirche.

Wollt Ihr diese ›Erneuerung der Herzen‹ verhindern, indem Ihr jemand aus der Versammlung des Gottesvolkes verjagt? Oder wollt Ihr es, indem Ihr einen anderen Ort sucht, der Euch noch eher in Gefahr bringt, den Geist einzubüßen?«[267]

Ostermontag

Carlo schreibt der Kommunität Jesus Caritas in Foligno.

»Ich habe keine Kraft mehr, die Reifen sind platt, die Räder zerbrochen, aber Euch eifrig bei der Überarbeitung des Direktoriums und des Statuts zu wissen, läßt mich aufleben, und ich möchte Euch das mitteilen, weil es mir Freude macht und Euch gut tut. Betet für dieses armselige Wägelchen [Anspielung auf ›caretto‹], das ganz zu Bruch gegangen ist, aber vom Himmel aus werde ich Euch noch näher sein und es – wenn möglich – noch besser mit Euch meinen. Ich hoffe, daß unser Bischof Giovanni und sein Vikar[268] keine weiteren Schwierigkeiten finden. Wir meinen es gut mit unserem Bischof, das soll er wissen und uns glauben. *Wie man Jesus wahrhaft liebt, so müssen wir auch diese alte, aber großartige Kirche lieben*, und ich weiß, daß Ihr sie so liebt, und das ist mir eine große Freude […]. Mut! Wer Fäden hat, kann weben, und wir brauchen uns nie zu fürchten. Wir sind die Söhne dessen, der immer wieder gesagt hat: Jesus ist der Gott des Unmöglichen!« (C 22)

7. Juli – 13. September

Rekonvaleszent in Ponte di Legno (BS) bei Familie Morra[269], wird Carlo aber wegen einer Bronchitis und Lungenentzündung wie-

---

[267] C. CARRETTO, »Quanto sei contestabile, Chiesa, ma quanto ti amo!« in *Adista*, 4226–27–28 (1988), 2.

[268] *Antonio Buoncristiani* (1943), Umbrer, Priester (1968); Soziologieprofessor; früher im Dienst des Heiligen Stuhles, 1976 in Costarica, Lateinamerika, und 1977 in Sambia und Malawi, Afrika; bekleidet verschiedene Ämter im Bistum und in der Region und ist seit 1981 Generalvikar von Foligno.

[269] *Angelo Morra* (1921), Piemontese; seine Freundschaft mit Carlo geht auf die Gründung der Fraternität von Bindua auf Sardinien zurück, wo Ingenieur Morra Direktor der Bergwerke von Monteponi war. Samt seiner Frau, Maria Pia Mancini, und seinen Kindern Franco, Barbara, Fernando und Hee Kyung beteiligt er sich seit Jahren an der Entwicklung der Fraternität.

der nach Spello in die Klause ›Jakob‹ gebracht, wo er eine neue Publikation zu Ende führt, die seine letzte sein sollte.

»Ich bin erkrankt, und zwar gründlich, als sollte ich die ganze Ohnmacht eines Menschen erleben, der vom Schmerz und von Tagen voller Bitternis und Armseligkeit überwältigt wird.

In dieser Verfassung holte mich eine christliche Familie ab und brachte mich in ihr Haus im Gebirge, um zu versuchen, mich mit ganzer Hingabe, falls noch möglich, ... gesund zu pflegen.

Zwei Monate habe ich, umsorgt von liebevoller Gastfreundschaft, bei Christen verbracht, die nicht nur entschlossen waren, mich wieder zu Kräften kommen zu lassen, sondern auch darauf bedacht, gemeinsam zu beten und in einer Atmosphäre der Liebe und geistlicher Freude gemeinsam zu leben.

Hier möchte ich, wenn ich an mich denke und daran, wie es mir ergangen ist, jedem, der sich einsam oder im Stich gelassen fühlt, empfehlen, aus seiner Einsamkeit auszubrechen und zu versuchen, im Freundeskreis gemeinsam das ›Projekt Kirche‹ zu verwirklichen, das Gemeinschaft, Nächstenliebe und Gebet besagt.

›Wehe dem, der allein ist‹, heißt es in der Schrift, und wie wahr ist das!

Und wie wahr ist es, daß wir alles daran setzen müssen, solange es noch geht, die Tür offen zu halten für die Verbreitung der Frohbotschaft, für das gemeinsame Beten und für das erstaunliche Wunder, Kirche zu sein.

Das wird dazu führen, daß wir nicht vereinsamen und daß unsere Freunde ›wie die Söhne aus den Jahren der Jugend‹ und spitze ›Pfeile im Köcher‹ sein werden und uns helfen, wie es im Psalm 127 heißt, ›beim Rechtsstreit mit den Feinden am Tor‹« (DV 8 f).

25. September – 1. Oktober

Carlo wird in die medizinische Pathologie des Poliklinikums in Perugia aufgenommen.

1. Oktober – 21. Oktober

Fratel Carlo wird zu einer Operation in die chirurgische Abteilung des Silvestrini-Krankenhauses in Perugia verlegt.

»Das waren ›schwere‹ Tage im Silvestrini und noch schwerere Nächte. Carlo war geschwächt und hatte sichtlich Schmerzen. Tagsüber wurde er von der unermüdlichen Erina[270] betreut, nachts von den mit ihm befreundeten Ärzten und den Kleinen Brüdern« (MM).

21. Oktober – 16. November

Er wird in die medizinische Pathologie des Poliklinikums zurückverlegt.

16. November

Er wird zu einer langen Genesungszeit bei den Kleinen Brüdern der Kommunität Jesus Caritas nach Foligno gebracht.

»Sein Befund ist konstant und wird durch systematische Kontrollen des Blutbildes beobachtet. Der Aufenthalt in Foligno spielt sich zwischen Schreibtisch, Bett und Fernseher ab, der ihm hilft, die schlaflosen Nachtstunden abzukürzen. Prof. Fausto Santeusanio, Prof. Paolo Brunetti, Dr. Roberto Ronconi und Dr. Antonio Loiacono beobachten den Krankheitsverlauf aufmerksam und liebevoll besorgt, Carlo ist lebhaft beeindruckt von so viel Hilfsbereitschaft und Liebenswürdigkeit; gewissenhaft sammelt er die Labordaten chronologisch geordnet in einem gelben Hefter, den er auf dem Schreibtisch neben dem Polstersessel in Griffweite hält« (MM).

1988

Mai

Carlo verläßt Foligno und kehrt wieder in die Fraternität von S. Girolamo nach Spello zurück, wo man ihm eine Zelle mit etwas Komfort eingerichtet hat. Er muß sie aber immer wieder zu stationärer Behandlung im Poliklinikum in Perugia verlassen.

»In der Fraternität nimmt er sein gewohntes Leben wieder auf und sitzt bei seinen Kontakten mit der Gemeinschaft teils in seinem Polster-

---

[270] *Erina Cammilletti*, Toskanerin, Soziologin, jahrelang Fabrikarbeiterin. Sie ist Gewerkschaftlerin und in Italien wie auch unter den italienischen Auswanderern in Deutschland und in der Schweiz als Sozialarbeiterin tätig. Bei ihrer Gottsuche teilt sie die Richtung der Fraternität von Spello und bleibt, vor allem während der Zeit seiner Krankheit, an Carlos Seite.

sessel, teils im Kreuzgang. Besonders liebgeworden ist ihm seine Zelle, die schon während der ersten Jahre seines Aufenthalts in Spello seine Bleibe war; von dort kann er mit den Augen im Gärtchen der Kommunität spazierengehen, das mit dem Friedhof in Verbindung steht. Carlo zeigt dieses Gelände und die Mauer, die den Garten vom Friedhof trennt, gern allen Gästen, die ihn besuchen, und weist dabei auf die Stelle, an der er seine letzte Ruhestatt haben wird. Mit diesem Gedanken freundet er sich im Lauf der Zeit immer mehr an, und er bringt ihn beim Bürgermeister von Spello und Freunden, die ›etwas können‹, zur Sprache, damit sie sich seiner nach seinem Tod erinnern« (MM).

26. August

Carlo empfängt den Besuch des Journalisten Giancarlo Zizola und der Leiterin des »Citadella«-Verlags, Dr. Giuseppina Pompei. Ein paar Stunden später läßt er Fratel Gian Carlo aus der Kommunität Jesus Caritas kommen, damit er, wie schon seit einiger Zeit ausgemacht, die Verfügungsgewalt über seine Aufzeichnungen übernähme.

»Zum letzten Mal haben wir, Giuseppina Pompei und ich, ihn am 26. August besucht. Wir waren zu ihm hingefahren, um gemeinsam die Möglichkeit eines biographischen Interviews auszuloten: geistig war er noch völlig klar, denn er wurde bei meinen Fragen richtig munter und erzählte Anekdoten aus seinem Leben. Seine Antwort lautete, er habe sich geschworen, nach den siebzehn schon erschienenen keine Bücher mehr zu schreiben, am allerwenigsten eine Autobiographie, und er wolle in aller Stille den Tod abwarten, wobei er schon auf die Grabstätte unter der berühmten Zypresse wies. Er hatte aber auch Verständnis für unser Anliegen: man muß dem Verlust des Gedächtnisses vorbeugen, er begriff, daß die Zeugen einen Auftrag haben, den, Zeugnis zu geben. Er bat jedoch um ein paar Tage Bedenkzeit.«[271]

27. August – 1. Oktober

Letzter Krankenhausaufenthalt im Poliklinikum von Perugia. Unter den vielen Freunden besucht auch Luigi Gedda ihn wieder.

»Unsere letzte Begegnung, die in Perugia stattfand, ging mittags zu Ende, so daß wir gemeinsam den Engel des Herrn gebetet haben und besonders

---

[271] G. ZIZOLA, »Carlo Carretto« in *Rocca*, 21 (1988), 48–50.

bei den Worten Mariä verweilt sind: ›Ecce ancilla Domini, fiat mihi secundum verbum tuum‹[272], die unsere Vergangenheit und unsere Gegenwart im Willen Gottes zusammengefaßt haben.«[273]

1. Oktober – Samstag

Carlo kehrt in die Fraternität von S. Girolamo in Spello zurück, wo sein langes, von Gebet und Frieden erfülltes Sterben beginnt.

2. Oktober – Sonntag

»Es war zwei Uhr morgens. Kaum im Krankenwagen, schlägt Carlo wieder die Augen auf, während Fratel Giuseppe[274] ihn von der Rückkehr nach Spello unterrichtet und ihm die Strecke beschreibt, die Carlo so oft am Steuer seines eigenen Wagens gefahren ist.

Während man ihn von der Trage des Krankenwagens hebt, verrückt man schnell sein Bett, um ihn leichter umsorgen zu können... Man beginnt zu beten, man singt zu Gitarrenbegleitung mit gedämpfter Stimme Gebete oder Psalmen, die er liebt...

Man spendet ihm die Krankensalbung. Die Zeit, die stehengeblieben zu sein schien, geht weiter und die Morgendämmerung bricht an. Die Atmosphäre entspannt sich und man denkt daran, den Amtsarzt zu benachrichtigen und im Krankenhaus telefonisch anzufragen, was geschehen solle, wenn die Infusionen, die man uns mitgegeben hatte, ausgingen. Fratel Bernard[275], der gut Vogelgezwitscher nachahmen kann, erfüllt das Zimmerchen mit frühlingshaften Lockrufen und leisem Geflüster.

Unser Bruder Carlo ist glücklich, Freude gewinnt die Oberhand über all die Schmerzen, von denen sein armer Leib gequält wird.

Er kann wieder ganz leise flüstern, um jedem etwas zu sagen. Kurze Sätzchen, die mit einem innigen ›Danke!‹ schließen.

Immer wieder sagt er: ›Das ist herrlich, das ist herrlich!‹«[276]

---

[272] »Siehe, ich bin die Magd des Herrn, mir geschehe nach deinem Wort.«
[273] L. GEDDA, »L'Azione Cattolica, il Deserto, l'Eremo« in *L'Osservatore Romano*, 247 (1988), 3.
[274] *Giuseppe Morotti* (1949), Lombarde, Priester (1979), Kleiner Bruder vom Evangelium. Nach einer Zeit in der Fraternität im Iran setzt er jetzt in Spello den Wortverkündigungs- und den Gastdienst fort.
[275] *Bernard Boussion* (1948), Franzose, Kleiner Bruder vom Evangelium in Italien, Spanien und der Schweiz bei Zirkusleuten und Zigeunern.
[276] E. CAMMILLETTI, »Ho desiderato fare Pasqua con voi« in FAMIGLIA CARLO DE FOUCAULD, 32 (1988), 27.

»Das Erste, das mir die Existenz Gottes bewußt gemacht hat und womit ich meinen Glauben auszudrücken versucht habe, war das Staunen. Der erste Ausdruck für ihn, der in mein Herz gelangt ist, war das Staunen. Die Fähigkeit, über die Dinge zu staunen. Vielleicht verdanke ich sie meiner Mutter, die immer gesungen, mir ein optimistisches und vergnügtes Naturell vererbt und eine glückliche Kindheit geschenkt hat. Doch ich bin sicher, daß das Staunen ein Geschenk war, das Gott mir gemacht hat« (SV).

Die Kette der Freunde an Carlos Bett reißt nicht ab. Frühmorgens kommt der Bischof von Foligno, Monsignore Giovanni Benedetti, dann Don Angelo Cappotti[277], Pfarrer von Spello usw., ein ständiger Pilgerstrom. Abends legen sich die vielen Ankömmlinge aus verschiedenen Gegenden Italiens rings um Carlos kleine Zelle in Fellschlafsäcken zur Ruhe. Ein ununterbrochenes Beten und Singen.

»Die Kleinen Brüder wechseln sich an seiner Seite ab und halten ihm die Hand.

Als er noch imstande war, mit uns zu reden, hatte er uns gesagt: ›Ihr müßt verstehen, daß ich schwach bin. Wenn es mir schlecht ist, entgeht mir nicht etwa, daß Ihr mich berührt, sondern es hilft mir‹.

Die Brüder sind Menschen, mit denen das Leben oft hart umgeht, vier von ihnen sind aus dem Iran zurückgekommen, ausgewiesen oder vor der Verhaftung geflohen, aber sie finden liebevolle Gesten und Worte im Umgang mit ihrem kleinen Kranken.

Man gibt sich natürlich, niemand fürchtet, schwach oder sentimental zu erscheinen. Wir haben keine andere Sorge, als diesen armen Bruder, der uns ganz ausgeliefert ist wie ein kleines Kind, mit aller nur möglichen Liebe zu betreuen.«[278]

»Ich fürchte den Tod nicht mehr, und der Glaube hat mich gelehrt, ihn als Freund anzusehen, wie einen notwendigen Übergang, und, da er weh tut, als eine Geburt. Ich stelle mir die Erde, die Geschichte, die irdischen Gegebenheiten als einen großen Mutterschoß vor, der mich enthält der Tod ist wie sein Ausgang ins Freie. Aus Dinglichem geschaffen, gehen wir über

---

[277] *Angelo Cappotti* (1919), Umbrer, Priester (1942); zuerst Kaplan, dann Pfarrer (1960) in der Pfarrei S. Lorenzo in Spello.
[278] E. CAMILLETTI, a. a. O. 29.

die Dingwelt hinaus; als Menschenkinder geschaffen, verlassen wir den Mutterschoß der Erde als Kinder Gottes. Das ist der letzte Schritt auf der Leiter des Seins, die volle Entfaltung zum ewigen Leben. Wenn wir dieser Erde sterben, werden wir im neuen Himmel und auf der neuen Erde als Kinder Gottes geboren« (SV).

3. Oktober – Montag

Der von Liebe und Gebet getragene Pilgerstrom hält an. Die Ärzte versuchen, ihm die Schmerzen zu lindern, während er allen immer wieder dankt und sein Staunen bekundet. Und so bleibt es bis zum Ende.

Am Fest des heiligen Franz von Assisi, Dienstag, den 4. Oktober, um 22 [35] Uhr geht Carlo heim ins Vaterhaus

»Tonino, der mit ihm befreundete Arzt, beugt sich weinend über ihn, um sein Herz abzuhorchen, und schaut auf die Uhr.
Fratel Tommaso [279] sagt: Gott hat gegeben, Gott hat genommen. Gepriesen sei der Herr!
Und wir wiederholen es.« [280]

»Ich habe entdeckt, daß unter den vielen von Gott geschaffenen schönen und guten Dingen eines nicht minder schön ist, vielmehr äußerst schön, und das ist der Tod.
Und warum? Weil er mir die Möglichkeit gibt, von vorn anzufangen, mir die Möglichkeit gibt, ›etwas Neues‹ zu sehen...
Nicht, daß ich den Tod liebte, weil er meine letzten Kräfte wegfegt, ich liebe den Tod, weil durch ihn ›alles neu‹ wird... Ich liebe den Tod, weil er mir das Leben wiedergibt. Ich liebe den Tod, weil ich an die Auferstehung glaube... Ich glaube an mein Losrennen auf Gott zu, als kleiner Junge, wie ich einst nach der Schule wie verrückt auf meinen Vater zurannte, der mich abholte, um mich auf einen Spaziergang durch die Wiesen am Ufer des Po mitzunehmen.
Aber noch mehr glaube ich an den Tod, weil ich endlich das

---

[279] *Tommaso Bogliacino* (1939), Piemontese, Priester (1964); Kleiner Bruder vom Evangelium, ist in Spello im Wortverkündigungs- und Gastdienst tätig.
[280] E. CAMMILLETTI, a. a. O. 34.

Reich sehen werde, das ich hier unten bloß erspäht und erträumt habe…

So komm denn, Tod, mein Tod! Ich werde dich als Freund empfangen, dich wie einen Bruder umarmen. Ich werde dich wie meine Mutter begrüßen. Ich bitte dich nicht, mir nicht wehzutun, doch die Erinnerung an den Tod meines Bruders Jesus wird mir einflüstern, wenigstens stillzuhalten und mich zu fügen. Ich werde dich bitten, Mitleid mit meiner Schwäche zu haben. Ich werde dich bitten, mich mit meinen Brüdern zu solidarisieren, die in Schmerzen sterben. Ich werde dich bitten, mir zu helfen, daß ich all meine Sünden vergesse und den Mut habe, an die Barmherzigkeit Gottes zu glauben. Ich werde dich bitten, dein Werk schnell zu verrichten: ja, darum werde ich dich bitten« (HH 192–196).

»Dank sei Gott, unserem Vater, im Namen der Kleinen Brüder, aber vor allem Dank im Namen der ganzen Menschheit…

Dank, weil Carlo Bruder aller Menschen gewesen ist!

Dank für Carlos Glauben, einen Glauben, den er entfaltet hat, ohne je den Mut zu verlieren…

Dank Dir, Herr, lieber Papa, für das immer lebendige Kind, das in Carlo gelebt hat und lebt…

Dank dir, Carlo, weil Du uns Gott näher gebracht hast, oder besser, weil Du Gott uns näher gebracht, ihn uns vertrauter gemacht hast…

Gott und die Brüder: Deine Leidenschaften, Carlo. Gott vor allem. Die Brüder: alle, alle, ohne Ausnahme…

Dank für Deine Inkarnationslehre…

Amen! Alleluja!«[281]

»Die Suche nach der Begegnung mit Gott und der Dienst des Zeugnisses für den Absoluten in der Geschichte stellen die tiefste Botschaft dar, die Fratel Carlos Leben uns allen hinterläßt.«[282]

»Carlo hatte Augen und Herz eines Kindes, wie es bei jemand der Fall ist, der auf dem verwunschenen Weg der geistlichen Kindschaft dahineilt. Er ist bis an sein Ende schlicht und einfach geblieben und hat sich befleißigt, die menschlichen und evangelischen Tugenden, die den Menschen und den Christen ausmachen, in sich zu vereinigen und zu einem Ganzen zusammenzuführen. Infolgedessen hat man ihn auch, wie der

[281] T. BOGLIACINO, «Grazie a nome di tutti« in *Famiglia Carlo de Foucauld*, 32 (1988), 10–14.
[282] G. BENEDETTI, »Ricercatore…«, a.a.O. 15.

heilige Gregor der Große bestätigen würde, mitunter verspottet, mitunter auch mißverstanden: ›deridetur simplicitas iusti – der Gerechte wird in seiner Einfalt verspottet‹ – (Moralia 10, 29, 4, PL 75, 947). Sein Zeugnis bleibt, und man wird es im Laufe der Jahre in seiner ganzen Bedeutung würdigen müssen... Wer war Carlo Carretto? Was hat er geleistet? Ich entferne mich nicht von der Wahrheit mit der Behauptung, daß er ein Mensch der Harmonie, der Bekehrung und der Ganzhingabe war... Der Herr hat ihm viel gegeben, und er hat Gottes Gabe von Jugend auf bewahrt.«[283]

»Carlo Carretto ist siegreich ins Paradies eingezogen; er, der mühsam am Stock ging, ist im Laufschritt ans Ziel gelangt; er ist im Laufschritt vor den Herrn gelangt, der seit eh und je seine Liebe, sein Licht und sein eigentlicher Seinsgrund war. Lächelnd, verfügbar, immer wahr mit sich selbst und mit den andern. Wie jeder Mensch, war er nicht unfehlbar, aber er war wahr, ein wahrer Mensch, ein wahrer Christ; ja, er war wahr mit sich selbst und mit den andern. Das ist eine Gnade, die nicht untergeht.«[284]

»Ein Mönch, das Evangelium in der Hand, im Geist und im Herzen, um es ins Leben zu übersetzen. Ein Ordensmann, immer bereit, zu jedem, der ihn darum bat, über Jesus und das ewige Heil zu sprechen. Ein Diener der Kirche mit dem Ziel, daß sie immer an Heiligkeit und an Menschennähe zunähme.«[285]

»Die erste Rundfunkmeldung hat Carlo Carrettos als des Landesvorsitzenden beim großen Treffen der «Grünen Barette« gedacht. Vielleicht erinnert man sich seiner so, und es ist sicher nicht abwegig, sich seiner aus diesem Anlaß zu erinnern; doch sich seiner nur deshalb zu erinnern, täte ihm Unrecht. Er hat die Katholische Aktion geliebt um ihrer Fähigkeit willen, Menschen für das Leben zu bilden, und er hat sie immer im Herzen getragen, er wollte für sie immer eine tiefe Religiosität und hat mit seinen letzten Entscheidungen als Vorsitzender die Voraussetzungen für die Entwicklungsziele geschaffen, die die katholische Laienschaft und die Katholische Aktion mit dem Konzil erreichen sollten. Eine Laienschaft, die nicht nur Befehle ausführt, die nicht nur mitarbeitet, sondern für das kirchliche Leben mitverantwortlich ist; eine Katholische Aktion, für die nicht politischer und gesellschaftlicher Auftrag bezeichnend sind, sondern ein klarer religiöser Auftrag, mit dem auch ihre Inhalte, Methoden, Stil und ein ganz besonderes Gut verbunden sind, die grundsätzliche Ach-

[283] L. F. Capovilla, »Uomo dell'amicizia, della conversione, dell' immolazione«, a.a.O. 21–22.
[284] O. L. Scalfaro, a.a.O. 3.
[285] I. M. Castellano, a.a.O. 47.

tung vor dem, was eine Partei oder eine Gewerkschaft, vorausgesetzt, sie sind von Begeisterung für die Demokratie und von christlichen Prinzipien getragen, den Menschen unserer Zeit zu bieten haben.«[286]

5. Oktober – Mittwoch

Carlo wird, in seinen Sahara-Burnus gehüllt, im Kreuzgang von S. Girolamo aufgebahrt. Frühmorgens feiert Bischof Luigi Del Gallo di Roccagiovine[287], der sofort aus Rom gekommen ist, dort die Eucharistie. Auch der Parlamentsabgeordnete Emilio Colombo[288] trifft ein, der unter dem Vorsitz Carrettos Generalsekretär der GIAC war.

Nachmittags feiert Erzbischof Loris Francesco Capovilla[289] die Eucharistie. Zu den Anwesenden bei einem abendlichen Gebetsgottesdienst zählt unter vielen anderen auch Senator Raniero La Valle[290].

6. Oktober – Donnerstag

Feierliche Abschiedsliturgie auf dem alten Sportplatz von Spello in Anwesenheit einer großen Menschenmenge aus allen Teilen

[286] R. Cananzi, »Il nostro grazie a Carlo Carretto« in Segno Sette, 38 (1988), 2.

[287] *Luigi Del Gallo di Roccagiovine* (1922), Römer, Priester (1950), einige Jahrzehnte in päpstlichen Diensten. Titularbischof von Campli (1983), ist im päpstlichen Rat für die Laien Delegierter für die katholische Pfadfinderschaft.

[288] *Emilio Colombo* (1920), aus Lukanien, Jurist, aus der GIAC, deren Generalsekretär und Vizepräsident er unter Carretto war, hervorgegangener Politiker. Mitglied der verfassunggebenden Versammlung; mehrmals Unterstaatssekretär und Minister in verschiedenen Ministerien; Ministerpräsident (1970–1972); Präsident des europäischen Parlaments (1977–1979).

[289] *Loris Francesco Capovilla* (1915), Veneter, Priester (1940), Dozent, Journalist, Militärseelsorger, persönlicher Sekretär Angelo Giuseppe Roncallis – Johannes' XIII. – sowohl im Patriarchat von Venedig wie auch beim Heiligen Stuhl. Erzbischof von Chieti und Vasto (1967). Titularerzbischof von Mesembria, ist er heute emeritierter päpstlicher Delegat von Loreto und lebt in Sotto il Monte Giovanni XIII. (BG) und hält auch weiter in der Kirche die Erinnerung an den großen Papst wach.

[290] *Raniero Luigi La Valle* (1931), Römer, Journalist, Hauptschriftleiter (1961 bis 1967) der katholischen Tageszeitung »L'Avvenire d'Italia«. Von besonderem Interesse sind seine Berichte über das Zweite Vatikanische Konzil, die in drei großen Bänden vorliegen. Seit 1976 und für drei Legislaturperioden hat er als unabhängiger Linker über die Listen des Partito Comunista Italiano einen Sitz im italienischen Senat; seit 1987 Parlamentsabgeordneter.

Italiens, von Vertretern von Staat und Kirche und leitenden Funktionären des Gesamtverbandes der Katholischen Aktion und des katholischen Vereinswesens. Aus Thailand trifft im letzten Augenblick Carlos bischöflicher Bruder ein, der der Hauptzelebrant der Konzelebration ist, an der sich auch der Bischof von Foligno, Monsignore Giovanni Benedetti, der die Homilie hält, der Bischof von Assisi, Monsignore Sergio Goretti, der Bischof von Ivrea, Monsignore Luigi Bettazzi und viele Priester beteiligen. Anwesend sind auch der Bischof von Terni, Monsignore Franco Gualdrini, und unter anderen der Parlamentsabgeordnete Emilio Colombo, Professor Luigi Gedda und der Vorsitzende des Gesamtverbandes der Azione Cattolica Italiana, Rechtsanwalt Raffaele Cananzi.

7. Oktober – Freitag

»Es wäre schön gewesen, wenn gestern ein dolles Fernseh-Team und die besten Presse- und Rundfunkkorrespondenten auf dem Sportplatz von Spello, einem mittelalterlichen Städtchen in Umbrien, nicht weit von Assisi, zugegen gewesen wären.

Man hat dort inmitten einer vielköpfigen Menge von Menschen aller Art die Exequien einer Persönlichkeit, Fratel Carlos von den Kleinen Brüdern Pater de Foucaulds, gefeiert, von dessen Tod nur ein paar Zeitungen und Fernseh-Nachrichtensendungen kurz berichtet hatten.

Es wäre schön gewesen, denn es wäre eine Gelegenheit gewesen, zu berichten, wie eine Trauerfeier, die in sich so alltäglich ist wie der Tod eines Menschen, zum Symbol der Hoffnung und der Freude werden kann.

Fratel Carlo, mit bürgerlichem Namen Carlo Carretto, war eine Persönlichkeit, die in den letzten vier Jahrzehnten das Bewußtsein vieler Italiener verwirrt hat, zunächst mit seiner Mobilisierung der italienischen Nachkriegsjugend nicht nur im kirchlichen, sondern auch im öffentlichen Leben; sodann durch seinen Verzicht auf allen Einfluß, den er gewonnen hatte, um des mystischen Abenteuers inmitten der Sahara willen, und durch seinen Dienst an den Armen am Rand der Großstädte; und schließlich durch die Gründung einer Einsiedelei in Spello, wohin in den letzten Jahren Tausende von Männern und Frauen ohne Unterschied von Religion und Rasse gezogen sind, um mit Hilfe der Kontemplation den Schlüssel zur Deutung ihrer eigenen Existenz in der verworrenen Welt unseres Jahrhunderts zu suchen.

Eine Demut aus tiefstem Wissen um den Menschen, einem von echtem Laientum getränkten Christentum, aus Freiheit des Geistes verbunden mit der tiefsten Auffassung von Kirche als Volk Gottes, aus franziskanischer Einfachheit inmitten der komplexen und oft grausamen Welt der Großstadt, die vom Erfolg um jeden Preis und von mehr oder weniger eingestandener Gewalt lebt.

Das waren die Themen, die in den Gesprächen, den Reden und den zahlreichen Büchern Fratel Carlo Carrettos immer wieder aufklangen, und unter denen das Thema der Liebe Gottes zum Menschen unstreitig vorherrschte. Keines philosophischen oder abstrakten Gottes, sondern einer konkreten und übernatürlichen Wirklichkeit, die jeden Menschen in gleich welcher Lage betraf.

Auf dem Sportplatz von Spello waren zugleich mit vielen Bischöfen und einer großen Anzahl von Priestern – Vertretern einer Kirche, die ihn zum Teil nicht immer verstanden hat – alte Freunde – aus dem Geistesleben, der Politik und dem Alltagsleben – versammelt, aber auch eine Menge von Jugendlichen, und in ihrer Mitte sangen die Kleinen Brüder und die Kleinen Schwestern Frère Charles de Foucaulds statt des De profundis das Alleluja und streuten Blumen über die Anwesenden aus, als ob man – was es wohl war – ein Adieu, wenn nicht gar ein Auf Wiedersehen feierte.

Etwas Ähnliches hätte einige Jahrhunderte zuvor nur wenige tausend Meter von hier beim Tod von Bruder Francesco passieren sollen.

Der Vergleich ist vielleicht ein wenig rhetorisch, aber der sanfte Sonnenuntergang über dem Berg des heiligen Franziskus rief natürlich den Gedanken an einen Sieg über den Tod wach, für den auch das kleinste Fünkchen Glauben Ausgangspunkt ist.«[291]

---

[291] Manuskript von Enrico Gastaldi als Hauptbeitrag für die Rundfunksendung »il Pomeriggio« in *RAI DUE* um 15[45] Uhr.

Gedenken

1988–1991

1988

26. Dezember

Die Gesellschaft »Pro Spello« verleiht Carlo Carretto posthum die Goldmedaille für »seinen sozialen und philanthropischen Einsatz zugunsten der Stadt«.

1989

November

Im Hinblick auf eine Biographie beginnt man die Veröffentlichung der unveröffentlichten Schriften Carlo Carrettos mit einer Sammlung geistlicher Briefe an seine Schwester Dolcidia: »Weil deine Liebe mich treibt – Geistliche Briefe 1954–1983«.

4. – 5. November

Die Stadt Spello veranstaltet in der Sala Crispoldi eine Tagung über Carlo Carretto. Referenten: Monsignore Luigi Bettazzi[292], Bischof von Ivrea; P. Ernesto Balducci[293] und Senator Raniero La Valle; Fratel Tommaso von den Kleinen Brüdern vom Evangelium; Dr. Leonello Radi. Noch viele andere geben Erklärungen ab, als erster von allen der Bischof von Foligno, Monsignore Giovanni Benedetti. Unter den Anwesenden befinden sich Monsignore Pietro Carretto, Carlos Schwester Liliana und sein Schwager, der Rechtsanwalt Mario Turchi.

[292] *Luigi Bettazzi* (1923), Veneter, Priester (1946). Hochschulprofessor in seiner Heimatdiözese Bologna; Titularbischof von Tagaste und Weihbischof und Generalvikar von Bologna (1963–1966) unter Giacomo Kardinal Lercaro. Bischof von Ivrea (1966). Langjähriger italienischer und schließlich internationaler Vorsitzender der »Pax-Christi«-Bewegung. Autor zahlreicher Bücher; seine Schriften, Tagungsbeiträge, Homilien und Briefe sind immer sehr gegenwartsnah und anregend gewesen. Mitglied des Ausschusses für die Zusammenarbeit unter den Kirchen der italienischen Bischofskonferenz, ist er auch Vorsitzender der Bischofskonferenz von Piemont. Einer der ersten italienischen Diözesanpriester, der der »Priesterfraternität Jesus Caritas« beitritt.

[293] *Ernesto Balducci* (1922) Toskaner, Piaristenpater (1945), Philosphie- und Theologiedozent. Gründer und Direktor der Zeitschrift »Testimonianze« und des Verlags Edizioni Cultura della Pace. Autor zahlreicher Bücher über die Religiosität unserer Zeit.

22. März

Zum Abschluß einiger Exerzitientage, die er mit 150 jungen Prie-
stern der Weihejahrgänge 1985–1989 in Assisi verbracht hat, be-
gibt Carlo Maria Kardinal Martini[294] *sich mit ihnen nach Spello*
zum Grab Carlo Carrettos. Vor der eucharistischen Konzelebra-
tion hielt er im Kreuzgang der Fraternität von S. Girolamo fol-
gende Meditation:

»Es bewegt mich sehr, wieder in Spello zu sein. Hier hat man vor fünfundzwanzig Jahren diese Einsiedelei gegründet, die auf einer Achse mit
den Stätten des heiligen Franziskus liegt, da sie sich auf der anderen Seite
des Monte Subasio befindet.

Ich war hierhin gekommen, um mit Fratel Carlo Carretto, gestorben
am 4. Oktober 1988 an dieser Stätte, die noch voll ist von seiner Gegenwart und seiner so ganz schlichten Lehre vom Schweigen und vom Pri-
mat der Kontemplation, zu beten.

Ich möchte vor allem in großen Strichen sein Leben nachzeichnen,
denn Fratel Carlo ist sicher einer der Menschen gewesen, die seit 1945 bis
zum Tage seines Todes mitten in der kirchlichen Wirklichkeit Italiens
gelebt haben. Sein Name ist verbunden mit dem Weg, dem Suchen und
den Schmerzen unserer Kirche in den letzten Jahrzehnten.

In einem zweiten Schritt werde ich mir zusammen mit Euch nach Art
einer Meditation eine Frage stellen. Sie lautet: Was heißt es, der Gestalt
Fratel Carlos zu gedenken? Was heißt es vor allem, ihrer, auf unserer
Wallfahrt zu gedenken, auf der wir versucht haben, uns den heiligen
Franziskus auf dem Hintergrund der Bergpredigt vor Augen zu halten?

Was das Leben Carrettos angeht, stütze ich mich auf einen langen
Brief, den er seiner Schwester geschrieben hat und in dem er versucht, die
Position zu rechtfertigen, die er in der italienischen Kirche bezogen hatte
und die heftigen Protest erregt hatte.

In diesem Brief, datiert vom Juni 1974, erzählt er seinen beiden Sale-
sianer-Schwestern und seinem Bruder Piero, einem Missionsbischof –
also eine tief christliche Familie – aus seiner Kindheit.

Dann geht er dazu über, sich Gedanken über den ersten Abschnitt
seines Lebens zu machen, und vergleicht die Taktik, die Gott bei ihm

---

[294] *Carlo Maria Martini* (1927), Piemontese, Jesuit, 1952 zum Priester geweiht,
Rektor des Päpstlichen Bibelinstituts (1968–1978) und der Gregoriana (päpstliche
Universität, 1978–1979) in Rom. Erzbischof von Mailand (1979); 1983 zum Kardi-
nal erhoben.

verfolgt hat, mit der, die er bei seiner Salesianer-Schwester angewandt hat, die schon in jungen Jahren von Gott berufen worden war und immer in der Kongregation gearbeitet hatte, wo ihr viele Sekretariatsaufgaben anvertraut worden waren. Und er fährt fort: ›Bei mir hat Gott sich einer anderen Taktik bedient. Zuerst verlangte er meine Tätigkeit, dann verlangte er mich. Ich habe zwei verschiedene Lebensabschnitte durchlaufen, und beide waren sie sehr schön. Im ersten fand ich mich in der Kirche mit wahrer Kreuzzugsbegeisterung aktiv, spürte ich, daß ich etwas galt, und stürzte ich mich in die Aktion mit der Leidenschaft eines Verliebten. Meine Liebe war die Kirche. Das waren Jahre wirklichen Einsatzes für die gute Sache. Mein Leben schwamm in einem Strom von Liebe und Gemeinschaftsleben: Begegnungen, Tagungen, Vorträge, ich hatte sogar einen ›das-machen-wir-schon‹-Eindruck, und in meiner Einfalt erwischte ich mich dabei, etwa so zu beten: ›Herr, laß uns nur machen, du wirst sehen, daß wir dir, dem König des Alls, alles zu Füßen legen.‹

So beschreibt er seinen Einsatz in der Katholischen Aktion mit landesweiter Zuständigkeit, unter die auch das berühmte Treffen der ›Grünen Barette‹ im Jahre 1948 fiel, das einem Weckruf gleichkam. 1946 war er zum Vorsitzenden der Italienischen Jugend in der Katholischen Aktion (GIAC) gewählt worden und hatte das Bureau International de la Jeunesse Catholique gegründet. Das römische Treffen des Jahres 1948 war die erste landesweite Veranstaltung und besaß daher gesellschaftliche, kulturelle, religiöse und auch politische Bedeutung; zweifellos war es ein außerordentliches Ereignis.

Aber dann kam es über den Gegensätzen in politischen Fragen zum Eklat, und 1953–54 legte Carlo Carretto all seine Ämter nieder. Im Brief an seine Schwester schreibt er und bezieht sich dabei noch auf die Jahre seiner Tätigkeit: ›Da sind wir, Herr, und es hat nicht viel daran gefehlt, daß wir fast ganz Italien bekehrt hätten…‹, und dann beginnt er, vom zweiten Abschnitt seines Lebens zu sprechen: ›Doch er, der Herr, der unsere Unreife immer gewähren läßt, erwartete mich schon mit einer Überraschung. Ich fühlte mich von ihm angesprochen: ‹Carlo, ich will deine Tätigkeit nicht mehr, ich will dich.› So fand ich mich in der Wüste wie in einem zweiten Abschnitt meines Lebens, um mich meiner Sicherheiten zu begeben und mich der Götzen zu entledigen. Das war das herrlichste Abenteuer meines Lebens, aber auch das rauheste und schmerzlichste. Von der Wüste aus sieht man die Dinge besser und mehr unter dem Aspekt der Ewigkeit. Der Kosmos nimmt für den Betrachter den Platz des Geburtsortes ein, und Gott wird tatsächlich zum Absoluten. Auch die Kirche weitet sich zu den Abmessungen des Weltalls, und die ‹Fernen›, d. h. diejenigen, die augenscheinlich noch keine Christen sind, werden zu Nahen. Die Abmessungen der Kirche weiten sich so ins

Unendliche, und man erfährt Trost in dem Gedanken, daß Jesus für alle gestorben ist und mit seinem äußersten Opfer schon alle erreicht hat‹.

Diese und andere Gedanken haben durch das kontemplative Leben in ihm Gestalt angenommen. Vor fünfundzwanzig Jahren ist er hierin gekommen und hat sein Apostolat des Schweigens aufgenommen. Das Beispiel Fratel Carlos hat nicht dazu verlockt, über das Gebet oder die Kontemplation groß zu theoretisieren, sondern dazu, sich hineinzustürzen, sie Stunden um Stunden, ganze Nächte lang zu leben. Tausende junger Menschen aus allen Teilen Italiens haben sich hierhin aufgemacht, von dem Wunsch beseelt, ein Gebetsnoviziat zu machen, und haben die endlosen Schweigezeiten akzeptiert.

Aus diesem Grunde scheint mir Spello einem Bedürfnis, einem Suchen unserer Zeit zu entsprechen; es ist eine Schule des Betens, die für das kirchliche Leben in Italien ein Orientierungspunkt bleibt. Viele Menschen sind hierhin gekommen und haben sich für den Vorrang der Kontemplation im Leben begeistern lassen.

Als ich meinen ersten Hirtenbrief über ›die kontemplative Dimension des Lebens‹ schrieb, war mein Herz noch von dem erfüllt, was ich in Spello erlebt hatte. Und bei Fratel Carlo war gewiß ein tiefes Einvernehmen über einige Knotenpunkte des heutigen kirchlichen Lebens entstanden.

Was heißt es nun, eine Gestalt wie die Fratel Carlo Carrettos zu betrachten, und das, nachdem wir die Gestalt des heiligen Franziskus auf dem Hintergrund der Bergpredigt erwogen haben?

Mögen sie voneinander auch ganz verschieden sein, so sind Franz von Assisi und Fratel Carlo Carretto Gestalten, deren Gemeinsamkeit wir in dem Versuch erblicken, die Bergpredigt in ihrer Zeit zu verwirklichen, das Evangelium in ihrer Zeit zu leben.

Franziskus bleibt in himmlischem Licht, vielleicht ein vollkommenes, fast unnachahmliches Beispiel eines Lebens aus dem Geist des Evangeliums. Aber die Botschaft Fratel Carlos kommt praktisch der des Heiligen gleich: auch heute kann man das Evangelium treu und ehrlich leben. Das Evangelium ist nicht bloß ein Wort, eine Reihe von Worten, eine Reihe von Geboten, die wir wiederholen; es ist eine konkrete Person und kann Leben annehmen. Jesus kann aufleben, der Gnade ist der Sieg beschieden, die Gnade trägt immer den Sieg davon, und es gibt keine gesellschaftliche, kulturelle oder politische Situation, die so vertrackt wäre, daß die Gnade des Evangeliums nicht in sie eindringen und Wege zur Verständigung finden könnte.

Das ist die Gewißheit, die viele an Stätten wie diesen hier gefunden haben. Ich spreche von ›Stätten‹, denn der ganze Berg hat sich in viele kleine Klausen verwandelt, wo zahllose junge Menschen Wüstenerfahrung gemacht haben oder machen.

Das ist also die Botschaft, die wir an der Gestalt Fratel Carlos ablesen können, der wenige Meter von uns sein Grab hat, der ringsum die Zuversicht ausgestrahlt hat, daß man das Evangelium leben kann und daß es eine Freude ist, es zu leben.

Abschließend möchte ich noch ein Wort zu seinen Ehren sagen.

Bei unserer Wallfahrt nach Rom haben wir über den Tod des heiligen Paulus und des heiligen Petrus meditiert und uns gesagt: wenn Paulus in den letzten Augenblicken seines Lebens eine Anwandlung von Angst gehabt und dem Tod zu entfliehen versucht hätte, würde uns die Lektüre seiner Briefe mit großer Traurigkeit erfüllen, weil der Apostel seine leidenschaftliche Liebe zu Jesus nicht bis zum Ende gelebt hätte. Diese erschütternde Möglichkeit war für Petrus und für Paulus gegeben: es nach all ihrer Predigt nicht fertigzubringen, dem Tod mit Glauben und Liebe entgegenzugehen. Deshalb ist der Tod der Heiligen sehr wichtig für jeden von uns: er ist der Augenblick, in dem wir Siegel und Unterschrift unter alles setzen, was wir zu leben versucht haben.

Und gerade über die Haltung, in der Fratel Carlo dem Tod entgegenging, besitzen wir Zeugnisse. Eines davon lautet: ›Ich habe gesucht und gefunden‹ – so hat er es in einem seiner Bücher ausgedrückt, und wir haben es oft mit eigenen Ohren gehört. Fratel Carlo hatte gefunden; und man sah es an seiner Gelassenheit, an der Festigkeit seines Glaubens, an seinem Kinderlächeln, an seinem strahlenden Blick, an dem liebevollen Wesen, das er allen entgegenbrachte. Auch dem Tod. Er hat ihn in der Freude, zu leben, als Schwester besungen, hat ihn angeschaut. Ich danke Gott, daß ich an seiner Seite den Endspurt zum großen Hinübergang erleben durfte. Ein Mensch von Fleisch und Blut, weil er sich hingegeben, weil er alles verlassen hat, wobei ihm auch die Krankheit geholfen hat. Wie eine Kerze, wie eine Scheibe Brot, wie eine Hostie hat er sich aufzehren lassen bis zum letzten Stückchen, und was übriggeblieben ist, war nur ein Gebet, ein kaum merkliches, aber in Gott wirkliches Licht. Ein Mensch, der die Hoffnung gelebt hat, die nur Hoffnung ist, wenn man sie ganz radikal lebt. Carlo hat vom Tod gesprochen wie von einer Braut, wie von einem zermalmenden Hammer, der... die Liebe freisetzt. Und sein Sterben hatte beide Gesichter.

Wir wollen jetzt am Ende unserer Wallfahrt den Herrn bitten, daß er uns im Herzen die Erinnerung an den heiligen Franziskus und an die anderen Gestalten bewahren läßt, die wir an unserer Seite gespürt und die uns geholfen haben, indem sie der Suche nach dem Gottesreich treu geblieben sind bis zum Tod. Wir fahren nach Hause in der Gewißheit, daß der Gnade der Sieg beschieden ist und daß auch die Mühsal unseres priesterlichen Dienstes uns nicht zerbrechen kann, wenn wir manchmal auch ihre Last empfinden.

Bei all den Zetteln, die Ihr mir in diesen Tagen geschrieben habt, ist mir aufgefallen, wie die Mühsal des priesterlichen Dienstes hervorgehoben wird, besonders dann, wenn er keinen Spalt für das Evangelium offenzulassen, sondern uns in einen Trott zu zwingen scheint, der unserem tiefsten Sehnen zuwiderläuft. Dann fügt sich unser Dienst offenbar gewissen Gewohnheitsrhythmen, die am Ende Gefahr laufen, ihn unglaubwürdig zu machen. Es ist daher recht, daß wir uns diese dramatische Frage stellen: Haben wir Freiheit genug, um unseren Dienst dem Evangelium gemäß zu leben? Haben wir so, wie man ihn seitens der Gemeinde in den überkommenen Formen und in dem Milieu, in dem wir uns, auch als Bischöfe, auch als Kirche, bewegen, zur Zeit auffaßt, genügend Raum für eine evangeliengemäße Freiheit? Und in dem Augenblick, in dem wir uns diese Frage stellen, werden wir geläutert und innerlich gewaschen, weil viele liebgewordene Gewohnheiten, die nicht gut überlegt oder noch einmal bedacht waren, ihre Macht verlieren.

Jedenfalls gewinne ich aus der Betrachtung der Gestalten des heiligen Franziskus und Fratel Carlos die Gewißheit, daß die Gnade den Sieg davonträgt und daß es im priesterlichen Dienst keine Situation gibt, wie sehr sie uns auch in die Enge zwingt, in der die Kraft der Bergpredigt und der Gegenwart Christi, des für uns Gestorbenen und Auferstandenen, es nicht fertigbrächte, sich einen Weg zu bahnen.

Wie wollen hier unser Vertrauen auf diese Gnade erneuern, die die Kirche Gottes nie im Stich gelassen hat und die nicht zulassen wird, daß die Gepflogenheiten der Welt sie ersticken. Und wir werden einander helfen und von Zeit zu Zeit bewußt an Stätten wie diese hier zurückkehren, um wieder die felsensprengende Kraft des Quellwassers aus dem Evangelium zu erfahren, das Christus, dem Gekreuzigten und Auferstandenen, aus dem Herzen hervorströmt«[295].

16. Juli

In Foligno stirbt unerwartet Carlos Schwager, der Anwalt Mario Turchi.

»Lieber Mario – [hat Carlo ihm einmal geschrieben, Anm. d. Hrsg.] –, Dir Danke! zu sagen, ist zu wenig! Du bist für mich immer ein Bruder gewesen, aber nicht wie die Brüder, die sich bei der Erbteilung streiten, sondern wie die Brüder, die einer des anderen Last tragen.

Was Dich betrifft, garantiert der Friede das Heil: tritt immer

[295] C. M. Martini, *Il Vangelo alle sorgenti*, Mailand 1990.

für ihn ein. Daß Du Anwalt für die Armen bist, wird Dir dabei helfen. Ohne finanzielle Interessen zu arbeiten, ist etwas Großes: und Du weißt warum« (C 21).

September

Erscheinen des Buches El-Abiodh diario spirituale 1954–1955 [296] *und der gesammelten Referate der Tagung über Carlo Carretto in Spello im Jahre 1989.*

16. Dezember – Latina

Das Buch Lettere a Dolcidia [297] *wird beim Premio Letterario »Latina per il tascabile«* [298] *ausgezeichnet, und der Parlamentsabgeordnete Giulio Andreotti, der Liliana Carretto aus diesem Anlaß eine Plakette überreicht, spricht ein Gedenkwort zu Ehren Fratel Carlos.*

1991

19. – 20. April – Bono

In dem sardischen Städtchen, wo Carlo in jungen Jahren Schulrat war, hat der Stadtrat in einer Sondersitzung und in öffentlicher Sitzung am 19. Oktober 1988 einstimmig beschlossen, einen Platz nach ihm zu benennen. Zur Gedenkfeier, an der auch seine Schwester Liliana, der Parlamentsabgeordnete Emilio Colombo und eine Abordnung der Stadtverwaltung von Spello teilgenommen haben, sind die Spitzen des politischen und kirchlichen Lebens der Stadt, der Provinz und der Region zahlreich erschienen.

Die Inschrift der Gedenktafel mit einem Bronze-Medaillon, das sein Bild zeigt, lautet:

»Carlo Carretto – Schulrat in der Feuerglut der Weltkriegsjahre – war, während überall der Haß loderte – in unserer Mitte ein strahlender Herold der Liebe und der Hoffnung. – Lächelnd und immer bereit, hat er die Bildung, die Lebensqualität der Bürger und den edlen Geist christlicher

---

[296] »In der Wüste bist du bei mir – Geistliches Tagebuch«, Freiburg 1991.
[297] »Weil deine Liebe mich treibt – Geistliche Briefe«, Freiburg 1990.
[298] »Taschenbuchpreis« von Latina.

Brüderlichkeit gefördert und die Saat von Einrichtungen der Wohlfahrtspflege ausgestreut, die sich mit der Zeit entwickelt und reiche Frucht getragen haben zum Trost der Armen und Notleidenden. – Bono nimmt ihn unter seine Ehrenbürger auf und benennt diesen Platz nach ihm – ZUM EWIGEN ANDENKEN.«

Bono hat zwei Tage lang das Gedächtnis seines »Prof. Carretto« mit etlichen kirchlichen, städtischen, folkloristischen und Sportveranstaltungen kräftig gefeiert.

»Carlo Carretto hat seit heute in Bono eine Gedenktafel und einen Platz. Und auf der Gedenktafel eine Widmung und sein Portrait-Relief. Das ist ein weiteres Denkmal, das die Stadtverwaltung ihrem Adoptivbürger setzt. Aber das größte Denkmal haben die Bürger von Bono dem Andenken dieses im Glauben und in der Praxis wie auch in der Kontemplation außergewöhnlichen Mannes in ihrem Herzen errichtet. In dem der Älteren, die ihn noch im Eifer seines schulischen und religiösen Wirkens gekannt haben, und in dem der Kinder, die sein Andenken als kostbares Erbe von ihren Eltern empfangen.«[299]

»[...] Ich habe die Kurzbiographien Carlo Carrettos gelesen, die in den letzten Bänden seiner posthum veröffentlichten Schriften erschienen sind. Mir scheint, sie sind lückenhaft. Ich möchte mich da kritisch zu Wort melden. Monsignore Capovilla hat in seinem Telegramm gut formuliert, daß Carlo ein ›Diener der Kirche und Italiens‹ gewesen ist. Menschen, auf die das zutrifft, muß man gut und gründlich studieren. Ich möchte, daß man über Carlo nicht summarisch schreibt. Es gibt schwierige Strecken, und man muß wahrscheinlich das, was sein persönliches Erleben ist, von dem konkreten Datum trennen, das sich aus dem Erleben vieler ergibt. Über diese schwierigen Strecken liegt noch keine exakte Geschichtsschreibung vor. All unsere bedeutenden Fachleute, darunter auch die katholischen, wissen vielleicht noch nicht, was in jenen Jahren passiert ist, da viele von ihnen sie nicht miterlebt haben.

Man läuft Gefahr, Carlo Carretto, wie auch viele von uns, in einem anderen Licht zu sehen. Ich hatte zwar vor, etwas anderes zu sagen, möchte aber jetzt einen Augenblick bei diesem Punkt verweilen. Warum? Weil dies eine gute Gelegenheit ist, und weil man immer sein persönliches Erleben und Urteil und seine Bewertung der Ereignisse denen zu Verfügung stellen muß, die schreiben möchten, damit sie den Gesichtspunkt aller erfassen und die Perioden der Geschichte der katholischen Italiener im eigenen Lande und alles, was gesagt worden ist, richtig einordnen können. Beachten wir, daß die Geschichtsschreibung oder

[299] A. Fenu, »Fratel Carlo Carretto« in *La Voce del Logudoro*, 16 (1991), 1.

die italienische Geschichte dieser Zeit gemeinhin von den Gegnern – der eine oder andere nennt sie die Besiegten – geschrieben worden ist, die nie diejenigen richtig eingeordnet haben, die meines Erachtens gut daran täten, sich nicht Sieger zu nennen, sondern eher Diener derer, die ihnen Vertrauen geschenkt haben. Hüten wir uns sehr davor, einen Gegensatz zwischen dem ersten und dem zweiten Teil von Carlos Leben zu konstruieren und den Eindruck zu erwecken, die Eingebungen des Achtzehnjährigen, die dann in den Wüstenjahren wiederentdeckt und vertieft worden sind, hätten die Leugnung des ersten Teiles zugunsten des zweiten besagen wollen.

Da fällt mir ein: ›Deus ludit in orbe terrarum‹; Gott scherzt, spielt. Das ist schön. Mir gefällt es sehr, sich Gott als jemand vorzustellen, der sich vergnügt, der auch über uns lächelt, auch über das, was wir in diesem Augenblick sagen.

In Carlos Büchern kommt oft der schöne Satz vor: ›Zufall gibt es nicht. Nein, ihn gibt es nicht, Gott gibt es und die Geschichte der Menschen, die von ihm gelenkt werden, aber im Wechselspiel mit der menschlichen Freiheit‹.

Welche Bilder von Carlo trage ich in mir?

In Rom führte der Weg aus meiner Wohnung treppab, und oft fand ich ihn unten, wie er auf mich wartete. Ich wohne im oberen Stockwerk – da habe ich immer gewohnt – und er im unteren. Ich erinnere mich an Carlo in all seinen verschiedenen Phasen, wenn es ihm gut ging und wenn es ihm nicht so gut ging, wenn er mühsam sein Bein nachschleppte und in seiner Bescheidenheit und Demut den Anschein erweckte, als wolle er von mir etwas erfahren; aber er erteilte mir jedesmal eine kleine Lektion, was ich seinem hintergründigen Gesichtsausdruck instinktiv ansah..

Meine letzte Erinnerung an ihn stammt von dem Tag, an dem ich ihn auf dem Totenbett besucht habe. Sein Gesichtsausdruck war der, den er hatte, wenn ich ihn am Fuß der Treppe vorfand, er erweckte den Anschein, es sei etwas ganz Bedeutendes passiert; denselben Eindruck hatte man bei der Feier der Exequien. Das ist eine Atmosphäre, die sich leicht in Umbrien einstellt, wo man die großen Ereignisse leichter wahrnimmt.

Wir sind 1945 erstmals mit Carlo Carretto zusammengetroffen, und wenn ich daran denke, wie er sagt: ›Ich habe mich der Tätigkeit ergeben, und in einem bestimmten Augenblick habe ich gespürt, daß Gott nicht meine Tätigkeit, sondern mich wollte‹, so hat er auch mir eines Tages einen häßlichen Streich gespielt. Als ich nach dem Krieg nach Hause kam, wollten alle, daß ich in die Politik ginge. Etliche Monate – sieben, acht, vielleicht auch zehn – habe ich daran gedacht, aber dann gesagt: ›Nein, ich gehe nach Rom und widme mich der Forschung und den Studien‹. Ich war Schüler Carlo Arturo Jemolos, bei dem ich meine Dissertation geschrieben habe, und war damals Generalsekretär der Gioventù Cattolica Italiana, der italienischen katholischen Jugend. Carretto war noch nicht nach Rom gekommen. Doch dann kam die sogenannte ›Invasion der Piemontesen‹, so haben wir aus dem Süden sie wenigstens genannt, die wir sie schon einmal mitgemacht hatten zur Zeit der Einigung Italiens. Außer an Carlo Carretto erinnere ich mich an Saletti, Notario und Dossi, der aber Lombarde war.

Wie will man Carlo Carretto ohne diesen Zeitabschnitt beurteilen, der gleichbedeutend ist mit der Einwurzelung der Katholiken in die großen Belange des Staates?

Mir hatte man gesagt, ich müsse Abgeordneter in der verfassunggebenden Versammlung werden. Ich erinnere mich noch gut, wie bei einer Versammlung in einer Schule der Maristen in der Nähe der Stazione Termini Monsignore Montini, damals Substitut in der Staatssekretarie, vorbeikam, mir die Hand reichte und sagte: ›Ich weiß alles. Sie haben Ihre Sache gut gemacht‹. ›Sie haben Ihre Sache gut gemacht‹, ist leicht gesagt, wenn es in den Kampf geht, in dem die Menschen miteinander liegen, und man nicht weiß, wie die Zukunft sein wird und wie unser Handeln ankommen und sich auswirken wird. In den biographischen Angaben, auf die ich mich eingangs bezogen habe, war auch zu lesen, Carlo habe, wenn wir an einem bestimmten Punkt angelangt und gewisse Dinge eingetreten seien, Lazzati, La Pira und Gonella aufgesucht, um einen anderen Weg einzuschlagen. Das stimmt ganz und gar nicht. Carlo wird zum Vorsitzenden der GIAC gewählt, und Lazzati und ich wurden mit sozialkundlichen Kursen für unsere Jugend, für Frauen und Männer betraut, auf und ab durch die verschiedenen Diözesen Italiens.

Ich war nach Abschluß der Arbeiten der verfassunggebenden Versammlung in eine tiefe Krise geraten und wollte bei den anschließenden Wahlen nicht kandidieren. Doch meine Region, die Freunde in Rom, mein Erzbischof, alle haben sie darauf bestanden.

Und hier kommt Carlo ins Spiel. Eines Morgens sagte er zu mir: ›Paß auf, ich bin zum Papst bestellt; während ich in der Audienz bin, wartest Du auf mich im Vorsaal, und beim Abschied sorge ich, wenn ich kann, dafür, daß Du den Heiligen Vater begrüßen kannst‹. Wir gingen zu Pius XII, und nach über einer halben Stunde – die Zeremoniare haben von Zeit zu Zeit Klingelzeichen gegeben – ging die Audienz unerklärlicherweise immer noch weiter. In einem bestimmten Augenblick wurde ich gebeten, ins Arbeitszimmer des Papstes zu kommen. Ich fiel auf die Knie und beging den ersten großen Fehler meines Lebens. Der Papst sagte zu mir ganz ohne Präambeln, deren wir später im politischen Leben noch viele machen sollten: ›Hören Sie, Wir glauben, Sie sollten weitermachen‹. Da habe ich geanwortet (und das war mein Fehler): ›Womit, Euer Heiligkeit?‹ Päpsten und Königen kommt man absolut niemals mit einer Frage, das ist eine Grundregel, man antwortet nur, wenn man gefragt wird. Pius XII schien sich nichts daraus zu machen und fuhr fort: ›Mit dem, was Sie zur Zeit tun‹. Und ich: ›Und wenn ich es nicht kann?‹ Der Papst: ›Dann müßten Sie auch die Demut besitzen, zu glauben, was die anderen sagen‹. In diesem Augenblick habe ich bei mir nicht an die Betrauung mit einem Amt gedacht, aber ich habe mir, vielleicht etwas egoistisch, gesagt: ›Ich habe viele Bedenken, aber wenn der Papst es gesagt hat, brauche ich, wenn es nachher schief geht, nicht die Verantwortung zu übernehmen‹.

Die Psychologie spielt ihre Tricks sogar mit unserem Elend. Carlo war natürlich auch da. Der Papst ließ mich Platz nehmen, und wir haben uns unterhalten; eine regelrechte Debatte, und ich habe mit ihm über sehr konkrete Dinge diskutiert. Inzwischen machte Carlo eine Runde durch das Arbeitszimmer und studierte die Buchtitel in den Regalen. Um ehrlich zu sein, ich war ein wenig geladen auf ihn, aber letztlich hatte er mir auch zur Ruhe verholfen und mir Gelegenheit geboten, meinen inneren Kampf klar zu entscheiden. Ihm sollte es später umgekehrt ergehen.

Was ist dieser Zeitabschnitt gewesen? Ich sehe einen herrlichen Film vor mir, einen Film von den großen Jugendtreffen, die wir in Foggia, in Potenza – in einem endlich wiederhergestellten Theater – in Neapel, in Turin auf der Piazza della Consolata, in Pistoia und dann in Bologna veranstaltet haben, das eine kommunistische Hochburg war. Damals war es nicht nur eine politische Angelegenheit, Kommunist zu sein, sondern ein Lebensentwurf, eine Philosophie, und als sie uns durch die Straßen ziehen sahen, haben sie sich gefragt: ›Wer sind denn die da? Gibt es die noch?‹ Alles hat gut geklappt. Wir waren eine Riesenmenge. Auf der Piazza Re Enzo habe ich die Versammlung eröffnet, dann hat Carlo gesprochen und schließlich Pater Lombardi. Ich war mehr Verstandesmensch, als ob ich Piemontese wäre und Carlo ein Süditaliener; ich war etwas kühler und habe ihn hier und da kritisiert. Von seiner tief religiösen Auffassung – Carlo war noch nicht in der Wüste gewesen und auch nicht in Marseille oder in Spello – war er schon durchdrungen, sie hatte Wurzeln geschlagen. Wenn es auch um soziale Fragen ging, für Carlo stand immer der religiöse Gedanke im Mittelpunkt, seine Auffassung von Gott. Pater Lombardi hat gesprochen, aber ich war nicht ganz einverstanden mit seinem Wort: ›Gott hat mir gesagt…‹. Meine Mentalität, ich wiederhole es noch einmal, ist intellektuell. In Carlos Büchern, auch in den letzten, steht viel sehr Schönes über das Verhältnis zwischen intuitiver und verstandesmäßiger Gotteserkenntnis.

Hüten wir uns davor, Carlo Carretto auf das Nachher zu reduzieren und das Vorher in einer schwierigen Phase der italienischen Geschichte nicht zu bedenken. Hat Carlo auf die Politik verzichtet? Aber daran hat er nie gedacht. Hätte er diesen Weg eingeschlagen, so hätte er daran nicht gut getan. Ein Glück, daß er auf andere Weise besser getan und so Italien und der Kirche gedient und ihnen geholfen hat, außerordentlich schwierige Zeiten durchzustehen. Als Vorsitzender der GIAC hat er sehr kritische Situationen gemeistert.

Ich erinnere mich nicht, daß ich aus jener Zeit irgend etwas Schriftliches habe, nur ein paar Sitzungsnotizen, und die in Unordnung. Gott Dank habe ich ein Computer-Gedächtnis, das in Ordnung ist, und insofern erinnere ich mich noch gut an alles. Da war die Großkundgebung der ›Grünen Barette‹; der Politiker war vom Uniformgedanken beeindruckt. Carretto war ein Mann des Friedens, ja, aber kein Pazifist, diese ideologische Einstellung hat er nie besessen. Die Aussöhnung des Menschen mit der Natur, der heilige Franziskus, das steht auf einem ganz anderen Blatt.

Es heißt, Carretto sei gegangen aus Protest gegen einen mißbräuchlichen Einsatz des katholischen Potentials der Azione Cattolica. Jetzt einmal langsam. Was ist wirklich passiert? 1948 sind die Comitati Civici – die Bürgerausschüsse – gegründet worden. Carretto war Vorsitzender der GIAC, ich war der Sekretär. Wir sind zu den Versammlungen gegangen, auf denen sich die katholischen Akademiker, die FUCI – katholische Studentenschaft – und Vertreter der Parteien getroffen haben. Die Comitati waren ein Unternehmen, das auch seine Zweideutigkeit oder sagen wir Ambivalenz besaß: alle Kräfte zur Rettung des Landes in einem Augenblick zusammenzufassen, in dem wir eine der vielen Republiken hätten werden können, die erst heute ihre Freiheit wiedererlangen.

Carlo und wir alle hatten die Vorstellung, man müsse die Freiheit, auch die der Kirche, verteidigen. Es bestand die Gefahr, daß eine Generalmobilmachung in einer Abwehrfront aufgehen könnte, die alle Kräfte zusammenfaßte und gegen den Kommunismus eine Front der Rechten bildete. Das war die große, schmerzliche Sorge der italienischen Katholiken, die viele auch heute noch nicht völlig begreifen. Sollte man der Situation mit einer Front begegnen oder mit einem Alternativprogramm, d. h. mit einem eigenen Entwurf?

Wir befinden uns im Jahre 1951: wenige wissen von einer Zusammenkunft in Madonna di Campiglio. Ein gewichtiges Nein, zu dem man sich entschloß, betraf die Flucht aus der Politik, ein weiteres Nein besagte, daß wir uns als Katholiken nicht verleugnen, sondern klar die Zuständigkeit der katholischen Bewegung von der der politischen Bewegung unterscheiden wollten. Also, wenn auch relative, Selbständigkeit in der Politik wie in der Forschung und in der Wissenschaft, wie sie später das Zweite Vatikanische Konzil anerkannt und wie die Konstitution

›Gaudium et spes‹ sie festgeschrieben hat. Nachdem wir uns auf diese Unterscheidung geeinigt hatten, waren wir Katholiken der ersten Nachkriegszeit aufgerufen, uns in persönlicher Verantwortung in der politischen Bewegung zu engagieren. Ich erinnere mich noch eines Abendessens mit Teilnehmern, die in Madonna di Campiglio dabeigewesen waren, und solchen, die nicht dabeigewesen waren. Dieses Abendessen hat Carlo in seiner Spontaneität und Aufrichtigkeit aufs Glatteis geführt. Er sagte, daß man in der erstgenannten Bewegung der Hierarchie und der Kirche verantwortlich sei, in der anderen aber eigenverantwortlich. Man hat ihm vorgehalten, daß ein Katholik auch in der Politik der Weisung der Kirche unterstehe.

Um noch einmal auf das Abendessen in der Domus Pacis zurückzukommen, ... einige Monate danach sagte Carlo eines Abends zu mir: ›Komm, geh mit‹. ›Wohin?‹, antwortete ich. ›Fahren wir nach Castel Gandolfo‹. Wir fuhren hin, aber diesmal ging ich nicht mit hinein, während er mit seinem Eintreten ›austrat‹. Ein ganz schwieriger und entscheidender Augenblick.

Was wir dann mit Carlo durchgemacht haben, war von entscheidender Bedeutung: es ging nicht darum, sich der Ausnutzung durch die Politik zu entziehen, sondern darum, angesichts einer verworrenen Situation – die dann zur ›Liste Sturzo‹ geführt hat – die Saat größerer Klarheit aufgehen zu lassen. Wir waren eine Gruppe, und Carlo war derjenige, dem wir auf Grund seiner persönlichen Integrität am meisten vertrauten. Wenn Carlo sprach, merkte man, daß etwas dahinter stand, das dann aufgeblüht ist, sich vertieft und seine darauffolgenden Jahre so schön gemacht hat. In die physische Wüste ist er gelangt, nachdem er zuerst die Wüste des Alltagslebens durchquert hatte, die Wüste, die für uns im Zusammenleben und im Ringen mit den anderen bestehen kann.

Kürzlich hat in meiner Region eine Gesprächsrunde zur Vorbereitung des Papstbesuches stattgefunden. Ein katholischer Journalist hat sie mit der Bemerkung eröffnet: Der Papst kommt, um uns über den Golfkrieg aufzuklären und dann diejenigen zur Räson zu rufen, die eine Verbeugung vor den Mächtigen gemacht haben. In meinem Diskussionsbeitrag habe ich unterstrichen, daß es hier um ein religiöses Geschehen gehe, um Einkehr und Bekehrung, wie sie auch der heilige Augustinus erwähnt. Wir haben alle unsere Gemeinde-, Regions- und Staatszugehörigkeit. Aber wenn der Papst öffentlich auftritt, möchte ich mich all dieser Zugehörigkeiten begeben und mich ganz von meiner Zugehörigkeit zu Christus bestimmen lassen. Da werde ich dann mein Gewissen erforschen, ob ich einer‹ von denen bin, die eine Verbeugung vor den Mächtigen gemacht haben.

Worte sind manchmal bleiern. Wenn ich als Wähler meine Entschei-

dung treffen muß, kann ich die Verantwortung für meine Stimme auf
niemanden abwälzen, ich bin vor meinem Gewissen verantwortlich,
dort muß ich feststellen, ob in dieser bestimmten Situation meine Entscheidung mit einem ruhigen Gewissen vereinbar ist. Die Autonomie in
der Politik ist etwas Schreckliches, wenn man ernstlich nach ihr handelt
und nicht bloß zum Scherz.

So, jetzt habe ich Euch vorgetragen, was ich weiß, ich habe alles noch
im Gedächtnis. Und Vorsicht, damit man mit Genauigkeit über italienische Katholiken schreibt und jeden von ihnen richtig einordnet und infolgedessen auch Carlo Carretto.

Wenn er aus der Politik geflohen wäre, hätte ich nicht gehört, was ich
bei gelegentlichen Treffen mit ihm oder bei seiner Beerdigung gehört
habe. Carlo hat nicht die Flucht ergriffen, vielmehr ist der Verzicht eines
Menschen, der die Widersprüchlichkeiten der Wüste seines eigenen Lebens durchquert und dann wieder zur Gottesliebe findet, die er mit achtzehn Jahren schon entdeckt hatte, viel stärker, sehr viel stärker. Er ist
gegangen, und die anderen sind geblieben, aber nicht als Invaliden, die
außer Gefecht bleiben. Sie stürzen sich hinein, und er unterstützt sie aus
der Wüste mit seinem Gebet und dem Zeugnis seines Lebens [...]«[300].

September

Carlos posthum erschienene Bücher werden in Deutschland,
Spanien, Frankreich, England und den U.S.A. übersetzt und ver-
öffentlicht.

November

Veröffentlichung des Buches »Innamorato di Dio – Autobiogra-
fia«, deutsche Ausgabe: »Mein Leben, Texte einer großen Liebe«.

---

[300] Unkorrigiertes Tonbandprotokoll der Rede des Parlamentsabgeordneten *Emi-*
lio Colombo.

CARLO CARRETTOS VERMÄCHTNIS – EINBLICKE IN SEINE GEISTLICHE BIOGRAPHIE

In der Wüste bist du bei mir
Geistliches Tagebuch
216 Seiten, Paperback. ISBN 3-451-22377-5

Eine kleine Oase in der algerischen Sahara wird für Carlo Carretto zum Ort einer entscheidenden neuen Gotteserfahrung, zum Ort der Verwandlung: vom Manager zum Mystiker, von einem, der sich für Gott engagiert, zu einem, der sich von Gott engagieren und ergreifen läßt.

Diese Tagebuchaufzeichnungen führen an Wurzel und Wendepunkt der geistlichen Biographie Carlo Carrettos: sie sind authentisches Zeugnis und leidenschaftlicher Impuls für eine Spiritualität, die Gott und den Menschen radikal ernst nimmt.

Weil deine Liebe mich treibt
Geistliche Briefe
216 Seiten, gebunden. ISBN 3-451-21987-5

Die privaten, bisher unveröffentlichten Briefe an seine Schwester Dolcidia gewähren einen tiefen Einblick in die geistliche Biographie Carlo Carrettos. In ihnen kommen spirituelle Erfahrungen zur Sprache, wie sie der Mensch auf der Suche nach Gott macht.

Ein klassischer Carretto, durchglüht von seinem Engagement für das Evangelium. Näher als hier kann man Carretto und der mitreißenden Kraft seiner Gedanken nicht kommen. Ein großes geistliches Erlebnis.

VERLAG HERDER FREIBURG · BASEL · WIEN